Stephanie Nannen

Henri Nannen

Stephanie Nannen

Henri Nannen

Ein Stern und sein Kosmos

C. Bertelsmann

Die Orthografie der Zitate wurde an die Regeln der neuen deutschen Rechtschreibung angepasst. In jeweils eckigen Klammern sind editorische Bemerkungen der Autorin aufgeführt.

MIX
Papier aus verantwortungsvollen Quellen
FSC® C014496
www.fsc.org

Verlagsgruppe Random House FSC® N001967
Das für dieses Buch verwendete FSC®-zertifizierte Papier *EOS* liefert Salzer, St. Pölten, Austria.

1. Auflage

Umschlaggestaltung: buxdesign, München
Bildredaktion: Dietlinde Orendi
Satz: Uhl + Massopust, Aalen
Druck und Bindung: GGP Media GmbH, Pößneck
Printed in Germany
ISBN 978-3-570-10152-0

www.cbertelsmann.de

Für Anni

Journalismus ist Quatschen auf dem Flur

Paul Sethe

Inhalt

Ein Wort vorab

Henri Nannen war ein Geschichtenerzähler. Manch einer sagt: Er bestand aus Geschichten. Er war der Gründer des *Stern,* und er hat diesem *Stern* fünfunddreißig Jahre lang seinen Stempel aufgedrückt. In diesem Jahr, am 25. Dezember 2013, würde mein Großvater seinen 100. Geburtstag feiern. Das ist ein Anlass, sich an ihn zu erinnern. Ein Grund dafür, dieses Buch zu schreiben, ist es nicht. Nannen war aber nicht einfach nur ein Ausnahmejournalist, einer *der* Blattmacher des westlichen Nachkriegsdeutschland. Er hat dieses Land mit geprägt. Er ist Vater eines Lebensgefühls all derer, die heute zwischen vierzig und achtzig sind. Er hat Sichtweisen verändert, Grenzen verschoben, Tabus gebrochen. Er und sein *Stern* gehören zur Kulturgeschichte der Bundesrepublik. Und *das* ist ein Grund für dieses Buch.

Es gibt Persönlichkeiten, die durch ihr Sein, ihr Handeln, ihre Ideen die Zeit, in der sie leben, beeinflussen. Ihr Form geben. Sie zu dem machen, was man Epoche nennt – ihre Epoche. Sie treffen dann den Geist dieser Zeit – oder erschaffen ihn mit. Oft genug wird daraus das Gefühl einer ganzen Generation. Kein Wirtschaftswunder ohne VW und Nierentisch. Die 68er-Generation nicht ohne die Stones und *Spiegel.* Keine Achtziger ohne Madonna, Wall Street und Kohl. Die Neunziger nicht ohne Handy und Berlin, die 2000er nicht ohne Steve Jobs und Apple. Und keine Sechziger und Siebziger ohne den *Stern.* Nicht ohne Henri Nannen.

Wie ist ihm das gelungen? Wie ist dieses Magazin-Inventar meiner Welt eigentlich entstanden? Die Welt des *Stern*: Der erste wohnzimmertaugliche Blick auf nackte Brüste, harte Politik, tödliche Konflikte, neue Medizin, die RAF, freie Frauen. Eine Welt, die zu meiner Generation gehört wie Super-8-Filme, Plastiktischdecken und bunte Saftbecher. Was sind das für Menschen, deren Träume, deren Willen, deren Machen wir solche Ideen verdanken? Wo kommt das alles her? Welche Wirkung hatten der Krieg und die Zeit der Nationalsozialisten auf einen Mann wie Henri Nannen? Woher stammte seine Liebe zur Kunst, und wie hat die sein Handeln begleitet? Wie beeinflusste der private Henri Nannen den öffentlichen? Wie hat der eine den anderen geschaffen? Henri Nannen prägte eine Epoche, die wiederum meine Generation geprägt hat. Und er fehlt. Allen, die ihn kannten. Mir ganz besonders.

Wenn ich Ihnen nun seine Geschichte erzähle, so geschieht das natürlich aus der Sicht der Enkeltochter, die ihm sehr nah war. Die Journalistin Stephanie Nannen aber hat sich auf die Spurensuche begeben, hat Archive und Nachlässe durchforstet und Weggefährten, Politiker, Kollegen, Freunde gesprochen, um Nannens Lebensgeschichte aufzeichnen zu können. Und nicht zuletzt ist dieser Text aus dem Verständnis derjenigen Generation heraus entstanden, die mit Nannens Erbe lebt.

»Wer den Streit vermeiden und die Liebe nicht an sich herankommen lassen will, der sollte den Band gleich aus der Hand legen«, schrieb mein Großvater in seiner Einleitung der gesammelten »Henri-Nannen-Briefe an den Leser«. Das Gleiche möchte ich Ihnen empfehlen, wenn es Ihnen nur um die Abfolge biografischer Daten geht, wenn Sie das Leben Nannens nur chronologisch nachvollziehen wollen. Henri Nannen war ein Geschichtenerzähler, und so gleicht diese Erzählung seines Lebens auch eher einer Geschichtensammlung. Die nächsten paar hundert Seiten öffnen einen essayistischen Blick auf das Leben eines großen Mannes, der streitbar war, der auch verletzte und der immer dem folgte, was er selbst für richtig hielt. Es sind die kleinen und die großen Geschichten, um die es hier gehen soll. Solche, die er erzählte, und die, die andere mit ihm oder für ihn erlebten und die dann als Reportagen ins Blatt fanden. Wichtig, weil wirksam sind die Energie und die Lust, mit denen mein Großvater das Leben anging, und die Kraft, mit der er es fest in seiner Hand hielt.

Wenn Sie sich nicht berühren lassen wollen, ist Nannen nichts für Sie, denn seinen Lesern nah zu sein, war die Maxime meines Großvaters. Und wenn doch, dann folgen Sie mir auf die Suche nach einer Antwort. Die Frage lautet: Wer war Henri Nannen wirklich?

Der Bauch

Es passte nicht zu ihm, tot zu sein. Er war nie tot. Das Leben war seine Erfindung. Mindestens hätte es das sein können. Er liebte das Leben, die Einzelteile des Lebens. Und je älter er wurde, desto mehr davon sah er. Er formte Leben. Und er schwitzte es aus. Er befragte das Leben, wollte es kennenlernen, ohne Vorurteile und in allen Farbtönen, mit all seinen Geschichten, er wollte dem Leben begegnen. Und er freute sich daran. Trotz allem, immer. Das Ganze musste also ein großer Irrtum sein. Etwas stimmte nicht.

Es war Herbst, der 18. Oktober 1996, ein Freitag. Wir hatten gerade noch miteinander gesprochen. Er war nicht wirklich in guter Verfassung, aber er hatte die Operation gut überstanden. Er verstand mich, er sprach mit mir, er sah mich. Er hatte Durst. Gut zwei Wochen war das her. Im Radio auf der Fahrt von Hamburg nach Emden sprach niemand von Henri Nannen, dabei hatte es die ganze Woche über Nachrufe gegeben. Das ganze Land wusste, was geschehen war. Mir ging es nicht in den Sinn. Vor fünf Tagen um 4.00 Uhr morgens hatten die Ärzte des Hannoveraner Oststadt-Krankenhauses den Tod von »Henry Franz Theodor Max Nannen, Chefredakteur« festgestellt – so steht es in der Sterbeurkunde.

So war es aber nicht ausgemacht. Wir hatten verabredet, dass ich von der Reise nach Madrid erzählen würde. Das hatte ich versprochen, als ich ihn vor meinem Abflug auf der Intensivstation der Klinik besuchte, wo er sich zuvor einer Magenkrebsoperation unterzogen hatte. Von dieser Reise war ich nun zurückgekehrt. Goyas »Die Erschießung der Aufständischen«, Diego Velázquez' »Las Meninas« und natürlich Picassos »Guernica«. Was hielt er denn nun davon? Er kannte diese Bilder, Velázquez hatte er schon in seiner Jugend mit seiner Freundin Cilly geliebt. Wir mussten darüber reden. Über diese Bilder und darüber, warum es sie wohl gibt und wie man sie liest. Darüber, was sie sagen, die Bilder. Über das Leben.

Über das Leben hatten wir so viel gesprochen, aber über kunsthistorische Konzeptionen viel zu wenig. Konzeptionen interessierten ihn ohnehin wenig, eigentlich faszinierte ihn daran nur, was sie bewirkten. Das war wichtig. Die Wirkung der Hängung der Königsfamilienbilder im Museo del Prado – hat er die auch so empfunden? Das Zusammenspiel dort war perfekt – das richtige Bild am richtigen Fleck –, und das Ergebnis war magisch. Er ist doch empfänglich für Magie. Wo aber war er?

Diese Gedanken schossen mir durch den Bauch, als ich hinter dem Sarg herging. Der Sand knirschte unter unseren Füßen. Das war kein fröhliches Geräusch, weil jeder Fuß versuchte, würdevoll den Boden zu erreichen, und was machte das schließlich besser? Alle Bemühungen, irgendetwas besser zu machen, waren doch grotesk. Wenigstens klang es nicht so kalt und brutal, wie wenn Absätze auf Asphalt geklappert hätten. Gut, dass Friedhöfe Sandwege haben.

Der Sarg sah aus wie ein Möbel, das niemand braucht. Braun, ein bisschen rötlich vielleicht. Mit groben Beschlägen. Irgendwie altmodisch. Müssen Särge so aussehen? Vielleicht, damit sie niemand zu Hause haben möchte. Damit man sich nicht lange in ihrer Nähe aufhalten mag. Damit schnell getan werden kann, was getan werden muss, sie in die Erde bringen. Damit man Abstand hält? Jetzt nur nicht durchdrehen, nicht so zittern, weitergehen, weiterdenken, wegdenken.

Soll dieser Sarg uns auf Distanz halten? Respekt einflößen, und wenn ja, wovor eigentlich? Vor dem Tod kann man vielleicht Angst haben. Aber Respekt? Also dann vor dem Verstorbenen? Dafür brauchte Henri Nannen keinen Sarg.

Ich wollte keinen Abstand, ich wollte Nähe, wollte bei ihm sein. Diese Art Respekt, der doch eher Fremdheit ist, der eine große Kluft zwischen Generationen meint, diesen Respekt, der Nähe unmöglich macht, hatte ich doch nie vor ihm. Man musste in seiner Gegenwart nicht leise sein, sich nicht zurückhalten, man musste nicht fragen, ob man ihn in den Arm nehmen, ob man ihm nahe sein durfte. Ich musste es nicht. Und wenn ich seine Hand nahm, dann war er froh und hielt meine Hand ganz fest. Er hatte große, glatte, fleischige, trockene Hände.

Vor allem konnte ich ihn immer anschauen, beobachten, ihm ansehen, ob er die Leute um sich herum jetzt gerade furchtbar lästig oder irgendwie nützlich oder einfach interessant fand. Ob ihn etwas rührte oder gar nicht berührte. Wie fand er denn diesen Aufzug hier?

Ich konnte es nicht glauben, dass mein Großvater in dieser Kiste liegen sollte. Das war absurd. So etwas hätte er nie getan, sich vor anderen hertragen lassen – oder doch, aber nicht liegend. Henri Nannen war jemand, der stand, der ausschritt, der sich durch seine bloße körperliche Anwesenheit Raum verschaffte. Mein Großvater war einer, unter dessen Schritten sich Erde erst zu einem Weg formte. Auch deshalb, weil er sie zur Not platt walzte und alles andere, das ihm in die Quere kam, dazu. Er bestimmte, ob das ein Weg war. Und die Menschen glaubten ihm; ihm, der für die meisten Deutschen vor allem der Chef vom *Stern* war. Sie gingen mit ihm. Egal, wohin er ging.

Wie ist ihm das geglückt? Was hatte dieser Polizistensohn, am ersten Weihnachtstag 1913 in Emden in Ostfriesland geboren, nur an sich, das es ihm erlaubte, seine Zeit so deutlich mitzuprägen? Wenn man heute Zeitgenossen danach befragt, dann gibt es mindestens eine gemeinsame Antwort: »Der Nannen hatte das alles in seinem Bauch.« Dieser »Bauch«, mithilfe dessen der *Stern* zu einer Ikone Westdeutschlands wurde, hatte aber viele Facetten, die nach innen und nach außen wirkten, und er ist nicht einfach mit »Intuition« gleichzusetzen. Bauchgefühl war es allein nicht. »Nannens Bauch« – das meint seine gesamte Aura, seine Wirkung auf Menschen, seinen blitzgescheiten Verstand, seine Skrupellosigkeit in manchen Dingen, seine Unnahbarkeit, seine Wärme, eine unglaubliche Portion Charme, aber auch die Furcht, die er unter den *Stern*-Kollegen verbreiten konnte, indem er einige von ihnen mit einer Eiseskälte abkanzelte; es meint die Bedingungslosigkeit und den Perfektionismus, mit dem er arbeitete; es meint die Unruhe, die ihn durchs Leben trieb, und die Kraft, die sich aus seiner Wirkung auf andere entwickelte und die er wiederum nach vorn gewandt für seine Ideen einsetzte.

Diesem Bauch muss ich auf die Spur kommen, wenn ich verstehen will, wie Vorstellungen, Bilder, Werte, wie Meinungen und Haltungen, die zum kollektiven Gedächtnis der Generation *Stern* gehören und so zu einem Teil unser aller Kultur wurden, eigentlich entstanden sind.

Die Dürrekatastrophe, die 1973 die Sahelzone Afrikas traf, ist ein gutes Beispiel dafür, wie es war, wenn mein Großvater Menschen dazu brachte, ihm zu folgen. Sie war so etwas wie eine Jahrhundertkatastrophe. Die ersten Bilder, die hier in der bunten Welt der Siebzigerjahre eintrafen, kamen kurz vor Weihnachten. Der *Stern* hatte damals eine Auflage von etwa 1,6 Millionen Exemplaren. Er erreichte enorm viele Leser und war *die* Illustrierte für Reportagen. Der *Stern* brachte die Welt in die Wohnzimmer der Deutschen. Und auch das erklärt, warum damals ein Ruck der Hilfsbereitschaft durchs Land ging, als auf einmal zehntausende Menschen kleines und großes Geld zur Rettung Äthiopiens spendeten. Es war mein Großvater, der zu dieser Aktion aufgerufen hatte. Er wandte sich direkt an seine Leser und schrieb: »Ich bitte um Hilfe.« Pur, direkt, freundlich, mit der nötigen Verzweiflung in der Formulierung. Zum Kuratorium der *Stern*-Aktion »Rettet die Hungernden«, die er schon gründete, als seine Reporter noch in Äthiopien recherchierten, gehörten Hans-Dietrich Genscher als Bundesinnenminister, Erhard Eppler, damals Bundesminister für wirtschaftliche Zusammenarbeit, dazu der Präsident des Deutschen Roten Kreuzes, der Vorsitzende des Deutschen Gewerkschaftsbundes, der Vorsitzende der Bayer AG. Sie alle waren dem Ruf gefolgt. »Natürlich wusste Nannen, wie man Auflage machte. Aber ich war mir in diesem Falle sicher, dass ihm das wirklich eine Herzensangelegenheit war«, sagt Hans-Dietrich Genscher mir heute.

Anfang Oktober 1973 meldete die *Neue Zürcher Zeitung*, dass bereits 50 000 Menschen an Hunger und Ausmergelung gestorben waren. Kurz darauf wurde eine Zahl von 100 000 Opfern genannt. Es würde eine Hungerkatastrophe über Äthiopien hereinbrechen – das damals 24,3 Millionen Einwohner zählte –, wie sie die Welt noch nicht erlebt hatte, das stand zu diesem Zeitpunkt fest.

Henri Nannen schickte seine Reporter Heiko Gebhardt und den Fotografen Thomas Höpker in die Provinzhauptstadt Dessie in Wollo, Äthiopien. »Alle vier Tage sterben mehr Menschen, als Berchtesgaden Einwohner hat«, schrieb Gebhardt in der großen Reportage im *Stern*. »Tägliche Sterberate allein in Wollo – 500 Menschen, vor allem Kinder bis zu zwölf Jahren.« Zwei Millionen Menschen waren in akuter Gefahr, zu verhungern. Die Journalisten brachten eine Reportage mit nach Hamburg, in der sie Bilder von verendeten Tieren am Straßengraben und solche von Toten, die niemand mehr bestatten konnte, heraufbeschworen, und von Ärzten, die verzweifelt versuchten, zu den Hungernden in der Wüste überhaupt nur durchzudringen. Was sie nicht kommentierten – weil Nannen nicht wollte, dass die Leidensgeschichte der Menschen durch Politik verwässert würde –, waren die politischen Umstände und die Fragwürdigkeit der Person von Kaiser Haile Selassie. Die Kritik veröffentlichte Gebhardt in der *Zeit*.

Mein Großvater war berührbar, von Bildern, von Schicksalen, von Leid – und er wusste, dass es anderen genauso gehen würde. Dass er sich ganz sicher darüber war, was er fühlte, machte einen Teil seiner Aura aus. Er zweifelte in solchen Fällen nicht. Das machte ihn glaubhaft.

Er wusste, die *Stern*-Leser würden handeln wollen – wenn man sie beim Gefühl und nicht beim Verstand packte. »Wir müssen neben Medikamenten, Decken und ärztlichem Gerät Milchpulver und Kindernahrung kaufen. Selbst die ausgemergelten Mütter und die hungernden Männer sind so weit geschwächt, dass sie fürs Erste nur Babynahrung bei sich behalten können«, schrieb mein Großvater in seinem Editorial an den »lieben *Stern*-Leser«. Und er wollte keinen Kompromiss, nicht einfach nur ein bisschen Geld. Er wollte etwas nie Dagewesenes – eine Spendenaktion, von der die Menschen noch lange reden würden. »Ich übernehme die Verantwortung dafür, dass keine Mark für Verwaltung draufgeht und dass nichts gekauft wird, was nicht unbedingt nötig tut«, versprach er. Er verschickte 3800 Bettelbriefe, die er in einer Nacht eigenhändig unterschrieb.

Nach sechs Wochen hatte die *Stern*-Aktion 14 Millionen Mark an Spenden mobilisiert. Am Ende gingen mehr als 20 Millionen Mark auf dem Spendenkonto 60-600 beim Postscheckamt Frankfurt ein.

»Was du persönlich mit deiner Hilfsaktion für die hungernden Leute in Äthiopien geleistet hast, halte ich schlechthin für umwerfend«, sagte Rudolf Augstein zu seinem Freund und Weggefährten Nannen anlässlich eines Geburtstags. »Kommt man dir damit«, so sprach er weiter, »so sagst du: ›Ich habe ja nur telefoniert.‹ Gut, aber das vierundzwanzig Stunden lang und das vierzehn Tage lang. Und glaubst du, die Leute hätten dir das Geld gegeben, wenn sie dir und dem *Stern* nicht zugetraut hätten, dass ihr es vor Ort dem vorbestimmten Zweck auch wirklich würdig zuführen könntet?«

Zu »Nannens Bauch« gehörte das Verständnis dafür, wie er erreichen konnte, was er wollte. Er brachte die große Katastrophe in der Ferne auf das kleine, verständliche Bild. Und er schuf einen Rahmen, der noch zur Auflagensteigerung des *Stern* beitragen sollte.

Schwer sah er aus, der Sarg, nicht an Gewicht, sondern schwer in seiner Art. Nicht die Art, wie mein Großvater sich eingerichtet hätte. Dieses Monstrum passte nicht zu den englischen Stilmöbeln. Auch nicht zu den hellen Sofas. Mein Großvater war ein Ästhet. Er achtete auf die Feinheit der Dinge, mit denen er sich umgab. Das fing schon bei der Kleidung an, seine Anzüge waren immer aus leichten, hochwertigen Stoffen, die sich wunderbar anfühlten. Sie saßen akkurat, die passende Krawatte dazu war dezent, das Hemd oft hanseatisch blau – ein Herr war er, so konnte man meinen. Das bedeutete nicht, dass er sich wie verkleidet benahm und vor Eleganz reglos wurde. Er bewegte sich ausladend, und er sah sich auch nicht besonders vor.

Der Sarg passte nicht zu seinen Bildern. Er war nicht expressiv, er sagte nichts. Er war kein Statement, hatte keine Haltung. Er war nichts von Bedeutung. Und er war nichts, das sich verständlich machte. Das konnte es doch jetzt nicht gewesen sein. Das war doch noch nicht alles! Es musste sich um einen Fehler handeln. Wer hatte hier eigentlich das Sagen?

Die Wucht, mit der mein Großvater da war, mit der er lebte, das Leben umfasste, schüttelte und es zu seinem machte, diese enorme und also zu bestaunende Präsenz machte seinen Tod für mich unmöglich. Und sie traf mich wie ein Bumerang, als er fort war. Ich hielt meinen Großvater für unsterblich. Und das war er auch. Sein ganzes Leben lang.

Mit dieser Unsterblichkeit erschuf er den *Stern*. Diese Selbstverständlichkeit war es, mit der er nach dem Krieg in die geschenkte Freiheit loszog, um etwas zu bewegen, was es auch immer sein mochte. Er hatte das Schlimmste überlebt, was konnte ihm schon noch passieren? Und diese Kraft der Unsterblichkeit war es auch, mit der er sich zu seinem siebzigsten Geburtstag in Emden eine Kunsthalle baute. Sie war die Energie, mit der er das Jugendblättchen *Zick-Zack*, für das er die Lizenz von der britischen Militärbehörde erhalten hatte, zu einer der bedeutendsten Zeitschriften der Welt machte – denn das war der *Stern* in seiner Hochzeit, das bekannteste Magazin neben dem amerikanischen *Life* und der französischen *Paris Match*.

Paris Match hatte es sich nach dem Vorbild von *Life* zur Aufgabe gemacht, exzeptionelle Fotostrecken zu präsentieren und dazu gut recherchierte Reportagen zu bringen. *Life* hat meinen Großvater stark beschäftigt. Er hat immer wieder davon gesprochen.

In den Fünfzigern hatte er gemeinsam mit Rudolf Augstein Henry Luce, den Chef ihrer großen Vorbilder *Time* und *Life*, in New York besucht. »Unser Englisch beschämte uns tief«, erzählte Augstein Jahrzehnte später. »Er versuchte, ähnlich schlecht zu sprechen, was aber natürlich nicht möglich war.«

»Look at LIFE, see the World«, hieß es damals.

Mein Großvater hätte nie einen solchen Leitspruch für sein Blatt ausgegeben, auch keine Leitlinien, das Programmatische lag ihm nicht. Aber im Prinzip gab die Idee von *Life* das wieder, was er machen wollte, das, was er mit dem *Stern* tat: die Welt sehen und sie nach

Hause holen. Und wie man das am besten macht, hat er so oft erzählt, auch bei uns zu Hause immer wieder, dass ich die Anekdote zugegebenermaßen fast nicht mehr hören konnte. Aber sie ist so schön und zeigt so viel von dem, wie er glaubte, dass Geschichten ankommen, dass auch ich sie hier wiedergeben möchte: »Journalisten verschiedener Nationen sollten einmal für einen Wettbewerb einen Artikel über den Elefanten schreiben. Der Engländer schrieb: ›The elephant and the football.‹ Der Franzose: ›L'éléphant et l'amour.‹ Der Österreicher: ›Erinnerungen eines uralten Elefanten an das Wiener Burgtheater.‹ Der Amerikaner: ›How to breed bigger and better elephants in less time for less money.‹ Und dann kam der Aufsatz des Deutschen, mit dem Titel: ›Wesen und Grundlagen der Psychologie des Elefanten. Band I, Volumen A: Der burmesische Arbeitselefant in seiner Beziehung zum Menschen.‹« Mein Großvater hat sich immer für »Der Elefant und die Liebe« entschieden.

Zum Bauchgefühl meines Großvaters gehörte aber auch etwas, das manche seiner Gefährten als Chuzpe bezeichnen, eine Art Wagemut, ohne dabei bewusst leichtsinnig zu sein. Aber diese Chuzpe war keine versteckte, nichts aus dem Hinterhalt, nichts, das er nutzte, wenn keiner hinsah. Sie war nicht klein und geflüstert, aber auch nicht übermütig frech. Es war eher wie eine Veränderung des Bewusstseinszustandes. Er konnte binnen eines Augenblicks eine unangreifbare Haltung einnehmen, ein anderer sein. Dabei wurde er nicht stählern oder eiskalt; es war vielmehr, als habe er in Drachenblut gebadet. Und er wirkte nicht nur authentisch, er war es auch. Er glaubte an den Augenblick. Und im entscheidenden Augenblick glaubte er sich selbst. Es war so, als sagte er sich dann: Ich oder keiner. Jetzt oder nie. Und »nie« kam nicht infrage.

Mit dieser Unverwundbarkeit ging er am Abend des 12. September 1955 in Moskau die mit einem gemusterten Teppich und blitzenden messingfarbenen Teppichspangen belegten Marmorstufen des Kreml hinab. Neben Henri Nannen, einen halben Schritt voran, ging Nikolai Bulganin, damals russischer Ministerpräsident. Übernächster Nachbar war, auf gleicher Höhe, Deutschlands erster Bundeskanzler Konrad Adenauer, der wiederum einen halben Schritt hinter dem sowjetischen Präsidenten Nikita Chruschtschow folgte. Hinter den Herren kamen die deutsche Delegation und eine Schar Leute, die dem vorangegangenen Festakt beigewohnt hatten.

Der Moskaubesuch Adenauers wurde zu seiner populärsten Auslandsreise, und das, obwohl der eher Frankreich und dem Westen zugewandte Rheinländer gezögert hatte, ob er die Chance, die sich mit den im Kreml anstehenden Verhandlungen bot, wahrnehmen sollte. Zehn Jahre nach Kriegsende gelang es dem Kanzler schließlich, die letzten noch verbliebenen Deutschen aus russischer Kriegsgefangenschaft nach Hause zu holen – 9626 waren es. Und auch wenn manche dieser Soldaten später als Kriegsverbrecher in Deutschland zu lebenslangen Strafen verurteilt wurden, wurde Adenauer durch diesen Erfolg zum Held der Deutschen.

Damals war der *Stern* sieben Jahre alt, hatte bereits eine Auflage von 800 000 Exemplaren, war aber noch weit von dem politischen Blatt entfernt, zu dem er in den Sechzigern werden sollte. Sein Gründer und Chefredakteur Henri Nannen war einundvierzig Jahre alt und den Menschen in Deutschland noch kein richtiger Begriff. Aber das sollte sich ändern.

Adenauer selbst war mit großer Entourage gereist. Die engere Delegation umfasste zwölf Personen, darunter der Kanzler selbst, Außenminister Heinrich von Brentano, Kurt Georg Kiesinger, der damals noch dem Auswärtigen Ausschuss vorsaß, dessen Stellvertreter Carlo Schmid, der Ministerpräsident von Nordrhein-Westfalen, Karl Arnold, die Staatssekretäre Hans Globke und Walter Hallstein. Unter den mitreisenden Journalisten waren Marion Gräfin Dönhoff, Rüdiger von Wechmar, Claus Jacobi, Gerd Ruge und andere mehr der einflussreichsten Journalisten der Fünfzigerjahre.

Dass es ausgerechnet meinem Großvater gelingen würde, so nah an das Geschehen heranzukommen, war nicht unbedingt wahrscheinlich gewesen. Für das Bankett im Festsaal hatte er nämlich keine Einladung gehabt. Dort hinein hatte der *Stern*-Fotograf Ernst Grossar, der mit ihm nach Russland gereist war, seinen Chef mit einem Trick gebracht. Grossar war mit einem Foto in der Hand, auf dem er selbst mit Bulganin zu sehen war – das Bild war eine Weile zuvor bei einer

Konferenz in Genf entstanden –, auf den Wachmann am Eingang zugegangen und hatte ihm von einem angeblichen Missgeschick erzählt. Leider, leider habe er, der zur deutschen Delegation gehöre, seine Einladung im Hotel vergessen. Aber man könne ja auf dem Bild sehen, wer er sei, und deshalb möge man ihn bitte auch ohne das Papier einlassen. Grossar durfte passieren und wandte sich, im Saal angekommen, an einen zweiten Wachmann, der doch seinen Chef hereinholen möge, der stehe draußen und habe seine Einladung vergessen.

So hat es mein Großvater oft erzählt. Und ich glaube, er freute sich immer noch darüber, dass es geklappt hatte. Er zog die linke Augenbraue leicht hoch, hob das Kinn ein klein wenig an, setzte sich scheinbar etwas gerader und begann zu erzählen. »Oh, also, das war so …« Mein Großvater sprach immer recht deutlich, nuschelte nicht – darauf hatte sein Vater großen Wert gelegt –, und wenn er die Moskau-Geschichte erzählte, war da immer ein Schmunzeln in seinen Augen. Ich glaube, es war wie bei einer Erinnerung an einen geglückten Jungenstreich – eine Mischung aus Stolz und Abenteuer.

Ernst Grossar sprach fließend Russisch und hatte bei den Aufpassern damals offenbar den richtigen Ton getroffen. Nachdem er seinen Chef beschrieben hatte, konnte Personal geschickt werden, um ihn hereinzuholen. Später sagte Grossar: »Wenn Bundeskanzler Adenauer einmal nicht mehr ist – wir haben doch einen Herrn Nannen.«

Jemand, der nicht wusste, wie der deutsche Bundeskanzler aussieht, hätte annehmen können, dass es sich bei Adenauer um den groß gewachsenen, aufrecht gehenden Mann rechts neben Bulganin handeln musste. Dessen Blick war nach vorn, nicht auf die Treppenstufen gerichtet, seine Hände lagen am Körper an, die Haltung gestrafft, der schwarze Anzug knitterfrei, eine seidene Krawatte um den gestreckten Hals – ein Staatsmann eben, bar jeder Mimik, die ihn zu einem Individuum gemacht hätte. Ein Mann, dem es soeben gelungen war, einen bedeutenden diplomatischen Sieg im Frieden zu erringen. Hätte man meinen können. Nur, anders als alle anderen trug er in der oberen Anzugtasche einen kleinen Schreibblock und einen Stift – die Utensilien des Reporters.

Wie es ihm geglückt war, in die erste Reihe zu gelangen, hat mein Großvater später immer wieder erklärt. Auch mir: »Du weißt doch,

Stephanie, das war die ernste Miene mit dem befugten Gesicht.« Dabei schmunzelte sein Mund – wie üblich, wenn ihm gefiel, was er sagte – mit ein wenig nach unten gezogenen Winkeln und ohne dabei Grübchen zu erzeugen; eigentlich verzog er dann möglichst keine Miene, so als wollte er nicht, dass sich seine im Gesicht des anderen spiegelte. Lieber war es ihm in solchen Momenten, zu sehen, wie ich reagierte. Auch konnte man ihm so nicht ablesen, wie ernst er das Gesagte meinte. Übrigens ist der zweite Halbsatz seiner Erklärung zu dem Foto in Moskau der eigentlich entscheidende. Er lautet: »Denn Unbefugten ist der Zutritt verboten.«

Diese Erkenntnis, die sich als Warnung noch heute an Baustelleneinfahrten oder anderen der gemeinen Öffentlichkeit nicht zugänglichen Orten findet, war für ihn eiserner Leitsatz. »Ich muss befugt sein, wenn ich da reinwill«, hieß das für Henri Nannen. Weil der Journalist Nannen überall Einblick haben wollte, alles wissen, überall mitmischen, nirgends draußen bleiben konnte, aber nicht für alles auch eine Einladung oder Erlaubnis hatte, musste er wenigstens befugt aussehen, fand er. Es war keine Pose. Das Wichtige daran war, eben nicht sonderbar aufzufallen, sondern ganz selbstverständlich daherzukommen. Denn selbstverständlich gehörte Henri Nannen in die erste Reihe. Nur wenn er das für den Augenblick selbst glaubte, konnte es ihm gelingen, befugt zu wirken.

Die »ersten Lektionen« für diese Art Auftreten erhielt mein Großvater gemeinsam mit Rudolf Augstein – fünfzig Jahre lang waren die beiden befreundet – 1947 in Hannover. »Zur Eröffnung der Hannover-Messe schritten wir mit dem Generalmusikdirektor Franz Konwitschny Seite an Seite zur Eröffnung. Wir beide hatten aber keine Einlasskarten. Da sagte der Dirigent: ›Aber meine Herren, so was macht man anders. Sie gucken jeden strafend an, der nach der Karte fragt, und reden angeregt auf mich ein.‹ So taten wir es, und so funktionierte es«, erzählte Rudolf Augstein.

Diese journalistische Grundregel hat Nannen auch seinen Redakteuren mitgegeben. »Das hat der Alte immer wieder gepredigt«, sagt heute Michael Jürgs, der 1976 zum *Stern* kam, schnell Unterhaltungschef und viel später – nach der Nannen-Ära – *Stern*-Chefredakteur wurde. »Ihr müsst ein befugtes Gesicht machen«, habe Nannen gesagt – und nicht nur die Mimik gemeint. Der jeweiligen Situation entsprechend muss das Richtige gesagt werden, das Gesicht dazu passen, die Haltung überzeugen; ein Lächeln kann helfen, auch eine Träne, Hemdsärmeligkeit oder Weltgewandtheit kann Türen öffnen. Jürgs interpretiert Nannens Worte heute so: »Man muss mit dem, was man selbst nicht hat oder ist, angeben. Nur in dem einen entscheidenden Moment.« Für einen Journalisten sei das lebensnotwendig.

Der *Stern*, das war in den Sechzigern und Siebzigern ein Blatt, das überall auf der Welt Türen öffnete; ein Ort, von dem aus Tabus gebrochen wurden, von dem aus man Grenzen versetzte. Die Reporter waren bekannt, wurden auf der Straße von den Leuten angesprochen, hatten im Verlag alle Möglichkeiten, oft wochenlang Geschichten zu recherchieren, lebten mit gutem Salär und schönen Dienstwagen. Die Zeitschrift war so erfolgreich, dass da für jeden ein bisschen Sternenstaub abfiel. Schon 1975 setzte sich der *Stern* an die Spitze in Deutschland – mit einer Auflage von 1,68 Millionen. Im Anzeigengeschäft führte er die europäischen Zeitschriften seit 1974 an. Vom *Stern* wollte man damals nicht weggehen. Und bleiben konnten nur diejenigen, die Qualität brachten.

Heiko Gebhardt gelang es als einzigem Reporter seinerzeit, an den abgeschirmten Polizisten heranzukommen, der Benno Ohnesorg erschossen hatte, und führte ein langes Interview mit ihm in dessen Wohnhaus.

Robert »Bob« Lebeck stieg noch 1999 mit dem befugten Gesicht – wie er selbst sagt – im Kosovo in einen Hubschrauber, der nicht für Vertreter der Presse vorgesehen war. Er hatte sich das Namensschild des Regierungssprechers genommen und saß so in dem Helikopter, in dem auch Kanzler Gerhard Schröder flog. Die großen Reporter hatten sich Nannens Haltung zu eigen gemacht, und viele waren ihm in genau diesem Punkt nicht unähnlich.

Sein befugtes Gesicht galt nie mir. Ich habe es ihn aufsetzen sehen, aber nicht in meine Richtung. Wenn mein Großvater mich von etwas zu überzeugen versuchte, dann ging er anders vor. Er erzählte. Je nachdem worum es ging, erzählte er so, dass ich die Geschichte nacherleben konnte, weil er mir alle Einzelheiten schilderte.

Es gab jedoch auch diese andere Art von Geschichten, die in der Gegenwart spielten und die den Zweck hatten, mit den Dingen, die geschahen, umgehen zu können. Ein Beispiel: Ich war vielleicht zwölf Jahre alt, als in einer Hamburger Zeitung über den Mord an einem jungen Mädchen berichtet wurde. Die Schülerin war mit dem Rad zu einer Fete in der Nähe gefahren. Auf dem Heimweg wurde sie, ein paar hundert Meter von ihrem Elternhaus entfernt, überfallen und getötet.

Ich war panisch an diesem Abend. Ich hatte Angst. Dann kam mein Großvater, der sich zum Essen angemeldet hatte. Er setzte sich auf meine Bettkante. Ich erzählte ihm von dunklen Heimwegen und dass ich glaubte, jedem könne so etwas Schreckliches zustoßen, warum also nicht auch mir? Als ich geendet hatte, sah er mich an und sprach. Er tat nicht, was alle Eltern zur Beruhigung ihrer Kinder versuchen würden. Er sagte nicht: »Keine Angst, das kann gar nicht passieren!« Im Gegenteil. »Du hast recht, Stephanie«, sagte mein Großvater. »Jedem könnte so etwas passieren, auch dir. Also lass uns darüber nachdenken, wie wir aufpassen können, dass dir nichts geschieht.« Wir haben noch eine Weile geredet, und es war gut. Es war kein Zauberspruch, mit dem mein Großvater mich beruhigt hatte. Er nahm einfach die Wahrheit und mich damit ernst. Das funktionierte bei mir so gut wie bei seinen Lesern.

Mein Großvater war ein Erzähler, und wer sich erinnert, hat ihn vor sich, wie er stundenlang sitzen konnte und seinen Redefluss kaum je unterbrach. Augstein hat oft davon gesprochen, wie er und Nannen einmal im Flugzeug nach New York saßen und sich gegenseitig ihre Lebensgeschichte erzählten. »Als wir wieder zu Hause in Hamburg ankamen«, so sagte es Rudolf Augstein, »kannte ich dein Leben, Henri.« Er hatte den Freund kaum zu Wort kommen lassen.

Das war ja sonst nicht wirklich anders. Man darf sich nicht vorstellen, dass es bei einem Glas Bier oder einem Schinkenbrot immer wirklich Gespräche gegeben hätte. Mitunter sprach nur einer, und das war mein Großvater. Er aß währenddessen, knusperte Nüsse, krümelte, redete weiter, trank wenig Alkohol, denn davon bekam er Kopfschmerzen.

Damals waren Hörbücher für Erwachsene noch nicht verbreitet. Mein Großvater war an solchen Abenden jedoch der *Stern* als Hörbuch. Es war, als schaltete er sich selbst an und vertonte die Ereignisse da draußen in der Welt. Er sprach druckreif, wartete nicht auf Gegenfragen, beantwortete auch keine, sondern gab die Story zum Besten. So, wie er sie sah; er wählte den Schwerpunkt des Themas, hob Personen hervor, ließ andere im Dunkel, färbte Situationen, wenn Gefühl nötig war, beschleunigte, um Spannung zu erzeugen. Von Begebenheiten mit Politikern sprach er, von Hintergründen zu Geschichten, die im *Stern* gedruckt wurden. Und das tat er so gut, mit einem solchen Sinn für Höhen und Tiefen, einem Gespür für Dramaturgie und den richtigen Fokus, dass ihm jeder zuhörte. Seine Zuhörer hingen an seinen Worten, alle. Selbst dann, wenn sie die Geschichte schon kannten. Das galt oft auch für mich.

Mein Großvater verbesserte die Erzählungen von Mal zu Mal, wodurch sich die Abläufe und die Details immer wieder leicht veränderten. Als Kind hat mich das irritiert. Damals dachte ich, dass er sich einfach nicht mehr ganz genau erinnerte und deshalb immer wieder neu erzählte. Letztlich begriff ich aber, dass es zu seiner Art gehörte. Er feilte an Geschichten, wie er es bei der Bearbeitung von Texten im *Stern* tat. Man konnte immer verbessern. Hier etwas streichen, dort einen Satz umbauen, den Höhepunkt anders setzen, eine Figur mehr in den Vordergrund holen.

Wenn er mit seinem Freund Victor Schuller zusammensaß und die beiden gemeinsam von etwas berichten wollten, verlief das immer ähnlich. Beide hatten völlig verschiedene Auffassungen davon, was wahr war. Victor »Vic« und Henri hatten sich 1943 bei einem Offizierslehrgang in Berlin kennengelernt, Vic und seine Frau Thea machten Henri dort mit Martha, meiner Großmutter, bekannt; Vic und Henri haben fünfunddreißig Jahre lang den *Stern* zusammen gemacht – Victor war der Herr der Texte, und eine ganze Zeit lang Stellvertreter des Chefredakteurs. Vor allem aber war er die Klimaanlage des *Stern*. Er richtete die Redakteure wieder auf, wenn diese sich beim Chef Prügel eingehandelt hatten. Die Leichenteile, die aus Nannens Büro fielen, setzte Vic wieder zu Menschen zusammen, hieß es. Vic war gleichzeitig aber einer der wenigen Freunde meines Großvaters und absolut loyal.

Einer von beiden begann also zu erzählen. Der andere hörte zu, ergänzte zunächst, verbesserte dann, erst sanft, später mit Nachdruck. Irgendwann wurden aus dem gemeinsamen Erzählfluss zwei Geschichten, die nur noch wenig miteinander zu tun hatten. Vic bestand darauf, dass es so nun aber wirklich nicht gewesen sei. Henri erzählte weiter, und Vic schüttelte nur noch den Kopf. »Herrje, Peter [so nannten ihn ganz alte Freunde und manche Frauen], so stimmt das doch nicht, du musst doch bei der Wahrheit bleiben.« Und mein Großvater sagte dann: »Das ist die Wahrheit.« »Ist sie nicht.« »Natürlich ist es die Wahrheit, und so wie du es erzählst, ist das doch gar keine Geschichte, so will das doch keiner hören!« Wichtig für Henri Nannen war nun mal der Rhythmus, der Sound einer Geschichte, da durfte nichts monoton werden und nichts klappern. Die Spannung, die sie erzeugte, war von Bedeutung, die Gefühle, die sie bewirkte oder hinterließ, maßgeblich.

Es gibt Weggefährten wie den ehemaligen Anwalt des *Stern* und damit langjährigen Streiter in der Sache, Heinrich Senfft, der überspitzt formuliert, mein Großvater habe sein erstes wahres Wort gesprochen, als er mit achtzig Jahren sagte: »Altwerden ist scheiße!« Andere versuchen, Details zu widerlegen, was ihnen gelingt, weil Henri Nannens Geschichten sich eben wandelten.

Manfred Bissinger, der 1966 zum *Stern* kam und über die Jahre so etwas wie der Ziehsohn meines Großvaters und schließlich sein Stellvertreter wurde, bis man sich 1978 im Streit trennte, beschreibt dieses Phänomen so: »Nannen hatte eine wunderbare Eigenschaft. Wenn Sie dem eine Geschichte erzählten, die ihm gefiel, dann hat er sie sofort adoptiert. Und es konnte Ihnen passieren, dass er drei Stunden später in Ihr Zimmer kam und Ihnen genau diese Geschichte, die Sie ihm erzählt hatten, wiedergab – viel schöner, viel blumiger, viel genialer. Aber es war natürlich seine. Davon war er überzeugt. Er liebte Geschichten. Und wenn's gute waren, waren es nun mal einfach seine. Die gehörten dann zu ihm.

Wir haben beim *Stern* immer versucht, zu verhindern, dass er in Gerichtsverfahren aussagt – der *Stern* hatte ja viele Gerichtsverfahren. Der hätte jeden Meineid geleistet, wenn man ihn nicht vorbereitet hätte. Nicht absichtlich, das auf keinen Fall. Er war immer davon überzeugt, dass es so war, wie er es sagte. Man hätte ihm das nicht vorhalten können. Das hätte er auch gar nicht verstanden.«

»Was ist Wahrheit?«, die berühmte Pilatus-Frage. Für den Journalisten Nannen gehörten Wahrheit und Wirkung zusammen, er hat sie in Beziehung zueinander gesetzt. Manchmal schien die Wirkung die enge Wahrheit übertrumpfen zu müssen – zugunsten einer »höheren« Wahrheit. An diese Wahrheit glaubte mein Großvater, und er verteidigte sie mit ganzer Kraft. Unter dieser Prämisse war es auch gar nicht schwierig, die Wahrheit immer ein bisschen abzuwandeln. Und vielleicht war es die einzige Art, die er kannte, um nicht von eigenen Fehlern oder falschen Ansichten festgehalten zu werden auf seinem Weg. Diese Umdeutung ließ ihn voranschreiten, auch dazulernen. Natürlich war das von außen betrachtet auch der einfachere Weg.

Gibt es eigentlich einen »falschen Tod«? Und wenn ja, muss es dann auch einen richtigen geben? Diese Fragen begleiteten mich auf dem Sandweg des Friedhofs in Emden. Über den Tod hat er einmal in diesem Sinne gesprochen. Er wollte nicht den falschen Tod sterben. Er wollte seinen Tod sterben. War dies denn seiner?

Die Aura meines Großvaters hatte etwas von Grenzenlosigkeit. Man könnte sagen, das war Teil seines »Bauches«. *Wenn Henri einen Raum betrat, so war der voll.* Ein Satz, den bis auf seine dritte Ehefrau Eske jeder, mit dem ich gesprochen habe, so oder ähnlich formuliert. »Es war unmöglich, dass Henri Nannen irgendwo hereinkam und niemand ihn bemerkte«, erzählt mir Babette Fischer, Witwe des einstigen Vorstandsvorsitzenden von Gruner+Jahr, Manfred Fischer, und mit meinem Großvater befreundet. »Das geschah einfach nicht. Er füllte Räume mit seiner bloßen Anwesenheit. Und er konnte dabei unglaublich unterhaltend sein«, sagt sie. »Aber auch furchtbar unleidig, wenn er nicht wollte. Dann sagte er einfach nichts. Wenn er nicht gut gelaunt war oder gelangweilt, waren ihm Konventionen gleichgültig. Er kannte keine Regeln und schlief dann einfach ein«, sagt Babette Fischer.

Jedem wäre es peinlich gewesen, bei einer Einladung, einer Redaktionskonferenz, einem Abendessen oder in einer Vorstandssitzung einzuschlafen – Konzertbesuche wären da noch die am wenigsten unangenehmen Gelegenheiten. Meinem Großvater war es nicht peinlich. Der schlief bei vielen Gelegenheiten und ohne Ansehen der anwesenden Personen. Aber nie sehr lange. Ein paar Minuten. Er hatte übrigens nie Schrecksekunden, musste sich nicht besinnen, wenn er aufwachte. Vor allem aber war es ihm vollkommen egal, was andere über sein öffentliches Schlafen dachten. Nicht weil er sich wichtig nahm, nicht weil er damit etwas ausdrücken wollte. Nein, er tat es einfach, weil er müde war.

Es gibt einen Spruch, den sich Freunde gern in Sinnbücher schreiben, in dem es aufmunternd heißt, man möge herausfinden, wo die Grenzen sind und von dort aus starten. Bei meinem Großvater war das anders. Für ihn war eine Grenze nicht der Rand eines Raumes. Vielleicht noch eine Größe, die er in seine Berechnungen mit einbezog, wenn es darum ging, herauszufinden, wie man ans Ziel gelangen könnte. Er war aber eher der Typ, der mit kühlem Kopf und heißem Herzen drauflos marschierte – oder drauflos schrieb, zum Beispiel Anfang der Fünfzigerjahre: Damals verunglückten immer mehr Menschen an unbeschrankten Bahnübergängen auf Haupt- und Bundesstraßen. Viele der Unfälle waren tödlich. An 1810 Stellen im Land konnten die Gleise ohne eine Schranke oder eine ausreichende Warnung überquert werden. Der *Stern* hatte dem damaligen Bundesverkehrsminister Seebohm eine technische Neuerung vorgeschlagen – eine »doppelt sichernde Schranke«. Seebohm tat nichts in dieser Richtung. Der *Stern* zählte jeden Toten. Dann schrieb mein Großvater in Heft Nr. 47, 1955: »Das ist fahrlässige Tötung, Herr Seebohm«, und hielt ihm vor, er habe die Gesundheit und das Leben von Menschen auf dem Gewissen. Dann stellte er Strafantrag.

Einen Politiker anzeigen – durfte man das? Für den Normalbürger wäre da sicherlich eine Grenze gewesen. Und auch aus diesem Grund existierte sie für meinen Großvater nicht. Über Seebohm hatte er auch zu Hause viel gesprochen, daran kann sich sein Sohn Christian, mein Vater, noch gut erinnern. Bei einem Minister konnte seiner Ansicht nach nicht haltgemacht werden, wenn es eine Möglichkeit gab, diese Bahnübergänge sicherer zu machen. »Wozu, so frage ich, haben wir eine Demokratie, wenn es uns nicht gelingen sollte, einen solchen Minister zum wohlverdienten Rücktritt zu veranlassen«, schrieb er später in einem Editorial.

Mein Großvater war kein Dummkopf, auch kein testosterongesteuerter Machtmensch, der ohne nachzudenken alles angriff, was sich ihm in den Weg stellte. »Ein starker Mann war Henri Nannen«, sagt Robert »Bob« Lebeck, der 1966 zum *Stern* kam und zu einem der größten Fotografen des Landes wurde. »Ein strahlender Mann war der Nannen, es gibt selten solche starken, stark erscheinenden Menschen.«

Diese strahlende Stärke war Teil seines »Bauches«, Teil seiner Aura – Teil auch seiner Macht. Bei den Lesern kam das an, und der *Stern* hatte eine unglaubliche Reichweite – in seinen besten Jahren las ihn jede Woche ein Drittel des Landes. Sie vertrauten Henri Nannen, und sie glaubten, dass er es schaffen könnte, ihr eigenes Leben zu verbessern. Auch deshalb, weil er es ihnen immer wieder versprach.

Ich habe die Wirkung meines Großvaters auf andere Menschen oft entstehen sehen. Allerdings war sie je nach Adressat verschieden. Es war, als hätte er für jedes Gegenüber ein eigenes Gesicht. Und das wiederum bekam so das Gefühl, dass Henri Nannen wirklich nur ihn meinte. Für den Moment war das auch der Fall. Der Leser war ihm in besonderem Maße wichtig – und später der Besucher seiner Kunsthalle. Dabei ging es immer nur um *den* einen, denjenigen, den er vor Augen hatte, wenn er sein Editorial schrieb. Oder um denjenigen, der ihm begegnete. Ganz gleich, wo diese Begegnung stattfand.

Eines Tages, es war im Winter, fuhren wir mit der Familie nach Lübeck, um dort im altehrwürdigen Schabbelhaus essen zu gehen. Damals war das Schabbelhaus eines dieser gutbürgerlichen Restaurants, in das man schon beim Eintreten die Stimme senkt, weil alles so fein still ist.

Wir waren mit dem Auto aus Hamburg angereist und hatten, in Lübeck angekommen, direkt an dem niedrigen Haus an der Mengstraße angehalten. Mein Großvater, der für sein Leben gern Auto fuhr und beides dabei manches Mal riskierte, stieg an der Beifahrerseite aus. Mein Vater hätte ihn nie ans Steuer gelassen, denn mein Großvater konnte zwar gut Auto fahren, tat das aber oft einfach nicht. Meistens beschäftigte er sich gleichzeitig mit etwas anderem, drehte sich um, damit er sich besser mit seinen Mitfahrern auf der Rückbank unterhalten konnte, blickte dabei lange nicht nach vorn, diskutierte, suchte etwas, drehte sich noch mal um. Hätte es damals schon Mobiltelefone gegeben, es wäre nicht auszudenken gewesen. Als Beifahrer war er meistens angenehm, er schlief ein, wenige Minuten nachdem der Wagen sich in Bewegung gesetzt hatte, und weil wir anderen uns um ziemlich unnötige Rücksicht bemühten, war es wohltuend ruhig.

Er schlug nun die Wagentür zu, und wartete, bis alle beisammen waren. Niemals wäre er allein vorangegangen; nicht so sehr deshalb, weil er wusste, dass es unhöflich gewesen wäre, nicht auf die Familie zu warten, sondern weil es ihm nicht behagte, in Räume, die nicht seine waren, allein hineinzugehen. So trieb er denn seinen Sohn zur Eile an. »Krischan, nun komm schon.« Mein Vater schloss das Auto ab, kam, wie ihm geheißen, und öffnete die Eingangstür.

Nun war es zu jener Zeit, etwa Ende der Siebziger, so, dass »Henri Nannen« nicht nur ein Name war, sondern auch ein Gesicht. Man erkannte ihn, und ich war als Kind immer wieder erstaunt darüber, wie viele Leute meinen Großpapa kannten. Dass mir nie das Gefühl entstand, es sei etwas Ungewöhnliches, lag daran, dass mein Großvater diese Prominenz nicht vor sich hertrug. Auch hier in Lübeck nicht. Er erwartete nicht, dass sich alle nach ihm umdrehten. Er stand auch nicht wartend im Eingang, bis Oberkellner oder Besitzer ihm einen Empfang bereiteten. Genauso war er aber auch nicht verkrampft darum bemüht, sich möglichst schnell auf einen Stuhl zu setzen, um dem Blickfeld der Leute zu entkommen – wie man es so häufig bei bekannten Persönlichkeiten oder weniger bekannten Prominenten beobachten kann.

Er war bestimmt nicht bescheiden, aber er machte kein Aufhebens um sich.

Allerdings könnte man sagen, er war Aufhebens. Mein Großvater maß 187 cm und wog manchmal 120 Kilo, er fiel also schon aufgrund seiner Statur auf. Übrigens war er trotzdem selten dick, zwar wohlbeleibt, aber nie schwabbelig, irgendwie straff, er ging immer aufrecht; sogar später versuchte er es noch, als er einen Gehstock zu Hilfe nahm, weil die Polyneuritis in den Füßen ihm das Gehen erschwerte. Er hatte einen großen Kopf mit einer breiten Stirn, die scheinbar nichts versteckte, einen großen lebenslauten Mund, der mindestens, wenn er nichts sagte, immer Vertrauen erweckte, weil er etwas Gütiges hatte, seine großen Ohren mit langen Ohrläppchen schärften das Profil. Am auffälligsten an ihm waren aber wohl diese wachen, alles sehenden und vielsagenden blau-grauen Augen. Seine Haut sah immer weich aus, und immer wenn ich sie anfasste, war sie das auch. Alles an ihm passte so gut zusammen, dass er einfach nicht zu übersehen war. Er war kein Klotz in seiner Erscheinung. Man könnte ihn mit einem Elefanten vergleichen und in diesem Bild den Porzellanladen weglassen, denn nur am falschen Ort ist ein Elefant ein klotziges, klobiges Tier.

Nachdem wir uns eben an den Tisch gesetzt hatten – der Kellner war wieder davongeeilt, die Speisekarten hatte er dagelassen –, da stand eine ältere Dame in der anderen Ecke des kleinen Saales, in dem jeder Tisch eine Nische hatte, auf und kam zögerlichen Schrittes näher. Mein Großvater sah sie gar nicht, studierte das Menü, überlegte, ob er den Rehrücken wählen sollte. Oder vielleicht doch besser Fisch? Erst als sie ihn ansprach, veränderte sich ganz plötzlich sein Gesichtsausdruck.

»Sagen Sie bitte, sind Sie vielleicht der Herr Nannen?«, fragte die Dame noch immer zögerlich. Er blickte von der Karte auf, brachte seine Augenbrauen in die richtige Stellung – die eine formte Erstaunen, die andere freudiges Wiedererkennen einer lang entbehrten Freundin – und strahlte dieses überraschte, warme, herzliche Lächeln direkt in das Gesicht der alten Dame, die er noch nie zuvor in seinem Leben gesehen hatte. »Jawooohl«, sagte er, »der bin ich. Und Sie kennen mich? Kommen Sie aus Lübeck? Lesen Sie denn den *Stern*? Hat er Ihnen in dieser Woche auch gefallen? Ja, das ist ja fabelhaft! Haben Sie die Weihnachtstage gut verbracht? Niemals hätte ich gedacht, dass mich in dieser wunderschönen Stadt jemand kennt. Ich wünsche Ihnen einen guten Appetit.« Und überlegte weiter, ob er nicht vielleicht doch lieber Ente essen sollte.

Die Schritte der Frau auf dem Weg zurück zu ihrem Tisch waren leichter und fester zugleich. Diese Wirkung hatte mein Großvater auf Menschen. Es war ein Leichtes für ihn, dieses Gesicht aufzusetzen. Aber richtig ist auch, dass dieser Mimikwechsel nichts Aufgesetztes an sich hatte, dass er sich wirklich freute. Nicht unbedingt immer darüber, angesprochen zu werden, weil er sich doch im direkten Gespräch mit Fremden nicht recht wohlfühlte. Aber er freute sich darüber, dass die Menschen ihn kannten, dass sie ihre Scheu überwanden, ihn anzusprechen. Auch darüber, dass er dabei immer auch etwas von denen erfuhr, die ihn fragten. Das nahm er dann mit, ließ es in seine Gedanken und Sichtweisen einfließen, stellte es zur Diskussion oder argumentierte mit den Befindlichkeiten seiner Leser, wenn sie dienlich waren.

Sein Freund Vic sagte, er habe in seinem Leben keinen größeren Egomanen gekannt als meinen Großvater. »Man kann von einem Mann, der zum Erfolg geboren ist, der immer ein Ziel vor Augen hat, das er auf Biegen und Brechen erreichen will, nicht verlangen, dass er rücksichtsvoll auf Bremser wartet, die nicht mithalten können«, sagte Victor in der Trauerrede, die er an diesem 18. Oktober in Emden hielt. Mein Vater sagt: »Im Fokus meines Vaters hat es immer nur einen Menschen gegeben, und das war er selbst.« Babette Fischer sagt, er sei natürlich egozentrisch gewesen, »alle Menschen, die es zu etwas wirklich Großem bringen, müssen Egozentriker sein – das ist auch bei Künstlern so.«

Gisela Nannen, meine Mutter, denkt daran, wie viel Freude es ihm machen konnte, anderen eine Freude zu machen. »Nicht immer zu ›üblichen‹ Anlässen wie Geburtstagen, sondern wenn es ihm gerade einfiel. Meistens war es dann so, dass er irgendwo unterwegs etwas sah – ein Kleid, ein Tuch, einen Bademantel – und sich überlegte, für wen es sich am besten eignen würde.« Manchmal nahm er gleich zwei vom Gleichen mit. Wenn ihm eben zwei Damen einfielen, die haargenau zu dem Seidentuch passten.

Auch wenn er schenkte, tat er das aus der eigenen Begeisterung für die Sache heraus, die er sah. Aber ich will das nicht negativ werten; wenn er etwas für andere tat, dann kam das immer von Herzen. Die Menschen, die er liebte, hatte er in seinem Herzen, aber richtig ist auch: Im Kopf hatte er vornehmlich sich selbst.

Jeder, der Henri Nannen kannte, bescheinigt ihm ein hohes Maß an Eitelkeit. Altkanzler Gerhard Schröder auch, als ich mit ihm über seine Erinnerungen an meinen Großvater spreche. »Aber die brauchte Nannen auch«, sagt mir Schröder. »Bei dem, was er geschaffen hat, war Eitelkeit unerlässlich. Sonst hätte er es nicht schaffen können. Das ist wie in der Politik. Wenn du nicht an dich selbst glaubst und an das, was du vertrittst, dann glauben auch die anderen nicht an dich. Zuallererst musst du selbst vollkommen von dir überzeugt sein.«

Mit diesem nach außen getragenen Gefühl, ihm könne nichts und niemand etwas anhaben, schuf er sich eine Rüstung. Schon die unterschied ihn von anderen Menschen. Und sie verlieh ihm eine zusätzliche Unantastbarkeit – niemand beim *Stern* hätte es gewagt, Nannen einfach mal so auf die Schulter zu klopfen, mit ihm kumpelhaft umzugehen. Er war auch nicht der Typ Mann, der sich auf ein Glas Bier mit Bekannten traf. Er blieb, trotz aller Öffentlichkeit, in der er sich bewegte, eher für sich – zu Freunden ging er hin und wieder, ja. Die meisten Menschen hielt er so von sich fern. Und weil er zudem scheu war, gelang es ihm auch nicht, diesen Raum zwischen ihm und anderen zu überwinden. Ich war in diesem Raum.

Es gibt diese Momente auf Beerdigungen, in denen der Mensch jede Kontrolle über sein Denken verliert. In denen verschwindet, was die Gewähr ist für ein funktionierendes Miteinander innerhalb einer Gesellschaft. Die vertraute, weil lange Zeit mühsam antrainierte und gut in Übung gehaltene Rationalität schaut zu und gibt den Körper frei für jegliche biochemische Reaktion. Die Auswirkungen sind von Trauerndem zu Trauerndem ganz verschieden. Manche schreien, andere schluchzen, sie lachen oder fallen in Ohnmacht.

Hinter dem Sarg meines Großvaters war es still. Das lag vielleicht auch daran, dass es keine Trauergemeinde, sondern eher eine Trauerversammlung war, und dass manch einer manch einem gegenüber nicht gern die Contenance verloren hätte.

Ich war gar nicht da und beschleunigte meine Schritte, unmerklich, weil man auf einem Friedhof nicht absichtlich hastet und schon gar nicht auffällt. Das passt vermutlich nicht zur Trauer. Letzte Wege geht man langsam. Hat das eigentlich jemand so festgelegt? Meinen Großvater hätte es jedenfalls nicht interessiert. Er wäre so schnell oder langsam gegangen, wie er es gewollt hätte. Dessen war ich mir sicher, und es machte mich wütend, dass niemand auf ihn hörte – hier draußen im auffrischenden Wind in Emden, in der hintersten Ecke des Landes, in die sich mein Großvater nach der *Stern*-Zeit zurückgezogen hatte. Ihn hätte niemand aufgehalten. Eher hätte sich auch jede Trauergesellschaft seinem Schritttempo angepasst. Warum soll ich langsam gehen, wenn doch der Zorn energisch vorantreibt und der Schmerz so viel Raum in Armen und Beinen braucht, dass ruhiges Schreiten unmöglich ist? Das hätte er sich gefragt.

Nein, hätte er nicht. Er fragte nicht. Er tat. Er wäre nicht in der Reihe geblieben. Gut möglich, dass er diesen Zug, der sich nun auf der großen Friedhofsallee entlangschob, nicht einmal gesehen hätte. Mein Großvater erkannte Grenzen nicht immer, schon gar nicht erkannte er sie an, wenn ihnen keine unwiderlegbare Logik zugrunde lag. Wäre er es gewesen, der hinter den Totenträgern ging, dem der Schmerz und die Unfassbarkeit der Ereignisse die Brust zerriss, man hätte ihn nicht zurückhalten können. Und er war so einer: Wenn ihn etwas schmerzte, dann zerriss es ihn auch gleich – nicht auf ewig, aber mit ganzer Kraft.

Mich hielt mein Vater am Arm. Hielt mich mit leichtem Druck sanft zurück. Und so konnte ich nicht tun, wozu mir mein Gefühl riet. Nämlich schneller zu gehen, um den Sarg zu berühren. Ihn anfassen. Wenigstens das. Mein Vater trug den dunklen Mantel meines Großvaters, den er sich vor der Trauerfeier in dessen Haus vom Garderobenhaken genommen hatte, weil er nicht daran gedacht hatte, einen eigenen mitzubringen, außerdem trug er noch eine schwarze Hose meines Großvaters. Mein Bruder Oliver trug die Hose meines Vaters, denn er selbst hatte seine schwarze Anzughose in Hamburg vergessen, passte aber nicht in die Hosen unseres Großvaters. Oliver war inzwischen über die Hysterie des ersten Moments hinweg, in dem die Trauer und Verzweiflung sich fast unkontrolliert entladen hatte und in dem plötzlich nichts schlimmer sein kann, als eben diese Hose nicht mitgebracht zu haben – »Mein Großpapa stirbt, und ich habe keine Hose«.

Als wir das Grab am Ende der großen Allee links erreichten, wurde es etwas erträglicher. Denn da war er. Mein Großvater war hier in dieser etwas ruhigeren Ecke des kleinen Emder Friedhofs Tholenswehr präsent, für mich. Ich kannte sein Grab gut. Dieser Sarg konnte mir keine Angst einjagen, *er* war hier schließlich fremd. Wir beide, mein Großvater und ich, sind oft gemeinsam hier am Grab gewesen. Er hatte lange zuvor alles geregelt. Natürlich wirklich alles.

Mein Großvater war jemand, der die Dinge mit Perfektion, man könnte auch sagen, mit Liebe machte. Er war »nie erschöpft, nie außer Atem, nie des Objektes überdrüssig, das er gerade in der Mache hat«, sagte Victor Schuller. Manchmal war das für alle anderen eine Tortur.

Alexander »Sascha« Schuller, Victors Sohn, erzählt von so einer Tortur im Hause Schuller. Es muss etwa 1976 gewesen sein. Thea und Vic hatten ihren Freund »Peter«, zusammen mit einer Handvoll anderer Gäste, zum Abendessen gebeten. Ein Fasan schmorte im Topf. Der Abend war noch jung. Im Wohnzimmer des Hauses in Großhansdorf, am Hamburger Stadtrand, saßen die Eingeladenen bei einem Glas Sherry, man wartete auf das Signal des Gastgebers, um sich an den Tisch zu setzen. Henri Nannen war noch nicht da, kam in Eile und zu spät aus der Redaktion an der Warburgstraße, begrüßte nun rasch die bereits am Tisch Sitzenden und ging alsbald in den Flur, zur Gästetoilette.

In der Küche brutzelte der Braten nun bedrohlich und signalisierte durch Veränderung von Farbe und Konsistenz, dass er dringend herausgenommen werden wollte. Nannen blieb verschwunden. Dann hörte man ihn rufen. »Vic?« – »Ja«, sagte Vic, »kommst du jetzt?« – »Nein«, sagte Henri. »Vic, eure Klotür klemmt.« – »Na, das weiß ich doch«, sagte Vic. Es war Sommer, und die Holztür am Eingang des Gäste-WC verzog sich bei veränderten Temperaturen. Nicht, dass sie nicht zu schließen gewesen wäre oder nicht zu öffnen. Sie hakte eben ein wenig. In meinem Großvater weckten verzogene Klotüren und ähnliche Feinde des Alltags den Handwerker.

»Vic, hast du einen Schraubenzieher?« – »Ja, natürlich.« – »Kann ich den mal haben?« Innerhalb von fünf Minuten war der gesamte Inhalt des Werkzeugkastens im Flur ausgebreitet. Thea war sauer, Vic versuchte sich um die anderen Gäste zu kümmern, Sascha beschaffte weiteres Werkzeug. Diese Tür musste nun repariert werden. Und es war Henri vollkommen gleichgültig, ob irgendwo ein Braten trocken wurde oder ein Soufflé in sich zusammenfiel, auch dass sieben andere Leute auf ihn warteten, interessierte ihn nicht. Jetzt ging es um die Tür. Die war schließlich kaputt.

Schullers Gäste-WC-Tür ließ sich, anders als zunächst vom Herrn des Flures vermutet, nicht durch Schrauben justieren, sie wurde also kurzerhand ausgehängt und flach gelegt. Dann schliff Henri mit ganzer Passion in der Brust und mit einer Bastelfeile aus Saschas Werkzeugrepertoire in der Hand an der ausgehängten Tür herum. Der Lack blätterte, die Späne staubten, der Braten gab auf, aber die Tür war am Ende wieder leichtgängig und klemmte nicht. Mit einer guten Stunde Verspätung wurde endlich gegessen.

Für Thea Schuller war das die Vollendung eines Horrornachmittags, an dem bereits Wolf Uecker sie aus ihrem Reich, nämlich aus der Küche, verbannt hatte, um Champagnerkraut zu kochen. Der Journalist war ein wirklich guter, aber eben auch eigensinniger Koch, der nun unbedingt Champagnerkraut an Fasan mit Trauben bereiten wollte, während die Gesellschaft Champagner an Kraut als Verschwendung ansah. »Perlen vor die Säue«, fand man, weil der Champagner doch besser im Glas geendet wäre.

Es ist gut möglich, dass neben der spontanen Leidenschaft für das Handwerk, die meinen Großvater immer wieder mal überkam, zusätzlich etwas anderes eine Rolle an diesem Abend gespielt hat: eine kleine Eifersucht auf Wolf Uecker, der da nun so eine Show abzog mit seinem Kraut und den Weintrauben, die noch eigens geschält werden mussten. So sah es Sascha. Mit der Tür bot sich meinem Großvater die Gelegenheit, Uecker ein bisschen zu piesacken – was er gern mit Freunden, Bekannten, Kollegen und anderen Trauten tat, sich aber auch selbst gern gefallen ließ. Uecker war jedenfalls stinksauer, Thea entnervt, Vic schüttelte nur den Kopf und trauerte noch ein wenig um den Champagner – und mein Großvater war rundum zufrieden. Es war also ein gelungener Abend, denn irgendwie war man aneinander und an Ungewöhnliches gewöhnt.

Nichts Gewöhnliches zu machen, war eine treibende Kraft in Henri Nannen. Es war kein Einzelfall, dass er nicht nur aneckte, sondern gleich die ganze Ecke mitriss. Und es war auch kein Zufall.

Um das Grab, vor dem wir nun standen, hatte mein Großvater den damaligen Emder SPD-Oberbürgermeister Alwin Brinkmann eines Tages gebeten und ihm die Zusage abgenommen, dass die Stadt es als Ehrengrab für ihn bereithalten würde. Nein, er überließ nichts dem Zufall, er hatte sein letztes Stück Grund auch selbst bepflanzt. Mit Rhododendren, die eine Rasenfläche säumten. Auch ein, zwei Rosensträucher und einen Baum gab es bereits, die Bank, die heute da steht, war noch nicht da, und es war Rasen angepflanzt, nicht diese Bodendecker, über deren Schlingen man überhaupt nicht und schon gar nicht auf Friedhöfen nachdenken möchte. Tholenswehr und sein Grab waren für ihn – auch im Alter noch – zu Fuß erreichbar, sodass sie also Zielpunkt manches Spazierganges waren. »Einmal Friedhof und zurück«, nannte er das. Und diese Spaziergänge entlang des Kanals, der rückwärtig an seinen Garten im Stadtteil Wolthusen grenzte, waren nicht immer düster, von Gedanken an Tod oder Ewigkeit getragen. Wir schauten oft auf das Wasser, manchmal auf Blumen, die am Wegesrand wuchsen, oder setzten uns auf die kleine Parkbank, etwa auf halber Strecke, die damals noch von einem Baum überwachsen war, sodass sie im Schatten lag. Diese Wege hatten etwas mit der Ewigkeit zu tun, aber sie gehörten nicht dem Tod. Sie gehörten zum Leben dazu. Zu seinem. Und so zu meinem.

Was wollten nur all die Leute hier – gut drei Dutzend mussten es wohl sein? Für eine Beerdigung im engsten Kreis waren doch recht viele geladen, John »Johnny« und Heike Jahr, Gerd und Irene Schulte-Hillen, Jan und Elke Hensmann, die Studienfreundin Ilse mit ihrem Mann Hans, *Stern*-Gefährten, Freunde und die Familie.

Ich ertappte mich dabei, dass ich mich prüfend umschaute, als die Trauergemeinschaft das Grab erreicht hatte. Er hatte das jedes Mal getan, wenn wir zusammen hier waren. Schaute, ob die Blüten nach dem Blühen auch fachmännisch abgeknipst worden waren, damit der Strauch im nächsten Jahr genügend Kraft haben mochte; begutachtete den Wuchs, brach hier einen toten Zweig ab, murmelte und fluchte dann über die Löcher, die die Kaninchen gegraben hatten. Nicht nur einmal hatte er den Oberbürgermeister gefragt, ob er die nicht mit einem Luftgewehr abschießen dürfe. Nicht, weil er gern gejagt hätte, nein, das mit Sicherheit nicht. Er konnte es nur nicht leiden, dass sein schönes Grab untergraben wurde. In den Jahren nach seinem Tod ging die Kaninchenpopulation übrigens zurück. Auf dem Friedhof ist seither Ruhe.

Er wäre nicht Henri Nannen gewesen, wenn es meinem Großvater bei diesen Friedhofbesuchen mit seiner Enkeltochter darum gegangen wäre, diese an den Ort zu gewöhnen, an dem er letzten Endes Ruhe finden würde. So war er einfach nicht. Das war nicht seine Art, Menschen zu beschützen. Dafür hatte er auch gar kein Gefühl. Obwohl er fünfunddreißig Jahre lang »Lieschen Müller« den Puls gefühlt hatte, wusste er nicht viel darüber, was die Menschen in seiner Nähe empfanden oder was er in ihnen auslöste. Er war in *diesem* Sinne nicht einfühlsam. Ihm fehlte es da einfach an Menschenkenntnis, aber nicht an jener, die eine bestimmte Person meint; es war nur so, dass er die Menschen von dieser intimen Seite nicht kannte. Vielleicht lag das auch daran, dass er selbst nahezu niemandem Einblick in diesen besonderen Teil seiner eigenen Seele gewährte. Es gab nichts Hätschelndes, nichts Betuliches an ihm – Pathos ja, Romantik definitiv, Melancholie mit Sicherheit, Liebe immer. Aber sich kontinuierlich um einen Menschen sorgen, ihn umsorgen, für ihn sorgen und auf diese Weise ein Teil des anderen zu sein – das konnte er nicht, mindestens kannte er es nicht. Und er hätte es auch nicht so gewollt. Ich bin nicht einmal sicher, dass er gewusst hat, was für ein Verlust sein Fortgehen für andere bedeuten könnte. Darüber gegrübelt hat er mit Sicherheit nicht.

Dass mir seine Grabstätte ein lieber, ein freundlicher Ort wurde, war nicht von ihm so geplant. Aber er wurde es, und das begriff ich in dem Augenblick, als ich da ohne ihn stand und seine geliebte Buche betrachtete – »Herr Brinkmann, da muss aber ein Baum an meinem Grab stehen«, hatte er zum Oberbürgermeister so gesagt, dass der diesem Wunsch selbstverständlich nachkam. Henri Nannen etwas abzuschlagen, war nie einfach gewesen; einem Henri Nannen letzte Dinge abzuschlagen gar ausgeschlossen.

Die Bäume rauschten im Wind, und es wurde auf diese laute Weise noch viel stiller. Die Totengräber ließen den Sarg hinab.

»Nannen und ich haben ein Geheimnis«, sagte Gerd Bucerius, der dem *Stern*-Gründer 1951 dessen Anteile am Henri-Nannen-Verlag abgekauft und mit dem mein Großvater über Jahrzehnte hinweg eine streitbare Beziehung gehabt hat. »Ich kannte seine große Schwäche – dass er nie zufrieden sein kann. Man hätte Nannen doch gewünscht, dass er einmal gesagt hätte, zu einem Augenblick: ›Verweile doch, du bist so schön.‹ Dazu ist Nannen unfähig. Nichts, was er macht, ist ihm selbst gut genug – und daher seine große Leistung«, so hatte es Bucerius zum fünfundsiebzigsten Geburtstag meines Großvaters bewertet.

Ob der Vergleich mit dem Faust in Goethes Meisterwerk zufällig gewesen ist? »Buc« und Nannen hatten sich über die vielen Jahre hunderte mit feinen Spitzen versehene Briefe geschrieben, hatten einander wütend gereizt, sich in einer Art Machtkampf respektiert. War diesem überaus belesenen und gebildeten Bucerius nicht geläufig, was genau er da zitierte? Das ist kaum anzunehmen.

Mein Großvater war niemand, den man einen glücklichen Menschen genannt hätte, auch wenn er viel Glück hatte und ihm manch glücklicher Augenblick geschenkt war. Die Suche nach dem Glück war nicht Teil der Nannen'schen Kraft, eher waren es die Unruhe, die Einsamkeit mit sich selbst und eine Melancholie, die ihn nicht mit einem glücklichen Grundgefühl ausgestattet sein ließen. Vielleicht hatte Bucerius in diesem Falle einfach recht.

Inzwischen beobachtete ich die natürliche Abgeklärtheit von Menschen, die schon bei vielen Beerdigungen waren und für die der Tod Teil des Lebens ist. Sie ist so unbeteiligt kalt und hat etwas von Resignation, vielleicht ist sie auch eine Art Schutz für die eigene noch verbleibende Zeit – auf dass der Tod nicht so nah herantreten möge.

Es gibt aber auch diese Abgeklärtheit in den Gesichtern von Trauergästen. Sie gibt einem das Gefühl, als würden diese Menschen ständig auf die Uhr schauen. »Dauert es noch lange?« – »Hinterher noch zum Leichenschmaus, und dann die ganze Fahrt zurück nach Hamburg, na, da bleiben wir dann aber nicht lange.« Wenn diese Abgeklärtheit am Grab eine Farbe hätte, so wäre es wohl Weißgrau – sie würde aussehen wie Raureif auf Grashalmen an einem nebligen Spätnovembermorgen. Sie ist ganz leise, raschelt nicht, verursacht überhaupt keinen Ton, und trotzdem fühlt sie sich an wie ein eisiges Klirren.

Hier am Grab meines Großvaters war sie auch gegenwärtig. Aber sie war nicht übermächtig. Die Erschütterung war stärker. Menschen weinten echte Tränen, und manchen war anzusehen, dass in ihnen mehr vorging, als ihre Tränen je hätten nach außen hin sagen können. Sie sahen grau aus. Als hätte man einen Farbfilm mit einem grauen Schleier überzogen.

Ich hätte sie schütteln mögen, die Leute, die den Tod meines Großvaters für eine Gegebenheit hielten. Mit jedem Trauernden, der an seinem Grab stand und ihm eine Schaufel Erde hinterherwarf, schien er mehr Wirklichkeit werden zu wollen. Jeder, der herantrat an dieses Loch, schien zuzulassen, dass mein Großvater nicht mehr am Leben war. Mit diesem eigentümlichen dumpfen, tröpfelnd-klopfenden Geräusch fiel der Sand von der Schaufel auf den Sarg – eins ... zwei ... drei ... Der nächste – eins ... zwei ... Und dann noch mal – eins ... zwei ... drei.

Mir ging es wie dem Kind, das sich die Augen zuhält und meint, dass es so nicht entdeckt werden könne. »Nein, akzeptiert es nicht!«, rief ich tonlos. »Es ist nicht wahr!« »Erinnert euch!« »Er ist doch da.«

Ein paar Tage später begann Rudolf Augstein seine Rede bei der öffentlichen Trauerfeier im Hamburger Michel mit den Worten: »Lieber Henri. Nicht anwesend. Aber da.«

Macht und Wahrheit

Bei uns zu Hause gab es einen großen Tisch, einen Esstisch aus weich poliertem Mahagoni. Zwölf Gäste hatten bequem daran Platz, ein schmeichelndes englisches Möbel aus der Zeit des ausgehenden neunzehnten Jahrhunderts, mit schlanken Beinen, die genug Platz für die Sitzenden ließen. Meine Mutter legte die weißen Tischtücher mit den Stickereien auf, die mit etwas Bügelstärke ein wenig herrschaftlicher aussahen, als es der Stoff sonst hergeben würde. Für den Abend hatte sich mein Großvater zum Essen angemeldet. Wir freuten uns, wenn er da war, und so war am Ende alles hübsch gedeckt und stand bereit.

Wenn mein Großvater bei uns zu Gast war, kam er selten allein; meistens begleiteten ihn Willy Brandt, Helmut Schmidt, Franz Josef Strauß und manchmal auch Lyndon B. Johnson. Natürlich nicht leibhaftig. Sie reisten in seinen Geschichten mit, denen ich als Kind lauschte. Ich saß, um nicht ins Bett geschickt zu werden, unter dem Esstisch, die Tischtücher reichten bis zum Boden, auf dem ein weicher russischer Teppich lag, das Licht war schummerig. Ein formidabler Ort für so ein Treffen – für ein Kind jedenfalls.

Willy Brandt traf ich hier unten zum ersten Mal, wie viel aber diese »politischen Begegnungen« mir und für mich bedeuteten, weiß ich nur im Rückblick. Anfangs war es das Gefühl von Wärme und eine Art Zauber, der sich für mich ausbreitete, wenn mein Großvater erzählte. Es waren meine Gute-Nacht-Geschichten mit nicht ganz Gute-Nacht-Geschichten-üblichen Hauptfiguren. Dass die Welt des Journalisten, der in der Zeitgeschichte zu Hause war, auf diese Weise zu meiner wurde, ist mir viel später bewusst geworden. Damals war es selbstverständlich, dass er mit all diesen Männern zusammenkam. Heute frage ich mich natürlich: Welche Rolle hat er denn gespielt? Wieso war es so selbstverständlich?

Willy Brandt und mein Großvater waren keine Freunde im engen Wortsinn, auch keine Kumpel. Beiden fehlte wohl dieses Gen, das es braucht, um überhaupt ein »Kumpel« für irgendjemanden zu sein. Brandt und Nannen waren auch keine Freunde, die sich ihre innersten Gedanken anvertraut hätten. Das wäre bei beiden Berufen, dem des Politikers und dem des Journalisten, ohnehin gar nicht möglich gewesen. Zu schnell hätten sie in eine Situation geraten können, in der sie nicht auf derselben Seite gestanden hätten. Aber sie waren ohnehin keine Männer, die ihr Innerstes nach außen kehrten. Sie haben einander auch nicht geduzt. Das aber nicht aus dem Bedürfnis nach Abgrenzung oder gar aus einer Abneigung heraus.

Mein Großvater sagte einmal, dass da eine nie weiter besprochene Distanz zwischen ihnen war. Dieser Abstand war gefüllt mit Respekt, auch mit Verständnis für den anderen, mit Sympathie – die beiden mochten sich wirklich – und vor allem mit einem gemeinsamen Glauben an bestimmte politische Werte und Wege, besonders den der deutschen Ostpolitik.

Von der Tragweite dessen, was Willy Brandt tat – oder auch Helmut Schmidt, Walter Scheel und die anderen Herren, die als Kind in meinen abendlichen Geschichten eine Rolle spielten, wenn mein Großvater uns besuchte –, hatte ich damals keine Vorstellung. Ich wusste nur, dass sie zu ihm gehörten. Für Journalisten gehören auch große Politiker natürlich zum Arbeitsalltag, sich mit ihnen zu umgeben, war keine Sensation. Und natürlich interessiert man sich in diesem auch für Klatsch und Tratsch. Aber mein Großvater baute so etwas nicht in seine Geschichten ein. Und ich glaube nicht, dass es daran lag, dass er selbst beim Thema Affären auf dünnem Eis schlitterte, denn sein eigener Lebenswandel und die zahlreichen Frauen, die darin mitwandelten, waren für uns kein Geheimnis.

Seinen Lesern schrieb er 1974, als Willy Brandt gerade zurückgetreten und Helmut Schmidt Bundeskanzler war: »Ja, da war auch noch ein Mädchen oder meinetwegen auch mehrere. Wer sind wir denn,

Sie und ich, dass wir darüber zu richten hätten. Allerkatholischste Majestäten hatten Mätressen, Kardinäle hatten sie, Kennedy soll etwas mit der Monroe gehabt haben, und auch Präsident Pompidou war nicht eben ein Heiliger. Aber bei uns mokieren sich gerade diejenigen, die den ›Heiligenschein‹ des Kanzlers andauernd verhöhnt haben, darüber, dass er ihn nachts gelegentlich ablegte.«

Willy Brandt also schien in meinen Kinderaugen ein guter Mann zu sein. Wie sehr er meinem Großvater am Herzen lag und auch, warum, wusste ich nicht. Für ihn war Brandt ein Hoffnungsträger, ein wahrer Demokrat, einer, der diese junge Demokratie so gestalten und nutzen würde, dass auch die Zweifler und Kritiker sie als die richtige Staatsform und als schützenswert anerkennen würden. Und das war es, worum es gehen musste.

Auch hier verquickt sich wohl die eigene Biografie mit der journalistischen Arbeit. Für einen Mann, der bei Kriegsende einunddreißig Jahre alt war, der Zensur alles Geschriebenen kennengelernt und sich diesen Zwängen der Naziherrschaft nicht nur gebeugt, sondern als Kriegsberichterstatter auch etwas dazu beigetragen hatte, konnte das Eintreten für Demokratie im Allgemeinen und das vehemente Eintreten für die Ostpolitik Brandts nicht nur Teil seiner Arbeit sein. Die Festlegung der Oder-Neiße-Grenze, über die viel in den Zeitungen und im Volk diskutiert wurde, war für meinen Großvater eine persönliche Angelegenheit. Um herauszufinden, warum sie es war, konnte ich mich nur auf seine Spur begeben. Und die führte mich zunächst zu Egon Bahr, Brandts langjährigem politischem Weggefährten und wirklichem Freund.

Dass auch Willy Brandt seinerseits meinen Großvater für einen »fabelhaften Kerl« hielt, erfuhr ich erst jetzt, von Egon Bahr. »Es war eine freundschaftliche Verbundenheit, die darauf beruhen konnte, dass in Brandt und Nannens Verhältnis zueinander die Chemie stimmte«, sagt Bahr. »Das waren zwei Menschen, bei denen die Chemie sagte: Wir lieben Wein, Weib und Gesang. Das kann ich mir bei Augstein und Brandt nicht vorstellen, und das kann ich mir mit Springer und Augstein nicht vorstellen. Mit Marion Dönhoff schon gar nicht.«

Nannen und Brandt waren beides Einzelgänger und dabei trotzdem vom Typ Volkstribun. Sie spürten das bei dem jeweils anderen, und es hat sie auf besondere Weise geeint.

Henri Nannen pflegte mit vielen Politikern Umgang; manche mochte er, manche konnte er nicht leiden, andere fielen ihm gar nicht auf, wieder andere bekämpfte er. Aber die Beziehung – man könnte auch sagen: die Zeit – mit Willy Brandt war eine besondere. Mein Großvater mochte Menschen sehr oft für das, was sie konnten, und das, wofür sie standen. Wenn sie ihr Soll erfüllt hatten oder sie an Einfluss verloren, ließ mitunter auch ihre Faszination nach. Bei Brandt blieb sie bis zu seinem Tod bestehen. Das hatte schon viel mit ihm selbst, mit Henri, zu tun. Brandt war für ihn immer auch Herbert Frahm gewesen, der Sohn einer alleinerziehenden, unverheirateten Frau, der Junge aus einer ähnlich kleinen Stadt am Wasser, nicht einmal mit einem *silbernen* Löffel im Mund geboren, der das Land verließ, um es zu verteidigen, und der – zurück aus der Emigration – für seinen Mut, für die Entbehrungen, die er erlitten hat, und für seine Herkunft nicht nur vom politischen Gegner Spott und Anfeindungen erntete.

Mein Großvater ist im selben Jahr geboren, keine sieben Monate vor Beginn des Ersten Weltkriegs, er war auch einer von denen gewesen, deren Eltern sich wenig leisten konnten. Als Sozialdemokrat war sein Vater, der den Posten eines Kriminalkommissars bekleidete, ab 1934 nicht mehr wohlgelitten. Als Student in München war Henri arm. Aus Emden waren auch ihm die Schikanen und Gewalttaten gegen Juden bekannt. Er sah, was um ihn herum geschah, und er versuchte, es durchzustehen, nicht unterzugehen. Das hieß für ihn, er ging nicht in den Widerstand, er ging auch nicht ins Exil.

Willy Brandt war für meinen Großvater also so etwas wie ein Gegenbeispiel – so hatte und hätte man sich auch verhalten können.

Im Mai 1992 ging es Willy Brandt, der eine Krebsoperation im Herbst zuvor gut überstanden hatte, plötzlich sehr schlecht. Er wurde in die Kölner Uniklinik gebracht und dort am 22. Mai noch einmal operiert – wobei festgestellt wurde, dass eine Heilung nicht mehr möglich wäre. Brigitte Seebacher-Brandt war bei ihm. Die Öffentlichkeit wusste nichts Genaues, man vermutete aber, dass es schon das Ende sein konnte. In dieser Lage bat der damalige Chefredakteur des *Stern*, Rolf Schmidt-Holtz, meinen Großvater darum, einen Nachruf auf den Altkanzler zu schreiben – damit man zur Not etwas in der Schublade hätte. Schließlich hätten sich die beiden doch gut gekannt.

Damit hat er sich, der ja die Notwendigkeiten der Branche kannte und wusste, dass Redaktionen sich immer auf diese Weise auf ein möglicherweise nahes Ende vorbereiteten, unsagbar schwergetan. Schmidt-Holtz sagt heute auch zu mir, dass »Nannen dieser Bitte nur ungern« nachkam. »Wenn ihr es denn unbedingt wollt…« Er hätte sich lieber darum gedrückt. Nicht weil er es für Willy Brandt nicht gern getan hätte. Sondern weil es ihm wirklich naheging, zu hören, dass es so schlecht um ihn stand. Wohl auch deshalb, weil Brandt nur um sieben Tage älter war als er selbst und ihm damit die eigene Sterblichkeit fühlbarer wurde. Mit Brandt würde ein besonderer Teil seiner eigenen Lebensgeschichte gehen, das wusste mein Großvater. Es würde einer gehen, der wie kein Zweiter nach dem Krieg für Freiheit stand, der unbescholten war und der sich trotzdem in die gesamtdeutsche Pflicht nehmen ließ. In dem ursprünglichen Manuskript, das Monate später als Willy Brandt am 8. Oktober 1992 in seinem Haus in Unkel tatsächlich gestorben war – nur sehr verkürzt gedruckt wurde, schrieb er auch über die Schwierigkeit, die er mit diesem Text hatte: »Ich finde ihn [den richtigen Ton] nicht, ich sitze hier vor meinem Papier mit zugeschnürter Kehle, weil ich nicht weiß, ob ich über einen Lebenden oder über einen Toten schreibe. […] Wenn der Patient die Krise übersteht, wird dieser Text ohnehin nicht erscheinen. Erscheint er aber, dann mag es jeder Leser schicklich finden oder nicht, wenn ein Mann einem Mann seine Liebe erklärt, auch wenn es sich dabei nicht um den Bruder, den Sohn oder den Vater handelt. Mich zwingt es einfach, zu diesem Zeitpunkt der Ungewissheit zwischen Leben und Tod zu bekennen, dass ich diesen Willy Brandt geliebt habe und dass ich ihn auch über seinen Tod hinaus lieben werde.«

Meistens setzte sich mein Großvater an diesen Abenden am Mahagonitisch auf den Platz meines Vaters – vor Kopf. Das gehörte sich irgendwie so, und außerdem hatte er da am meisten Raum. Er genoss das, drehte erst noch einmal an seinem Hörgerät herum, das er in späteren Jahren trug und das beim Justieren so hohe Töne von sich gab, dass man davon Zahnschmerzen bekam, und fühlte sich wie zu Hause, jedenfalls benahm er sich immer so. Für ihn mussten es beim Essen nicht die Spezialitäten einer Sterneküche sein. Er schätzte das, was man heute vielleicht eine internationalisierte, leicht bekömmliche Hausmannskost nennen würde. Er liebte die italienische Küche, die er während des Krieges in Italien kennengelernt hatte, und er mochte norddeutsche Speisen. Er war nicht krüsch – wie man hier sagt –, aber er wusste, was gut war. Meine Mutter ist bei dem ersten Labskaus, den sie für meinen Großvater bereitet hat, tausend Tode gestorben, weil sie damals erstens nur ungefähr wusste, wie man den genau herstellt, und weil sie zweitens ganz genau wusste, dass er meisterhaft im Labskauskochen war. Er kannte sich mit Essen aus, und er kochte selbst sehr gut. Legendär ist heute sein Burgunderbraten, den er in den Siebzigern für die damals noch junge Zeitschrift *Essen und Trinken* zubereitete und mit dem er in einige Rezeptbücher einging. Übrigens war das natürlich nicht *sein* Burgunderbraten, sondern der meiner Urgroßmutter Elsa Kimm, die in feiner Süterlin-Handschrift alle Rezepte in blaue, linierte Haushaltsbücher schrieb.

In der Vorstellung meines Großvaters waren exotische Speisen – wenigstens zu *Stern*-Zeiten – durchaus ein Statussymbol, mit dem er immer wieder auch versucht hat, Menschen zu beeindrucken oder ihnen zu schmeicheln, wenn er sie für seine Zwecke brauchte. Reporter, die er an den *Stern* binden wollte, lud er zum Schwelgen ein. Unter vier Gängen machte er es dann nicht. Auch – und vielleicht gerade dann – wenn die schon wirklich nichts mehr essen konnten. Trotzdem war Gourmet keine seiner Charaktereigenschaften, er brauchte keine Austern zu seinem Glück, und er hätte augenblicklich auf Spitzenküche verzichten können, wenn es nötig gewesen wäre. So war er offensichtlich schon immer, denn auch sein Studienkamerad Curt Hohoff, den er noch aus Emden kannte, und seine Studienliebe Ilse beschreiben ihn als jemanden, der da »anspruchslos war«. Oft war ihm ein kräftiges Schinkenbrot, eine Tomatensuppe mit einem Schuss Gin oder ein frischer Matjes lieber. Allerdings hatte er eben etwa zwanzig Jahre den Luxus einer Schwiegermutter im Haus, die – selbst für große Gesellschaften – exquisit kochte. Sie brachte als Siebenbürger Sächsin die ungarische Küche mit nach Hamburg. Meine Urgroßmutter stammt aus Marienburg in Siebenbürgen, sie war eine perfekte Köchin und war in einer Zeit aufgewachsen, in der Frauen für die Männer den Haushalt führten und für die Verköstigung von Gästen zuständig waren. Als sie im Hause ihrer Tochter, meiner Großmutter Martha, und ihres Schwiegersohnes Henri in Hamburg-Wellingsbüttel lebte, befand sie, dass sie auch für diesen Haushalt und für die Erziehung des Sohnes Christian, meines Vaters, zuständig war. Eigentlich befand das eher mein Großvater, weil er derjenige war, der bestimmte, wie sich das Leben um ihn herum zu richten und einzurichten hatte – außerdem waren er und Martha oft zu beschäftigt, um sich mit ihrem Sohn zu befassen.

Wenn mein Großvater mit uns aß, nahm er gern von allem, was auf dem Tisch stand, und wenn er an ein Schälchen oder eine Schüssel nicht herankam, streckte er nicht etwa seine Hand danach aus, er bat auch nicht höflich eine der anderen Personen am Tisch, ihm doch das Gewünschte zu geben; er zeigte lediglich mit dem Finger oder auch mit der Gabel darauf, noch dazu oft, ohne seinen Blick weiter auf die Schale oder auf jemanden zu richten, der sie ihm hätte reichen können – sein Wunsch sei allen Befehl. Nicht dass er das sagte. Es herrschte auch keine unangenehme Stimmung, in der jeder nur versucht hätte, es ihm recht zu machen; auch sprang nicht ständig jemand auf, um es ihm noch ein wenig angenehmer zu machen. Eigentlich war es immer recht heiter und lebendig bei uns am Tisch. Diese Art der Äußerung seiner Wünsche war er einfach irgendwie gewohnt. Eine furchtbare Angewohnheit. Aber in den meisten aller Fälle war er damit erfolgreich. Schlimmer war es, wenn er anfing, sich von den Tellern anderer zu bedienen. Zu Hause ging das noch, aber er tat es auch in der Kantine, wenn ihm auf den Tellern der Kollegen etwas gefiel. Ihm gefiel immer etwas. Er fragte auch nicht. Er nahm die Gabel, hob den Arm, steuerte zielsicher auf die fremden Erbsen zu und bediente sich. Das mochte keiner, aber sie ließen ihn.

Mein Großvater war in seinem Leben, besonders während der

Jahre mit dem *Stern*, von so vielen Menschen umgeben, die seine Macht spürten oder fürchteten und sich ihr unaufgefordert beugten, dass die Begleiterscheinungen dieses unterwürfigen und gefälligen Verhaltens sein Bild von dem, was üblich und normal sein könnte, vermutlich verfälscht haben. Ich glaube, dass sich seine Hybris auch über diese Erfahrungen entwickelt hat. Und ja, es war *auch* Hybris. Die Frage ist nur, woraus speiste sie sich?

»Das Schöne an Nannen war, dass er qua Person Macht hatte« – so sagte es ein langjähriger Weggefährte. Mein Großvater war einer der Mächtigen, weil er mit dem *Stern* von damals enormen Einfluss hatte, weil andere ihn als mächtig wahrnahmen, aber auch weil er sich selbst dazuzählte. Er war einer von denen, die Politik machten oder Geschichten – wenn das überhaupt ein Unterschied sein mochte. Wichtig war, wer Wichtiges tat, wohingegen Wichtigtuer Leute waren, die nie etwas Wichtiges taten, das begriff ich an manchen Abenden zu Füßen meines Großvaters.

Wieso er eigentlich auf die Idee gekommen ist, dass ausgerechnet er dazu berufen war, sich für die gegenseitige Annäherung Deutschlands und Polens einzusetzen? Das frage ich mich heute. Warum war die Politik auch seine Bühne? An Henrys Wiege in Emden stand nicht geschrieben: Du wirst einmal der Chef eines bedeutenden Magazins sein und dich in Belange des Landes so einbringen, dass man dir auch zuhört. Und trotzdem hat ihn seine Biografie in genau diese Position gebracht. Wie ist das passiert?

Mein Großvater war kein Weltveränderer. Das Wort hätte er schon deshalb gescheut, weil er als junger Erwachsener miterlebt hat, was geschieht, wenn einer die Welt umgestalten will, sie in großem Wahn und mit einer für alle Zeiten unfassbaren Unmenschlichkeit in seinem Sinne verändern will. Die Welt verbessern, das wollte er schon, aber im Rahmen der Wirklichkeit.

Henri Nannen war alles andere als das, was man heute einen Gutmenschen nennt, und es ging ihm auch nicht darum, wie einer zu wirken. Theatralisch war er bei Gelegenheit, Pathos nutzte er, und bei ihm fielen Begebenheiten, von denen er erzählte oder über die er schrieb, auch gern etwas größer, tragischer oder dramatischer aus. Aber seine Erzählungen rührten und berührten dadurch eben mehr. Auch ihn selbst. Das Gefühl, das er für das Schicksal anderer entwickeln konnte, war echt, aber es wurde durch die »Übertreibung« auch noch ein bisschen echter.

Ich weiß nicht, ob mein Großvater je selbstlos gehandelt hat. Vielleicht kann es in Fällen, wo es um die Politik und die Gesellschaft des Landes geht, gar kein losgelöstes, rein zweckorientiertes und altruistisches Handeln sein. Vielleicht muss ein so intensives Engagement immer mit dem eigenen Leben, mit dem eigenen Inneren verbunden sein, um diese Stärke überhaupt erreichen zu können; vielleicht muss der Antrieb aus der eigenen Geschichte heraus entstehen.

Mein Großvater war Ende der Fünfzigerjahre dazu entschlossen, aus dem *Stern* ein politisches Blatt zu machen. Und dafür brauchte er Mitstreiter.

Egon Bahr war 1959 gerade aus Ghana zurückgekehrt, wo er, der dem puren Journalismus jüngst ein wenig den Rücken zugewandt hatte, um selbst politisch aktiv zu sein, einige Monate als Presseattaché zugebracht hatte. Außenminister Heinrich von Brentano wollte ihn anschließend für den Auswärtigen Dienst gewinnen. Da Bahrs Frau das Klima der Feuchttropen nicht vertrug und höchstens – wie er sagt – »trockentropentauglich« war, war auch der Einsatzort wichtig, um eine Entscheidung für oder wider die diplomatische Karriere treffen zu können. Man bot Bahr die Möglichkeiten, entweder nach Ottawa oder nach Teheran zu gehen. »Das habe ich überlegt«, sagt Bahr mir heute. Aber offensichtlich war nicht nur Brentano an ihm interessiert.

»Während ich dasaß und überlegte, klingelte das Telefon«, erzählt Bahr. »Henri Nannen war dran. Und er sagte, dass er aus dem *Stern* eine anständige politische Zeitschrift machen will, und dazu wolle er mir anbieten, als sein Stellvertreter einzutreten. Dann haben wir uns in Hamburg im Hotel Vier Jahreszeiten verabredet. Sein Angebot war hinreißend! Ein dreizehntes Monatsgehalt zu Weihnachten, ein vierzehntes Monatsgehalt für den Sommerurlaub, ein Haus, ein Auto – ach, das war traumhaft! Anschließend bin ich nach Bonn zurückgefahren und habe noch einmal angefangen zu überlegen. Dann klingelte wieder das Telefon, und dran war diesmal der Berliner Bundessenator Günter Klein, der mir sagte, dass der Bürgermeister mich sprechen möchte. Da bin ich dann um zehn Uhr – ich weiß es noch genau – in die Lobby gegangen und habe einen noch maulfaulen Brandt getroffen, der mich nur fragte, ob ich nicht zu ihm kommen wolle. Damals nannte sich die Aufgabe noch Pressechef. Da habe ich ganz einfach und spontan Ja gesagt.«

Für meinen Großvater bedeutete diese Entscheidung natürlich nicht, dass er von seiner Idee lassen wollte. Aber sie hieß, dass er auf Egon Bahr als Stellvertreter des Chefredakteurs verzichten musste. Bahr rief ihn an und sagte ab. »Er hat es wirklich bedauert. Und ich hatte auch das Gefühl, dass es ehrlich war. Er hat mich aber verstanden. Ich habe ihn später für das bewundert, was er – auch ohne mich – aus dem *Stern* gemacht hat. Obwohl es keine politische Zeitschrift wurde, wie er und ich es uns damals, glaube ich, vorgestellt hätten. Trotzdem ist es ja nicht zufällig so gewesen, dass er bei der Unterzeichnung der großen Verträge in Moskau und Warschau dabei war.«

Der Moskauer Vertrag wurde am 12. August 1970 von Willy Brandt und Russlands Ministerpräsident Alexej Kosygin unterzeichnet, nachdem Egon Bahr im Frühjahr desselben Jahres das »Bahr-Papier« erarbeitet hatte, das dem Vertrag inhaltlich den Weg ebnete. Der Warschauer Vertrag, eigentlich »Vertrag zwischen der Bundesrepublik Deutschland und der Volksrepublik Polen über die Grundlagen der Normalisierung ihrer gegenseitigen Beziehungen«, in dem unter anderem die Grenzen beiderseitig anerkannt wurden, wurde am 7. Dezember 1970 von Kanzler Willy Brandt und Polens Ministerpräsident Józef Cyrankiewicz unterzeichnet. Am selben Tag gab Brandt während der Kranzniederlegung am Denkmal der Helden des Ghettos in Warschau einem Impuls nach und kniete in einer demütigen Geste des Schuldbekennenden vor den Augen der Weltöffentlichkeit nieder.

Mein Großvater stand da und konnte seinen Augen kaum trauen. Er war wie vom Donner gerührt, wie er später erzählte. Bei allen drei Gelegenheiten kann man ihn auf Fotos nur wenige Schritte von Brandt entfernt erkennen. Er war Zeuge des Augenblicks, aber er war irgendwie auch ein Teil davon. So fühlte es sich für ihn an. Als er zurück nach Hamburg kam, war er erfüllt von diesem Moment, von dem Brandt ihm hinterher erzählt habe, dass er einfach nicht gewusst hätte, was er sonst hätte machen sollen. »Irgendetwas musste ich ja tun«, habe Brandt über diesen besonderen Augenblick zu Nannen gesagt. »Mir fiel einfach nichts Besseres ein.«

Das Mittel meines Großvaters, Politik »zu machen«, war der *Stern*. Am 15. November 1969, die Brandt/Scheel-Regierung war gerade knapp zwei Monate im Amt, schreibt mein Großvater einen »Nannen-Brief«, wie Gerd Bucerius die Editorials nannte. Darin mahnt er die neue Regierung, sich an ihre Worte von gestern zu erinnern und die DDR als Staat auch wirklich anzuerkennen:

»Mir scheint, die neue Regierung hat schon Angst vor ihrer eigenen Courage bekommen. Man wird ihr also helfen müssen. Zum Beispiel, indem man Herrn Scheel daran erinnert, dass seine Partei im Wahlkampf einen Generalvertrag mit der DDR gefordert hat. Generalverträge schließt man doch wohl nur mit souveränen Partnern ab – oder? Die Anerkennung der DDR also, die der Politiker Scheel längst für überfällig hält, möchte der Außenminister Scheel nun vom Wohlverhalten der Ostberliner Regierung abhängig machen.«

Mein Großvater kreidete dem Außenminister an, dass dieser drohte, die Anerkennung der DDR durch Dritte (wie zum Beispiel Niger) zu verhindern, wenn nicht Ostberlin sich auf Forderungen aus Bonn einließe. Entlang der Marschroute »Soll sich die DDR ihre Anerkennung erst einmal verdienen!« könne man nicht ans Ziel gelangen. »Da wird man freilich lange warten müssen«, schrieb mein Großvater weiter. »Denn eben diese Erpressermethode war es doch, die bisher noch jeden Versuch zunichte machte, überhaupt einmal zu klären, ob Ostberlin an einem geregelten Nebeneinander und an einer Entspannung wirklich interessiert ist oder ob Ulbricht den Popanz der angeblich militaristischen und friedengefährdenden Bundesrepublik auch weiterhin dringend nötig hat, um seine politischen Schäfchen beieinanderzuhalten. Diktaturen brauchen so etwas bekanntlich wie Nero die Christen und Hitler die Juden.

Umgekehrt aber wird ein Schuh daraus. Wenn wir die DDR anerkennen als das, was sie ist – ein Staat nämlich –, und wenn wir ihrer internationalen Anerkennung keine Steine mehr in den Weg legen, dann erst wird sich zeigen, ob wir mit diesem anderen Deutschland einen Modus vivendi, eine ›Form des Zusammenlebens‹ finden.«

Nicht anders sei es mit der Anerkennung der Oder-Neiße-Grenze. Niemand würde – weder in Ost noch in West – etwas dafür tun, dass der Grenzverlauf geändert würde, niemand wolle das noch. Und dennoch gebe es Leute, die für die Anerkennung der Realitäten eine Gegenleistung einforderten. »Nur, wer am Mittwoch anerkennt, dass Mittwoch ist, wird dafür nichts bekommen«, meinte mein Großvater.

»Der Artikel schadet sehr«, sagte Bucerius zu Nannen nach Erscheinen des Editorials und schrieb ihm später einen Brief. »Das Einzige, was Sie mit Ihrem Artikel erreichen werden, ist, dass man Sie in Polen freundschaftlich empfängt.« Wobei hinzukäme, dass »man dort wohl übersieht, dass Sie mit Ihrer extremen Meinung ganz allein stehen«.

Die »extreme Meinung« vertrat mein Großvater mit Verve. Die CDU/CSU müsse tun, »was aus Gründen der politischen Hygiene getan werden muss: anerkennen, dass die DDR ein souveräner Staat ist, in dessen Politik wir uns so wenig einmischen werden, wie wir eine Einmischung der DDR in unsere Politik zulassen. Anerkennen, dass die Westgrenze Polens an der Oder und Neiße verläuft. Und einsehen, dass nur die Anerkennung der bestehenden Grenzen uns die Möglichkeit gibt, gegen jede Veränderung dieses Status quo im Sinne kommunistischer Machtausweitung entschieden Widerstand zu leisten.«

»Sie wissen, dass mich solche Sachen nicht schlafen lassen«, schrieb Bucerius seinem Chefredakteur.

Die Wirkung für sich und für seinen *Stern* hat mein Großvater immer mit bedacht. Er konnte enorm publikumswirksam mit Politikern umgehen. Hinterher wurden solche Begegnungen und Reisen im Blatt dokumentiert, und jeder konnte sehen, was in der Welt geschah. Der Leser gewann den Eindruck, Nannen sei überall – und damit wurde auch für ihn selbst die Weltbühne etwas näher herangerückt.

Dass der *Stern* von einem Unterhaltungsblättchen zu einem »Musikdampfer« mit politischer Schaltzentrale wurde, hat natürlich damit zu tun, dass die Leser wissen wollten, was im Land vor sich ging. Die Deutschen wurden während der Sechzigerjahre zu einem hoch politisierten Volk. Aber ein Nannen hätte an diesen Themen auch nicht einfach vorbeigehen und allein auf Geschichten über Hildegard Knef setzen können. Wobei man Hildegard Knef ein wenig Unrecht tut, denn der erste deutsche Star der Nachkriegszeit war in den prüden Fünfzigerjahren wegen eines kurzen, freizügigen Auftritts in dem Film »Die Sünderin« nicht einfach nur ein Unterhaltungsthema. Der Skandal war Vorbote eines Verlangens nach mehr sexueller Freizügigkeit und einem anderen Umgang mit Körperlichkeit an sich, was für den *Stern* ins Konzept passte.

In Interviews verteidigte mein Großvater die Wandlung des Blattes so: »Gehört nicht beides zu dieser Welt? Gehört der Popo der Brigitte Bardot, den ich auch ganz gern ansehe, nicht genauso dazu wie die Frage, ob Schröders* Außenpolitik richtig oder falsch ist?«

Gerd Bucerius mahnte immer wieder, man möge doch darauf achten, nicht zu viel harte Politik ins Blatt zu heben. Henri Nannen aber war überzeugt davon. Später sagte er oft: »Ich wollte mir beim Rasieren nicht mehr nur mit dem Gefühl ins Gesicht gucken, ›Musikdampfer‹ zu machen.« Aber wenn man sich vor Augen hält, was in dieser Zeit das Land bewegte, so zeigt dieser Entschluss einfach seine Nähe zum Zeitgeist:

1958 wird die Zentrale Stelle der Landesjustizverwaltungen zur Aufklärung nationalsozialistischer Verbrechen in Ludwigsburg gegründet. 1961 beginnt in Israel der Eichmann-Prozess, in Deutschland wird der Sozialistische Deutsche Studentenbund aus der SPD ausgeschlossen und gerät in der Folge zum zentralen Anlaufpunkt für die Neue Linke. Ulrike Meinhof, damals noch Mitarbeiterin der Zeitschrift *konkret*, gehört schon zum SDS und setzt sich gegen die Wiederbewaffnung Deutschlands, gegen atomares Aufrüsten ein; Rudi Dutschke kommt erst 1965 dazu und übernimmt gleich eine Führungsrolle. Am 13. August 1961 wird in Berlin eine Mauer gebaut, die den Westteil

* Gerhard Schröder (CDU), Außenminister von 1961 bis 1966

der Stadt von der Ostzone, der vom Westen nicht anerkannten DDR, isoliert. Am 14. Oktober 1962 entdecken zwei Aufklärungsflieger der Amerikaner verdächtige Aktivitäten auf Kuba. Es hat den Anschein, als wollten die Kubaner Mittelstreckenraketen in Richtung der USA mobil machen. Was in den nächsten Tagen folgt, geht als Kuba-Krise in die Geschichtsbücher ein und bringt die Welt an den Rand eines nuklearen Krieges zwischen den beiden Supermächten Sowjetunion und USA. Die Angst vor einem Atomkrieg bewegt die gesamte westliche Welt. Am 27. Oktober 1962 werden wegen des Vorwurfs des Landesverrats die Räume der *Spiegel*-Redaktion im Hamburger Pressehaus in der Altstadt durchsucht, wo auch der *Stern* beheimatet ist. Conny Ahlers, der spätere Regierungssprecher von Willy Brandt und zu dem Zeitpunkt *Spiegel*-Redakteur, wird wegen seines am 8. Oktober erschienenen Artikels »Bedingt abwehrbereit« in Spanien festgenommen. In dem Artikel hatte er dezidiert dargelegt, wie ein Übungsmanöver der Nato, Fallex 62 genannt, offenbarte, dass die Bundesrepublik bei einem etwaigen Großangriff der Russen auf Westeuropa zerstört werden würde und dass an der ganzen Misere vor allem Verteidigungsminister Franz Josef Strauß Schuld trage. Das Manuskript hatte er dem damaligen SPD-Wehrexperten Helmut Schmidt vorgelegt, der darauf verwiesen habe, dass einige Details der Geheimhaltung unterlägen. Ahlers hatte sich daraufhin mithilfe der Unterstützung von Verlagsdirektor Hans Detlev Becker beim BND rückversichert, dass er nicht gegen die Geheimhaltungsregeln verstoße. Die Verhaftung Rudolf Augsteins und einiger seiner Mitarbeiter – Augstein bleibt 108 Tage in Haft –, das Verbot des *Spiegel*, die vorverurteilenden Äußerungen Adenauers und vor allem die Willkür von Franz Josef Strauß, dem die Bonner Staatsanwaltschaft später Freiheitsberaubung vorwirft, werden von einem Großteil der Bevölkerung als Angriff auf die Pressefreiheit gewertet, eines der höchsten demokratischen Güter. Die sogenannte *Spiegel*-Affäre politisiert und polarisiert. Die Studentenbewegung erklärt sich solidarisch mit dem, wofür der *Spiegel* steht. *Stern* und *Zeit* stehen ihm bei, stellen Räumlichkeiten für die Kollegen zur Verfügung und helfen, eine Pleite abzuwenden. In der Folge der *Spiegel*-Affäre treten die FDP-Minister zurück, dann die CDU/CSU-Minister, um Franz Josef Strauß dazu zu zwingen, sein Amt niederzulegen. Die Neubildung der Regierung beinhaltet die Zusage Konrad Adenauers, im darauf folgenden Jahr aus dem Amt zu scheiden.

Am 28. Oktober wird durch das Einlenken des gegenüber den USA tendenziell um Ausgleich bemühten Nikita Chruschtschow die bis dato schwerste Krise des Kalten Krieges auf Kuba beendet.

1963 wird John F. Kennedy ermordet. In Frankfurt am Main beginnt der erste von drei Auschwitz-Prozessen, die bis ins Jahr 1968 währen und in den Siebzigerjahren Folgeprozesse haben werden. Im März 1965 landen amerikanische Truppen in Vietnam, wo seit geraumer Zeit ein Bürgerkrieg herrscht, der zum Stellvertreterkrieg der Supermächte wird. Am Vietnamkrieg entzündet sich der Widerstand der Friedens- und Studentenbewegungen in der westlichen Welt. Auch die westdeutsche Gesellschaft wird spürbar durch die Versuche verändert, sich von Regeln und Obrigkeiten zu befreien.

In Berlin wird 1967 der Student Benno Ohnesorg bei einer Demonstration gegen den Schah von dem Polizisten Karl-Heinz Karras erschossen; dem folgen Studentenunruhen im ganzen Land, auch deshalb, weil der Vorfall möglichst vertuscht werden sollte. 1968 verübt der Hilfsarbeiter Josef Bachmann, der einer Gruppierung von Neonazis nahesteht, ein Attentat auf Studentenführer Rudi Dutschke, der von zwei Kugeln in den Kopf und einer in die Schulter getroffen wird, aber zunächst überlebt. Bachmann hat bei seiner Verhaftung einen Zeitungsausschnitt der *Deutschen National-Zeitung* bei sich, in dem dazu aufgerufen wird, Dutschke zu stoppen. Auch die Zeitungen von Axel Springer hatten zuvor in kampagnenartiger Reihung aufhetzende Artikel gegen Dutschke und die studentische Bewegung gedruckt. Bei den linksliberalen Hamburger Journalisten finden die Studenten überwiegend Unterstützung. Auch in diesem Jahr, 1968, wirft die Feministin Sigrid Damm-Rüger mit Tomaten auf die Männer bei einer SDS-Delegiertenversammlung. 1968 erlebt Prag seinen politischen Frühling und die Tschechoslowakei dessen gewaltsame Niederschlagung im August desselben Jahres.

Andreas Baader, Gudrun Ensslin, Thorwald Proll und Horst Söhnlein zünden am 2. April 1968 in zwei Kaufhäusern Sprengsätze und setzen erstmals Gewalt gegen Sachen ein. Als das Gründungsjahr der RAF gilt das Jahr 1970. Ein Jahrzehnt systematischen, linksextremistischen Terrors beginnt, das mit seinen schlimmsten Ereignissen im sogenannten Deutschen Herbst 1977 einen Höhepunkt erreichen wird.

Von einer Wahlbeteiligung wie bei der Bundestagswahl von 1972 können Politiker heute nur noch träumen. 91,1 Prozent der Wahlberechtigten gingen am 19. November 1972 zur Wahl, es waren die ersten vorgezogenen Wahlen in der noch jungen Geschichte der Bundesrepublik.

Ja, hätte ein Typ wie Henri Nannen bei alledem zuschauen und es sich entgehen lassen sollen? Allein die – wenn auch freundschaftliche – Konkurrenz zu Augsteins *Spiegel* hätte das unmöglich gemacht. Dass der *Spiegel* damals das zwar in der Auflage schwächere, aber im Renommee stärkere Blatt war, zwickte ihn. Er wusste, welche Möglichkeiten der *Stern* hatte, dass er mit den Instrumenten Bild und Reportage plus Kommentare noch ganz anders umgehen könnte. Er wusste auch, dass der *Spiegel* immer das »intellektuellere Magazin« sein würde und dass es aber auch genau darin seine Begrenzung finden könnte. Ihm, Nannen, standen, wenn er sich die richtigen Leute dafür holte, publizistisch alle Wege offen – sofern sein Verleger Gerd Bucerius mitspielte. Alles andere hätte seinem journalistischen Instinkt widersprochen, seiner Neigung, sich selbst nicht gerade im Hintergrund zu halten, wenn vorn das Licht war, und es wäre ihm unmöglich gewesen, dann nicht auch die Konsequenz aus dieser Verantwortung zu tragen. Und die hieß: Freiheit stärken, Demokratie stärken.

Mein Großvater hat später oft erzählt, dass er mit allen drei Kanzlern – vor Willy Brandt – über das Thema Wiedervereinigung, DDR, Anerkennung der Grenzen gesprochen und mehr oder weniger die gleiche Antwort erhalten habe. Nämlich die, dass die Deutschen noch nicht weit genug seien, die Wahrheit über die Unverrückbarkeit der Realität zu ertragen. Adenauer habe auf die Frage, warum man den Deutschen die Illusion lasse, dass die verlorenen Gebiete eines Tages zurückgegeben werden könnten, etwa so geantwortet: »Junger Mann, Sie haben keine Idee, wie viel Politik allein mit Illusionen gemacht wird.« Erhard habe er gefragt, warum er den Vertriebenenverbänden nicht reinen Wein einschenke, wenn die darauf pochten, dass die Heimat eben die Heimat bliebe. Der zweite deutsche Nachkriegskanzler habe darauf mit einer Gegenfrage geantwortet: »Glauben Sie, dass die Leute die Wahrheit vertragen? Aus der Veranstaltung käme ich doch nicht mehr lebendig raus.« Und auch bei Kiesinger sei nicht viel zu machen gewesen. Mein Großvater hat ihm, so erzählte er es, vor Augen gehalten, dass doch sowohl die Westdeutschen als auch die Polen eine Anerkennung der Grenzen brauchten, um weitermachen zu können, dass die Wirklichkeit doch auch für Kiesinger klar auf der Hand liege. Und Kiesinger habe ungefähr so geantwortet: »Ja, aber niemand zwingt uns zu besonderer Eile in dieser Sache. Wir werden sehen, wie die Dinge sich in zehn Jahren verändert haben. Heute sind die Deutschen emotional noch nicht imstande, die Wirklichkeit zu akzeptieren.«

Mein Großvater hat noch im Alter oft gesagt, dass man nur mit der Wahrheit Politik machen könne. Dass jede Wirklichkeit sicherlich ihre verschiedenen Interpretationen haben könne, hat er konzidiert. »Aber wenn es nicht stimmt, merken das die Leute sofort.«

Nun war aber mein Großvater kein Journalist, der nur über Politik berichtete und so seinen Teil zur Aufklärung der Gesellschaft beitrug, die dann wiederum mündig agieren, nämlich wählen gehen würde; er wollte aktiv sein, ohne in das doch etwas dröge Geschäft selbst einzusteigen.

Wie das funktionieren konnte, hat mir Manfred Bissinger erzählt. »Stephanie, Ihr Großvater zählte immer zu den Tätern.« Es gibt im journalistischen Sprachgebrauch die Unterscheidung in Täter und Merker. Letztere haben mit ihrer Meinung unbedingt hinter den Berg zu halten, während die Täter sich einmischen. Wobei mein Großvater bezweifelte, dass das die richtige Terminologie sei. Ein Täter sei schließlich ein Pamphletist – als solchen sah er sich selbst nicht. Der *Stern* mischte sich ein. Dass mein Großvater nicht von außen auf das Geschehen schaute, sondern sich beteiligt fühlte, klang in seinen Geschichten mit. Denen, die er bei uns zu Hause erzählte.

Es ist schon seltsam, denke ich heute, dass eine linke Redaktion, von der manche Kollegen zur »Tätergeneration« gehörten und andere sich an dieser abarbeiteten, ausgerechnet den Begriff »Täter« für sich wählte. In einer Zeit, in der die Studenten die Generation der Täter von ihren hohen Posten im Lande stoßen wollten, sich von den Tätern distanzierten, Jahre, in denen in Prozessen über Täter gerichtet wurde, da stülpte sich eine Redaktion eben diese Bezeichnung über. Und ganz offenbar ohne negativen Widerhall. Es war, als wollte sie Taten entgegenstellen, die konträr zu dem standen, woran das Wort »Täter« erinnerte.

Mein Großvater empfand es als seine Pflicht, kontroverse Meinungen zu veröffentlichen – übrigens auch die von Franz Josef Strauß, den einer seiner Mitarbeiter 1964 für etwa ein Jahr als Kolumnisten verpflichtete und dem er dann öffentlich kündigte. Später beschimpfte er ihn in seinen Leitartikeln. Das sei nie etwas Persönliches gewesen, hat mein Großvater einmal gesagt, und tatsächlich habe er mit wenigen Menschen so gern diskutiert wie mit Strauß.

Ein Brief des langjährigen CSU-Chefs und bayerischen Ministerpräsidenten, den mein Großvater zum 65. Geburtstag erhielt, gibt einen Einblick in die Art von Hochachtung, die sie – trotz allem – voreinander hatten: »Da ich selbst seit über drei Jahren zum Club der 60er gehöre, ist es mir eine selbstverständliche Pflicht und eine Ehre sui generis, Ihnen zu Ihrem 65. Geburtstag zu gratulieren, wo wir doch schon so oft uns in dieser oder jener Form begegnet sind. [...] Dazwischen lagen immer wieder atmosphärische oder atlantische Störungen, weil die nach Frankreich tendierenden Bayern von Sir Henri nicht immer in seiner feinen englischen Art estimiert wurden. Aber trotzdem möchte ich als Herzog der Bayern nach den Bräuchen der neuen bayerischen Wahlmonarchie ›dem Nordlicht‹ meine guten Wünsche entbieten, damit zur Leidenschaft, manchmal auch zum Laster, des Herzens ein neuer Jahresring der Weisheit sich fügen möge, die größer ist als die Gerissenheit.« Die Katholiken, so erzählt es Strauß meinem Großvater in seinem Glückwunschschreiben, feierten nun bald das Fest der Heiligen Drei Könige, und er nutzt dieses Bild aus der Bibel für ein Gleichnis. »In der Bibel liest man: Als sie den ›Stern‹ sahen, ließen sie ihre Arbeit stehen, folgten ihm nach, nahmen das Gold von den Kamelen und setzten sich an die Krippe. Hier sieht man die enge Beziehung zwischen Politiker und Journalist – in der Bibel allegorisch vorgedeutet.«

Allerdings hat Nannen im *Stern* – bei aller Liberalität, mit der er andere Meinungen zuließ – auch Kampagnenjournalismus betrieben. Man wollte eine sozialliberale Koalition im Land – und man setzte sich dafür ein, so einfach war das. Und es funktionierte. Viel später – etwa Mitte der Achtzigerjahre – hat er geäußert, dass der *Stern* in der Folge dieses erfolgreichen Regierungswechsels zu nachsichtig gewesen sei. Man hätte die Schwächen der Sozialdemokraten nicht verharmlosen, sondern genauso scharf kritisieren müssen wie die der Konservativen zuvor. Man hätte ihnen nicht mit Mitleid begegnen dürfen. Das sei ein Fehler des *Stern* gewesen – auch einer des *Spiegel* übrigens. Conny Ahlers habe ihm damals gesagt, seine »Genossen haben eben Nachholbedarf an Selbstgerechtigkeit«. Aber der *Stern*, so fand mein Großvater im Rückblick, hätte gerade mit einer Regierung, die seiner Couleur eher entsprach, kritisch umgehen müssen.

Der *Stern*-Nannen war aber nicht nur deshalb »Täter«, weil er in seinen Artikeln mit deutlicher Haltung auftrat. Er war mit den Politikern im Gespräch. Er beriet sie auch. Nicht so, wie man sich das heute vielleicht vorstellt. Er hatte keine Beraterverträge, bekam auch kein Honorar oder sonstige Zuwendungen. Er sagte ihnen einfach die Meinung – ob sie das nun wollten oder nicht. Oftmals hätten die Herren sicherlich gern auf seine Tipps verzichtet, denn wenn er etwas wollte, konnte mein Großvater nervtötend sein. Nein, es war eher so, dass man zusammensaß und Nannen darüber sprach, dass man diese oder jene Entscheidung aber den Wählern auch verkaufen können müsse. Da war der Wähler für ihn gleichgesetzt mit dem Leser. Und er fragte sich, wie sein »Lieschen Müller« mit den Veränderungen würde umgehen können.

»Lieschen Müller« diente meinem Großvater als Synonym für alle Wünsche, Träume, Freuden und Nöte seiner Leser. Man könnte sagen, Lieschen Müller waren seine Leser. Wie also würde es in Lieschens Weltbild passen, wenn eine politische Entscheidung bedeuten würde, dass auf die ehemaligen Ostgebiete für alle Zeiten verzichtet werden müsse? Gerade weil er es mit Brandt und Bahr sah, der ja schon 1963 vom »Wandel durch Annäherung« gesprochen hatte, versuchte er ihnen bei jeder Gelegenheit klarzumachen, warum nicht alle so dachten und wie man das ändern könnte.

»Ich erinnere mich auch an Gespräche mit Willy Brandt, in denen Nannen versucht hat, ihm zu erklären, was die Leute denken«, sagt Bissinger. Ob er es angenommen hat? »Brandt war einer, der – wie Nannen – die Augen schließen konnte und zuhören. Strittig bleibt dabei die Frage, ob er das realisiert hat, ob es ihm auf den Geist ging oder ob er das nur so durchrauschen ließ.« Nannen ist dabei nie besserwisserisch aufgetreten. »Der hat nicht gesagt: Ich weiß mehr als du, und du machst alles falsch. Er hat erklärt, warum es wichtig ist, eine Position beizubehalten, und wie man sie mit den Menschen erörtern könnte. Das konnte der sehr gut«, sagt Bissinger. »Henri Nannen wäre ein genialer Wahlkampfmanager gewesen.«

Darin liegt vielleicht seine Grundbegabung, die gepaart war mit unglaublicher Neugier und der Lust an Geschichten. Die *Frankfurter Rundschau* zitiert meinen Großvater 1969 mit den Worten: »Natürlich, ich möchte gern, dass möglichst viele Menschen die Dinge so sehen, wie ich sie sehe.«

»Ich bin überzeugt davon«, sagt Egon Bahr heute, »dass Nannen die Argumentation akzeptiert, eingesehen und angenommen hat, dass die ›Vier Mächte‹ mit ihren unkündbaren Siegerrechten für Deutschland als Ganzes und für Berlin Deutschland nie in die Freiheit seiner Einheit entlassen würden, wenn man hätte befürchten müssen, dass dieses vereinte Deutschland territoriale Ansprüche stellen könnte. Das heißt, das, was wir mit der Akzeptierung der Oder-Neiße-Linie gemacht haben, war nicht nur eine freundliche Geste gegenüber dem polnischen Nachbarn, sondern war die Voraussetzung dafür, dass wir eines Tages die Einheit kriegen würden. Die Voraussetzung für die deutsche Einheit war die Oder-Neiße-Linie. Und das hat Nannen genauso gesehen.«

Auf mein Klingeln an der Tür des Bungalows an einem Hang bei Bad Godesberg öffnet mir Barbara Genscher. Ihr Mann, den ich heute besuchen darf, um mit ihm über meinen Großvater zu sprechen, ist noch am Telefon. Und er wird auch immer wieder angerufen werden, um kurze Telefoninterviews fürs Radio zu geben. Denn heute ist ein besonderer Tag. Das norwegische Nobelpreiskomitee hat um elf Uhr bekannt gegeben, dass die Europäische Union in diesem Jahr den Friedensnobelpreis erhalten werde. Das ist Genschers Tag, sein Preis, so fühlt es sich an, und ein bisschen sieht er es wohl auch so. Hans-Dietrich Genscher wirkt jetzt wie jemand, dem man gerade das größte Geschenk seines Lebens gemacht hat; eines, das er sich aber auch in all den Jahren der Arbeit für eine Verständigung der Länder Europas, die mit der sozialliberalen Politik nach dem Krieg ihren Anfang genommen hat, verdient hat. »Für mich war der Mauerbau das Eingeständnis der Kommunisten, den Wettkampf der Systeme verloren zu haben. Von nun an waren sie defensiv und nicht mehr auf dem Vormarsch. Die deutschen Ostverträge machten den Weg frei für die Schlussakte von Helsinki, und die öffnete alles«, sagt Genscher.

War Nannen eigentlich ein Europäer? Hatte er ein Bewusstsein für Europa? »Die Generation war sehr viel mehr gesamteuropabewusst als die späteren, die immer öfter nur den Westen meinten, weil sie gar nichts anderes kannten«, sagt Deutschlands langjähriger Außenminister. »Nannen hat sich in der Frage der Akzeptanz der Oder-Neiße-Grenze exponiert für eine bestimmte Politik eingesetzt. Und er hat mitgeholfen, Denkblockaden bei den Punkten Oder-Neiße-Grenze und Anerkennung der DDR aufzubrechen. Er konnte so schreiben, dass Lieschen Müller, aber auch Dr. Lieschen Müller es verstanden.«

Wer »im Osten« nicht mit ihm war, war gegen ihn. Einer, der das wirklich schmerzhaft erfahren musste, war der damalige Parteivorsitzende der FDP, Erich Mende. Mende, ein Heimatvertriebener aus Oberschlesien, während des Krieges als Major der Wehrmacht mit dem Eisernen Kreuz erster Klasse ausgezeichnet (das er später übrigens auch wieder trug), trat 1946 in die FDP ein, neigte aber zusehends der konservativen Politik zu, bis er 1970 zu den Christdemokraten wechselte, weil er ein Gegner der Ostpolitik Brandts und Scheels war.

Zunächst aber war er mit meinem Großvater ganz gut bekannt. Nach dem Krieg, ein paar Jahre lang. Mende und seine Familie trafen sich mit meinen Großeltern auf deren Motoryacht, der *Positano III*, und schipperten gemeinsam mit ihnen über die Ostsee. Es gab also eine persönliche Nähe. Mende wollte mein Großvater 1966 davon überzeugen, dass die Liberalen einen neuen Kurs einschlagen müssten, weil sie damit zu größerer Bedeutung gelangen würden. Natürlich wusste er genau, dass die SPD allein keine Chance hatte. Die FDP würde den Ausschlag geben müssen. Er fuhr also zu Mende nach Hause und beredete ihn. Er hatte sich das schon in allen Einzelheiten genau überlegt, so erzählt es Manfred Bissinger, und er war voller Leidenschaft. Mende werde, das sagte Nannen ihm zu, vom *Stern* jede publizistische Rückendeckung bekommen, die nötig sei, um diesen Kurs der Partei zu stärken.

Mein Großvater konnte es übrigens ganz schlecht vertragen, wenn jemand seine Euphorie weder verstand noch teilte. Schlimm wurde es, wenn der andere die Sache dann noch ganz anders sah. Mende lehnte das Konzept meines Großvaters komplett ab. Nie würde er solche Positionen einnehmen. Und schuf sich damit einen ernsthaften Gegner. Der *Stern*-Chef beschloss nämlich daraufhin, dass es anders gehen müsse. Nun erst recht. Gemeinsam allerdings mit anderen linksliberalen Publizisten, vor allem mit Rudolf Augstein, war er sich darin einig, dass »der Mende weg« und dass Walter Scheel den Vorsitz der Partei übernehmen müsse.

Rudolf Augstein war zu jener Zeit Mitglied der FDP – Henri Nannen war es 1947 für ein knappes Jahr gewesen – und sollte, so heckten die beiden es aus, im April 1967 beim Parteitag in Hannover eine Rede halten, um die gemeinsame Haltung zu vertreten. Mein Großvater wollte zudem eine Schrift verteilen, die er unter dem Titel »Die Stunde der Wahrheit. Eine Dokumentation zur Deutschland-Politik der FDP« herausgab – verfasst von Hans Wolfgang Rubin, dem damaligen Schatzmeister der FDP, der für einen anderen Kurs mit der DDR eintrat und Reformvorschläge auflistete. Rubin gehörte mit Walter Scheel und Hans-Dietrich Genscher zu den »Jungtürken«, die maßgeblich mithalfen, die FDP etwas weiter nach links von den Christdemokraten abzurücken und die spätere Koalition mit der SPD zu ermöglichen. Dass er eine solch zentrale Rolle auf dem Parteitag spielen sollte, war ihm wohl nicht klar, jedenfalls hat er hinterher erzählt, er habe von der Veröffentlichung in diesem Rahmen nichts gewusst. Dass alles am Ende wirklich so kam, war aber nicht zuletzt Augstein und Nannen zu verdanken.

Es gibt dieses berühmte Bild, auf dem mein Großvater mit Rudolf Augstein zu sehen ist. Er tippt auf einer Olympia-Schreibmaschine vor dem Sitzungssaal im Luisenhof das, was sein Freund Rudolf ihm diktiert. Es ist der zweite Tag des Parteitages. Sie feilen gemeinsam an Augsteins Rede, die der dann ja nicht halten darf. Der Antrag des Gastdelegierten des Hamburger Landesverbandes, Rederecht zu erhalten, wurde mit 128 zu 118 Stimmen abgelehnt. Das wiederum führt zu Ereiferung, alle reden von Zensur. Die Mende-Gegner argumentieren offensiv; Erich Mende – in seiner äußeren Erscheinung ein Herr – vergreift sich mehrmals im Ton und macht eine denkbar und unerwartet schlechte Figur.

Fraktionsmanager Hans-Dietrich Genscher, der im März 1967 in Hannover fehlte, weil er krank zu Hause auf dem Sofa lag, nennt diesen Parteitag heute den entscheidenden Wendepunkt für die FDP. »Hans Friderichs rief mich an und sagte: Du musst jetzt eine Formel finden, sonst fällt die Partei auseinander«, erzählt mir Genscher bei meinem Besuch. Der bürgerliche und der eher linke Flügel der FDP waren zu keinem gemeinsamen Flug mehr fähig. Zu wenig vereinbar waren die Ansichten. Und auf dem Treffen in Hannover eskalierte es. Bereits zuvor waren Rubins Thesen für eine neue Ostpolitik bekannt geworden. Aber die Parteiführung war zu keiner Diskussion, nur zu Ablehnung fähig. Genscher gab Friderichs eine Hilfsformel auf, von der er hoffte, dass sie beide Seiten im Zaum halten könnte. Und sie konnte es. »Wenn ich von Wiedervereinigung spreche, meine ich ganz konkret die Vereinigung der Bundesrepublik mit der sowjetisch besetzten Zone und möchte sagen, dass alles, was sich auf die Gebiete östlich der Oder-Neiße-Linie bezieht, eine Sonderfrage ist.« Das waren die Worte des damals bereits verstorbenen ehemaligen Botschafters in Belgrad, Karl Georg Pfleiderer.

Wenig später erhielten Manfred Bissinger und Erich Kuby von ihrem Chef den Auftrag, Walter Scheel an dessen Urlaubsort in Hinterthal in Österreich aufzusuchen und ihm die Zusage abzuringen, dass er für den Parteivorsitz kandidieren werde. Er gab dem *Stern* ein Interview, in dem er sich für diese Aufgabe bereit erklärte. Der Plan von Nannen und Augstein ging langsam auf. Und wie es halt so ist: Wenn es gut läuft, kommt am Ende noch Glück dazu. Manfred Bissinger stolperte bei einer Recherche über US-Multimillionär Bernard »Bernie« Cornfeld und sein Investmentimperium IOS über einen Vertrag, der schon mit Erich Mende besiegelt war. Der hatte nämlich offenbar bereits für seine persönliche Zukunft weiterverhandelt, etwa 120 000 Mark sollte er künftig als Deutschland-Manager der IOS verdienen, alles war unterzeichnet. Die Geschichte wurde noch schnell in das bereits im Druck liegende Heft geschoben. Auch der *Spiegel* verfügte über Informationen und berichtete. Die FDP-Fraktion beriet gerade über die Führungsfrage. Mende wollte eigentlich noch einmal kandidieren. Bundesgeschäftsführer Genscher machte ihm offenbar deutlich, dass diese beiden Aufgaben unvereinbar seien. Auf dem 19. Bundesparteitag der FDP wurde Walter Scheel zum Nachfolger von Erich Mende gewählt.

»Es ist doch so«, sagt Hans-Dietrich Genscher heute, »wenn ich eine Wand beiseiteräumen will, muss ich an der Wand kratzen. Diese Politik der kleinen Schritte gegenüber dem Osten hat auch Nannen als richtig empfunden. Und er hat dem fortschrittlichen Flügel der FDP den Rücken gestärkt. Dafür bin ich ihm dankbar.«

Genscher muss noch einmal telefonieren, noch ein Interview. Was er sagt, könnte ohne Überarbeitung gedruckt werden, freundlich, durchdacht, präzise und wohlartikuliert gibt er seine Antworten – das ist ihm in Fleisch und Blut übergegangen, reden, die Sache, für die er denkt und handelt, zu vertreten.

Aus heutiger Sicht – noch dazu mit der Erfahrung der Wiedervereinigung im Gepäck – erscheint die Anerkennung der Ostgrenze so folgerichtig und selbstverständlich, dass man sich den Aufruhr und die Wortgefechte darum kaum noch vorstellen kann. Damals war sie das natürlich nicht. Viele Deutsche waren aus jenen Gebieten, die heute zu Polen gehören, vertrieben worden. Sie hatten alles verloren, mussten ganz von vorn anfangen und hatten den Wunsch und die Hoffnung, eines Tages zurückzukehren in das, was für sie immer noch Heimat war. Selbst Marion Gräfin Dönhoff, die mit der sozialliberalen Haltung gegenüber den ehemaligen Ostgebieten einig war, konnte es nicht über sich bringen, bei der Unterzeichnung der Verträge dabei zu sein. Man möge es ihr nachsehen, dass sie nicht imstande sei, auch noch das Glas auf diese – wenn auch richtige – Entscheidung zu heben. So zitiert Egon Bahr die *Zeit*-Chefin, die selbst zu den Vertriebenen gehörte.

Und für die Gestrigen im Land – wozu ich nicht die Gräfin zähle – war das Gestern noch gar nicht lange her. Die Nationalisten stellten sich von Anfang an entschieden gegen diese »Versöhnungspolitik« Willy Brandts. Später, nach dem Kniefall in Warschau, wurde Willy Brandt in seiner Heimat für das Bekennen einer Schuld, die er als Exilant und Widerständler persönlich nicht einmal hätte tragen müssen, von vielen als Verräter bezeichnet. Die CDU/CSU nutzte die Gefühlslage, und Franz Josef Strauß warf dem Kanzler den Ausverkauf deutscher Interessen vor, publizistisch gestützt durch den damals bereits mächtigen Axel-Springer-Verlag.

Nannen fand schon früh, dass es auf der Grundlage solcher nur allzu menschlichen Gefühle besonders der Heimatvertriebenen wenig Sinn hätte, dem *Stern*-Leser von oben herab zu predigen, dass er sich nun doch bitte mit den Gegebenheiten würde abfinden müssen. Er wollte veranschaulichen und ein Gefühl für die Situation und ihre Notwendigkeiten erzeugen. Es war 1967, der Krieg lag bereits zweiundzwanzig Jahre zurück, man hatte ein Wirtschaftswunder erlebt, das Land wieder aufgebaut, eine neue Generation hatte sich hüben wie drüben ihr Leben eingerichtet. Wollten die denn wirklich alles wieder einreißen? War die alte Heimat wirklich noch Heimat? Wie erging es den deutschen Vertriebenen denn? Das müsste sich erfahren lassen. Und da kam ihm eine Idee: Ein paar *Stern*-Leute müssten in diese ehemaligen deutschen Gebiete reisen, die alten Gutshöfe und Häuser aufsuchen, die im Krieg von Deutschen zurückgelassen wurden.

Da würde man es doch direkt vor Augen haben. Man müsste mit den Menschen sprechen, die jetzt in diesen Häusern wohnten, und dann die vertriebenen Familien in der Bundesrepublik und der DDR besuchen – man könnte die ja mal fragen, ob sie wieder zurückgehen wollten.

Manfred Bissinger, der damals noch junger Politikredakteur und erst seit einem Jahr beim *Stern* war, wurde also beauftragt, gemeinsam mit einem Fotografen nach Grünberg, das mittlerweile Zielona Góra hieß, in Niederschlesien zu fahren. Weil sie nicht die gesamte Einwohnerschaft der Kleinstadt in die Geschichte einbeziehen konnten, sollten sich die Reporter auf die Anwohner des Marktplatzes konzentrieren. Wenn sie alle neuen Bürger befragt hätten, sollten sie all diejenigen Vertriebenen ausfindig machen, die einst hier am Marktplatz gewohnt hatten. Alle? Alle.

So klingelten die Reporter am Ring, jener Straße am Marktplatz, an jeder Haustür, wurden mal eingelassen, mal wieder fortgeschickt. Wie sie herausfanden, hatten alle Bewohner, bis auf eine Familie, unter deutscher Besatzung Zwangsarbeit geleistet – der eine auf dem Bauernhof, der andere in der Bäckerei und wo es eben sonst passte. Fast alle waren im Oktober 1945 in Grünberg angekommen; sie hatten alles verloren, waren aus ihrer Heimat Ostpolen von den Russen vertrieben worden oder als polnische Soldaten in deutsche Kriegsgefangenschaft geraten und nur knapp dem Konzentrationslager entgangen. Sie alle waren Gestrandete, die meisten kämpften nach wie vor um ihre Existenz.

In Mönchengladbach sprach Manfred Bissinger zwei Wochen später mit Karl-August Scharmentke, der in einem der Häuser am Ring gewohnt hatte. »Wenn wir das Land nicht freiwillig zurückbekommen, dann will ich verzichten«, sagte der damals Fünfundsiebzigjährige dem Reporter. »Einen Krieg ist die Heimat nicht wert.« Und dann noch: »Ich gehe nicht zurück.«

Im Jahr 1967 waren bereits 50 Prozent der Einwohner Zielona Góras auch dort geboren. Die *Stern*-Reporter fanden keine Sieger vor, die sich in den Häusern der Unterlegenen breitgemacht hätten. Sie fanden Menschen, die genau wie die deutschen Vertriebenen ihre Heimat verloren und sich eine neue aufgebaut hatten. So wie die Grünberger weiter im Westen. Wehmut kannten sie alle, aber ein Zurück gab es für sie nicht. Wer das nicht anerkannte, würde nur für neues Leid sorgen und das alte Unrecht nicht ungeschehen machen.

Das war es, was der *Stern*-Chef Nannen wollte: Das Ergebnis der Reportage sprach für sich. Es sprach zu den Lesern, und es diente als politisches Argument.

Egon Bahr beschreibt Henri Nannens Rolle in der deutschen Ostpolitik heute so: »Wir haben damals die Position des *Spiegel* und die Position des *Stern* als die einzigen unentbehrlichen Stützen und Unterstützer empfunden, die in der Lage gewesen sind, die unendliche Macht des Springer-Verlages und seiner Erzeugnisse zu neutralisieren oder auszubalancieren. Man kann noch die evangelische Kirche hinzurechnen – aber das war die Landschaft damals.«

Ein leidenschaftlicher Henri Nannen, der gemeinsam mit der »Hamburger Kumpanei« stritt – wie Konrad Adenauer die zumindest ab den Sechzigerjahren im Grundsatz vergleichbare politische Haltung von *Zeit*, *Spiegel* und *Stern* genannt hatte –, war der nicht in der Sache benutzbar? Konnte man sich so einen aus Sicht der SPD nicht nützlich machen? Schließlich war es ja vorgekommen, dass Nannen auch mit Mitgliedern der polnischen Regierung sprach und denen erklärte, wie weit und wohin auf keinen Fall sich eine sozialdemokratische Regierung bewegen konnte. Egon Bahr sagt Nein. »Niemand hat damals gewagt, Augstein oder Nannen oder Marion Dönhoff mit bestimmten Wünschen zu konfrontieren. Man konnte diskutieren, man konnte Argumente bringen. Was die eben Genannten daraus machten, war völlig in ihrer Souveränität und Entscheidung.«

Anders habe Bahr es im Hause Springer erlebt. Axel Springer hatte Egon Bahr einmal in sein Haus, den Klenderhof in Kampen auf Sylt, geladen, nachdem dieser dem Verleger einen Brief geschrieben hatte. Bahr hatte die Hoffnung, er könne mit ihm über aus Sicht der SPD notwendige Schritte im Umgang mit der DDR sprechen. Und er wollte zum Thema machen, wie die Zeitungen des Axel-Springer-Verlages an jedem Tag, den sie erschienen, Verbalattacken auf die Ostpolitik Willy Brandts druckten. Damals stammten 85 Prozent der verkauften Auflage der Zeitungen in West-Berlin aus dem Hause Springer, was eine enorme Wirkung auf die Meinungsbildung der Stadt hatte. Gegen diese Medienmacht konnte in Berlin niemand gewinnen.

Springer stellte Bahr für den Besuch auf der Insel sein Flugzeug zur Verfügung und ließ ihn in Hamburg abholen. Bei dem Gespräch in Kampen war außerdem Hans Wallenberg anwesend, den Egon Bahr noch aus seiner Zeit als Journalist bei der *Neuen Zeitung* kannte und der den Verleger zu jener Zeit beriet.

»Ich habe dem Springer erläutert, was der Sinn von Passierscheinen sein könnte«, sagt Egon Bahr heute. »Dass man vielleicht zum ersten Mal wieder mit ein paar Menschen nach Osten konnte. Und sei es nur für Stunden. Wenn wir Glück haben, sagte ich, schaffen wir sogar eine gesamtdeutsche Hochzeit.« Diese Worte verfingen offenbar bei dem Hamburger. »Darauf sagte der Springer: ›Hans, geh raus, ruf unsere Chefredakteure an, und sage: Feuer einstellen!‹ Und so geschah es«, erzählt Egon Bahr.

»So war es eben in den Gesprächen zwischen Brandt und mir mit Nannen, Augstein und der Marion überhaupt nicht. Das waren wirkliche Gespräche mit Argumenten, Erwägungen, Begründungen, Linien, Hoffnungen, Befürchtungen. So wie ich mir das auch heute noch vorstelle, dass es sein sollte zwischen der Politik und den sogenannten Medien.«

Man muss sich den Umgang von Henri Nannen und den damals wichtigen deutschen Politikern so vorstellen: Der *Stern* war ein gutes Blatt, eines der wichtigsten Blätter, immer wieder über Monate hinweg sogar das wichtigste Blatt. Das wusste sein jeweiliges Gegenüber meistens. Und dieses Renommee eilte Nannen wie eine Bugwelle voraus. Wenn der einen Raum betrat, kam ein Kraftwerk durch die Tür. Schmidt, Brandt, Wehner, Kohl, viele andere wurden immer wieder von *Stern*-Reportern in Interviews befragt. Sehr oft war Nannen dabei.

»Die hatten schon aufgrund seiner Erscheinung erst einmal Respekt vor ihm«, erinnert sich Bissinger. Und das gefiel ihm offenbar. Er nutzte das auch. War sehr charmant, sodass der andere schon glaubte, er hätte es überstanden. Dem war natürlich nicht so. Es war ein Spiel, in dem der Chefredakteur gern auch seine Reporter instrumentalisierte.

In den Wochen vor dem ersten Gespräch mit Helmut Kohl hatte der *Stern* recht hart und kritisch über den damaligen rheinländischen CDU-Landeschef berichtet. Er wäre zu Kohl auf keinen Fall allein hingegangen, schon deshalb, weil er wusste, dass er vielleicht nicht so fragte, wie es hinterher im *Stern* stehen müsste. Er fuhr also mit Bissinger nach Mainz, wo Kohl in der dortigen Staatskanzlei auf die Journalisten wartete. Als er sie empfing, sagte mein Großvater: »Herr Ministerpräsident, nehmen Sie mir das nicht übel, ich habe hier mal meinen Juso mitgebracht, die müssen sich ja auch stählen.« Bissinger musste also den linken Wilden spielen, und Nannen sagte dann zwischendurch immer mal so etwas wie »Nun hören Sie mal auf, Manfred« oder »Nun lassen Sie doch mal«. Er übte bei dem Gespräch die große Geste, und der Kollege stellte die empfindlichsten Fragen. »Sehen Sie, Herr Kohl«, habe Nannen dann gesagt, »ich habe eben auch immer Probleme mit meinen Jusos.«

Wenn die Interviews im damaligen Regierungssitz Bonn stattfanden, reisten die *Stern*-Leute am Tag vorher an. Manfred Bissinger erzählt, dass sie dann immer »zum Jugoslawen« gingen, wo mein Großvater besonders gern eine Spezialität des Hauses aß, nämlich Tarama, eine ursprünglich von Kreta stammende Paste aus Fischrogen, der mit Sahne püriert wird und so eine rosa Färbung erhält. Die schmeckte ihm so gut, dass er sich hin und wieder auch für zu Hause etwas davon mitnahm. Wenn er selbst nicht mit nach Bonn reiste, brachte ihm Bissinger eine Portion nach Hamburg mit. Der erinnert sich auch daran, dass er bei einer Reise mit Willy Brandt in Jerusalem Tarama gegessen hatte, die wohl so köstlich war, dass die beiden überlegt hatten, meinem Großvater etwas davon mitzubringen. Weil diese Creme aber so schnell verdarb, haben sie es dann doch lieber gelassen.

In Bonn also hockte man sich am Vorabend eines Interviews zusammen und ging das geplante Gespräch durch, erörterte Fragen, mit denen der jeweilige Politiker konfrontiert werden sollte. »Unter fünfzig Fragen war da nichts zu machen«, sagt Bissinger. »Der Rangniedrigere war dann immer für die Fragen zuständig. Ich schrieb also alles auf.« Der Chef studierte die Fragen ein und teilte dann auf, wer was ansprechen sollte. »Diese stellen Sie, das frage ich ihn, dieses wieder Sie, hier komme ich.« Neben der jeweiligen Frage an den Rand setzte er dann ein Kreuzchen.

Und es war immer klar, dass Nannen das Gespräch einleitete, das ließ er sich nicht nehmen, da wollte er die Hoheit behalten. Er war nicht passiv bei der Vorbereitung, das war nicht die Art und Weise, in der er für sich arbeiten ließ. »Er hatte immer eigene Fragen, die ihn umtrieben und die er stellen wollte«, sagt Bissinger heute. »Das gehörte ja zu seinen enormen Fähigkeiten, Leute mit gewissen Realitäten zu konfrontieren – die *seine* Realitäten waren und die er dann bestätigt oder widersprochen haben wollte. Das hat er aber nie irgendwo aufgeschrieben, sondern das hatte er einfach in sich.«

Anderntags ging es dann zum Interview. Und ganz gleich, wen Henri Nannen traf – ob es Brandt war oder Erler oder Wehner –, es konnte immer sein, dass er einschlief. Wenn er wieder die Augen öffnete, war er exakt auf dem Punkt, wusste genau, um welche Frage oder welche Antwort es sich handelte, und brachte sich wieder ein. »Da lag er nie daneben«, sagt Bissinger heute, der sich daran erinnert, dass nur Willy Brandt das eine oder andere Mal eine Bemerkung gemacht habe, wenn der Chefredakteur des *Stern* mal wieder dasaß und schlief. »Aber der Brandt war dabei immer liebenswürdig und fröhlich«, sagt Bissinger, »der nahm das nicht übel.«

Besonders gern besuchte mein Großvater Brandt in dessen Haus am Venusberg. Wenn er dort ankam, Brandt begrüßt hatte, fing er erst einmal an, sich in den Räumen umzusehen. Das machte er so lange und so ausgiebig, dass der Hausherr irgendwann anbot, ihn durch die Räume zu führen, was der Gast gern annahm. Ausstattungen und gewisse Technik im Haushalt interessierten ihn wirklich. Da wollte er wissen, was für eine Spülmaschine der in der Küche hatte. »Und Brandt, der dafür natürlich überhaupt keinen Sinn hatte – schon gar nicht in dem Moment –, stand daneben und sah zu«, so erinnert sich Manfred Bissinger. »Etwas anderes blieb ihm gar nicht übrig. Nannen machte so etwas mit einer solchen Selbstverständlichkeit, dass es nicht unangenehm wirkte. Ihm war auch nichts peinlich, jedenfalls kann ich mich nur daran erinnern, dass man selbst sich vielleicht etwas genierte, wenn er Dinge tat, die andere nicht tun würden.«

War mein Großvater nicht imstande zu sehen, dass seine subjektive Sicht auf die Dinge nicht einfach mit den objektiven Zuständen gleichzusetzen war? Konnte er die Welt nur aus sich heraus sehen, sich nie in einen anderen Menschen hineinversetzen und dessen Perspektive einnehmen? Das würde eine Menge erklären, auch im Zwischenmenschlichen. Aber wie war es dann gleichzeitig möglich, zu spüren, was andere Menschen umtreiben könnte oder was sie lesen wollten?

Andererseits, mein Großvater hat auch sein Wohnhaus in Hamburg-Wellingsbüttel immer wieder umgebaut, mit teils sehr gutem und teils katastrophal unzulänglichem handwerklichen Sachverstand. Ihm machte so was einfach Spaß, er wollte immer genau wissen, welche Materialien in dem jeweiligen Falle die besten wären, das galt für Holz, Farben, Lacke, Dämmungen und Haushaltstechnik.

Dass er sich aber im Hause von Willy Brandt so verhielt, hatte neben dem Interesse an der Sache einen anderen wichtigen Grund. Er versuchte, eine Atmosphäre herzustellen, in der nichts Gesagtes mehr schlimm sein kann, in der auch kritische und harte Fragen nicht mehr verletzen können, weil man sich ja schon auf ganz subtilem, auf fast privatem Boden nahegekommen war. In so einer Stimmung war es viel einfacher, kritische Fragen zu stellen, als wenn er gleich konfrontativ vorgegangen wäre.

»So eine Stimmung herstellen konnte er wirklich perfekt«, sagt Bissinger. Er kannte sich hervorragend mit Küchengeräten aus – er wusste immer, was gerade das modernste war und was die höchste Umdrehung hatte. Das war übrigens auch mit Autos nicht anders. »Willy Brandt war nun aber so gar nicht der Typ dafür. In dieser Hinsicht war er ganz anders«, erinnert sich Bissinger. Er hätte sich im übrigen gar nicht vorstellen können, dass jemand, der eine Spülmaschine in seiner Küche hatte, nicht auch davon begeistert war.

»Der Nannen war so schön normal«, sagt heute Angelika Jahr, Mitgesellschafterin von Gruner+Jahr und Tochter des Verlagsgründers John Jahr. Das stimmt und ist sicherlich Teil seines Erfolgsgeheimnisses. Ihm war kein Thema zu klein, er war sich für kein Detail zu schade – darauf wäre er auch nicht gekommen, weil er einfach alles wissen wollte.

Wie normal und damit eben wie anders Henri Nannen war, lässt sich ganz gut anhand eines Treffens erzählen, das der Chefredakteur gemeinsam mit Manfred Bissinger in Polen hatte – noch im Vorwege der Unterzeichnung der Ostverträge. Mieczysław Rakowski, der damals noch Chefredakteur der Wochenzeitung *Polityka* und Mitglied im Zentralkomitee der Partei war und später der letzte Ministerpräsident der Volksrepublik Polen wurde, hatte die *Stern*-Leute eingeladen. Rakowski war mit Henri Nannen und Manfred Bissinger, aber auch mit Marion Gräfin Dönhoff befreundet. Wichtiger in diesem Zusammenhang ist aber, dass er ein Vertrauter der damaligen polnischen Regierung war und von ihr als Bote eingesetzt wurde. Er überbrachte Dokumente an Herbert Wehner (bis 1969 Bundesminister für gesamtdeutsche Fragen, dann SPD-Fraktionschef), nahm Schriften mit und war somit natürlich auch für die deutschen Journalisten von großer Bedeutung, weil er einfach nah an allem dran war.

Rakowski hatte ein Feriendomizil in einem Dorf an den Masurischen Seen, wohin er Bissinger und Nannen also eines Tages zum Gespräch lud. Das Häuschen war sehr bescheiden, hatte kein fließendes Wasser, die Zähne musste man sich am See putzen. Aber es war wunderschön gelegen, und Rakowski erhielt hier regelmäßig Besuch von Künstlern und Politikern.

Als die beiden Deutschen dort ankamen, saß Mieczysław Rakowski auf der Terrasse. Das Grundstück reichte bis hinunter an den See, wo der Pole ein Boot liegen hatte. Die Männer gingen ans Wasser, und Rakowski sagte: »Ach, es ist so schade, mein Boot ist gerade kaputtgegangen, ich wäre so gern mit Ihnen auf den See hinausgefahren.«

Mein Großvater liebte Boote und Schiffe, besaß selbst über Jahrzehnte hinweg verschiedene, darunter die *Positano III*, die oft genug als eine Art Schaltzentrale des *Stern* diente, wenn er sein Büro auf das Schiff verlegte. Kurzerhand wurde das Boot von Rakowski nun an Land gezogen, und der *Stern*-Chef saß alsbald auf den Knien und versuchte, den Schaden zu beheben, was damit begann, dass er es erst einmal auseinandernahm. »Fünf Stunden lang hockte der Nannen da unten im Garten und hat mich das Gespräch führen lassen, was ihm zu dem Zeitpunkt völlig egal war«, erzählt Bissinger.

Ein paar Wochen später sorgte Mieczysław Rakowski dafür, dass die beiden *Stern*-Journalisten ein Gespräch mit dem damaligen polnischen Ministerpräsidenten Józef Cyrankiewicz führen konnten. Bissinger und Nannen waren in Warschau bei diesem Interview, das laut Bissinger ein sehr nettes Gespräch gewesen ist, nur leider nicht zu drucken, weil der Pole so phrasenhaft und mit vielen Floskeln geantwortet hätte, dass es für den *Stern*-Leser vollkommen langweilig und nicht zumutbar gewesen wäre.

Nannen und Bissinger wandten sich wieder an Rakowski, sagten ihm, dass man da doch noch irgendwas machen müsste, weil das so nicht packend genug sei und die Leser zu wenig berühre; man müsste doch darüber reden, was die Theorie mit den Menschen zu tun habe und wohin das führen würde – wie könnte man da denn nun nacharbeiten? Rakowski überredete daraufhin den Ministerpräsidenten, die *Stern*-Leute zu einem zweiten Treffen einzuladen, diesmal zu sich nach Hause.

Bissinger und Nannen wurden empfangen, man ließ sich über das Haus erzählen und darüber, wer noch dort wohnte und gewohnt habe. Die Atmosphäre war freundlich und entspannt. Und nach einer Weile stellten die Männer fest, dass sie Hunger hatten. Mein Großvater stand vom Sofa auf und sagte: »Ich mache jetzt für alle Spiegeleier.« Keine Widerrede. Also ging er sogleich in der Küche an die Schränke und Schubladen, öffnete alle und durchsuchte sie, fand die Pfanne, fand die Butter, nahm Teller, Kochlöffel, Besteck und ein Kartoffelschälmesser heraus. Dann band mein Großvater sich die Schürze des polnischen Ministerpräsidenten um und schlug die Eier auf, würzte, fand dazu die Kartoffeln, die er schälte, und briet Spiegeleier mit Bratkartoffeln.

»Wir saßen im Wohnzimmer und sprachen bei laufendem Tonband, und Nannen klapperte in der Küche. Das war eben Nannen. Und der Cyrankiewicz fand das toll«, sagt Bissinger. »Nannen war in dem Moment ganz egal, was im *Stern* stehen würde – er hielt es intuitiv für das Richtige, jetzt Eier zu braten. Niemand sonst hätte sich das je getraut.«

Natürlich wurde in der Küche von Cyrankiewicz nicht die Zukunft der beiden Länder besiegelt. Aber diese Begegnungen, die zeitlich und personell eng an das Zustandekommen der Ostverträge geknüpft sind, zeigen, auf welche Weise mein Großvater Einfluss nahm. Einfluss auf die Politik und auf die weiteren Geschehnisse.

Mindestens einmal ist mein Großvater allerdings mit seiner zuweilen hemdsärmeligen Art beinahe auf die Nase gefallen – das war im Falle von Herbert Wehner. Wehner hatte die *Stern*-Journalisten, so erinnert sich Manfred Bissinger, zu sich nach Hause, auf den Heiderhof – eine Siedlung bei Bonn, in der eine ganze Reihe Bundesbedienstete wohnten – eingeladen. Das war für Herbert Wehner sehr ungewöhnlich, eigentlich tat er das nicht.

»Wir waren uns dieser Ausnahme schon bewusst«, sagt Bissinger. Man sprach über den Wahlkampf, die bevorstehende Wahl und die möglichen Entwicklungen. Es war ein Hintergrundgespräch, das also nicht geführt wurde, um später im *Stern* zu erscheinen, sondern um sich zu informieren, zu diskutieren und Interna zu erfahren, die nicht für die Öffentlichkeit bestimmt waren. Man saß im Wohnzimmer und redete. Offenbar ging es hoch her, denn wie *Stern*-Reporter Gerhard E. Gründler es erzählte, wurde über den politischen Kurs in Teilen so heftig gestritten, dass Wehner die Beherrschung verlor. Bissinger beschreibt dazu noch einen ganz besonderen Moment so: »Auf einmal schaute Nannen den Wehner an und sagte: ›Wissen Sie was, Herr Wehner, darf ich Ihnen mal etwas Privates sagen?‹« – »Ja«, antwortete Herbert Wehner. »Sie können nie eine Wahl gewinnen«, sprach Nannen weiter, »... dafür müssten Sie erst mal zum Zahnarzt gehen.«

Bissinger hielt den Atem an und versuchte dann etwas Ablenkendes zu sagen. Wehner, der ja auch in Auseinandersetzungen mit politischen Gegnern nicht auf den Mund gefallen war und diese gern als »Ratte«, »Übelkrähe« oder »Clown vom Dienst« bezeichnete, ließ sich aber auf keinen Fall ablenken. »Der sprang aus dem Sessel, packte Nannen an der Jacke, zog ihn ein wenig hoch und brüllte ihn an: ›Sie ... Sie ...

Wirtschaftswundersiegfried, Sie!‹, und ließ ihn dann wieder los.« Das Gespräch wurde recht schnell beendet. Mein Großvater war danach nicht mehr bei Wehner zu Hause.

Allerdings erreichte ihn in den letzten Tagen des Jahres 1966 ein Brief von Herbert Wehner, worin der sich zunächst der Form halber für ein Andruckexemplar des *Stern* bedankt, in dem ein Gespräch mit ihm abgedruckt ist, und dann zu seinem eigentlichen Anliegen kommt. »Sie werden es hoffentlich nicht unangemessen finden«, schreibt Wehner, »wenn ich Gelegenheit nehme, vor dem Ende dieses Jahres auf ein Gespräch zurückzukommen, in dem ich mich Ihnen gegenüber im Kreise einiger Herren recht heftig ausgelassen habe. Es handelte sich um politische Einschätzungsfragen, die Sie anders betrachteten als ich. Hätten wir mehr Gelegenheiten gehabt, über derartige Fragen miteinander zu sprechen, müsste ich mich heute bei Ihnen nicht dafür entschuldigen, dass ich recht heftig gewesen bin. Aber zu meinen Fehlern gehört leider auch der, dass ich mitunter annehme, mein Gegenüber verstünde mein Engagement im Meinungsstreit auch als eine Art Achtungsbezeugung für das Engagement des Gesprächspartners selbst. Anders ausgedrückt: Ich stritt mit Ihnen, weil ich es die Mühe wert hielt, mit Ihnen zu streiten.«

»Vergiftete Pfeile oder gewollte Bösartigkeiten waren von Nannen nicht zu erwarten«, erzählt mir heute Egon Bahr. »Weder Brandt noch ich haben jemals Sorge gehabt, dass er journalistisch ein Messer ziehen könnte und zustechen.« Bahr beschreibt Nannen als einen immer glaubwürdigen und authentischen Mann; selbstbewusst, klar und offen sei er ihnen gegenüber aufgetreten.

Damals standen *Spiegel*, *Stern*, *Die Zeit*, am Rande noch die *Süddeutsche Zeitung*, die *Frankfurter Rundschau* und die *Münchner Abendzeitung*, unterstützt durch NDR und WDR auf der einen Seite und die Springer-Blätter und der Bauer-Verlag (1972 immerhin drittstärkster deutscher Medienkonzern) gemeinsam mit der Burda-Holding und der *FAZ* unterstützt durch das ZDF auf der anderen. Das war zementiert. Die Atmosphäre war eine Mischung aus sportlichem Wettbewerb, bei dem man dem Gegner den Rang ablaufen wollte und zu jeder gewichtigeren Meinungsäußerung eine Retoure druckte, und bitterem Ernst, bei dem es um die eigenen Werte, um Visionen und um viel Geld ging und wo viele Mittel recht waren.

Im Januar 1972 wollte Jungverleger Heinz Heinrich Bauer nachhaltig handeln. Er traf sich im luxuriösen Schloss Friedrichshof, das seit den Fünfzigerjahren als Schlosshotel Kronberg seine Gäste unweit von Frankfurt in wirklich atemberaubender Lage empfängt, mit dreißig deutschen Unternehmern und ihren Vertretern, um zu beraten, wie man der SPD zur Bundestagswahl im November hin das Handwerk legen könnte. Geredet habe man lange. Nun sollten sie endlich etwas tun, habe Bauer bei dieser Zusammenkunft gesagt. Man gründete den »Arbeitskreis Soziale Marktwirtschaft«, der das Ziel hatte, die »Gefährdung der freien Marktwirtschaft« durch linke Einflüsse zu bannen. Bauer versprach eine Million Mark und stellte Journalisten und seinen Hausjuristen Wolf-Dieter Kuner ab, um eine Anti-SPD-Kampagne vorzubereiten.

Und wirklich waren die Umfragewerte der SPD im Frühjahr 1972 noch schlecht – auch wenn die Sympathiewerte Brandts stiegen –, bis Brandt mit Albrecht Müller einen Wahlkampfmanager installierte, der die richtige Kampagne steuerte.

Mit von der Anti-Partie im Schloss Kronberg war der damalige und langjährige Marketingchef des Schnapsbrenners Asbach, Karl-Heinz Zappe. Zappe hatte es sich offenbar vorgenommen, die »Hamburger Kumpanei« zu schwächen. Die Hamburger waren dem konservativen Lager nicht nur deshalb ein Dorn im Auge, weil sie die sozialliberale Politik guthießen; es war auch der liberale Umgang mit den Interessen der deutschen Studentenbewegungen, der scharf kritisiert wurde.

Karl-Heinz Zappe also rief eines Tages Henri Nannen an, um sich über einen Artikel zu beschweren. Zappe war verantwortlich für die Werbeanzeigen von Spirituosen wie zum Beispiel »Asbach Uralt«. Er drohte damit, sämtliche Anzeigen im *Stern* zurückzuziehen und keine weiteren mehr zu schalten.

Mein Großvater reagierte auf die Drohung Zappes – natürlich mit dem Wissen um dessen Verbindungen im Hintergrund – in einer für ihn typischen Weise. Er sagte, dass er dann wohl auf die Anzeigen werde verzichten müssen, und wies die Einmischung in journalistische Belange des Blattes zurück. Aber das genügte ihm natürlich nicht, er wollte dem Schnapsfabrikanten auch eins auswischen. Da hatte er die Idee, in den Fortsetzungsroman, den es damals im *Stern* noch gab und der sich deutlicher Beliebtheit erfreute, einen Satz einfügen zu lassen – an Stellen, wo es darum ging, dass Alkohol gereicht wurde. So findet sich in der Ausgabe vom 2. April 1972 in dem Roman »Der Monat vor dem Mord« folgende Szene: Der Chemiker Horstmann kommt nach Haus, der Familiensegen hängt etwas schief, er bittet Sabine, seine Tochter, um einen Schluck Weinbrand, bietet ihr auch ein Glas an. Sabine schüttelt daraufhin den Kopf und sagt: »Asbach trinke ich nicht. Ich bin etwas Besseres gewohnt.«

In solchen Fällen wankte er nicht, und es bereitete ihm eine diebische Freude. »Da habe ich gesagt: ›Meine Herren, wenn ich Inserent wäre und mir würde der *Stern* nicht passen, würde ich auch nicht inserieren. Das ist doch Ihr gutes Recht. Nie werden Sie von uns deswegen ein böses Wort hören. Wenn Sie aber eine Kampagne gegen den *Stern* machen, dann sage ich Ihnen: Das kann ich besser.‹ Dieses war die Spitze des Eisbergs«, so die Worte meines Großvaters. Ein paar Wochen später war der Anzeigenkunde übrigens wieder da, weil der *Stern* eben damals eine gute Werbefläche war.

»Henri Nannen war ein Patriot, ohne jede Einschränkung«, sagt mir Egon Bahr. »Er hat es bewiesen, indem er den *Stern* zu dem gemacht hat, was er geworden ist. So etwas konnte nur ein Mann machen, der im Herzen ein Patriot ist.« Und Bahr fügt noch hinzu: »Ohne den *Stern* wäre es eine andere Republik.«

Hans-Dietrich Genscher sieht es ähnlich. Er findet in Nannen auch einen Patrioten: »In der positiven Weise des Wortes, uneingeschränkt ja. Wer sich nicht für die nationale Verantwortung einsetzte, konnte kein Patriot sein.«

Als ich Altkanzler Helmut Schmidt in seinem Hamburger Büro bei der *Zeit* gegenübersitze und ihn frage, ob er Henri Nannen für einen Patrioten hält, habe ich das Gefühl, als verursache bei ihm schon das Wort »Patriot« einen metallenen Klang und den dazugehörigen

Schmerz im Ohr. Vielleicht muss das bei einem Mann mit Schmidts Lebensgeschichte auch so sein. Patriot – das Wort klingt einem, der 1918, kurz nach Ende des Ersten Weltkrieges zur Welt kam, der als noch nicht Neunzehnjähriger 1937 nach dem vorgezogenen Abitur in die Wehrmacht eingezogen wurde und der das Ende des Zweiten Weltkrieges in britischer Kriegsgefangenschaft erlebte, womöglich für alle Zeiten wie Säbelrasseln.

»›Patriot‹ ist ein zweischneidiges Wort«, sagt Helmut Schmidt dann auch nach kurzem Nachdenken.

Die weißen Regale hinter ihm stehen voller Bücher, viele mit ledernem Einband, das neueste Buch seiner Tochter fällt mir auf. Er sitzt davor, und irgendwie wirken diese Werke wie seine Gewährsleute. Er erscheint nicht etwa klein, wie er dort sitzt in seinem Stuhl und vor dieser großen Wissenswand – eher ist es so, als würden die Bücher dem Besucher zuraunen: Wir sind alle im Kopf dieses Mannes, wenn er einen von uns ruft, sind wir bereit.

Helmut Schmidt sitzt in seinem Stuhl am Schreibtisch, raucht eine Mentholzigarette, schaut kurz in eine Ferne im Raum und blickt mich dann an. »Dulce est pro patria mori sagt mir nichts – nicht mehr. Das hat Adolf Nazi bei mir bewirkt. ›Es ist süß, fürs Vaterland zu sterben‹ – das halte ich für Unsinn. Fürs Vaterland zu leben ist in Ordnung – solange diese Art Patriot auf den Schmuck des Patrioten verzichtet. Das ist es, was mir bei dem Papst missfällt, der läuft immer so geschmückt durch die Gegend.« – »Na ja«, entgegne ich, »der ist ja auch kein Hamburger.« Helmut Schmidt sieht mich an, und um seinen Mund ist etwas, das ich gern als ein Lächeln lese, in den Augen auch. »Da haben Sie absolut recht«, sagt er und fragt: »Wo ist denn eigentlich Ihr Großvater sozialisiert worden?«

Schmidt sitzt ein wenig schräg, mir zugewandt, trägt einen dunkelblauen, schlichten Anzug, norddeutsch durch und durch. Und mit diesen eben norddeutschen Augen sieht er auch auf Henri Nannen, dessen bin ich mir immer sicherer. Ihm gefällt, dass mein Großvater mit meiner Großmutter bis zu ihrem Tod verheiratet war und dass er sich von ihr nie hätte scheiden lassen. Danach hat er mich gleich gefragt, denn das tue ein Norddeutscher nicht. Er selbst sei achtundsechzig

Jahre mit derselben Frau verheiratet gewesen. Das sagt er, und in seiner Stimme klingt etwas mit, das sich nach Stolz anhört. Mann steht zu dem Wort, das man seiner Frau gegeben hat, zumindest hier oben im Norden – das ist das Signal. Von meinem Großvater hatte er offenbar anderes angenommen, jedenfalls sagte er so etwas.

Und während ich Helmut Schmidt zuhöre und über das Gewicht staune, das er auf dieses »untadelige« Verhalten Nannens legt, steht mir noch etwas klar vor Augen, bevor noch unser Gespräch richtig angefangen hat: Diese beiden Männer, mein Großvater und Schmidt, konnten einander nicht in dieser Weise sympathisch sein, wie es Brandt und Nannen waren. Jeder, der beide kannte und den ich auf meiner Spurensuche noch treffe, bestätigt mir später, dass die beiden Männer keine Nähe zueinander hatten. »Der hat mich sehr beeindruckt«, sagte mein Großvater über Helmut Schmidt, »obwohl ich ihm gegenüber nie ein Gefühl von Wärme gehabt habe. Ich habe ihn für vieles bewundert. Und ich habe immer das Gefühl gehabt: Wenn es darum geht, die Interessen des Landes zu vertreten, in dem ich lebe, dann ist mir wohler, wenn auf der anderen Seite des Verhandlungstisches Herr Schmidt sitzt, als wenn da Herr Kohl sitzt.«

»Schmidt-Schnauze«, wie er einst wegen der scharfen Rede, die er führte, genannt wurde, ist ein schneidiger, siegessicherer, intellektueller Hanseat, der mit Kaffee und einer Suppe ganz gut über den Tag kommt. Sir Henri hingegen ist der intelligente, aber gleichzeitig aufbrausende Bauchmensch, der sich laut streitet, der Leidenschaft ausatmet, der aber, einmal in Rage, nicht wieder aus ihr herausfindet.

Helmut Schmidt sagt es so: »Er war übrigens zu groß. Zwanzig Zentimeter zu groß. Ich war immer ein kleiner Kerl, und große Leute haben mich immer ein bisschen erschreckt. Große Leute haben mir immer das Gefühl gegeben, ihnen nicht sofort trauen zu dürfen. Ich habe nicht viel mit großen Leuten zu tun gehabt. Einer war Henri Nannen. Ich habe es lieber, wenn Leute etwa 1,80 m sind.«

Klaus Bölling, Schmidts ehemaliger Regierungssprecher, sagt mir, als ich ihn in seinem Haus in Berlin besuche: »Nannen hatte diese barocke Ausstrahlung. Er hatte eine ausgeprägte Persönlichkeit, die sich seiner Führungsstärke deutlich bewusst war.«

Nannen sei »ein wenig leichtfertig im Umgang mit Tatsachen« gewesen, sagt Helmut Schmidt. »Wenn Henri Nannen etwas nicht in den Kram gepasst hat, dann hat er es weggelassen«, fügt er hinzu und überrascht mich dann mit einer durchaus positiven Einschätzung. »Henri Nannen war einer der intelligentesten und schnellsten Journalisten damals. Einer, der sehr gute Antennen hatte. Einer, der Dinge spürte, die in der Entwicklung waren, die man noch nicht sehen konnte – die nahm er im Voraus wahr. Er hatte ein sehr gutes Gespür für die deutsche Gesellschaft. Er hatte auch ein gutes Gespür für die Gesellschaft der uns umgebenden Staaten. Und Nannen war in hohem Maße politisiert. Er war aber keiner mit einer klaren Ziellinie. Insofern war er durchaus mehr Journalist als Politiker. Außenpolitisch war er übrigens nicht sonderlich interessiert. Er war mehr interessiert an der wöchentlichen Umsetzung dessen, was er sah oder was er fürchtete oder was er hoffte oder was er erstrebte. Und ja, er hat einen gewissen Einfluss gehabt – sicher viel mehr als seine Nachfolger. Heute wird mir kein Artikel im *Stern* mehr auf den Tisch gelegt«, sagt Schmidt.

Ob Henri Nannen ein Patriot war – da will sich der Altkanzler, auch als ich nachhake, nicht so recht festlegen. »Ein großer Demokrat war er mit Sicherheit«, sagt Schmidt. »Und er war sicherlich ein Anhänger der persönlichen Freiheit; war sicherlich jemand, der – ähnlich wie ich – die Freiheit der Person als Nummer eins in den Katalog der Grundrechte geschrieben hätte.«

Ich erinnere mich an einen Satz meines Großvaters, in dem er über die Freiheit sprach: »Freiheit ist gleichgesetzt mit Verantwortung, und solange wir nicht versuchen, vor der Verantwortung zu fliehen, wird auch die Freiheit nicht flüchten.« Klingt nach einem freien Demokraten, finde ich.

Aber zurück zu Helmut Schmidt. Während unseres Gesprächs wird mir eins immer deutlicher: Dass eine enorme Antriebsfeder dieser Generation – Schmidt ist fünf Jahre jünger als mein Großvater – die Erlebnisse und Erfahrungen des Zweiten Weltkrieges sind. Zumindest dann, wenn sie sich nach dem Krieg in irgendeiner Weise politisch engagierten. Es ist, als müssten sich diese Männer bewusst oder unbewusst jeden Tag wieder beweisen. Als hätten sie die Aufgabe, im Nachhinein alles das zu tun, was sie damals nicht getan haben, vielleicht auch nicht tun konnten.

»Meine Begeisterung für die Freiheit ist wahrscheinlich eine Reaktion auf Adolf Nazi«, sagt Helmut Schmidt. »Das, was Adolf Hitler gemacht hat, ist ein Kolossalverbrechen, das es noch nie gegeben hat. Die Welt wird das nicht so schnell vergessen. Noch in zweitausend Jahren wird darüber ein Verdi eine Oper wie ›Nabucco‹ schreiben. Alle Deutschen, die morgen geboren werden, die vielleicht in fünfzig Jahren einen Ministerposten bekleiden, sind beeinträchtigt in ihrer Handlungsfreiheit durch das, was vor ihnen liegt, durch das, was zu meiner Zeit geschehen ist.«

Helmut Schmidt zieht in unserem Gespräch immer wieder Parallelen zwischen meinem Großvater und sich selbst. »Nannen hat den Krieg sicher intensiv erlebt. Noch intensiver vermutlich als ich, weil er älter war. Er muss diesen Zwiespalt, den wir alle kennen, besonders stark empfunden haben, den Zwiespalt zwischen dem den Deutschen anerzogenen Pflichtbewusstsein einerseits und der Einsicht, dass das alles Blödsinn war, was wir machten, oder Verbrechen waren oder jedenfalls fehlerhaft. Darunter muss er eigentlich gelitten haben. Es muss jeden Soldaten das ganze Leben begleiten. Seine Geschichte kann eine große Rolle gespielt haben. Es kann auch sein, dass sie – unbewusst oder bewusst – ein wichtigeres Motiv gewesen ist, als er nach außen zugab. Ich kann es mir gut vorstellen. Bei mir ist es auch so«, sagt Schmidt.

Fakt ist, dass ihnen allen das »Nie wieder!« Antrieb gegeben hat, den jeder anders genutzt hat.

Worum es meinem Großvater und in seinen Augen auch den *Stern*-Kollegen ging, hat er selbst einmal so beschrieben: »Was uns trieb, war alles andere als Negation. Es war das positivste Anliegen, das einen Bürger dieses Landes bewegen kann: die Sorge um die Bundesrepublik. ›Das Recht‹, hat der erste Präsident dieser Bundesrepublik Theodor Heuss gesagt, ›das Recht wird uns nicht frei Haus geliefert wie frische Brötchen, wir müssen es uns jeden Tag neu erkämpfen.‹

Stern-Redakteure tun es, indem sie das Unrecht aufspüren, wo und von wem immer es begangen wird. Und wir halten unser Nest sauber, indem wir uns nicht scheuen, den Dreck, wo immer er sich zeigt, aus diesem Nest hinauszuschaufeln. Auch auf die Gefahr, dass wir uns dabei gelegentlich die Finger schmutzig machen.«

Deutschland

»Heute beim Morgengrauen haben wir den letzten Stuka-Einsatz auf den Kessel südlich von Charkow geflogen. Wir haben unsere Bomben alle wieder mit nach Hause gebracht, denn es gab kein Ziel mehr für uns – sonst pflegen wir zu fluchen, wenn uns das geschieht, aber heute haben wir in unseren Maschinen gesessen und waren mehr gepackt von dem Bild, das da unter uns hinwegrollte, als bei irgendeinem anderen noch so erfolgreichen Angriff.«

So beginnt Henri Nannen, Unteroffizier der Kriegsberichter-Kompanie Lw KBK (mot.) 6, seinen Frontbericht vom 28. Mai 1942 aus der Ukraine. Knapp ein Jahr zuvor hatte Hitler den Vernichtungskrieg gegen die Sowjetunion befohlen. Mit »brutalster Gewalt« sollte der Kommunismus »für alle Zeiten ausgerottet« werden. Nun musste mein Großvater in Worte fassen, was das bedeutete.

»Es sind in den Berichten, durch welche die Heimat bisher von den Kämpfen im Osten Kunde erhielt, viele Superlative gebraucht worden. Schon als die Doppelschlacht von Minsk und Bialystok zu Ende ging, glaubten wir, es könne keine vernichtendere Niederlage für den Feind geben als diese. Smolensk, Uman, Syasma und Brjansk brachten jedes Mal eine Steigerung. Was dort geschah, kann nicht in Zahlen von Gefangenen, von vernichteten Panzern und abgeschossenen Flugzeugen ausgedrückt werden. Nur wer als Flieger die Gräben und Feldstellungen, angefüllt mit gefallenen Bolschewisten, die Bombentrichter, Krater an Krater, die rauchenden Hütten, die ausgebrannten Panzer, die zu Tausenden zerstörten Kraftwagen, deren Inhalt weit verstreut liegt, als seien sie zerplatzt, die herrenlosen Gespanne, die ungezählten Pferde, die teilnahmslos dahintrotten oder verwundet wie irrsinnig über das Gelände sprengen, dazwischen die ausweglos herumirrenden Kolonnen, abgerissen, zerschlagen, mit weißen Tüchern winkend, wankende Gestalten, die zusammensinken und sich in den Staub der zerwühlten Erde einkrallen, wenn sie das Geräusch eines Flugzeugmotors hören, und wer dies alles gesehen hat – man kann es nicht mit Worten beschreiben und nicht fotografieren oder zeichnen; es sieht aus, als leide die Erde hier an einer schrecklichen Hautkrankheit – nur wer es gesehen hat, kann begreifen, dass kein Superlativ ausreicht, um die Schwere der bolschewistischen Niederlage zu benennen.«

Zurück am Boden, zurück in der Realität, die in der Beobachterkapsel der Junkers in eine besser zu ertragende Distanz rücken konnte, gab Nannen den Bericht telefonisch nach Berlin durch. Er befindet sich heute im Militärarchiv des Bundesarchivs.

»Ich war Rundfunkreporter der Luftwaffe«, erzählte mein Großvater im Frühjahr 1985 im Gespräch mit Jürgen Streicher, der ihn für seine Magisterarbeit interviewte. »In den Kessel von Charkow bin ich dreimal geflogen, um Verwundete rauszuholen. Natürlich haben deutsche Soldaten auch Leistungen vollbracht. Darüber habe ich Reportagen ins Mikrofon gesprochen. Die sind gesendet und möglicherweise später auch gedruckt worden. Das waren niemals geschriebene Manuskripte. Ich war immer Rundfunkreporter. Was davon gedruckt wurde, bestimmte das OKW.«

So eindrücklich die Worte auch waren, die mein Großvater im Kriegsdienst verwandte, und sosehr der Krieg samt der totalen militärischen und moralischen Niederlage Deutschlands seine spätere Laufbahn als Journalist bestimmte, sowenig kam er doch vor in den vielen Geschichten, die er später erzählte.

Nie habe ich erlebt, dass er im Kreise seiner Zuhörer – wer immer es auch gerade war – gesessen und davon gesprochen hätte. Keiner der Menschen, die ich auf meiner Spurensuche fragte, hat ihn je Einzelheiten über seine Zeit als Kriegsberichterstatter zum Beispiel in Russland erzählen hören. Und auch mein Vater kann mehr als nur die eher launigen Beschreibungen der kroatischen Flieger, denen mein Großvater eine Weile lang zugeordnet war und die ihm offenbar wegen ihrer Flugkünste, aber vor allem wegen ihrer freundlichen und fröhlichen Art gut gefallen haben. Mir hat er mal davon erzählt, dass er abgeschossen worden sei. Die Geschichte kennt auch mein Vater. Im Nachhinein hat mein Großvater darüber gelacht, weil ein Geschosssplitter ihn in seiner hinten im Flugzeug gelegenen Beobachter-Glaskapsel von unten in den Allerwertesten getroffen hatte. Und dass die Flieger zum Wachbleiben Scho-Ka-Kola aßen, die zur Luftwaffenverpflegung gehörte, das hat er mir erzählt – meistens bevor er sich auf eine längere Fahrt mit dem Auto gemacht hat. Und dass diese Schokolade, die einen hohen Koffeingehalt hat, genauso wie Kaffee auch beim Einschlafen half, wenn man nur schnell genug, nachdem man sie gegessen hatte, ins Bett ginge.

Auch in Italien, als wir mal wieder gemeinsam nach Positano gefahren waren, erinnerte er sich an die Zeit, in der er mit seiner Propagandakompanie in Bevilacqua, etwa 40 Kilometer südöstlich von Verona, stationiert war. Daran, wie sehr er auch damals schon die italienische Bevölkerung mochte, die Art, wie Italiener die Welt sahen – nicht so verbissen wie die Deutschen –, und die italienische Kunst.

Aber wie es war, Soldat zu sein, den Krieg zu erleben, die Toten zu sehen, die durch Bomben versehrte Landschaft in Weißrussland zu überfliegen, die Hungernden und Sterbenden vor Augen zu haben, oder wie es war, auch nur für sich und den Techniker ein Huhn zu schlachten oder was sonst gerade über den Weg lief, damit man etwas zu essen hatte; wie es war, im Sturzkampfbomber zu sitzen, wenn Eisenbahnstrecken bombardiert wurden, oder dem Flakfeuer auszuweichen und noch mal davonzukommen – das hat man von ihm nur in der Reflexion erfahren.

Mein Großvater hat die Geschichten nie erzählt, hat nie die Erlebnisse reportiert. Heute wünschte ich einerseits, er hätte es getan, andererseits bin ich mir darüber im Klaren, dass er damit wie Millionen anderer Männer seiner Generation handelte. Für mich als Enkeltochter war sein Umgang mit der Zeit des »Dritten Reiches« stimmig. Es entsprach ihm, zu verarbeiten, was er nicht ändern konnte. Die Journalistin und Biografin Stephanie Nannen stellt sich natürlich heute zusätzliche Fragen. Auch solche, die nicht mehr beantwortet werden können. Mir ist daher daran gelegen, möglichst sachlich aufzuzeigen, was war und was nicht war.

Sein Leben nach dem Krieg nahm immer wieder Bezug auf diese Zeit, es wurde eine Art Spiegel, es hatte eine Entsprechung in der Zeit des Nationalsozialismus, die zugleich mit der Phase im Leben meines Großvaters zusammenfiel, in der er jung war, in der er sich das Rüstzeug fürs Leben holen sollte. Alles, was geschah, prägte.

»Sie dürfen den Krieg in Ihrem Buch nicht auslassen! Henri Nannen ist nicht nur der *Stern*«, sagt mir Helmut Schmidt und ist fest überzeugt davon, dass der Krieg eine große Bedeutung für das weitere Tun meines Großvaters gehabt habe. Ich bin es auch und versuche deshalb, mehr darüber zu erfahren, wie sich dieser Krieg angefühlt hatte und was er mit den Menschen gemacht hat, die ihn überlebt haben.

Hans-Dietrich Genscher sitzt mir gegenüber, vor ihm steht ein Glas Wasser, draußen im Garten spielen zwei Eichhörnchen. Natürlich habe jede Entwicklung ihren Ausgang im Zweiten Weltkrieg, sagt er. »Das war eine hochpolitische Generation, die alles tun wollte, dass es nicht wieder passiert«, sagt er über meinen Großvater und seine Zeitgenossen. »Soldaten, und Henri Nannen war ja als Soldat im Krieg, sind die besten Friedenskämpfer, weil sie wissen, wie es geht. Ich war am 7. Mai 1945 ein glücklicher Mensch. Ich lebte, war unverwundet und nicht in russischer Gefangenschaft gelandet. Und ich wusste, der Teufelskreis von Recht und Unrecht musste durchbrochen werden. Diese Haltung hat auch Henri Nannen eingenommen.«

Mein Großvater hatte immer eine klare Haltung zum Krieg, vor allem aber zu den zwölf Jahren nationalsozialistischer Herrschaft. Dazu hat er sich häufig geäußert, auch im *Stern*. Über konkrete Erinnerungen aber, über Bilder des Krieges sprach er nur mit Menschen, die damals dabei gewesen waren und die ihm noch dazu nahestanden, Menschen, die die Orte kannten, die Gefühle von damals nachvollziehen konnten, die Ähnliches gesehen hatten: Victor Schuller und meine Großmutter Martha. Es war, als ginge er davon aus, dass niemand, der es nicht miterlebt hatte, wirklich verstehen könnte, was dieser Krieg bedeutete. Außerdem hätte jede Erzählung Anklänge einer Rechtfertigung gehabt, haben müssen, wenn er die schrecklichen Details beschrieben hätte – noch viel mehr aber, wenn er die guten Erinnerungen geteilt hätte, die fröhlichen Stunden, die es mit Sicherheit auch gab, die Glücksmomente, die auch so eine Zeit kennt. Er wollte sich aber nicht rechtfertigen. Einmal hat er einen Satz gesagt, der danach klang: »Mein Gott noch mal«, sagte er zu seinem Gesprächspartner Jürgen Streicher. »Entweder Sie wurden getötet oder Sie töteten.« (Das galt der Frage, wie man »die Ermunterung zum Töten Tausender« bewertet, als die der Interviewer die Arbeit eines Kriegsberichterstatters ansah.) Vielleicht befürchtete mein Großvater auch, dass er über diese Erinnerungen, wären sie einmal als Bilder in der Gegenwart angekommen, nie wieder die Kontrolle würde erlangen können. Irgendwie war es, als gehörten sie nur ihm. Und schließlich, wie kann man über etwas Geschichten erzählen, dessen Zustandekommen man selbst nicht greifen kann?

Helmut Schmidt stellt mir im Gespräch über meinen Großvater eine Frage, die ihn offensichtlich lange umtreibt: »Haben Sie jemals versucht zu verstehen, worin Hitlers Wirkung bestand?« Er selbst habe es »bis heute nicht« verstanden. »Meine Generation hat ja den Hitler eigentlich erst im Laufe ihres Erwachsenenlebens auf sich wirken lassen müssen«, sagt der Altkanzler. »Er muss eine ungeheure Wirkung gehabt haben. Mir ist es völlig unverständlich, wie dieser Mann die Deutschen dazu gebracht hat, sechs Millionen Menschen umzubringen, fabrikmäßig.«

Diese eine Frage ist es, die einen Mann wie Schmidt, aber auch meinen Großvater insgeheim nie losgelassen hat.

Wenn mein Großvater auch nicht über die Einzelheiten des Krieges sprach, so sagte er doch sein Leben lang auf unterschiedliche Weise, dass so etwas nie wieder geschehen darf und dass er sich der Tatsache bewusst war, nichts dagegen unternommen zu haben. Das war die Botschaft, die andere, die wir aus seinem Mund, aus seinen Artikeln, aus seiner Arbeit heraus erhalten sollten – ohne dass er von der Kanzel herab sprach. Er wollte erklären, nicht predigen.

Ja, er wäre lieber nicht dabei gewesen, das ist so simpel wie richtig.

Aber er stand immer zu dem, was er in der Zeit des Nationalsozialismus getan hatte. Und in meiner Wahrnehmung unterschied er da in zwei Bereiche: Der eine bezog sich auf das, was er als Soldat in der Wehrmacht erlebt hatte. Der andere betraf das, was er als »Zivilist«, als Schriftleiter und Kunsthistoriker, als Mensch getan oder nicht getan hatte. Beide Bereiche beeinflussten sein weiteres Leben immens – aber eben auch auf unterschiedliche Weise.

Was ich mich also frage, ist: Was hat dieser Krieg mit ihm gemacht? Wie haben die Kriegserlebnisse und hat die Zeit des Nationalsozialismus sich auf ihn ausgewirkt, wie haben sie ihn geprägt? Denn die Antwort darauf bildet den Grundstein für sein Handeln nach dem Krieg. Diese Erfahrungen prägten den Nannen, der nach 1945 die junge Bundesrepublik mitzugestalten begann.

Die Spurensuche führt mich in Militär- und Zeitschriftenarchive und tief in seinen eigenen Nachlass, in dem Abschriften von Originaldokumenten zu finden sind. Das Bild, das sich daraus zusammensetzt, ist in Teilen geradezu grafisch in seiner Deutlichkeit. Henri Nannen war kein Ideologe. Blinder Gehorsam, Selbstaufopferung gar, passten nicht zu ihm. Nannen und Nationalsozialismus, das war nicht kompatibel. Aber er war auch nicht zum Widerstandskämpfer geboren und passte sich zeitweise dem Regime an, blieb pragmatisch, um durchzukommen. An anderer Stelle dagegen verschwimmt das Bild meines Großvaters. Wie hat er den Krieg selbst verarbeitet? Je länger er dauerte, je länger die Frontlinien wurden, an denen die Wehrmacht kämpfte, umso schneller lösten sich die militärischen Kommandostrukturen auf. Versprengte Truppenteile fanden sich abgeschnitten von ihren Verbänden und führten einen Partisanenkrieg, der militärische Etikette nicht mehr zuließ. Eine Spirale der Gewalt entspann sich, die Historiker heute als die »Barbarisierung des Krieges« bezeichnen. Wie ist mein Großvater damit umgegangen? Wie ist er mit seinen Erlebnissen später fertig geworden?

Zum ersten Mal aktenkundig wird mein Großvater in der Nazizeit in Emden: Am 23. Oktober 1933 stellt der Oberbürgermeister als Ortspolizeibehörde der Stadt Emden das obligatorische »Führungszeugnis

(Nur gültig zum Eintritt in die Reichswehr und in die SA.- und SS.-Formationen sowie in den Stahlhelm und den Arbeitsdienst)« für »Henry Nannen« aus. Der hat noch in der Heimat ein paar Reichsmark für »Bauernarbeit« auf dem Hof ten Doornkaat verdient und in Osnabrück als Lehrling in einem Buchhandel gearbeitet, bevor er kurz darauf nach München geht. Dort wird er am 4. November 1933 an der Ludwig-Maximilians-Universität immatrikuliert. 1934 wird er für zwei Monate Mitglied im Deutschen Luftsportverband, um dem SA-Hochschuldienst zu entgehen, wie er später sagte, als die Spruchkammer Bad Tölz ihn 1947 in die »Gruppe der Mitläufer« einstufen und ihn deshalb mit einer sogenannten Geldsühne belasten will.

»Ich studierte 1934 an der Universität München, als die Bestimmung erlassen wurde, dass sämtliche Studenten zum SA-Hochschuldienst herangezogen werden müssten, mit Ausnahme der Studenten, die einer Gliederung angehörten oder im ›Deutschen Luftsportverband‹ seien. Ich habe dem SA-Hochschuldienst zunächst durch Hinweise auf meine Arbeit als Werkstudent zu entgehen versucht. Als weder das gelang, noch Krankheit vorgetäuscht werden konnte, habe ich mir die am wenigsten nationalsozialistische Möglichkeit ausgesucht, das war der DLV. Ich habe zweimal Dienst gemacht und mich dann zurückgezogen.« Der sogenannte Sühnebescheid wird abgewehrt.

Vater Klaas Nannen erhält mit Datum vom 8. März die Mitteilung des Preußischen Ministers des Inneren darüber, dass er »mit sofortiger Wirkung aus dem Dienste« entlassen ist. Wegen seiner Zugehörigkeit zur SPD – wie es als Grund in einem späteren Schreiben heißt. Kriminalkommissar Nannen a. D. wehrt sich und schreibt eine Eingabe nach der anderen, ohne Erfolg. Am 14. März wird seine Entlassungsurkunde verschickt. Am 6. April wird er per Einschreiben davon in Kenntnis gesetzt, dass er aus dem Kameradschaftsbund Deutscher Polizeibeamter mit Sitz in Berlin ausgeschlossen ist. Am 7. August 1934 ergeht die Mitteilung an Klaas Nannen, dass er mit sofortiger Wirksamkeit aus dem Reichsbund der Deutschen Beamten ausgeschlossen ist.

Als mein Urgroßvater nach dem Krieg um seine Pensionsansprüche kämpft, erwähnt er in diesem Zusammenhang einen »heftigen Meinungsstreit«, den er »einige Wochen vor der sogenannten Machtergreifung mit dem alten Nationalsozialisten Wilfried Elze in meinem Amtszimmer hatte«. Demnach habe er »pflichtgemäß kurz vorher« auf eine Anzeige hin »bei mehreren führenden Nationalsozialisten eine Durchsuchung nach Waffen durchführen lassen«.

Im selben Jahr hat mein Großvater für eine Weile Arbeits-, also Sprech- und Schreibverbot, bekommen, das zwar endgültig am 30. Januar 1935 wieder aufgehoben worden war, aber sich in der Kombination mit einem Vortrag über verbotene Kunst in der Neuen Pinakothek im April 1935 nicht gut ausnahm. In dem Schreiben, das ihn erreicht, wird ihm attestiert, dass für ihn wieder »ein ungestörtes Arbeiten möglich« sei. »Aber er [der ›Stellvertreter des Führers‹] will nicht, dass die leidige Angelegenheit wieder in der Presse breitgetreten wird.« Unterzeichnet ist dieser Bescheid von Ernst Schulte-Strathaus, dem Sachbearbeiter für Schrifttum und Wissenschaft in der Kulturabteilung des Stabs des Stellvertreters des Führers. Mein Großvater gab später in einem Fragebogen der Militärregierung zu Protokoll, dass »auf persönliche Fürsprache eines Bekannten beim Stab Heß das Verbot Anfang Februar 1935 aufgehoben wurde«.

Diese »leidige Angelegenheit« trug sich so zu: Im Juli 1934 erfuhr die Kreisleitung der NSDAP in Emden aus einer »bürgerlichen Zeitung Emdens«, dass der »›Münchener Kunstwissenschaftler Henry Nannen, ein Sohn unserer Stadt‹, am Reichssender München über das ›Ringen um die deutsche Kunst‹ sprechen würde. Die hiesige Kreisleitung der NSDAP setzte sich daraufhin sofort mit der Intendantur des Reichssenders München in Verbindung und erwirkte, dass der Vortrag Henry Nannens nicht stattfand«. So veröffentlichte die Partei es am 24. Juli 1934 in der *Ostfriesischen Tageszeitung*. Und erklärte weiter, sie »und mit ihr alle nationalsozialistisch denkenden Emder Volksgenossen, die Nannen persönlich kennen, stehen auf dem Standpunkt, dass ein Mann, der durch seinen Verkehr mit einer Emder Jüdin bewiesen hat, dass er nicht einmal die primitivsten Grundsätze unserer Weltanschauung begriffen hat, weder die Berechtigung noch Befähigung besitzt, um über unser Ringen um die deutsche Kunst sprechen zu können.

Die Zeiten sind vorbei, da z.B. ein Nihilist über Gott, ein Jude über deutsches Frauentum und deutsche Familie sprechen konnten, ohne dass man daran Anstoß nahm. Wir dulden aber genauso wenig, dass ein Mann, der noch vor kurzer Zeit durch seine Lebensweise jedem nationalsozialistischen Denken und Fühlen Hohn sprach, heute im Rundfunk kunstwissenschaftliche Geistesakrobatik betreiben darf.« Es ginge dabei nicht um das Können des Beschuldigten, sondern »um charakterliche Eignung«, die mein Großvater habe vermissen lassen.

Der gleiche Artikel findet sich einen Tag später in der *Emder Zeitung*. Am 31. Juli vermerkt dieselbe Zeitung dann, »Herr Nannen« habe jetzt dazu in einem Schreiben mitgeteilt, dass er um Nachprüfung beim Reichsministerium für Volksaufklärung und Propaganda gebeten hätte. Eine Gegendarstellung also, oder wenigstens der Versuch, denn bis zur Klärung ruhe die Angelegenheit lediglich.

Diese Gegenwehr sorgte offenbar insofern für Aufruhr, als dass die Kreisleitung Emden der NSDAP am 1. August, also einen Tag später, auf den ersten Artikel besteht und Unverständnis darüber äußert, dass die *Emder Zeitung* »bei dem Versuch, Henri Nannens, der Kreisleitung Emden eins auswischen zu wollen, Handlangerdienste leistete. Wir verbitten es uns für die Zukunft, dass von irgendeiner Stelle unsre Maßnahmen und Verlautbarungen in Zweifel gezogen werden.«

Der zweite Anlass war wieder ein Vortrag, den mein Großvater in Mainz über den »Kampf um die Kunst« halten wollte – als Kunsthistoriker und Kunstkritiker bei verschiedenen Zeitungen und beim Rundfunk und im Auftrag der Münchner Künstlergenossenschaft machte er das hin und wieder. Als der Kampfbund für Deutsche Kultur, Ortsgruppe Mainz, über eine Ankündigung im *Mainzer Anzeiger* davon erfährt, richtet er am 29. Oktober 1934 ein Schreiben an die NS Gemeinschaft Kraft durch Freude bei der Kulturgemeinde in Mainz. »Wir nehmen mit Bestimmtheit an«, heißt es darin, »dass es sich bei N. um Herrn Henri Nannen handelt. Falls dies zutrifft, so bemerken wir zur Person N., dass derselbe viele Jahre engen Verkehr mit der Jüdin Windmüller, Emden, Boltentorstr. pflegte und diesen Verkehr auch weit nach der Machtübernahme fortsetzte. Erst kürzlich machten wir den Reichssender München auf diese Tatsache aufmerksam, sodass ein vorgesehener Vortrag des N. noch rechtzeitig vom Programm abgesetzt werden konnte. Wir bemerken weiter, dass die Gauleitung Weser-Ems diesbezüglich bereits mit dem Reichspropagandaministerium in Verbindung getreten ist, die Antwort jedoch noch aussteht.«

Nach dem Krieg, 1946, bestätigt zudem der Emder Oberbürgermeister Finckenstein auf Nachfrage, dass sich der nationalsozialistische Oberbürgermeister von Emden im Jahr 1935 einer Klage gegen Henri Nannen wegen Beamtenbeleidigung als Nebenkläger angeschlossen habe, weil »Nannen einen neu ernannten nationalsozialistischen Beamten auf offener Straße als ›Nazibonzen‹ bezeichnet hat«. Mein Großvater kommentierte die Begebenheit im Fragebogen der Alliierten Mitlitärregierung so: »Mein Vater [...] war durch einen Nazispitzel namens Kastens aus seiner Stellung als Polizeibeamter gedrängt worden. Ich bezeichnete den Kastens auf öffentlicher Straße als ›Nazibonzen‹. Das Verfahren wurde aufgrund einer Amnestie eingestellt.«

Ein anderes Mal gerät mein Großvater in Handgreiflichkeiten mit einem Polizisten in München, weil dieser »antisemitische Schimpfereien« gegenüber einem Mädchen habe verlauten lassen, Erna Lehmann, mit der mein Großvater mit dem Fahrrad unterwegs ist. Es ergeht eine Anzeige wegen Nötigung, mein Großvater nannte es »Widerstand gegen die Staatsgewalt«, die in einen Freispruch vor dem Amtsgericht München am 21. August 1934 mündet.

Im Mai 1935 nimmt mein Großvater sich eine Auszeit, weil er – wie er selbst sagte – Angst bekommt. Auslöser ist die Ausstellung »Berliner Kunst zu Gast in München«, bei der der zuständige Gauleiter Wagner zu Beginn sechsundzwanzig Bilder hatte abhängen lassen, die er als »entartet« diffamierte. Mein Großvater spricht bei einer Führung im Auftrag der Münchner Künstlergenossenschaft trotz des Verbots über die nun abgehängten Kunstwerke, was seinen Worten nach zu einem Tumult unter den Besuchern gegen die Maßnahme des Gauleiters führt. Er befürchtet offenbar in der Folge, Probleme mit der Gestapo zu bekommen, die in seiner Wohnung an der Leopoldstraße gewesen sei, um ihn zu verhören. Er will für eine Weile verschwinden.

Am 3. Mai 1935 macht er sich auf den Weg in die Schweiz und besucht, so erzählte er es unter anderem vor der Spruchkammer für den Landkreis Tölz im Januar 1948, vor der er Einspruch gegen einen Sühnebescheid einlegt, »den mir bekannten Erich Maria Remarque in Porto Ronco«. Weiter erzählt er davon, dass er im Anschluss nach Italien zum »Istituto Germanico della storia dell' Arte« nach Florenz ging, um sich bei dessen Leiter Prof. Heydenreich finanzielle Unterstützung für die Weiterreise zu holen. Am 2. Juni 1935 wird er aber dann von den italienischen Behörden über den Brennerpass zur Ausreise gezwungen, weil er keine Aufenthaltsgenehmigung vorlegen kann. Die Österreicher schieben ihn über Kufstein ab. Die Reisen sind mit Stempeln in seinem Pass vermerkt.

»Aus begreiflichen Gründen ging ich nicht nach München zurück«, erklärte mein Großvater weiter. In München hat das Semester ohnehin wieder begonnen, er hat keine Wohnung mehr, und er will, wie er selbst sagte, erst einmal »Gras über die Sache« wachsen lassen. Er fährt nach Emden und kommt in der Nordwestdeutschen Fassfabrik seines Schulfreundes Rudolf Nagel unter, wo er lernt, Fässer zu bauen, eine Kunst, die im Norden damals wegen der noch intakten großen Heringsfischerei verbreitet war. In dieser Zeit ist er auch Mitglied der Einheitsgewerkschaft Deutsche Arbeitsfront, allerdings »ohne Amt«, wie er später bemerkte und dazu erzählte, der Betriebsobmann sei nach wenigen Tagen zu ihm gekommen und habe ihn aufnehmen wollen – der Betrieb sei da »geschlossen marschiert«. Er habe jedes Aufsehen vermeiden wollen und wurde Mitglied.

Im Wintersemester 1935/36 findet er sich aber wieder in München ein, offenbar nicht zuletzt deshalb, weil sein Unterstützer, Prof. Friedrich Ritter, ihn drängt, seinen Verstand zu nutzen und nicht alles aufzugeben.

Ein Jahr später, mit dem Wintersemester 1936/37 beendet er das Studium. Warum er das ohne eine Abschlussarbeit tat, die er wohl bereits in Teilen fertig hatte und zu der er – so erzählt es seine Freundin Ilse – nicht mehr recht Lust gehabt hatte, ist nicht ganz klar nachvollziehbar. Er selbst sagte später in Interviews, er habe sich mithilfe eines Sekretärs der Uni Einblick in seine Personalakte verschaffen können, und da die Vermerke der Kreisleitung der NSDAP Emden und die Schreiben des Propagandaministeriums sowie der Gauleitung Weser-Ems gesehen. Da habe »ich – um nicht neuerlich die Dinge in Fluss zu bringen – verzichtet und die Universität verlassen«. Die Abschriften der Unterlagen aus jener Zeit habe ich in seinem Nachlass gefunden.

In der Folgezeit schreibt er für verschiedene Zeitungen und spricht Rundfunkberichte. Darüber lernt er Leni Riefenstahl kennen, die Sprecher für ihren Film über die Olympischen Spiele 1936 in Berlin braucht. Am 29. November 1937 unterschreibt mein Großvater einen Vertrag mit der Olympiade-Film-Gesellschaft m.b.H.

»Wir engagieren Sie als Sprecher zum Olympiade-Film mit sofortiger Wirkung und zahlen Ihnen vom Tage Ihrer Anwesenheit in Berlin, das ist der 24. ds. Mts., pro Woche RM 100. Für die eigentlichen Aufnahmetage, welche später im Synchronisations- oder Überspiel-Atelier stattfinden und zu denen wir Sie berufen, erhalten Sie pro Tag extra RM 30 bezw. RM 60, je nach der Art Ihrer Tätigkeit.« Überstunden und Wartezeiten inklusive. Dazu gab es einen Diätensatz von RM 20 pro Tag, weil mein Großvater von auswärts anreiste.

Die »Riefenstahl-Geschichte« wird und wurde immer wieder gern angeführt, um gegen den *Stern*-Chef ins Feld zu ziehen. Eigentlich hatte die Filmgesellschaft den jungen Mann nur zum Synchronsprechen unter Vertrag genommen. Zwei Sätze sprach er dann aber doch vor laufender Kamera, ganz am Anfang des Filmes »Fest der Völker«, dem ersten der beiden Olympia-Filme von Riefenstahl, und die lauteten folgendermaßen: »Die Olympischen Spiele haben begonnen. Die Besten der Welt sind in Berlin angetreten, und 51 Nationen kämpfen um den Sieg.« Und er zog sich auch die Kritik mancher Redakteure zu, als er später – lange nach dem Krieg – Riefenstahls Fotografien im *Stern* druckte.

Der *Stern* hat in dieser Hinsicht viel für sie getan. Die Frage, ob nicht auch einem Mann wie meinem Großvater, der jede Art von Ideologie und Dogmatismus verabscheute, nicht an genau dieser Stelle ein bisschen Ideologie gut zu Gesicht gestanden hätte, stellt sich mir schon. Hier hätte das Prinzip über die persönliche Nähe gehen müssen. Das hat mein Großvater erst im Alter verstanden, denke ich. Anders als die immer wieder aufkeimenden Vermutungen, er könnte mit Leni Riefenstahl ein amouröses Abenteuer gehabt haben, war er mit ihr nur bekannt, und er mochte sie auch.

In einem Brief an Leni Riefenstahls Verleger Albrecht Knaus erteilt mein Großvater 1987 dessen Wunsch eine Absage, er möge doch bei der Premiere ihrer Memoiren eine Festrede halten. »Ich bewundere uneingeschränkt ihre Regie-, Tauch- und Verdrängungskünste, aber für eine Festrede bin ich da der falsche Mann. Politisch ist sie nun einmal eine Närrin, offenbar hatte sie weder Hitlers noch Rosenbergs, noch Goebbels Schriften gelesen, und der ›Stürmer‹ ist ihr nur ein Mann aus der Fußball-Elf gewesen.« Gerade vorher hatte er sich gegen die öffentlich und für Werbezwecke verwandte Bezeichnung »Nannens Freundin« juristisch erfolgreich zur Wehr gesetzt – weil das suggeriere, »dass wir beide etwas miteinander gehabt hätten«, wie er Leni Riefenstahl in einem Brief schrieb. Und das hätten sie nun mal nicht gehabt. »Du warst damals eine bewundernswert schöne Frau, und ich war in deinen Augen sicher ein lieber, aber dummer Junge.«

Aber zurück nach München. Ab 1. November 1937 ist er also bei der Zeitschrift *Die Kunst* im Verlag F. Bruckmann an der Nymphenburger Straße angestellt. Er verdient Geld, kann sich erstmals ein bisschen mehr leisten, hat ein Motorrad, mit dem er Ausfahrten in die Umgebung unternimmt. Im Jahr 1938 verdient er immerhin 4500 RM. Und auch nach Kriegsausbruch wird er vom Verlag weiter bezuschusst, denn den Zivilisten Nannen gab es auch noch während des Krieges – bei Arbeitsurlauben, in denen er über Kunst schrieb oder Bücher herausgab. Für den Soldat Nannen begann die »Laufbahn« im Kriegsjahr 1939.

Am 30. Januar 1939 beginnt eine sogenannte Friedensübung beim 1. Luftnachrichten-Regiment 9/7 in Augsburg, wo er zum Funker ausgebildet wird, sie endet im April; im August nimmt er an einer weiteren Übung teil, und mit dem Stempel vom 24. August 1939 erhält Henri Nannen vom Wehrmeldeamt München 2 den Einberufungsbefehl. Von diesem Tag »0.00 Uhr ab sind Sie Soldat«, heißt es auf der dreiteiligen Karte, die mein Großvater all die Jahre aufbewahrt hat. Er habe Gepäck mitzubringen: je zwei Hemden und Unterhosen, drei Paar Strümpfe, wollene Decke, im Winter noch Unterjacke, Kopfschützer, Fingerhandschuhe, ein Handtuch, Bindfaden, Paketadressen und -karten. Bei Brauchbarkeit werden die Stücke vergütet. Außerdem Verpflegung möglichst für 2 Tage.

Eine weitere Spur ist die Fliegerkartei meines Großvaters. Unter dem Stichwort »Bewährung vor dem Feinde« sind in dieser Kartei, die das Militärarchiv des Bundesarchivs in Freiburg aufbewahrt, folgende Einträge vorgenommen worden:

»26. August 1939 bis 9. Mai 1940 Abwehr a. d. Deutschen Westgrenze/10. Mai 1940 bis 25. Juni 1940 Schlacht in Frankreich/26. Juni 1940 bis 15. November 1940 Einsatz gegen England/22. Juni 1941 bis 10. September 1942 Einsatz gegen Sowjetrussland – 24 Feindflüge«

Die Daten stimmen – wie sich aus dem geprüften Flugbuch meines Großvaters ergibt – nicht ganz. Und über England war er nicht.

Von den Einsätzen an der Westfront ist in den Akten und Aufzeichnungen nicht viel zu erfahren. Nur, dass Nannen am 19. Juli 1940 von der Stabskompanie des Luftflotten-Kommandos III, wo er als Dolmetscher für Englisch und Holländisch im Abhördienst tätig war und auch Rundfunkberichte erstellt hatte, für den Truppendienst zum I. Stukageschwader versetzt wurde. Das schrieb er selbst in einem Fragebogen der Militärregierung, zu dem er auch bemerkte, dass die Daten nur ungefähr aus der Erinnerung notiert seien, weil man ihm die Unterlagen dazu in der Kriegsgefangenschaft abgenommen habe.

Im November 1940 geht er nach Berlin-Reinickendorf, wo die Kriegsberichter-Kompanie Lw KBK (mot.) 6 stationiert ist – eine Art Ausbildungs- und Nachschubkompanie für Kriegsberichterstatter.

In seinem schwarzen Flugbuch, das mein Großvater aufbewahrt hat und in dem ab dem 6. Januar 1941 Einträge vorgenommen wurden, sind bis zum 2. April 1941 nur Ausbildungsflüge vermerkt. Er beginnt in der Fliegerschützenschule Kolberg. Nach fünf Tagen wird er krank, setzt aber zwei Wochen später in Werneuchen die Ausbildung zum Bordschützen fort.

Am 1. April 1941 kehrt er zur Kompanie zurück und wird zum Unteroffizier ernannt. Die Kompanie wird an die Ostfront in den Raum Warschau verlegt. Über die Einsätze in der Luft führt das Flugbuch Protokoll. Da steht dann zum Beispiel: Baron als Flugführer, Nannen als Begleiter, das Flugzeug ist eine He 111, der Zweck wird mit »Feindflug« angegeben, Tag ist der 22. Juni 1941 – der Tag des Einmarsches in die Sowjetunion –, Tageszeit 21.47 Uhr, 1040 Kilometer in 208 Minuten, Angriff auf Flugplätze im Raum Orscha, Minsk, Bobruisk.

Mein Großvater ist also ein Teil der größten Militäroffensive in der Geschichte. Wie ihm das vorkam, was er darüber dachte, hat er nie gesagt. Nur die Geschichte von der Bruchlandung bei Bielsk-Podlaski, bei der er am Hinterteil verletzt wird, schafft es als humoristische Anekdote in sein Leben nach dem Krieg. Nach dem Beschuss blieb er kurz im Lazarett und bekam das Verwundetenabzeichen in Schwarz, das Eiserne Kreuz II. Klasse und das Fliegerschützenabzeichen. Dann ging der Krieg für ihn weiter. Das Flugbuch enthält Einträge wie »Angriffe auf Eisenbahn bei Golem unter Flakbeschuss« oder »Angriffe auf Truppen und Panzer«. Auch an dem ersten Großangriff der Luftwaffe auf Moskau am 22. Juli 1941 nimmt er teil. Der Winter kommt, und mein Großvater ist noch immer in Schatalowka in Weißrussland. Sein Mantel ist noch nicht angekommen, schreibt er seiner Vertrauten, der Grafikerin Käte, nach München. Der Brief vom 3. November 1941 ist einer der ganz wenigen Einblicke in die Gefühlswelt meines Großvaters während des Krieges.

Es geht ihm nicht gut, er hat Dinge gesehen, die ihm das Grauen dieses Krieges bis unter die Haut gehen ließen. »Ich muss an diesem Morgen nach Smolensk fahren, das ist ein gutes Stück nordwestlich, mein Pelzmantel ist noch nicht angekommen, aber an den Händen habe ich die Fellhandschuhe, die du mir vor einem Jahr nach Kolberg schicktest. Es ist eigentlich meine schönste Straße in Russland, die Strecke Roslawlj–Smolensk, die armseligen Hütten der Dörfer zu beiden Seiten, manchmal schmiegen sie sich in flachen Mulden um ein kleines Wasser zusammen, der Morgenrauch steigt aus den Schornsteinen in die kalte Luft, weit am Horizont liegen die schwarzen Wälder, es ist ein Land des Schweigens und nicht der Unterhaltung. Aber es war doch gut, dass du nicht neben mir gesessen bist, du hättest vieles sehen müssen, was dir besser erspart bleibt. Am Abend oder in der Nacht vorher war ein Gefangenentransport die Straße [entlang-] gezogen, die Leute mochten aus dem Kessel von Wjasma noch stammen oder aus dem neuen von Tula – sie hatten wohl fünf oder sechs Tage keinen Bissen zu essen gehabt und fanden nun auch, da der Boden gefroren war, keine Kartoffeln oder Wurzeln und nicht einmal Baumrinde, die sie hätten essen können. Da waren viele vor Schwäche umgefallen, man hatte sie kurzerhand erschossen, und nun lagen sie in Abständen von wenigen Metern an der Straße, steif und mit verrenkten Gebärden die einen, andere, als ob sie sich zum Schlafen niedergelegt hätten und wären dann erfroren. Das Blut auf ihren kleinen alten bärtigen Gesichtern war hart gefroren, und der Schnee hatte sie schon halb zugeweht. So ist der Krieg sogar noch für die, die ihn durchgestanden und hinter sich gebracht zu haben glauben. Ich bin wirklich froh, dass ich nicht zur Infanterie gehöre, die täglich solche Bilder sieht. Der Hunger wütet überhaupt schrecklich unter den russischen Gefangenen, es ist wirklich und wahrhaftig so, dass wo einer umfällt und stirbt, stürzen sich die anderen auf ihn und schneiden mit Messern die Stücke heraus und verzehren sie. Und es ist unwahrscheinlich, mit welcher Gleichgültigkeit all solche Dinge hier draußen aufgenommen und registriert werden. Was an Blut und Mord mit einem solchen Krieg verbunden ist, davon macht sich kein Mensch einen Begriff, der es nicht selbst miterlebt hat. Deutsche Flieger, die über russischem Gebiet abspringen mussten, fand man auf die Tragflächen ihrer Maschine genagelt. Das ist die eine Seite, die andere begnügt sich mit der Erschießung von Tausenden von Juden. In Minsk und Borissow hat die von uns eingesetzte weißruthenische Polizei die Ghettos geräumt und alle Juden, ob Mann, Frau oder Kind, lange Gruben schaufeln lassen, an deren Rand sie sich dann aufstellen mussten. So wurden sie reihenweise erschossen, fielen in die Gruben, und wenn einer nicht richtig getroffen war, fiel die nächste Reihe schon auf ihn. Ein Offizier erzählte mir von einem solchen Massenmord, dass ein Jude aus der Grube wieder aufgestanden sei und immer gerufen habe: ›Lieber Herr, bitte, guter Herr, schießen Sie mir tot!‹ So geht es mit Tausenden, allein in Minsk sollen es siebentausend gewesen sein. Kein Wunder, dass selbst die ältesten Flieger den Tag herbeisehnen, an dem sie wieder gegen England fliegen können. Denn wenn die Gefahr des Abgeschossenwerdens da auch größer ist, all diese grausamen Dinge, die mit Kampf nichts zu tun haben, fallen dort doch weg.«

Diesen Brief an Käte halte ich in der Hand, er ist auf dem privaten Briefpapier meines Großvaters geschrieben. Käte hat ihn aufbewahrt. Und sie hat ihm im Alter eine Kopie davon geschickt, die ich bei meiner Spurensuche in seinen Unterlagen fand.

Mein Großvater wird noch in jenem Winter krank. Etwa zwei Monate lang wird er zuerst im Lazarett in München, dann in Bad Reichenhall behandelt.

Sein nächster Einsatz im April 1942 bringt ihn zu den Kroaten, die damals »Waffenbrüder« waren. Die Luftwaffenlegion des Unabhängigen Staates Kroatien war im Juli 1941 in den Russlandfeldzug an der Seite des Deutschen Reiches eingezogen. Mein Großvater ging als Sonderführer auf Zeit – ein für den Krieg geschaffener Rang eines Leutnants, der den Berichterstattern mehr Autorität verleihen sollte – auf die Krim zur Jagdfliegergruppe JG 52. Am 8. Mai verfasst er einen Bericht, auf dessen Abschrift vermerkt ist: Noch nicht zensiert! Noch nicht telefonisch nach Berlin durchgegeben. Verteilerwunsch: Das Reich, Münchener Neueste Nachrichten. Lw Kriegsberichter-Kompanie (mot.) 2, Berichter: Henri Nannen. Darin schreibt er:

»Vor mir liegt ein Korpsbefehl für den Angriff auf die Kertsch-Front. Es ist der Befehl des Kommandierenden Generals eines Fliegerkorps, und es gibt einen entsprechenden Befehl für die zum Sturm angesetzte Armee und ebenso für die mitwirkenden Kräfte der Kriegsmarine. Der Befehl ist als ›Geheime Kommandosache‹ gekennzeichnet, und es würde wohl meinen Kopf kosten, wenn ich etwas über seinen Inhalt verlauten ließe. Aber was mich am meisten an diesem Befehl interessierte, ich möchte fast sagen erschüttert hat, ist ein einzelner Satz, der über die Art der taktischen Operationen nichts, über ihren

Ausgang jedoch alles sagt. Der Satz ist sozusagen das A und O des Befehls. Er lautet: ›Die xte Armee greift den Feind auf der Halbinsel Kertsch an und vernichtet ihn.‹

›... greift an und vernichtet‹. Ist die hellseherische Sicherheit, mit der hier das Gelingen eines nichts weniger als einfachen Kampfunternehmens vorweggenommen wird, nicht geradezu unheimlich? Gibt es nicht hunderttausend unwägbare Zufälle, unvorhergesehene Schwierigkeiten, die sich dem Angriff plötzlich in den Weg stellen können? Ich frage einen Offizier des Generalstabes, und er antwortet lakonisch: ›Es ist alles einkalkuliert.‹ Ja, es ist alles eingerechnet – in diesem knappen Satz ist eines der wesentlichsten Geheimnisse unserer militärischen Erfolge beschlossen: die exakte und mit allen Möglichkeiten rechnende Arbeit der deutschen Generalstäbe.«

Die meisten der übermittelten Berichte meines Großvaters lesen sich wie Reportagen, detaillierte Beschreibungen aus der Nahsicht, die dann einen Bogen zum allgemeinen Kriegsgeschehen schlagen und die Züge und Taktiken der Armee und der Oberbefehlshaber nachvollziehen und über den grünen Klee loben, nicht zu vergessen die Heldenhaftigkeit und die Geschicklichkeit der Kampfflieger, die immer wieder erwähnt werden. Das liest sich dann zum Beispiel so:

»Der unvergleichlichen Leistung dieses Soldaten und der unermüdlichen und umsichtigen Arbeit seiner Führung ist es zu danken, wenn die beispiellosen leuchtenden Erfolge unseres Heeres und unserer Luftwaffe sich militärisch in das schlichte Wort ›planmäßig‹ zusammenfassen lassen.«

In dieser Zeit bei den Kroaten und für deren Unterstützung erhält der Kriegsberichter Nannen mehrere Auszeichnungen: die Spange der Kroatischen Fliegerlegion, die »Silberne Verdienst-Medaille zum slowenischen Balkenkreuz«, die Frontflugspange für Kampfflieger in Bronze und zu guter Letzt am 1. März 1943 das Kreuz der Krone des Königs Zvonimir mit Schwertern.

Bei den Kroaten nimmt er, wie er in einem Bericht schreibt, »gleichzeitig die Rolle des Verbindungsoffiziers« ein, »da nicht alle Kroaten unsere Sprache beherrschen, und da sie sich vor allem in unserem deutschen Dienstbetrieb nicht ganz auskennen«.

Der letzte Flug meines Großvaters, in einer Ju 88, ist ein Fernaufklärungsflug. Sie fliegen am 9. August 1942 eine Strecke von 1600 Kilometern in 248 Minuten. Einen Tag später stempelt der Hauptmann und Kompaniechef das Flugbuch meines Großvaters als abgeschlossen.

Im Winter 1942/43 ist er wieder nicht in Russland, sondern wird vom Bruckmann-Verlag angefordert, um zwei Kunstbücher herauszugeben. Über diese beiden Bände mit den Titeln »Das kleine Musikbrevier« und »Glanz von Innen« wird noch an anderer Stelle zu reden sein. Der Verlagsdirektor Paul Kirchgraber hat meinem Großvater in jedem Fall einen harten Winter erspart, wenn nicht mehr. Denn tatsächlich geht mein Großvater nicht wieder an die Ostfront zurück, sondern nimmt im Frühjahr an dem Offizierslehrgang in Berlin teil, bei dem er Victor Schuller kennenlernt und meiner Großmutter Martha zum ersten Mal begegnet.

Danach beginnt die Zeit in Italien. Und dort verändert sich sein Aufgabenbereich. »Als Soldat können Sie nur eine Sache machen. Der eine schießt mit dem Gewehr, der andere mit dem Maul«, beschrieb er es 1985 im Gespräch mit Jürgen Streicher. Was er in Italien tat, erzählte er selbst damals so: »Später habe ich noch ›Aktivpropaganda‹ gemacht. Ich habe an der italienischen Front zum Beispiel eine Zeitschrift *A Man to Man Talk* gemacht, die wir über die gegnerische Frontlinie schossen oder drüben abwarfen. Es ging darum, den Feind zu überzeugen, dass es keinen Sinn habe, noch einmal alles dranzusetzen. Als ich ein Flugblatt machte, ›Die Russen vor Berlin‹, wurde mir das als Defätismus ausgelegt, und ich kam vors Kriegsgericht. Nach dem abgewiesenen Kriegsgerichtsverfahren [...] bin ich wieder nach Italien gekommen, wo man mir ein SS-Kommando Südstern mit dem Obersturmführer Weidemann vor die Nase gesetzt hat.«

Ob es genau so gewesen ist, lässt sich nicht mehr nachvollziehen. Eine andere Version der Geschichte zitiert Hermann Schreiber in seiner Biografie »Henri Nannen. Drei Leben«. Danach ging es nicht um ein Flugblatt, sondern um Alkoholschmuggel, den die »Kriegsberichterstatter, unter ihnen Henri Nannen« betrieben und für den sie einen Wehrmachtstransport missbraucht hätten.

Fest steht, dass mein Großvater nie Angehöriger der SS-Standarte Kurt Eggers und des Kommandos Südstern war, wie es auch heute noch hin und wieder behauptet wird. Auch in Italien trug er weiter die Wehrmachtsuniform seiner Kriegsberichter-Kompanie, die dem Oberkommando der 10. Armee unterstellt war. Vermutungen, er hätte den Krieg als SS-Soldat beendet, und die daran geknüpften Assoziationen einer direkten Verbindung mit dem Völkermord sind oberflächlich so naheliegend, wie sie faktisch falsch sind. Tatsächlich ist das SS-Kommando Südstern im Einsatzbereich der 10. Armee angesiedelt gewesen. Nannen wurde mit seinem Propagandatrupp, so könnte man es formulieren, übernommen. Die Propagandakompanien des Reiches waren zu diesem Zeitpunkt schon deutlich geschrumpft, und durch die Wendung des Krieges wurde vermehrt auf Feindzersetzung Wert gelegt denn auf Kriegsberichterstattung. Man zog die verfügbaren Kräfte zusammen. »Die Verlagerung hin zur Frontpropaganda brachte es mit sich«, schreibt Daniel Uziel über die Funktion der Propagandatruppen im NS-Staat, »dass die Propagandisten der Waffen-SS aufgrund ihrer Erfahrung in diesem Bereich zunehmend an Einfluss gewannen.«

Dass der Nazi-Staat und die Hitler-Armee zunächst perfide gründlich organisiert waren, steht außer Zweifel. Wie sonst hätten die Deutschen gleich zweimal im zwanzigsten Jahrhundert den perfekten Überwachungsstaat errichten können, wenn nicht durch Organisationstalent und Obrigkeitsgehorsam. Ebenso fraglos ist aber auch, dass der NS-Staat nur deswegen so lange bestand, weil seine Institutionen es immer wieder verstanden, sich neuen Situationen anzupassen. Ja, in seiner Entstehung richtete sich der NS-Staat nach den strikten Parametern seiner menschenverachtenden Ideologie aus. Doch hat die Geschichtsforschung auch nachgewiesen, dass das »Dritte Reich« spätestens 1943 zusammengebrochen wäre, wenn es immer noch im Geiste der Paragrafenreiter geführt worden wäre, die es aufgebaut hatten. Je länger der Krieg dauerte und je unwahrscheinlicher ein Sieg wurde, desto unvorstellbarer erschien es, dass Deutschland angesichts der Zerstörung und der Verbrechen eine Niederlage überstehen könnte. Es entwickelte sich ein extrem flexibler Staats- und Militärapparat, mit Institutionen und Einheiten, deren Aufgabenbereiche und Kommandostrukturen sich ständig änderten, um das doch unausweichliche Ende nicht zu erreichen.

Von der SS spricht die Forschung heute auch als »Staat im Staat«. Ohne den Ehrgeiz, die Eitelkeit und den Opportunismus von Heinrich Himmler hätte es sie nie gegeben, und schon gar nicht wäre sie so einflussreich geworden. Zu Himmlers persönlichem »Reich im Reich« gehörte auch eine Kriegsberichter-Kompanie, die im Dezember 1943 nach dem SS-Ideologen Kurt Eggers benannt wurde. Er hatte das SS-Magazin *Das Schwarze Korps* herausgegeben und war an der Front ums Leben gekommen. Als die Untereinheit Südstern unter dem Befehl von Hans Weidemann im Januar 1944 in Bevilacqua in der Nähe von Verona eintraf, waren die alliierten Truppen gerade dabei, die deutschen Linien südlich von Rom zu durchbrechen. Es war der Beginn der entscheidenden Befreiungsschlacht um ganz Europa. Die deutschen Truppen begannen den Rückzug, der Generalsstab stand unter Druck, und so wurden Kräfte gebündelt und Aufgaben neu verteilt. Henri Nannen, Kriegsberichter der Wehrmacht und unterdessen zum Leutnant der Reserve befördert, und Obersturmführer Hans Weidemann, Kriegsberichter der SS, erhielten den Auftrag, den Feind durch Propaganda zu zersetzen.

Dafür wurden Flugblätter mit Raketen verschossen, auf denen amerikanischen und britischen Soldaten verdeutlicht werden sollte, dass es sich nicht lohne, hier in den letzten Tagen des Krieges zu sterben, während die Frau oder Freundin daheim in Ohio, Kentucky, oder sonst wo auf der Welt wartete und ihren Liebsten gern wiedersähe. Oder, was noch schlimmer war: eben nicht wartete, sondern sich anderweitig vergnügte, während er, der Liebste, hier sein Leben aushauchte – in einem Krieg, der doch eigentlich nicht seiner war. Gerade den Amerikanern versuchten die Propagandakämpfer klarzumachen, dass sie hier für andere starben und sie davon auch wirklich gar nichts haben würden. Viele der Flugblätter zeigten Frauen – oft in Zeichnungen, manchmal fotografiert, fast immer standen sie für das Leben, das haben könnte, wer sich zurückzöge oder kapituliere.

Offenbar ist mein Großvater Anfang April 1945 noch einmal kurz in Berlin gewesen, dann aber zurückgekehrt, um seine Truppe zurückzuführen. Am 28. April 1945, so steht es in dem ausgefüllten Fragebogen der Militärregierung, endete die Zeit in Bevilacqua. Der Rückzug gelang auf einem Transporter, einem Opel Blitz, und in einem Fiat 2800 Cabriolet, mit einem Haufen junger Männer und zwei Frauen – mein Großvater hatte nämlich Martha nach Italien nachgeholt und auch einem seiner Untergebenen ermöglicht, dessen Frau aus Aachen herauszubringen – wahrscheinlich nach Nordwesten über die Tauern.

Am 3. Mai 1945 begab sich mein Großvater in Kufstein in amerikanische Kriegsgefangenschaft, später kam er ins Durchgangslager Lindach und anschließend ins Entlassungslager Bad Aibling, von wo er am 26. Juni 1945 mit der Discharge Number 127504 entlassen wurde. Henri Nannens Krieg war vorüber. Im Alter von einunddreißig Jahren begann der Rest seines Lebens.

Zu den letzten Spuren aus der Kriegszeit meines Großvaters gehören eidesstattliche Versicherungen von Zeugen, die ihn während dieser Jahre kannten und zu seiner Entlastung vor den Militärbehörden beitrugen. »Aus allen künstlerischen Veröffentlichungen von Herrn Henri Nannen, soweit sie mir zu Gesicht gekommen sind, spricht ein Geist, der frei von allen nationalsozialistischen Beeinflussungen ist«, schreibt Manfred Hausmann, Schriftsteller und Journalist, am 13. Juli 1946. Werner Kastens schreibt am 27. Mai 1946, dass mein Großvater seit April 1942 »mein Kompaniekamerad an der Ostfront« war. Später »war er in Berlin und an der Italienfront mein Zugführer. Mir ist nicht ein einziger Fall bekannt, in dem Herr Nannen gegenüber der Zivilbevölkerung eines besetzten Landes eine unfreundliche Haltung eingenommen, eine unfreundliche Handlung vorgenommen bzw. Befehl zu einer solchen Handlung gegeben hätte. Er hat im Gegenteil seine Untergebenen immer wieder auf die Pflichten der Menschlichkeit und eines anständigen sauberen Soldatentums aufmerksam gemacht.«

Der Jude Fritz Rose bescheinigt »Herrn Henry Nannen«, den er seit 1933 kenne, dass er niemals Nationalsozialist gewesen sei. Vielmehr habe er und seine Frau Monika »meiner Tochter wiederholt angeboten, dass sie bei ihnen in Oberfischbach unterschlüpfen könne, wenn die Gestapo sie verfolgte«. Außerdem habe mein Großvater »im Jahre 1943, als es darum ging, eine ungarische Bekannte meiner Tochter (Jüdin) aus dem Konzentrationslager zu befreien, seine Hilfe sofort zur Verfügung gestellt. Er hat als Luftwaffensoldat in voller Kenntnis der Gefährlichkeit seines Handelns die Verbindung zu einem Mittelsmann in Budapest aufgenommen und selber unter dem Deckmantel einer Dienstreise Nachrichten und Schriftstücke dorthin befördert.«

Die Zeit als Soldat hat Spuren hinterlassen, und welche Erinnerungen das Leben meines Großvaters weiter beeinflusst haben, wird immer wieder deutlich werden. Einmal muss aber hier noch die kunsthistorische »Propaganda« zur Sprache kommen, die ihm Gegner später vorhielten. Neben ganz bis nahezu unpolitischen kunstgeschichtlichen Abhandlungen – denn natürlich war auch in jener Zeit nicht alles hochpolitisch – hat mein Großvater einige Artikel für die Zeitschrift *Die Kunst im Dritten Reich* verfasst, auf die er später alles andere als stolz war.

»Ich wollte arbeiten, und das war die einzige Möglichkeit. Als mir nach dem Krieg die Lizenz für die *Hannoversche Neueste Nachrichten* angeboten wurde, bin ich doch nicht so blöd gewesen, das zu verschweigen. Das wäre doch sehr schnell herausgekommen«, sagte er im Gespräch mit Jürgen Streicher. Die Erklärung, die mein Großvater für diese Texte bei den Engländern abgegeben hatte, reichte offenbar nicht aus. »Meine ganze politische Vergangenheit wurde überprüft, und da gab es so eindeutige Dinge, dass die drei Artikel dagegen keine große Rolle spielten.«

Die Zeitschrift *Die Kunst im Dritten Reich* war – so beschreibt es Reinhard Bollmus in seinem Buch über den NS-Chefideologen Alfred Rosenberg – das »einzige Organ der Dienststelle Rosenberg, das zugleich als ›parteioffizielle‹ Publikation auf einem Fachgebiet galt«. Die Zeitschrift sei »machtpolitisch mehrfach gesichert« gewesen. Hier hat mein Großvater drei Beiträge geschrieben, die »sehr NS-angehaucht« waren, wie er es nannte.

Er hätte vielleicht noch weitere solcher Artikel geschrieben, sagte mein Großvater, wurde aber nicht mehr dafür herangezogen, weil er Carl Neumanns Rembrandt-Biografie, die ein paar Jahre zuvor im Verlag F. Bruckmann erschienen war, rezensiert habe. Er nannte die Schrift »*das* klassische Rembrandtbuch«. Neumann war Jude, und das habe ihn, Nannen, aus der engeren Wahl für *Die Kunst im Dritten Reich* genommen.

Auch für die Monatszeitschrift *Kunst dem Volk*, die von Hitler-Fotograf Heinrich Hoffmann herausgegeben wurde, schrieb Henri Nannen. Anlass war die »Große Deutsche Kunstausstellung 1939« im Haus der Deutschen Kunst in München, zu der er überwiegend die ausgestellten Kunstwerke besprach. Allerdings nicht, ohne zuvor ein Loblied auf Adolf Hitlers Umgang mit der deutschen Kunst zu singen. Darin heißt es: »Es ist das einmalige und in der gesamten Entwicklung der Kunst unseres Volkes leuchtend dastehende Verdienst unseres Führers, dass er erkannte, wie hier mit bloßen Säuberungsaktionen und mit der Förderung des Mäzens allein kein Wandel geschaffen werden konnte. Er wusste und er hat es in vielen Reden immer wieder gesagt, dass Kunst und Volk, Kunst und Nation unauflöslich und unaufhebbar zusammengehören und dass deshalb zuerst im Volke die Voraussetzungen geschaffen werden mussten, ohne die ein neuer Stil niemals entstanden wäre. Denn nicht die Künstler bringen den neuen Menschen hervor, sondern der neue deutsche Mensch schafft sich seine Künstler und in ihnen den Stil unserer Zeit. Die Erneuerung des deutschen Menschen aber ist das Werk des Führers, er hat ihm den neuen und doch ewig alten Glauben an sich selbst und an das Schicksal seines Volkes zurückgegeben, er allein hat sein Volk wieder zum Erleben und damit auch zur Darstellung seines eigenen Wesens geführt. Und wie der Führer aus unserer innersten Mitte gleichsam als Verdichtung unseres ganzen Volkes wunderhaft heraufgestiegen ist, so hat er unser Volk wieder fest gegründet auf den unerschütterlichen Grund der Herkunft und des Blutes, aus dem letzten Endes auch die Kunst ihre Nahrung empfängt.«

Zu Beginn dieses Artikels – und bevor er Adolf Hitler als einen neuen Typus Auftraggeber beschreibt – befasst sich der Kunsthistoriker Nannen mit der Rolle des Auftraggebers in der Kunstgeschichte.

Die Mäzene entstammten den verschiedensten Machtbereichen – Kirche, Königshäuser, Bürgertum –, und Nannen macht ganz deutlich, dass diese zwar einzelne Künstler befördert hätten, aber nie für die Entwicklung eines Stils verantwortlich sein konnten. »Denn die Kunst als solche lebt nicht vom Interesse und von den Zuwendungen weniger Auserwählter, sondern sie wächst an den Aufgaben, die ihr die Zeit und die Gemeinschaft des Volkes stellen, und an dem Widerhall, den sie in den Herzen der Menschen findet.«

Seiner Studienfreundin Ilse sagte mein Großvater damals, sie solle auf die Subtexte achten. Als ich sie heute zum Gespräch in Bremen treffe, sagt sie mir, »Henri« habe »immer einen Absatz eingebaut«, der entweder deutlich machte, was er eigentlich sagen wollte, oder dazu angetan war, die Auftraggeber zufriedenzustellen. »Man wollte leben«, sagt Ilse, »aber man konnte deshalb kein Nazi werden.«

Was das bedeutet, Nazi zu sein, wie man diesen Zustand definiert und welche moralische Tragweite er dadurch erhält, das ist Teil der deutschen und damit auch Teil von Henri Nannens Nachkriegsgeschichte. Mit seinen Lobsätzen auf Adolf Hitler hat sich mein Großvater noch oft beschäftigen müssen. Seine Gegner haben sie jahrzehntelang genutzt. Fritz J. Raddatz bezeichnete die Arbeit meines Großvaters als »Schmierentopf« und zitierte diese Sätze über die Kunstausstellung 1939 noch elf Jahre, nachdem mein Großvater gestorben war. Hermann Schreiber merkt in seiner Biografie an: »Dass die Auseinandersetzung darüber, ob Henri Nannen ein Nazi war oder nicht, so lange auf so blamabel niedrigem Niveau geführt worden ist, hat mit dem Ambiente zu tun, in dem sie sich abgespielt hat; sie war meistens nur Nebenwirkung irgendeiner Kontroverse, die auf dem Jahrmarkt der aktuellen Politik ausgetragen worden ist.«

Ein Beispiel, das jedem, der damals das ZDF-Programm eingeschaltet hatte, noch heute vor Augen ist, ist die Auseinandersetzung mit Gerhard Löwenthal, Leiter des »ZDF-Magazins« und erklärter Gegner der Grundsätze der sozialliberalen Ostpolitik, der jede Chance nutzte, deren Fürsprecher unter Beschuss zu nehmen. Eine dieser Chancen bot ihm der Verlag Axel Springers.

Im Axel-Springer-Verlag hatte man Ende der Sechzigerjahre ein siebzigseitiges Papier zusammengestellt, das man – wenn es nötig sein würde – gegen den erklärten Gegner Nannen einsetzen konnte, sofern es Hand und Fuß hätte. Die in diesem Papier enthaltenen Anschuldigungen gegen den *Stern*-Chef bezogen sich auf eine angebliche »Nazivergangenheit«. Demnach habe er von der Ermordung zweier Partisanen an einer Brücke mindestens gewusst, denn der für die Hinrichtung Verantwortliche sei SS-Obersturmführer und Ortskommandant von Bevilacqua, Hans Weidemann, gewesen, der gemeinsam mit Nannen Feindpropaganda betrieb. Die beiden Männer verband wohl eher ihre Liebe zur Kunst. Weidemann hatte an der Kunstakademie in Düsseldorf studiert, war ein Verehrer von Nolde und der neuen Kunst, die dann als entartet verboten worden war und die auch mein Großvater so liebte. In den Dreißigerjahren machte Weidemann für den NS-Staat Propagandafilme. In diesen paar Monaten in Italien entstand keine Freundschaft, aber Weidemann fand später Anstellung beim *Stern*.

Der Springer-Verlag konnte die Recherche nicht letztgültig abschließen, das Manuskript taugte nichts, wie man selbst feststellte. Solche Vorwürfe kann aber öffentlich nur erheben, wer sich seiner Sache sicher ist, weil er sonst den gegenteiligen Effekt erzielt. Also behielt Springer das Papier in der Schublade, weitgehend zumindest.

Löwenthal, der dieses Manuskript in die Hände bekam, sah es offenbar anders. Er sah eine Chance, den Nannen politisch ein für alle Mal außer Gefecht zu setzen. Gerhard Löwenthal engagierte sich ein paar Jahre später beim Bund Freies Deutschland, einer kleinen regionalen Partei in Berlin, die sich gegen eine kommunistische Unterwanderung und vor allem gegen die Ostpolitik der sozialliberalen Koalition wandte. Auch Axel Springer unterstützte die Partei, und im Wahlkampf 1975 stärkte ihr Franz Josef Strauß zusätzlich den Rücken, was nicht half – sie scheiterte weit unter der Fünf-Prozent-Hürde. So kam es am 16. Dezember 1970 in Wiesbaden im Studio Unter den Eichen, wo das von Löwenthal geleitete »ZDF-Magazin« produziert wurde, wegen der »Bevilacqua-Affäre« zu einem heftigen Disput. Hans Weidemann hatte sich vom *Stern* sofort beurlauben lassen und in Hamburg und Verona selbst angezeigt. Aber nicht wegen der Partisanenerschießung, damit habe er nichts zu tun. Weidemann war 1950 in Stade mithilfe von »Persilscheinen« von bekannten Künstlern wie Erich Heckel und anderen Zeugenaussagen entnazifiziert worden. Er hatte eine Vorliebe für die von den Nazis verbotene Kunst und Emil Nolde als Präsidenten der Reichskammer der Bildenden Künste vorgeschlagen, als deren Vizepräsident er daraufhin abgesetzt worden war, wie die Kunsthistorikerin Hildegard Brenner schreibt. Er wurde nach dem Krieg trotz Partei- und SS-Zugehörigkeit in die Gruppe der Mitläufer eingeordnet. Hatte er den Tod von zwei Partisanen verschuldet? Hatte Nannen davon gewusst? Das wollte Löwenthal belegen. Mein Großvater trat den Gegenbeweis an.

Was dann kam, glich einer Schlacht mit Worten. Löwenthal hatte meinem Großvater vorgeworfen, dass der »selbst ernannte Kämpfer für politische Sauberkeit Henri Nannen« von einem Verbrechen wusste und den Verbrecher nicht nur deckte, sondern auch angestellt hatte. Mein Großvater hingegen warf Löwenthal »vorsätzliche Manipulation und Nachrichtenverfälschung zum Zwecke der politischen Diffamierung« vor. Nun musste eindeutig geklärt sein, dass mein Großvater unschuldig war. Daran hing die Glaubwürdigkeit, seine und die des *Stern*.

Zuvor hatten viele Tage lang fünf *Stern*-Redakteure mit der Unterstützung von vier Dolmetschern jeden Stein umgedreht. Mein Großvater hatte sie losgeschickt, alle Spuren aufzunehmen, derer sie habhaft werden konnten, und sie waren darangegangen, die Geschichte von Bevilacqua aus dem Jahr 1944 nachzuzeichnen. In Italien fanden sie Dokumente, die Weidemann – auf den Löwenthal ja nur anlegte, um Nannen zu treffen – in dieser Sache klar entlasteten, weil der Befehl zur Ermordung der Partisanen nachweislich von einem anderen, von Hauptmann Willi Lemke, gegeben worden war. Lemke, der mittlerweile in Niedersachsen lebte und einen Herzinfarkt erlitten hatte, als er von den Anschuldigungen zu Bevilacqua aus einer vorangegangenen Sendung Löwenthals vom 2. Dezember 1970 erfahren hatte, gab in Oldenburg im Krankenhaus liegend den *Stern*-Reportern umfänglich Auskunft. Es lagen genügend Beweise auf dem Tisch.

Löwenthal behauptete in seiner Sendung, Nannen habe für die Zeitung *Völkischer Beobachter*, das »Kampfblatt der nationalsozialistischen Bewegung Großdeutschlands«, geschrieben. Die Kamera zeigt in einer Einblendung einen solchen Artikel. Mein Großvater entgegnete, er habe niemals für diese Zeitung gearbeitet. Tatsächlich ist es so, dass er nie im Auftrag des *Völkischen Beobachters* geschrieben und bei der Zeitung, die im nazitreuen Eher-Verlag herausgegeben wurde, auch nicht angestellt gewesen ist. Die Nationalsozialisten druckten während des Krieges Artikel von Kriegsberichterstattern, wo immer es ihnen gefiel und sinnvoll erschien. Vor dem Krieg war das bereits bei Artikeln Usus, die sie zweitverwerten wollten.

Vor der Löwenthal-Sendung ist mein Großvater sehr nervös gewesen – das war er vor Fernsehauftritten immer. Er war ohnehin jemand, der das Lampenfieber kannte und der erst auf der Bühne alle Angst abwarf und loslegte, als kenne er keine Furcht. Den auftrumpfenden, nach außen gehenden Nannen, den musste mein Großvater auch erst üben, und mit den Jahren kostete es weniger Mühe. Hier hatte er sich gemeinsam mit dem damaligen Bonner Büroleiter des *Stern*, Peter Koch, vorab zusammengesetzt und einen elfminütigen Monolog einstudiert – mehr Sendezeit glaubte er nicht zu haben. Am Ende überzog Nannen seine Redezeit allerdings um 32 Minuten. Manfred Bissinger hatte ihn ebenfalls vorbereitet.

»Wir hatten Angst, dass er sich vor lauter Wut um Kopf und Kragen redet«, erzählt mir Bissinger. Und auch Anwalt Heinrich Senfft, den ich in Berlin treffe, schlägt innerlich die Hände über dem Kopf zusammen, wenn er an Nannens Auftritte vor Gericht denkt. Die Gefahr beim »ZDF-Magazin« bestand, dass in seiner Wut irgendwann die Gäule hätten mit ihm durchgehen können. Das durfte nicht passieren.

»Halten Sie den Mund!« und »Sie sind dumm!«, hatte mein Großvater sich zuvor auf zwei Zettel geschrieben; die steckte er sich in die Jackentasche. Diese beiden Sätze wollte er unterbringen – aber sie sollten ihn auch vor schlimmeren Äußerungen bewahren. Für den zweiten Satz lieferte Löwenthal eine Steilvorlage, er fragte: »Herr Nannen, für wie dumm halten Sie mich eigentlich?« – »Für ziemlich, für ziemlich, Herr Löwenthal.«

Später hat das ZDF widerrufen müssen, Löwenthal tat dies aber nicht selbst, sondern ließ einen Text verlesen. Seine Behauptung, das Schuldbekenntnis habe »aus juristischen Gründen« von einem Nachrichtensprecher verlesen werden müssen, war falsch: Er selbst hatte sich geweigert.

»Der Löwenthal ist zu feige gewesen, es selbst zu tun«, sagte mein Großvater immer wieder. Eher gebe er seinen Posten auf, soll der Moderator gesagt haben. Später dann versuchte Löwenthal offenbar, sich für die »Bevilacqua-Affäre« zu revanchieren, und behauptete, der *Stern* habe gemeinsam mit dem Anwalt Otto Schily »einen Kassiber der Baader-Meinhof-Terroristin Gudrun Ensslin aus dem Gefängnis geschmuggelt und veröffentlicht«. Der *Stern* klagte. Jürgen Serke war der Reporter, der damals Schily in einem Leihwagen mitnahm, als der zu seiner Mandantin Ensslin nach Stammheim wollte. Für Serke bot sich bei dieser Fahrt die Gelegenheit, mehr über die Situation, die Fakten zu erfahren, von geheimen Mitteilungen keine Spur – so erzählt er es mir im Gespräch, als ich ihn in Großhansdorf bei Hamburg besuche, um über meinen Großvater zu sprechen.

Noch während der legendären Löwenthal-Nannen-Sendung fingen einzelne Fernsehmitarbeiter in den Kulissen an, Zeichen zu machen – der eine zeigte meinem Großvater einen erhobenen Daumen, ein anderer »blinzelte mir zu«. Nach der Sendung kamen ZDF-Leute, die ihm die Hand voller Bewunderung schüttelten – auf die Gefahr hin, ihren Job zu verlieren, denn Löwenthal, der von sich selbst sagte: »Was objektiv ist, bestimme ich«, galt im Haus als engstirnig und despotisch.

Auch heute, auf meiner Spurensuche, treffe ich immer wieder auf Gesprächspartner, die mir sagen, dass »der Nannen damals für mich zum Helden« wurde. Der ließ sich in den Augen der »jungen Wilden« nicht nur die Verleumdung nicht bieten, er kämpfte – und das war offenbar für die meisten Zuschauer das Wichtigste – für die richtige Sache, nämlich die Annahme der neuen Ostgrenzen, und das unter Einsatz seiner Persönlichkeit und seines Rufes. Das imponierte vielen. Er selbst hat über die Jahre hinweg immer wieder gesagt, dass er das

Glück hatte, auf eine Redaktion zurückgreifen zu können, die er auf die Recherche ansetzen konnte. »Wäre ich ein Beamter oder irgendein Angestellter gewesen, ich hätte mich nicht wehren können. Ich wäre ruiniert gewesen.«

Das Beispiel Löwenthal ist symptomatisch für die Richtung, in die sich Kritiker und journalistische oder politische Gegner bewegten, wenn sie gegen den *Stern* und dessen Obersten etwas ausrichten wollten. Heinrich Senfft hat jahrzehntelang das Schlimmste abgewehrt, ist gegen jede falsche Behauptung, die die Zeit des Nationalsozialismus betraf, angegangen. Mein Großvater hat immer gesagt: »Man muss sich wehren, sonst geht es falsch in die Archive ein.«

Die früheren Jahre im Leben meines Großvaters bestimmten seine politische Sichtweise, verstärkten seine Ablehnung von Ideologien. Aber es gibt einen wichtigen, wenn nicht entscheidenden Teil der nationalsozialistischen Herrschaft und seiner Wirkung auf meinen Großvater, der noch nicht ausreichend beleuchtet wurde. Das ist die systematische Ermordung von sechs Millionen Juden und Hunderttausender politisch oder gesellschaftlich Andersdenkender, Homosexueller, Behinderter, Sinti und Roma mit industriellen Mitteln.

Am 1. Februar 1979 schreibt mein Großvater in seinem Editorial »Lieber *Stern*-Leser«: »Ja, ich war damals zu feige.«

Vom 22. bis zum 26. Januar 1979 war im Fernsehen die deutsche Erstausstrahlung des amerikanischen Films »Holocaust« von Marvin J. Chomsky in vier Teilen gezeigt worden. Die fiktive Geschichte der jüdischen Arztfamilie Weiss wurde zu einem Ereignis. Alle sprachen darüber, der Film wurde mehrfach ausgezeichnet, Historiker sprechen im Nachhinein von einer Zäsur in der Erinnerungsgeschichte. Allerdings diskutierte Deutschland heftig und kontrovers – viele kritisierten den »Hollywood-Kitsch«, bemängelten Fehler in der Rekonstruktion und Ungenauigkeiten bei Uniformen und anderen militärischen Details.

Wolfgang Behnken, Art Director beim *Stern*, erinnert sich im Gespräch mit mir daran, dass »Nannen da wieder das richtige Gefühl« gehabt habe. Dieser Film sei ein Titelthema, habe mein Großvater festgestellt, und man müsse sich damit auseinandersetzen, denn der sei ein Auftakt für die Masse der Deutschen, sich endlich ihrer Geschichte zu stellen. Weil dieser Satz »Ich war zu feige« in diesem Zusammenhang von meinem Großvater oft gebraucht worden ist und weil einige Kritiker, die nur den einen Satz lesen, oft meinen, er hätte sich doch spät zu alledem »bekannt«, sei dieses Editorial an dieser Stelle in größerem Auszug zitiert. Der Text gibt einen guten Einblick in die Beziehung von Ursache und Wirkung im Leben meines Großvaters.

»›Habt ihr das gewusst?‹, lautet die Frage unserer Kinder und Enkelkinder, seit ›Holocaust‹ am letzten Freitag zu Ende ging. ›Und wenn ja, wie konntet ihr das zulassen?‹« So beginnt der Brief an den *Stern*-Leser. »Ich sehe förmlich, wie Sie sich gewunden haben unter dieser Frage. Sie hatten doch nie etwas gegen die Juden gehabt. Sie haben kein Blut an den Händen, Sie haben Ihren Nachbarn Josef Weiss nicht denunziert. Sie haben ihn – wenn gerade niemand hinsah – sogar noch gegrüßt, als er Ihnen, gezeichnet mit dem gelben Judenstern, auf der Straße begegnete. Und was heißt hier schon ›gewusst‹?

Stimmt es denn überhaupt. Waren es am Ende gar nicht sechs Millionen Gemordeter, sondern doch nur fünf oder vier oder gar nur drei? O Gott, wozu ist der Mensch imstande, wenn es gilt, der Schuld davonzulaufen! Als ob es da auf ein paar Hunderttausende weniger Erschlagene, Erschossene oder Vergaste ankäme, auf ein paar tausend Säuglinge mehr oder weniger, die man ihren Müttern wegriss und ins Feuer warf, als ob damit das Verbrechen kleiner, zufälliger, entschuldbarer würde.

Nein, es hätte dieses US-Schinkens ›Holocaust‹ nicht bedurft, um zu beweisen, dass diese ›Endlösung der Judenfrage‹ allein eine Sache der Deutschen ist. Jawohl, eine Sache aller Deutschen meiner Generation, denn schließlich haben ja Hitler, Himmler und Heydrich das blutige Geschäft nicht mit eigenen Händen bewerkstelligt, und sie hätten es auch mit ihren ›Einsatzgruppen‹ nicht besorgen können – ohne uns, ohne Sie und mich. [...] Und Sie und ich, haben wir es denn gewusst? Nun, wir wollten es jedenfalls nicht wissen. Obwohl wir es hätten wissen müssen. Sahen wir denn nicht, wie sich das Straßenbild veränderte? Gellte uns das Geklirr der Fensterscheiben in der ›Kristallnacht‹ nicht in den Ohren? Wurden uns Begriffe wie Mischling ersten Grades, Mischehe, privilegierte Ehe zu puren Selbstverständlichkeiten? Und ›Rassenschande‹ zu einem angemessenen Begriff für die Liebe zwischen zwei Menschen, von denen der eine Jude war? Und als man sie dann abholte, die Weiss', die Levis, die Cohns und die mit dem deutschen Namen Windmüller und wie in meiner Heimatstadt Emden die Juden hießen, wohin kamen sie? Haben Sie wirklich geglaubt, man bereite denen, die man da vor Ihren Augen auf Lastwagen lud und in Viehwaggons sperrte, irgendwo im Osten als ›Umsiedler‹ eine neue Heimat? Theresienstadt, Auschwitz, Treblinka, Majdanek – hielt einer das für Landverschickungsheime für ›Andersrassige‹?

Wir hätten es wissen müssen, wenn wir es nur hätten wissen wollen. Wer Soldat im Osten war, dem konnten die Judenerschießungen, die Massengräber und bei Rückzug die ausgebuddelten und verbrannten Leichenberge nicht verborgen bleiben, ich jedenfalls, ich habe gewusst, dass im Namen Deutschlands wehrlose Menschen vernichtet wurden, wie man Ungeziefer vernichtet. Und ohne Scham habe ich die Uniform der deutschen Luftwaffe getragen. Ja, ich wusste es, und ich war zu feige, mich dagegen aufzulehnen.

Ob ich damals noch etwas hätte tun können? Das ist nicht die Frage. Die verdammte Frage ist, ob es eines amerikanischen Filmes bedurfte, um uns klarzumachen: Holocaust ist überall. Auch heute, auch nach 40 Jahren noch.

Und ob wir wiederum zu feige sind, uns dagegen aufzulehnen.

Es war ein junger Hamburger Staatsanwalt, der im August letzten Jahres die Anzeige eines jüdischen Mitbürgers abwies, dem ein Nachbar einen an die ›dreckige Judensau‹ adressierten Brief geschrieben hatte. Unter dem Aktenzeichen 54 Js 309/78 ließ der Staatsanwalt Arn Osterloh den Juden wissen: ›Die Beleidigungen sind zwar überaus hässlicher Natur, stören aber den Rechtsfrieden über Ihren Lebenskreis hinaus nicht.‹

Was da nach staatsanwaltschaftlicher Beurteilung den Rechtsfrieden nicht störte, lautet im Originalton 1978: ›Juda verrecke! du dreckiger Jiddie, riech Gas!‹

Holocaust ist an keine Generation gebunden und an kein Volk.

Holocaust ist überall. Und überall bieten sich die Opfer an: Juden, Neger, Langhaarige, Vietkong, Kommunisten, Dissidenten, Terroristen, Schah-Gegner, Radikale – jagt sie, prügelt sie, schafft sie uns vom Hals, am besten, ihr schlagt sie tot. Denn wir wollen unsere Ruhe haben, unseren Rechtsfrieden, unsere Friedhofsruhe, unseren Rechtsfriedhof. Erst, wenn wir nicht mehr zu feige sein werden, unserer eigenen Schuld ins Gesicht zu sehen, und erst wenn wir bereit sind, ohne Feigheit aufzustehen gegen die ersten Zeichen jeglicher Intoleranz – erst dann mögen wir zumindest für unsere Kinder die Gnade des Vergessens in Anspruch nehmen.«

Für die Bundesrepublik begann mit der Ausstrahlung der Fernsehserie »Holocaust« ein neues Kapitel in der Bewältigung der Schuldfrage. Die Achtzigerjahre waren vom Historikerstreit geprägt, von Helmut Kohls umstrittener Aussage von »der Gnade der späten Geburt« und der Frage, ob historische Schuld ein Verfallsdatum haben kann. Diese Diskussion brauchte die Bereitschaft, lange zurückgehaltene Fragen offen auszusprechen. Mit seinem Editorial wollte mein Großvater genau dies tun. Er trug ganz wesentlich zu der Debatte bei, half einmal mehr, westdeutsches Selbstverständnis abzubilden und zu definieren.

Leni Riefenstahl sagte er in einem Brief 1987, dass er natürlich wisse, dass »du dich zu deiner Vergangenheit bekannt hast«. Aber »du bist wirklich eine große Naive. Hast du wirklich ernsthaft nicht gewusst, dass Juden umgebracht wurden? Ich habe es gewusst, und ich war zu feige, dagegen aufzustehen. Als Martha den Holocaust-Film gesehen hat, hat sie geheult und mich angerufen und gesagt: ›Mein Gott, kannst du dich erinnern, wie wir in dem Lebensmittelgeschäft von Frau Klinke in der Landgrafenstraße bedient wurden und ein paar alte Damen mussten warten, weil sie den Davidsstern auf ihren Kleidern trugen? Was war mit uns los, dass wir das alles so hingenommen haben?‹ Liebe Leni, wir haben den Tag gelebt und an die Nacht nicht gedacht. Ich habe mich nie als Widerstandskämpfer oder überhaupt als Widerständler gefühlt, bin ohne eigenes Dazutun kein Nazi geworden.«

Dass die Umstände – zum Beispiel sein sozialdemokratischer Vater, seine jüdische Freundin Cilly – dazu geführt haben, dass er kein Nazi geworden ist, das hat mein Großvater immer wieder hervorgehoben. »Ich wäre wahrscheinlich ein ganz guter Nazi geworden«, pflegte er zu sagen. Im Gespräch mit Toni Netzle, der legendären Chefin des Münchner Lokals Simpl, begründete er das auch. »Ich war einigermaßen gerade gewachsen, ich war jung, und ich eignete mich nicht unbedingt zum Beiseitestehen. Ich bin anders erzogen worden. Ich bin also ohne jedes eigene Verdienst kein Nazi geworden. Darauf kann ich mir nichts einbilden.«

Sprache war sein Instrument. Und er benutzte es nicht zuletzt dafür, um zu sprechen. Das hört sich seltsam banal an, meint aber etwas, das ihm sehr wichtig war. Mein Großvater war der Ansicht, dass zu viel geredet und zu wenig gesprochen würde. Er fand, dass man mit dem Mund meistens redete und eher schreibend sprach. Nicht die Reden gewinnen Macht über die Menschen, sondern das Gespräch, denn nur das Gespräch schafft Bewusstsein – so sah er es. Reden waren etwas Einseitiges, Sprechen nahm beide Wege. »Wer Leute besoffen redet, muss damit rechnen, dass am Ende die Ernüchterung und häufig genug der Kater steht. Ganz anders beim Gespräch. Das Gespräch setzt nämlich den Gesprächspartner voraus. Und wenn der, weil er Leser und nicht Zuhörer ist, auch physisch an diesem Gespräch nicht teilnimmt, so ist er doch mit seinen Gedanken dabei. Und weil das eine Auseinandersetzung ist, kommt am Ende dabei eine Überzeugung heraus«, so steht es in seinen Aufzeichnungen.

Der Gruppe der Redner, ex cathedra, schlug er auch die Sorte Leitartikler zu, die apodiktisch analysieren und Meinungen von sich geben, ohne den Leser eigene Zweifel und eigenes Suchen miterleben zu lassen. Redner mit demagogischer Gewalt hatte er zur Genüge gehört – Hitler und Goebbels vergisst man nicht.

Aber nicht nur aus dem Bemühen um Abgrenzung heraus war mein Großvater der Ansicht, dass »Sprache« der beste Weg war, Ansichten und Meinungen zu übermitteln. Die Macht der Sprache könne viel bewirken – nicht indem sie dem anderen die eigene Meinung oktroyiert, sondern indem sie den Partner zum Mitdenken oder auch zum Gegen-Denken anstößt.

»Die Presse«, so hat es mein Großvater nach vierzig Jahren Pressefreiheit gesagt, »hat nicht die Macht, Geschichte zu schreiben.« Schließlich hatten noch vor 1933 mehr als 80 Prozent aller deutschen Zeitungen vor Hitler und seinen Gesinnungsgenossen gewarnt. Aber die Presse »kann verständlich machen, wie diese Geschichte zustande kam. Und indem sie Illusionen zerstört und falsche Hoffnungen begräbt, kann sie Mut machen zum Neuanfang.«

Diese Haltung hat der *Stern*-Chef Nannen in sein Blatt fließen lassen, mit ihr ist er im Auto nach dem Krieg nach Russland auf die ehemaligen Schlachtfelder gefahren. Und dieser Glaube an die Kraft von Geschichten hat ihn Reporter in die ehemaligen deutschen Ostgebiete schicken lassen, um anschaulich machen zu können, dass die Vertreibung der Deutschen aus diesen Regionen Realität war und nicht etwa ein Übergangsstadium, dass es keinen Weg zurück geben würde und man sich sehr genau überlegen sollte, ob man dafür seine Söhne oder vielmehr die der Engländer und der Amerikaner in einen Krieg ziehen lassen wollte. Und diese Überzeugung war es auch, mit der er sich für die Ideen der Brandt'schen Ostpolitik eingesetzt hat.

Nun will ich nicht behaupten, mein Großvater sei nach dem Krieg nur diesem Gedanken an Versöhnung und der reinen Lehre gefolgt. Nicht jede nackte Frau im *Stern* war gleich Teil der Bewältigung seiner Erlebnisse während des Zweiten Weltkriegs. Die Möglichkeit aber, die Damen so zu zeigen, die Möglichkeit, an Tabus und Grenzen zu rütteln, war es schon. Und die verteidigte er. Über all das wird noch konkreter zu sprechen sein.

Mein Großvater sah sich als Journalist vor die Aufgabe gestellt, die Politiker dazu zu bewegen, eine illusionslose und berechenbare Politik zu betreiben. »Wenn Journalismus zu etwas gut ist«, so sagte er, »dann dazu, Illusionen abzubauen und Wirklichkeit darzustellen. Der Krieg ist nicht der Tod auf dem Feld der Ehre, nicht der Schuss ins Herz, das Deutschlandlied auf den Lippen. Der Krieg ist das elende Verrecken in Blut und Dreck, das Zerquetschtwerden von Panzerketten, das Ersticken in brennenden Häusern, in berstenden U-Booten.«

Das letzte Kriegsdokument, das ich auf meiner Spurensuche aufnehme, ist das Entlastungszeugnis (Clearance Certificate), das die P.S.O.-Reference-Number 3251 trägt und das am 31. Juli 1947 für Nannen, Henry, vom Military Government Hannover ausgestellt wurde.

»Die Tatsache, dass er von den Briten die Lizenz in Hannover erhalten hat, spricht dafür, dass er sich während des Krieges anständig verhalten hat«, sagt Helmut Schmidt.

»Die Wunden des Krieges zu überwinden, hat unglaubliche Kraft verliehen«, sagt Hans-Dietrich Genscher und erklärt damit in anderen Worten, welche Energie dem Nachkriegsleben meines Großvaters innewohnt.

»Heute würde ich gern mit ihm über Russland sprechen«, erzählt mir Gerhard Schröder. »Die Russen sind diejenigen unter den Völkern, die den Deutschen am meisten zu verzeihen hatten. Und sie sind seltsamerweise diejenigen, die am ehesten bereit waren, das auch zu tun. Das muss mit kulturellen Gemeinsamkeiten zu tun haben. Wenn man selbst beteiligt war, dann geht einem das sicherlich noch mehr so, als wenn man es nur historisch betrachtet. Insofern ist es gut vorstellbar, dass es auch bei Nannen eine lebenslange Verarbeitung dessen war, was er im Krieg erlebt oder erfahren hat.«

Für meinen Großvater gehörte das Trauern zu dieser Verarbeitung dazu. Es war, als könnte er nur in der Gegenwart *sein*, wenn er die Trauer über die Vergangenheit mit sich trüge. Diese Trauer bedeutete aber kein Wehklagen, nicht die Suche nach der Schuld der anderen. Es war eine tiefe, stille Trauer über das, was geschehen war, weil es unumkehrbar war. Zu dieser Trauer gehörte es für ihn, die Dinge beim Namen zu nennen, auch wenn sie wehtaten, ihm selbst und anderen. Für die Menschen seiner Heimatstadt Emden war das, als er in den Achtzigerjahren zurückkam, ungewohnt. Er hatte das Gefühl, dass sie damit nicht umgehen konnten, zumindest sagte er mir das. Dass sie lieber wegsahen und nicht hinhörten. Das bekümmerte ihn, aber es kümmerte ihn insofern nicht, als dass es ihn von nichts abhielt, er sagte ihnen trotzdem, was er dachte.

Den Termin für die Grundsteinlegung der Kunsthalle hatte mein Großvater mit Bedacht auf den 6. September 1984 gelegt. »Heute vor vierzig Jahren ist Emden in Schutt und Asche gelegt worden«, sagte er damals und erinnerte so an den schwersten Angriff britischer Bomber, der die Stadt mit ihren Baudenkmälern binnen einer knappen halben Stunde fast vollständig zerstört hatte. »Ich erinnere mich genau an das Bild dieser schönen Stadt, in der ich aufgewachsen bin, und ich erinnere mich daran, wie ich sie nach dem Kriege wiedersah und wie ich mich in den von Trümmern übersäten Straßen kaum noch zurechtfand.« Und für jeden, der an dieser Stelle um die Vergangenheit Emdens trauerte, hatte er klare Worte. »Aber ich erinnere mich auch an andere Städte. Städte in England, in Holland – etwa an Rotterdam – und Städte in Russland. Einige dieser Städte habe ich als Soldat der Luftwaffe – als Beobachter und Bordschütze in Kampfflugzeugen vom Typ He III und Ju 88 oder im Sturzkampfbomber Ju 87 selbst bombardiert. Und nicht wenige dieser Städte sahen damals aus wie Emden 1945. Nur, da war ein Unterschied: Das, was wir damals als ›Terrorangriffe‹ bezeichneten, war eine deutsche Erfindung. Wir hatten damit angefangen. Und deshalb […] haben wir keinen Grund zur Anklage und zum Selbstmitleid. Aus den Ruinen unserer deutschen Städte hat es am Ende herausgeschallt, wie wir in die Städte unserer sogenannten Feinde hineingebombt haben. Deshalb ist dieser Tag kein Tag der Anklage, sondern ein Tag der Mahnung. Der Mahnung, dass wir, die wir schuldig wurden und die wir für diese Schuld einen hohen Preis zahlen mussten – dass wir alles tun, um einen neuen Krieg zu vermeiden. Wer nur in Rüstungskategorien denkt, in Vernichtungs- und Vergeltungspotenzialen, der sollte wissen, dass nach einem Krieg der neuen Dimension niemand noch die Gelegenheit haben wird, eine Kunsthalle oder auch nur eine menschliche Behausung zu bauen.«

»Wir haben angefangen!« Das gehörte zu den Aussprüchen meines Großvaters, die er immer wiederholt hat. Wir haben den Krieg begonnen. Wir sind daran schuld. Wir müssen damit leben. So sah er das. Das war die Wahrheit, die er die Deutschen zu akzeptieren ermahnte.

»Wirklichkeit darstellen, das heißt auch Politik nachvollziehbar machen«, sagte mein Großvater. Wirklichkeit darstellen sah er als die Aufgabe der Nachkriegspolitik an und als seine Aufgabe als Journalist und Teil der Kriegsgeneration. »Wirklichkeit darstellen heißt nicht, den Glauben an eine gerechtere Zukunft aufgeben. Aber es heißt, im Gegner von gestern den Partner von morgen zu sehen.«

Martha

Wir trafen uns an einem Mittag, Ende der Achtzigerjahre. Es war ein ganz normaler Wochentag. Die Sonne schien, ein recht frischer Wind machte die Wolken zu Durchreisenden. Aber es wurde ein Tag, an dem ich mehr über meinen Großvater, über seine Art, zu lieben, Familie zu denken und zu fühlen und über seine Vorstellung davon, wie andere das aufnahmen, erfuhr als je zuvor.

Natürlich hatte ich ihn und meine Großmutter Martha erlebt; gehört, wie ihre Gespräche verliefen, gesehen, wie kurz dieses Band zwischen ihnen war und wie sehr und wie heftig sie beide ständig daran zerrten. Wie oft habe ich danebengesessen, wenn mein Großvater bei uns zu Hause im Sessel saß und mit Martha telefonierte. Stundenlang sprachen sie miteinander. Über Gott und die Welt auch. Am Ende gab es meistens Vorwürfe und Streit. Aber sie konnten nicht voneinander lassen. Nicht mehr im körperlichen Sinne, mehr im geistigen. Als Heranwachsende fand ich das romantisch – Menschen, die einander so lieben, dass sie nicht ohne einander konnten; und die so eigen waren, dass sie es auch miteinander nicht aushielten. Es war wohl eher tragisch. Zu viel war geschehen, die Wunden waren zu tief und die Mauern zu hoch geworden.

Ich war damit aufgewachsen, dass mein Großvater Freundinnen hatte, das war in meinem Lebensgefühl normal – was sein Leben betraf. Er war immer jemand, der anders lebte und anderes tat als andere, so war mein Verständnis. Und ich hatte verinnerlicht, dass es für meinen Vater als Heranwachsenden schmerzhaft war, mit anzusehen, wie sich seine Eltern verhielten. Ich wusste, dass meine Großmutter Martha an dieser Liebe zu Henri zerbrochen war, dass sie krank wurde – auch seinetwegen. Aber die ganze Geschichte kannte ich nicht.

Er kam aus Emden an diesem Tag, und er hatte sich dieses Mal fahren lassen, denn wenn mein Großvater selber fuhr, schlief er immer häufiger ein. Einmal war er bei einer solchen Unternehmung auf einem Feld aufgewacht – seine Limousine war ohne Türen und hatte einen Totalschaden. Er selbst war unversehrt. So etwas passierte hin und wieder, und ich war daran auf eine naive Art und Weise so gewöhnt, dass mir nie bewusst geworden ist, er könnte so einen Unfall auch einmal nicht überleben. Er fuhr wahnsinnig gern Auto, und vermutlich hätte er auch noch Lust gehabt, die Schutzengel weiter herauszufordern, aber seine damalige Gefährtin und spätere dritte Ehefrau Eske war davon zu Recht alles andere als angetan. Zwei Tage zuvor hatten wir telefoniert und dabei verabredet, dass wir uns im Hotel Elysée nahe der Hamburger Innenstadt treffen wollten. Das Hotel hatte ein kleines italienisches Restaurant, in dem wir manchmal aßen – das Piazza Romana. Dort würden wir in Ruhe – und was noch wichtiger war – so lange sitzen und ungestört reden können, wie wir wollten. Dieses Mal brauchten wir Zeit, denn heute ging es um etwas Wichtiges, es ging um die Liebe, die ganz große. Eigentlich um meine. Aber ich hätte mir denken können, dass es anders kommen würde.

Mein Großvater war an diesem Tag nach Hamburg gereist, um mich zu trösten. So etwas tat er. Er war kein gemütlich am Kamin sitzender Großpapa, der überfordert gewesen wäre, wenn seine achtzehnjährige Enkeltochter ihn um Hilfe bat. Er war modern, überhaupt kein Opa, unkonventionell und deshalb genau der Richtige für diese Art Not. Am Telefon hatte er schon genau wissen wollen, was passiert war und wieso es passiert war und wie es sein konnte, dass es passiert war. Das tat gut, weil er es eben nicht mit der Floskel versuchte, dass schon alles wieder gut werde und die Zeit die Wunde heile. Er wusste, dass überhaupt nichts gut war und dass es in solchen Momenten auch gar keine Zukunft geben musste. Erst wollte die Gegenwart durchlitten werden: erst das Tal. Zumindest für eine Weile. Wie viele

Welten hatte er selbst schließlich untergehen sehen? In wie vielen Tälern hatte er Rotz und Wasser geheult? Ein paar davon sollte ich an diesem Nachmittag in Hamburg kennenlernen. Nach zwei Stunden, die er mit mir zuvor am Telefon verbracht hatte, sagte er zu mir: »So richtig viel besser geht es dir jetzt aber noch nicht, oder?« – »Nicht wirklich«, antwortete ich. »Würde es dir helfen, wenn ich nach Hamburg komme und wir zusammen zu Mittag essen und noch einmal alles bereden?« – »Natürlich würde es das!«

Er konnte sich zwar wochenlang nicht melden, und Sich-Kümmern war nicht eine der zwischenmenschlichen Handlungen, die jeder von ihm kontinuierlich erwarten konnte – aber wenn er erkannte, dass man ihn brauchte, war er da. Zumindest für mich. Mein Großvater war nicht gut darin, Gefühlszustände anderer selbstständig zu erkennen. Man musste schon in aller Deutlichkeit an ihn herantreten, nicht drumherum reden, dann verstand er und tat etwas. Jedenfalls habe ich es so erlebt.

In diesem Falle musste ich nicht viel sagen. Er spürte, wie traurig ich war. Und noch etwas war ganz entscheidend dafür, dass er die Initiative ergriff und aus dem zwei bis drei Stunden entfernt liegenden Emden zu mir kam: das Thema war seins. Es ging nicht nur um mich, es ging um das, was ihn zu einem großen Teil ausfüllte. Das, worüber viele Männer – schon gar Männer seiner Generation – nicht besonders gern sprechen, war ein Elixier für ihn: die Liebe. Ohne sie, ohne die große Liebe hätte er nicht leben können. Vielleicht war sie so eine Art Gegengewicht zu der Härte, mit der er gewöhnlich voranschritt und die er gebrauchte, um sich den Weg frei zu räumen.

Als ich im Restaurant an der Moorweidenstraße ankam, war mein Großvater schon da und saß an einem Tisch, an dem wir bequem Platz haben würden. Die Tischdecke und Servietten waren Achtzigerjahre-orange-lachsfarben, eine kleine Vase mit Blumen stand darauf. Er erhob sich und umarmte und küsste mich. Er hatte ein neues Jackett an. Das habe Eske mit ihm ausgesucht, und wie es mir denn gefallen würde. Es war ihm wichtig, dass ich die Jacke lobte. Aber es war für ihn noch wichtiger, zu zeigen, dass seine Partnerin einen guten Geschmack hatte. Der Stoff schmeichelte, es saß gut, klein kariert, in beige-grünlichem Mix.

Wir nahmen einander gegenüber Platz, der Tisch stand so, dass keiner von uns mit dem Rücken zum Raum sitzen musste, seitlich gab eine halbhohe Balustrade optischen Halt. Wir blätterten ein paar Minuten in der Speisekarte, wählten – eine Suppe vorweg, dann die Seezunge – und sahen uns an.

Mein Großvater sagte geradeheraus: »Ich kann dir nicht einfach einen Rat dafür geben, wie du dich verhalten sollst. Du kannst nur deinen eigenen Weg finden, und vielleicht führt der dich dann ganz woandershin, als du jetzt denkst. Das ist manchmal so in der Liebe. Und wenn wir über die Liebe sprechen wollen, muss ich dir von mir erzählen und dir sagen, wie das bei mir so war: Ich habe die ganz große Liebe erfahren. Und ich habe mich immer wieder verliebt. In der Liebe ist nun einmal nichts schwarz-weiß. Also lass mich dir eine Geschichte erzählen.«

Fünfeinhalb Stunden sollten es werden. Er erzählte mir von großen Gefühlen, von all ihren Nöten, davon, wie glücklich man sein kann und wie lebendig, und dass manche Liebe niemals aufhört, auch wenn man sie nicht leben kann. Aber die Liebe und die Lieben, über die mein Großvater sprach, waren nicht abstrakt, sie hatten Namen und Gesichter. Und die wollte er mir näherbringen.

Da saß er also, Henri Nannen, mein Großpapa, und erzählte seiner kreuzunglücklichen Enkeltochter von seinen Frauen und wie das alles so kam. Und das war eigentlich ganz wundervoll.

Lange meinten seine Worte nur eine Frau – die Liebe seines Lebens, wie er sagte –, Martha, meine Großmutter. Martha Anna Kimm war dreiundzwanzig Jahre alt, als sie Henri Nannen kennenlernte. »Sie war wunderschön«, sagte er, und in der Pause, die jetzt entstand, hätte ein Bild von ihr aus jener Zeit vor seinem inneren Auge auftauchen können. Das kinnlange dunkle Haar lag in Wellen dicht an ihrem Kopf, die Augenbrauen waren schmal, ihre Haut sah immer aus, als wäre sie in der Sonne gewesen, und hatte dabei eine Farbe wie eine Mischung aus heller Olive und dunkler Walnuss.

»Wenn ich sie ansah, war es, als könnte ich spüren, wie sich ihre

Haut anfühlt – wie Elfenbein, nur viel weicher.« Schon als er sie zum ersten Mal sah, habe er so gedacht und herausfinden wollen, ob er mit seiner Vermutung recht hatte. Martha stammte aus Kronstadt in Siebenbürgen, und wenn sie sprach, dann rollte ihr R, aber nur ganz leicht, so wenig aufdringlich, dass man meinte, sich verhört zu haben, ein bisschen wie Pferdegetrappel, und am Schluss stoppte es wie ein leise pfeifender Wind. Diese Sprachmelodie der Siebenbürger Sachsen hat sie ihr Leben lang beibehalten, auch wenn sie nie wieder in ihre Heimat zurückgehen sollte.

Diese Frau wollte er, sie faszinierte ihn. Und er konnte schwerlich an einer Frau vorbeigehen, die ihn faszinierte. In sie verliebte er sich. Er war begeistert davon, dass sie sich – wie er – mit der Kunst befasste. Er war beeindruckt davon, wie sicher sie sich in der Welt der klassischen Musik bewegte, und davon, wie belesen sie war. Und Martha war noch dazu nicht zimperlich, sie konnte einen handfesten Witz vertragen, und sie hatte auch sonst einen guten Sinn für Humor – schnell, aber nicht lakonisch.

»Martha war fast immer dabei«, sagte ihr guter Freund Victor Schuller später einmal, der sie noch ein paar Jahre länger kannte als mein Großvater. »Sie machte alles mit, war für jeden Spaß zu haben, ein richtiger Kumpel, mit dem man Pferde stehlen konnte. Du konntest sie nachts um drei aus dem Bett klingeln und um ein Bier bitten. Sie nahm's bestimmt nicht übel.« Für Henri war das wichtig. Er war bei allem angeborenen Charme und angewandten Verführungskünsten eines echten Galans in Wirklichkeit gelangweilt von Dämchen.

Diesen Schalk also hatte Martha, so erzählen es heute Verwandte, wohl von ihrem Vater Karl. Martha war am 30. Juli 1920 als erstes Kind von Elsa und Karl Kimm geboren worden. Sie hatte eine vier Jahre jüngere Schwester, Anneliese. Karl hatte als Architekt gemeinsam mit seinem Partner Otto Lexen ein Ingenieurbüro für Bauunternehmungen am Rossmarkt 4 eröffnet, gleich neben dem Marktplatz im alten Zentrum von Kronstadt gelegen. Karl ging jeden Morgen aus dem Haus, und Elsa fragte ihn jedes Mal zum Abschied, wann er wiederkehre, und er sagte jeden Tag wieder: »Um sieben bin ich zurück.« Und das war er dann auch. Wenn er nachmittags Punkt fünf Uhr gemessenen Schrittes über den Marktplatz zum Dämmerschoppen ging, kam er aus dem Grüßen nicht heraus. So erzählen es mir heute Siebenbürger, die ihn gekannt haben.

Karl ging oft in den bewaldeten Bergen, den Karpaten, um Kronstadt zur Jagd. Der passionierte Jäger war ein groß gewachsener, schlanker, dunkelhaariger und gut aussehender Mann, warmherzig und großmütig. Martha hing offenbar sehr an ihm, und sie hat einige Briefe von ihm ihr Leben lang aufbewahrt. Er war jemand – wie später sein Schwiegersohn –, der immer eine Lösung, immer einen Weg fand, um die Dinge für sich zu wenden.

Übrigens haben sich Karl und Henri nie kennengelernt; kurz bevor Marthas Vater nach Hamburg kommen und seinen Enkel sehen wollte, starb er 1950 an einer Lungenentzündung. Ihre Mutter Elsa führte das Haus an der Johann-Fuchs-Straße 9 in Kronstadt und dazu ein überaus strenges Regiment. Aufgewachsen war sie in Marienburg, etwa fünfundzwanzig Kilometer von Kronstadt entfernt. Dort leitete der Vater die Ackerbauschule, die wohl so etwas wie die Grundschule im Ort war. Sie war pflichtbewusst, sparsam, hatte die ungarische Kochschule absolviert und darüber hinaus eine recht moderne Ausbildung genossen, die zur Telegrafin nämlich. Elsa war nicht sehr groß, hatte ein feines, aber vom Wetter leicht gegerbtes Gesicht und zupackende Hände. Ich habe sie noch kennengelernt, sie starb, als ich fünfzehn war. Ihre Töchter, Martha und Anneliese, waren brave, wohlerzogene Mädchen, sie trugen an Feiertagen die traditionelle Tracht, sehr hübsch, überwiegend in Weiß gehalten und mit Stickereien versehen, die meine Großmutter hasste. Und während der Woche gingen sie in das Mädchenlyzeum zum Unterricht. Martha, die Ältere, wurde an sehr kurzer Leine gehalten. Selbst das Rollerfahren auf dem Grundstück der Eltern war ihr verboten. Die jüngere Schwester lief in ihrem Schatten mit und hatte so mehr Freiheiten.

»Diese Kindheit hat deine Großmutter geformt«, sagte mir mein Großvater, und ich fragte mich und dann ihn, wann ihm das eigentlich bewusst geworden ist. Daran konnte er sich nicht erinnern. »Aber sie wollte nie nach Kronstadt zurück und immer von ihrer Mutter weg«, sagte er.

1

Vorbilder: *Paris Match* und *Life* sind in den Fünfzigern und Sechzigern die international erfolgreichen Magazine. Sie kombinieren Reportage, exklusive Nachricht und einmalige Bildstrecke. Das will Nannen auch.

2/3

Anfänge: Elise Marie und Klaas Eiben Nannen werden am 25. Dezember 1913 Eltern ihres ersten Sohnes, Henry Franz Theodor Max. Das y in seinem Namen hat mein Großvater später ignoriert. Er hieß – und darauf bestand er – Henri mit i.

Liebste:
Mit Cilly (o.) entdeckt Henri die Welt des Sehens. Sie ist seine Jugendliebe in Emden. Sie ist seine Verbindung zur Kunst. Und so trägt er sie mit durch sein Leben – wenn auch nur in Gedanken. Erst im Alter schreiben sie einander wieder lange Briefe.

Ilse (l.) lernt Henri 1933 im Zug nach München kennen. Sie will Medizin studieren, er Kunstgeschichte und Literaturwissenschaften. Ein paar Jahre später sagt er zu ihr: Heirate mich, jetzt oder nie. Sie sagt: Nie. Sie bleiben Freunde.

5

Ehefreuden: Er nennt sie Monika, sie sagt Peter zu ihm. Henri Nannen heiratet 1940 Editha Bischof, die elf Jahre älter ist als er und zwei Kinder hat. Sie leben zuerst in München. Er ist sich nicht ganz sicher, ob sie seine große Liebe ist.

6/7

Lebenslieben: Henri lernt Martha während des Krieges in Berlin kennen. Er hat die große Liebe gefunden. Sie wird die Mutter seines Sohnes, Christian Peter Klaas.

Heimat: Das Austraghaus in Oberfischbach wird für Monika und Henri erst Zufluchtsort, dann Zuhause. Aber auch Christian (l.) ist hier geboren, und kommt später zu Besuch.

8

Rückhalt: Diese Truppe ist nach Nannens Sinn. Die kroatischen Waffenbrüder haben Humor, sie halten zusammen, und sie sind exzellente Flieger. Er berichtet über ihre Einsätze und dient ihnen als Verbindungsmann.

9

Rückzug: Mit einem LKW Opel-Blitz geht es über die Tauern zurück nach Deutschland. Henri bringt Martha und seine Truppe nach Hause.

10

Kriegsdienst: Henri ist zunächst Kriegsberichterstatter. 1944 holt er Martha aus dem brennenden Berlin heraus. Bis April 1945 sind beide in Bevilacqua, wo auch Martha mitarbeitet.

11

Propaganda: SS-Mann Hans Weidemann ist 1944 mit seinem »Kommando Südstern« im italienischen Bevilacqua stationiert. 40 Kilometer von Verona entfernt soll er Propaganda zur »Feindzersetzung« machen. Henri Nannen, der mit seinem Propagandazug aus Potsdam kommt, soll das auch.

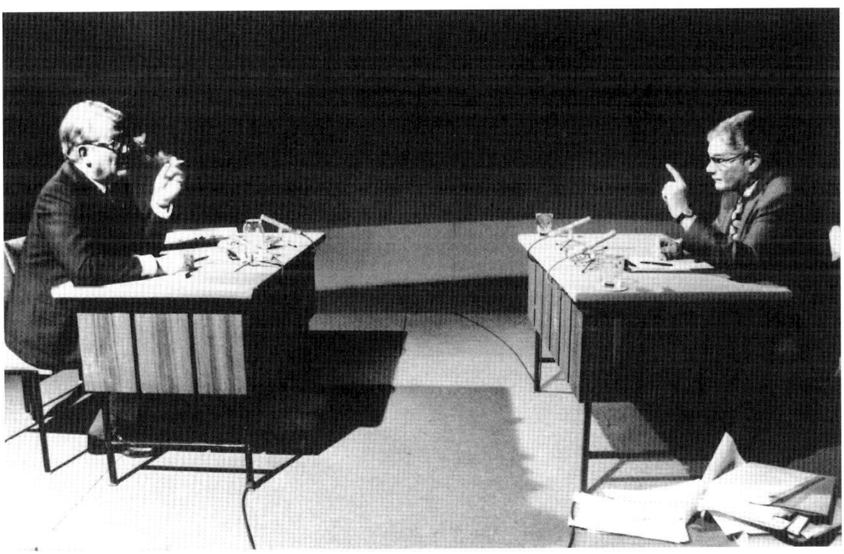

12

Rufmord: Im »ZDF-Magazin« versucht Moderator Löwenthal 1970, Gast Nannen der Mitwisserschaft an einem Kriegsverbrechen zu überführen, das angeblich sein – mittlerweile – *Stern*-Kollege Hans Weidemann begangen haben soll. Das geht nach hinten los. Bewiesen wird: Weder Nannen noch Weidemann hatten mit der Tötung zu tun.

13

Hannover: 1946 wird Henri Nannen (2.v.l.) Lizenzträger der *Hannoversche Neueste Nachrichten.* Mit auf dem Foto der britische Presseoffizier Henry Ormond (l.) sowie Lizenzträger und Offizielle.

Hamburg: Der legendäre Wirt Fiete Melzer eilt mit einem Tablett frisch bereiteter Butterbrote zu Henri Nannen, der gerade von einer Amerika-Reise zurückgekehrt ist. Kaum in Hamburg gelandet, fährt Nannen zum Pressehaus in der Innenstadt, wo auch Fietes Kneipe liegt.

1

15

Zufluchtsort: In Positano an der italienischen Amalfiküste erwerben Henri und Martha ein Haus direkt über dem Strand. Weil es rosafarben angestrichen ist, nennen die Einheimischen es die »Villa Fragola«.

16

Martha

17

Sternchen: »Krischan« – wie Henri und Martha ihren Sohn nennen – ist das Kind vom *Stern.*

18

19

Zuhause: 1951 – nachdem Nannen seine *Stern*-Anteile verkauft hat – zieht er mit Martha (r.) und Christian in den spitzgiebeligen Rotklinker in Hamburg-Wellingsbüttel.

Damals lebten in Kronstadt im Südosten Siebenbürgens am Südrand des Burzenlandes etwa zu gleichen Teilen Rumänen, Ungarn und Deutsche. Die Siebenbürger Sachsen waren eine Minderheit – seit dem frühen Mittelalter als Siedler zur Urbarmachung des Landes erwähnt –, die nach dem Zweiten Weltkrieg und im Zuge der politischen Veränderungen durch die kommunistische rumänische Regierung immer stärker und deutlich benachteiligt wurde. Viele von ihnen wurden ab Januar 1945 nach Russland zu Arbeitsdiensten deportiert, auch meine Urgroßmutter stand schon auf einer Liste für Zwangsarbeit. Aus Russland kamen nur wenige je zurück. Die meisten Siebenbürger Sachsen flohen – 1944 bombardierten die Amerikaner, im September 1944 rückte die Rote Armee ein – nach Deutschland oder nach Österreich. Wer konnte, hängte sich an Trecks von deutschen Soldaten, die unter dem Schulterschluss der rumänischen Regierung mit Adolf Hitler gern gesehen waren und mit denen man freundlichen Kontakt pflegte, die aber ab April 1944, als Rumänien Deutschland den Krieg erklärte, zusahen, dass sie ins Deutsche Reich zurückzogen. Spätestens nach Kriegsende versuchte die überwiegende Mehrheit der Siebenbürger Sachsen ihre Heimat zu verlassen und in Deutschland den Vertriebenenstatus zu beantragen. Auch meiner Familie erging es so. Als die Russen kamen, wurde die damals einundzwanzigjährige Anneliese versteckt. Sie hauste noch etwa ein Jahr lang bei Freunden unter dem Fußboden – es war wie ein Verlies.

»Wir haben nächtelang nicht geschlafen und uns furchtbar gesorgt. Immer wieder standen die Russen vor der Tür und wollten Anneliese abholen. Darüber ist dein Urgroßvater Karl auch krank geworden. Er hatte keine Kraft mehr«, so erzählte es mir meine Urgroßmutter Elsa einmal. Anneliese wurde dann von einem Griechen adoptiert und konnte deshalb 1948 ausreisen. Elsa hatte schon beim Einzug der Truppen allen Schmuck und andere Wertgegenstände im Garten ihres Hauses vergraben. 1951 ließ sie alle Besitztümer zurück und siedelte nach Deutschland über.

Als ich meinen Großvater beobachtete, an diesem Mittag im Restaurant, fiel mir auf, dass er nicht oft von der Vergangenheit sprach.

Keine spezielle Vergangenheit, er war einfach nicht der Typ Mensch, der sich überhaupt in der Vergangenheit aufhielt. Meistens erzählte er vom Hier und Jetzt und von Dingen, die ihn bewegten oder die er bewegte. Diesmal war es ganz anders. Er ging weit zurück mit seinen Gedanken, und mir wurde klar, dass ihn diese alten Bilder ständig begleiteten, auch wenn er nicht immer wieder über sie sprach. Martha und auch die anderen Frauen, über die ich an diesem Tag noch mehr erfahren sollte, waren zu jeder Zeit Teile seines Lebens, keine abgeschlossenen Kapitel. Er war niemand, der Menschen gehen ließ, die er einmal in sein Herz geschlossen hat. Für manche wäre das vielleicht besser gewesen.

Als Martha und Henri einander zum ersten Mal in die Augen sahen, war die Heimat des jungen Fräulein Kimm also noch Kronstadt. Sie war, wie ihre Freundin Thea Schuller sagte, die sie aus Siebenbürgen kannte, »wild entschlossen, alles zu vergessen, was hinter ihr war, um hier in Deutschland ein ganz neues Leben zu beginnen«. Über Kronstadt sprach sie nicht gern, und niemand wusste so ganz genau, warum. Als sie ging, wollte sie vor allen Dingen ihrer Mutter entkommen, deren Strenge ihr die Luft zum Atmen nahm. Aber die Landschaft, die sanften Hügel der Großen Schulerau und die schroffen Berge Transsylvaniens, die Vielfalt der Natur um Kronstadt und die umliegenden Dörfer waren ein Teil von ihr. Solche Gegenden hat sie sich immer wieder gesucht. Dass sie später lange Zeit in München lebte, war kein Zufall, dass sie Italien so liebte, passte zu ihr. Martha war nie eine Norddeutsche, sie hatte nichts von diesem kühlen und gleichzeitig nuschelnd Verschrobenem, das die Leute dort auszeichnet und das in seiner ungewollt überheblichen Unzugänglichkeit nicht jedem Freundlichkeit und Geborgenheit signalisiert. Martha hatte keine elitäre Kühle, eher eine beraubende Frische – als sie jung war. Sie war anders als die anderen Frauen, und das ließen manche sie spüren. Schon gar, wenn sie selbst ein Auge auf den schmucken Nannen geworfen hatten.

Auf ihre Weise blieb Martha immer etwas exotisch. Und vielleicht fühlte sie sich auch ein wenig fremd. Aber mein Eindruck war, dass ihr das alles lieber war, als zurückzuschauen. Und Hamburg war trotz allem ganz bestimmt ihre Stadt – sie lebte gern hier. Eine Heimat gab es für sie woanders nicht mehr. Kronstadt war für sie verloren – ob sie es wollte oder nicht. Was hätte es also für einen Sinn gehabt, dem nachzutrauern? Nein, sie lebte nach vorn gerichtet. Und das bedeutete bald: Sie lebte für Henri.

Sie war 1942 ihrer Freundin Thea nach Berlin gefolgt. Zuvor hatten die beiden mit einer dritten Freundin aus Kronstadt, Manne, im Herbst 1939 in Stuttgart gemeinsam eine Wohnung bezogen. Es war ein Trend der Zeit, ins Großdeutsche Reich zu ziehen. Dort hatte Martha das Modestudium aufgenommen. Thea verliebte sich in Victor Schuller, der auch ein Siebenbürger Sachse war. Gemeinsam mit zwei Freunden von ihm bildeten sie in Stuttgart eine Clique. Die Frauen studierten, die Männer wollten alle Journalist werden und fingen als Volontäre bei der *Württembergischen Landeszeitung* an. Polen war bereits geschlagen, und die jungen Männer wurden auf der Straße scheel angesehen und kamen sich selbst irgendwie wie Drückeberger vor, so hat es uns Victor einmal erzählt.

Thea und Victor hatten inzwischen geheiratet und eine kleine Wohnung an der Knesebeckstraße in Berlin-Charlottenburg bezogen. Nun, eigentlich lebte dort vor allem Thea, deren Mann mittlerweile Soldat und an die Ostfront geschickt worden war. Ende März 1943 aber war Vic bei einem Offizierslehrgang in Tempelhof, wo er sechs Wochen lang der Pritschennachbar von Henri Nannen sein sollte. Die Freundschaft, die damals zwischen den beiden entstand, währte ein Leben lang, zwei Leben lang sogar. Begünstigt wurde sie zunächst einfach dadurch, dass beide Männer etwa gleich groß waren und somit nicht nur die Stube, sondern auch dasselbe dreistöckige Bett teilen mussten.

Schon damals war Victor die Überredungskunst seines Freundes aufgefallen. Der hatte sich eines Tages überlegt, dass man zum Ende des Lehrgangs ein Spargelessen veranstalten könnte. Zum Abschied. Es sei doch Spargelzeit und Brandenburg dafür der perfekte Ort. Wie aber kam man in Kriegszeiten, wo jede Kartoffel rationiert war, zu Spargel in größeren Mengen? »Über den Bürgermeister von Potsdam, den man nur davon überzeugen musste, dass frischgebackene Offiziere durch Spargel zu neuen Taten animiert werden könnten« – das war jedenfalls der Plan meines Großvaters. Und Victor sollte dabei mitmachen. Sie fuhren nach Potsdam, und ihr Vorhaben glückte auf Anhieb.

Als das geschafft war, nahm Victor Henri – es war Anfang Mai – mit zu Thea. In der Küche stand Martha, die gar nicht weit entfernt, an der Landgrafenstraße, wohnte, und schmierte Salamibrote. Da war es geschehen. So einfach, so alles entscheidend. Victor wollte es erst nicht wahrhaben, dass hier ein Bund fürs Leben entstanden war. »Ein extrovertierter Germane aus Emden und eine introvertierte Siebenbürgerin aus Kronstadt – das konnte nicht gut gehen«, habe er gedacht. Darüber, dass sie die zwei zusammengebracht hatten, waren die Schullers gar nicht so glücklich. Denn zwischen Henri und Martha knisterte es sofort, und die Freunde wussten, dass mein Großvater nicht nur gern und oft eine ausgeprägte Vorliebe für junge Damen entwickelte, die dann nicht immer anhielt und die für die Mädchen ohne Zweifel unschicklich war, sondern dass er ja auch noch mit Editha verheiratet war.

Seine Frau, die er Monika nannte – sie nannte ihn Peter –, saß in dem Moment in dem gepachteten Austraghaus in Oberfischbach bei Bad Tölz mit ihren zwei Kindern aus erster Ehe, Arnika und Uwe. Aus dem Leben mit Monika hatte sich Henri 1943 wohl ein wenig herausgelebt. So etwas tat er. Wenn sein Leben weiterging, sich ihm neue Welten auftaten, dann kamen die alten Welten nicht mit. Dass er sich in Martha verliebte, bedeutete aber nicht, dass er Monika nicht mehr liebte. Anders vielleicht.

»Ich habe nie das Gefühl gehabt, dass das eine mit dem anderen zu tun gehabt hätte«, sagte mir mein Großvater und sah mich an. In seinem Gesicht las ich, dass er das ernst meinte. Und er erklärte mir seine Gefühle so plausibel, dass ich ihn verstand. In seiner Brust lebten viele Seelen. Und die rangen oft miteinander. Noch öfter rangen sie aber offenbar überhaupt nicht. Er mochte sich nicht für Menschen, schon gar nicht gegen sie entscheiden – am liebsten wollte er alle haben. Jeden an dem Platz, den er für ihn oder – vor allem – für sie ausgesucht hatte. Dass die damit manchmal nur schwer leben konnten, hätte er nicht wahrhaben wollen.

Mein Großvater lehnte sich ein wenig zurück, und sein Blick ging an mir vorbei durch das Restaurant hindurch bis in die Lobby des Hotels und dort ins Leere. Mich schien er jetzt nicht zu sehen, und sein Lächeln galt nicht mir. Versonnen nennt man diesen Ausdruck wohl, und so gebraucht das Wort klingen mag, es trifft doch recht gut das, was sich im Gesicht meines mittsiebzigjährigen Großvaters abspielte. Es war, als hätte ihn ein warmer Lichtstrahl getroffen.

»Ich konnte die Augen nicht von ihr lassen«, sagte er dann plötzlich, als er den Blick hob, und ich wusste, seine Gedanken waren wieder bei Martha. »Sie war so anders, so schön und klug und jung. Ach, Stephanie, dass das alles so kommen musste ... aber Mama und ich, das ging dann irgendwann nicht mehr. Ich stehe doch vor den Trümmern meines Lebens, wenn du so willst.« – »Wieso denn?«, fragte ich. – »Ich habe eine Frau, die ich liebe und mit der ich nicht zusammenleben kann.« Nun huschte der Schatten, der zu dieser Sonne gehörte, über ihn hinweg, und er besann sich lieber auf die Seezunge, die vor ihm auf dem Teller lag.

An diesem Maitag im Krieg blieb man nicht lange beieinander. Die beiden Männer mussten in ihre Baracken, die sie hassten, weil sie »verlaust und verdreckt« waren. Aber Martha und Henri trafen sich nun häufiger, natürlich zunächst, wie es schicklich war, in der Gegenwart von Freunden. Victor musste bald zurück auf die Krim. Henri war es gelungen, vorerst nicht wieder an die Front geschickt zu werden, sondern in Berlin Dienst zu versehen. So blieb er bei Martha. Bald scherten sie sich dann nicht mehr sehr um die Schicklichkeit, und ob es der Krieg war, der so wagemutig machte, oder ob Martha ihrem Henri auch sonst gefolgt wäre, ist nicht mehr zu sagen.

Für Berlin brachen die schlimmsten aller Zeiten an. Schon seit Januar 1943 flog die Royal Air Force regelmäßig schwere Luftangriffe gegen die Stadt, die bald auch in Charlottenburg Verwüstungen anrichteten. Die großen Alleen waren mit Tarnnetzen überspannt. Arthur Harris, Oberkommandierender des britischen Bomber Command, setzte darauf, die Bevölkerung zu demoralisieren, indem er den Piloten die Anweisung gab, möglichst zivile Ziele ins Visier zu nehmen. Andere große Städte waren schon vor Berlin an der Reihe gewesen. Harris' Plan ging nicht ganz auf, zum einen weil die amerikanischen Bomber noch nicht – wie von ihm kalkuliert – in voller Stärke vor Ort waren, zum anderen weil auch er viele Flugzeuge verlor. Dass der Angriff auf die Zivilbevölkerung die Menschen erst recht zum Durchhalten motivierte, ihnen eine neue Kraft und Zusammenhalt gab, ist heute ebenfalls Teil der Geschichte.

Die Berliner suchten immer öfter – jetzt auch tagsüber, weil dann die Amerikaner ihre Angriffe flogen – Luftschutzbunker auf. Der Krieg wurde ganz anders spürbar. Die zivilen Opferzahlen stiegen an – so stark, dass alsbald sogar das jüdische Krankenhaus angehalten war, nichtjüdische Verletzte zu versorgen. Martha wollte raus aus der Stadt. Und Henri wollte sie nicht im Bombenhagel zurücklassen. Also suchte er nach einem Weg, sie in Sicherheit zu bringen.

An Weihnachten 1943 fuhr Martha noch einmal nach Kronstadt – ohne Henri. Was sie zu Hause erzählte und ob sie ihn, den verheirateten Geliebten, überhaupt erwähnte, ist nicht überliefert. Fest steht, dass sie im Winter eine Weile in Kronstadt blieb und dort unter anderem als Kunstkritikerin einen Artikel über eine Ausstellung heimatlicher Kunst in der *Kronstädter Zeitung* veröffentlichte, den ich nach langer Suche endlich in einem rumänischen Archiv finden konnte.

Mein Großvater war auch nicht in Berlin geblieben, sondern vom 3. bis 17. November als »Soldat auf Dienstreise« nach Saloniki unterwegs, um geheime Post zu überbringen. In Wirklichkeit aber, so hat es der jüdische Bürger Fritz Rose erläutert, war Nannen zwar in geheimer Mission unterwegs, allerdings war es eine private geheime Mission, bei der er Dokumente in Budapest ablieferte, die bei der »Befreiung einer Jüdin aus dem Konzentrationslager Ravensbrück« helfen sollten. Um Weihnachten 1943 war er bei der Flakeinheit seines Freundes Wilhelm Rüdiger nahe München, um den wiederum für einen anderen Rettungsplan einzuspannen. Diesmal ging es um die Kunst, um Bilder von »entarteten« Künstlern. Aber diese Geschichte zu erzählen, würde hier zu weit führen. Die Weihnachtstage über blieb mein Großvater bei Monika und den Kindern Arnika und Uwe in Oberfischbach. »Wir fanden es immer toll, wenn er da war«, sagt mir Uwe Bischof, den ich in München treffe. »Für mich war er die Vaterfigur, auch wenn er immer etwas distanziert war. Ich habe zu ihm aufgeschaut.«

Ob Martha Anfang des Jahres 1944 noch einmal zurück nach Berlin gegangen ist und Henri und sie von dort aufgebrochen sind, oder ob er zurückging, seinen Dienst bis zum 10. Januar 1944 in Berlin versah und sie unterwegs oder erst in Italien traf, hat er mir nicht erzählt. Was er mir erzählt hat, ist, dass er alles in Bewegung setzte, sie nach Italien zu holen. »Sie war in Berlin nicht sicher, niemand war das. Ich hätte sie niemals dort lassen können«, sagte mein Großvater. Davon abgesehen wollte er sie eben auch gern bei sich haben. Sicher ist also, dass er einen Weg fand. Mein Großvater war stolz darauf, seine Martha aus dem brennenden Berlin gerettet zu haben. Spätestens im Dezember 1944 war sie an seiner Seite in Bevilacqua.

Es war Krieg, und sie waren nicht zum Spaß in Italien, aber für die beiden war es wohl neben allem anderen auch ein Abenteuer. Eins, das sie weiter zusammenschweißte. Sie kamen gut aus mit den Italienern, schätzten deren Art, die Dinge zu sehen, saßen mit ihnen zusammen und unterhielten sich in bruchstückhaftem Italienisch. So hat es mir mein Großvater erzählt.

Als sie gut zehn Jahre später nach Italien zurückkamen, wurden sie von alten Bekannten mit offenen Armen empfangen. 1960 kauften meine Großeltern an der Amalfiküste in Positano ein großes rosafarbenes Haus mit Schlafzimmern für die Familie und für Gäste, mit Terrassen und Balkonen direkt über dem Steinstrand. Die »Villa Fragola«, wie sie von den Positanesen genannte wurde, war so etwas wie die Gestaltwerdung einer italienischen Romanze. »In Italien sind wir immer sehr glücklich gewesen«, sagte mein Großvater.

Zunächst aber gab es noch eine andere Gestaltwerdung dieser Liebe: Am 23. Januar 1946 kam im Krankenhaus von Bad Tölz Christian Peter Klaas zur Welt, Henri Nannen hatte nun einen Sohn.

Dass es nach ihrer Rückkehr nach Deutschland nicht ganz so reibungslos mit ihrer Beziehung weitergehen würde, hätte beiden klar sein können. Trotzdem hat es sich mein Großvater wohl ein wenig einfacher vorgestellt. Oder er hat es sich einfach gar nicht vorgestellt. So wie er später hin und wieder eine seiner Geliebten mit in den Urlaub mit Martha genommen hat und überhaupt nichts dabei fand, so tat er auch jetzt, wonach ihm der Sinn stand.

Nachdem er aus dem Kriegsgefangenenlager der Amerikaner entlassen worden war, ging er nach Hause. Mit Martha zusammen fuhr er nach Oberfischbach zu Monika und den Kindern und zog ein. Auch auf den Höfen in Fischbach wurden Flüchtlinge einquartiert, dort wo kurz vorher noch Kriegsgefangene untergebracht waren. Henri selbst hatte kaum Geld, und zu seinen Eltern nach Emden wollte er nicht – wenn er es denn überhaupt gekonnt hätte, denn auch die Reise in den Norden wäre schwierig geworden. Sein Freund Victor war noch nicht wieder aufgetaucht, von vielen anderen wusste er nichts über deren Verbleib. Und schließlich hatte er ja ein Zuhause, das wusste er. Er zog in das kleine Haus, das kein fließendes Wasser hatte, eine Zwischendecke ein, was die räumliche Situation nur leicht verbesserte.

»Die haben sich richtig gut verstanden«, erzählte mir mein Großvater, und ich sah ihm an, dass er sich irgendwie gern an diese Art des Familienlebens erinnerte. Die Monika sei eine so verständige Frau gewesen.

Die Frauen machten wohl vor allem das Beste aus allem. Und sie mochten einander, so war es nicht. Aber natürlich war dieses Zusammenleben für alle Beteiligten eine Zumutung, und das musste auch ihr Mann einsehen. »Meine Mutter war eine Frau, die solche Gefühle für sich behalten hat. Sie hätte ihren Schmerz nie gezeigt. Aber innerlich hat sie wohl sehr gelitten«, sagt Uwe Bischof.

Monika lebte auch später noch, bis wenige Jahre vor ihrem Tod und bevor sie am Ende doch in ein Altenheim in Bad Tölz zog, in dem kleinen Häuschen in Oberfischbach, ihr Sohn hielt die Pacht noch bis vor Kurzem aufrecht. Die Einwohner dort, die auf den umliegenden Höfen leben, das Gasthaus nebenan bewirten oder heute Pensionen führen, diejenigen, die sich noch an »Editha« erinnern, beschreiben sie als eine Frau mit Haltung. Eine gebildete, ruhige Frau, sagen sie, die viel las und mit Freunden Schach spielte. Und sie erzählen, dass »Nannens

Verhalten sie bis ins Mark getroffen« habe. Man rechnete es ihr hoch an, dass sie im Ort, der ja wirklich nur aus wenigen Häusern bestand, blieb – trotz der Schmach, die sie hatte erleben müssen.

Traurig sah mein Großvater jetzt aus, als er da so vor mir saß. Oder vielleicht nicht traurig, sondern eher etwas verloren. So wie einer aussieht, dem man nicht helfen kann, weil man dazu die Zeit zurückdrehen müsste. In den Jahren nach unserem Mittagessen im Hotel habe ich ihn immer mal so gesehen – mit diesem Gesichtsausdruck, als ginge ihm plötzlich auf, dass er manches und manche nicht verloren hätte, wäre er in seinem Leben ab und an stehen geblieben und hätte sich nach denen umgedreht, die hinter ihm standen. Und als sähe er erst jetzt, dass nicht nur die anderen ihn verloren hatten, sondern dass auch er manches Glück nicht gehabt hatte. Er tat mir sehr leid in diesem Moment.

Ich glaube übrigens, dass er das Glück hatte, immer wieder mit Menschen zusammen zu sein, die Verständnis für ihn und seine vielschichtige Gefühlswelt hatten. Oder mit solchen, die nur eine dieser Schichten erkannten und glaubten, sie allein hätten ihn verstanden. Das konnte er Menschen glauben machen, und es war sicher ganz heilsam für ihn. Er gab ihnen das Gefühl, dass es nie jemand anderen in seinem Leben gegeben hatte. Es gab Frauen, die glaubten, dass das mit ihnen beiden nun etwas vollkommen anderes sei. Und es war auch immer etwas Wahres daran, denn er lebte für jeden einzelnen Moment, für jede einzelne Frau in dem Moment. Die Gegenwart belebte er mit ganzer Kraft, in ihr war er authentisch. Wer diese Intensität erlebte, konnte sich vielleicht nur schwer vorstellen, dass er so und noch ganz anders schon zu anderen Menschen gewesen war.

Ich saß ihm gegenüber und hörte still zu. Es gab nichts zu fragen. Noch nicht. Und er hätte meine Fragen wohl auch nicht gehört.

Von mir wollte er jetzt keinen Trost, auch kein Verständnis – das setzte er seltsamerweise voraus, obwohl es doch um mit mir verbundene Menschen, um meine Großmutter und meinen Vater ging, über die er sprach. Er brauchte kein Mitleid von mir und erwartete keine Gegenrede. Schließlich hatte er ja ein Ziel, mit dem er nach Hamburg gekommen war. Er wollte mir helfen. Und er versuchte es mit dem besten Mittel, das er kannte und das er immer dann einsetzte, wenn er etwas bewirken oder bewegen oder jemanden überzeugen wollte: Er erzählte Geschichten. Die Liebe ist, und sie war es in jedem Falle für ihn, eine so große Sache, so intensiv, aber zugleich abstrakt, dass er befürchtete, mir die entscheidende Botschaft nicht mitgeben zu können, wenn er theoretisierte. Auf den Punkt gebracht, war es etwa diese: Nur wer liebt, lebt. Koste es, was es wolle!

Das Leben der Familie Nannen veränderte sich. Victor erinnerte sich daran, dass er im September 1947 in Hannover landete, aus Rumänien kommend, von wo er mit viel Glück gerade noch einmal vor den Russen hatte fliehen können.

Victors Weg führte ihn zu Martha und Henri Nannen, die – seit dem 22. Februar 1947 verheiratet – mit Christian hier lebten. Von Monika war mein Großvater am 4. Dezember 1946 geschieden worden. Die Hochzeit mit Martha hatte in Hannover stattgefunden, in einem Raum des Standesamtes, in dem es von der Decke tropfte, weil im Raum darüber »der Lokus kaputt war«, wie mein Großvater sagte, und der »mit Romantik rein gar nichts zu tun« hatte. Die Wohnung, in der die drei jetzt lebten (zuvor hatten sie eine Weile im Büro der *Hannoverschen Neuesten Nachrichten* im Anzeiger-Hochhaus gewohnt) bestand aus einem Zimmer, Wohnküche, WC über dem Flur. Victor sagte im Nachhinein, dass in dieser »grauen Misere der Nachkriegszeit, in der es vorn und hinten an allem fehlte, in der armseligen Behausung, in der man sich auf Schritt und Tritt im Wege stand, und die in diesem Haus eines Hysterikers lag, der seine Mieter schikanierte«, dass hier die glücklichste Zeit in Marthas Leben begann. Sechs Wochen lang blieb er damals bei Nannens. »Martha sagte nicht: ›O wie schön, dass du da bist!‹, denn es war wirklich nicht schön, und sie mied Floskeln. Sie sagte auch nicht: ›Du hast uns gerade noch gefehlt‹ – aber das dachte sie wohl auch nicht, das spürte ich«, erzählte Vic später. »Sie fragte nicht einmal: ›Wie lange willst du bleiben?‹ Ich war halt da, und damit basta.«

Von Hannover ging es über einen kurzen Zwischenstopp in Duisburg – wo mein Vater als Dreijähriger einmal plötzlich verschwand; er wollte mit dem Roller zum Büro seines Vaters fahren und fuhr immer weiter in die Stadt hinein, bis ein Polizist ihn nach Hause brachte – weiter nach Hamburg-Winterhude, bevor die Familie 1951 nach Hamburg-Wellingsbüttel umzog.

Martha blieb auch in dem schmucken Rotklinkerhaus in Wellingsbüttel das, was sie in der Bruchbude in Hannover, in der Studentenbehausung in Stuttgart und im Patrizierhaus ihres Vaters gewesen war: ein sensibler, in sich gekehrter Mensch, der sich nicht aus der Fassung bringen ließ, weder durch Glück noch durch Unglück.

Die ersten fünfzehn bis zwanzig Jahre ihrer Beziehung war es ein großes gemeinsames Glück. Henri war dabei, den *Stern* aufzubauen. Martha stand hinter und neben ihm. Jede Woche kämpften sie darum, nicht unterzugehen. Es fehlte an allem. Zuerst an Essen, an Holz und an Papier. Und immer wieder an Geld.

Sie unterstützte ihn, wo es möglich war, und so lebten sie jahrelang in einem guten, partnerschaftlichen Miteinander. Eine ganze Weile lang arbeitete sie sogar in der Redaktion mit. Außerdem brachte er Manuskripte mit nach Hause, die er Martha zu lesen gab. Sie war es, die ihm sagte, wenn etwas zu umständlich beschrieben war oder wenn sie über einen Aspekt der Geschichte gern noch mehr erfahren wollte. Sie war so etwas wie sein privater Textchef. Das imaginäre Lieschen Müller allerdings, das einfach, bescheiden, nicht hoch gebildet, aber mit Herz und gesundem Verstand ausgestattet war und das er jedem hochtrabenden oder hochnäsigen *Stern*-Mitarbeiter vor Augen hielt, damit der wusste, wer sein Leser war, dieses Lieschen Müller war Martha nicht.

Das Haus führte Elsa. Sie bereitete perfektes Essen vor, wenn ihr Schwiegersohn Gäste einlud, und sie kümmerte sich um ihren Enkel, um Christian, dessen gleichbleibende Bedürfnisse eines Kindes nicht immer so ganz in das bewegte Leben des Journalisten passten. Martha allerdings war nicht eben begeistert. Sie hatte es sich irgendwann zur Aufgabe gemacht, jeden Mittag in die Stadt zum alten Pressehaus am Speersort zu fahren und ihrem Mann in Töpfen und Boxen verpackt das Mittagessen zu bringen, das Elsa gekocht hatte. »Martha gehörte zur *Stern*-Familie. Sie kam auch nachts und brachte Körbe mit Butterbroten und Kaffee, wenn wir noch arbeiteten. Nicht umsonst hieß es damals: Der *Stern* ist ein Freikorps mit Marketenderin«, erzählte mein Großvater. Zu offiziellen Anlässen, wenn Damen erwünscht waren, begleitete Martha ihn – wie zum alljährlichen Bonner Presseball. Sie reiste auch mit ihrem Mann, wann immer es nötig oder möglich war. Nach Leningrad zum Beispiel, als er im Herbst 1967 mit seiner Motoryacht, der *Positano III*, dorthin fuhr und so in amerikanischen Zeitungen von sich reden machte, weil ihn zwar die Russen mit aller Freundlichkeit empfingen und sogar mitten im Hafen festmachen ließen, er aber in Rostock nicht anlegen durfte. In den Augen der amerikanischen Journalisten war das Beweis dafür, dass in der DDR die härtesten Kommunisten des Ostblocks säßen.

»Krischan« blieb während der Abwesenheit seiner Eltern jedes Mal bei seiner Oma in dem spitzgiebeligen Haus am Wellingsbüttler Weg 92, das über einen großen Garten verfügte, in dem ein Rasen wuchs, der kein Moos kannte und dessen Rosenbeete mit ihrem auffälligen Duft nicht einfach nur schön anzusehen waren. Nahe der Beete, die an Elsas Zimmer grenzten, stand ein üppig wachsender Kirschbaum. Das Grundstück, auf dem dazu eine Reihe Apfelbäume gepflanzt waren, war rhododendrenumrankt und hatte dennoch nichts Düsteres, nichts Eingeschränktes – es war ein Ort zum Luftholen. Vom Wohnzimmer aus ließ sich das große Fenster mittels einer Winde im Boden vollständig versenken. Für Kinder war das fabelhaft, sofern man sich nicht vorher an der Winde fürchterlich die Finger klemmte, was meinem Bruder und mir oft passierte. Zu dem Haus gehörte später ein kleines – mithilfe eines Krans eingebautes – Container-Schwimmbecken nebst Sauna, beides war an den Keller angebunden, wo es immer nach Aufguss und Chlor roch – manchmal konnte man kaum atmen, weil mein Großvater gern mehr Chlor als Wasser nahm. An der Innenseite des Schwimmbads waren orangefarbene Taue befestigt, die mit schwarzen Halterungen in der Schwimmbadwand verankert waren. An diesen Tauen konnte man sich entlanghangeln, allerdings saßen auf ihnen fast immer große schwarze Spinnen, die durch das elektrisch zu öffnende breite Dach des Bades hereingekrochen waren. Wenn diese Spinnen ins Wasser fielen und ertranken, wirkten sie noch größer, und durch die Strömung, die durch die Pumpe verursacht wurde, gerieten sie in Bewegung. Wir waren als Kinder davon überzeugt, dass die Monster lebten, und so lernten wir, schneller zu schwimmen. Außerdem erzählten wir unseren Freunden, dass unser Großvater Wasserspinnen besitze. Das war im Alter von sieben oder acht Jahren zum Angeben gar nicht schlecht.

Das Haus hatte etwa 200 Quadratmeter Wohnfläche, geräumig für damalige Verhältnisse, aber nicht das, was man heute unter einer Luxusvilla versteht, auch deshalb, weil die Räume im ersten Stock klein waren und Schrägen hatten. Ich weiß noch, wie es roch da oben. Mein Großvater war niemand, der sich mit Parfüm und Lotion übergossen hätte, aber er pflegte doch einen besonderen Körperkult. Im Bad stand ein Rasierpinsel, Rasiercreme, »Birkin blau«-Haarwasser – meine Großeltern hatten sich irgendwann die Haare silberblau gefärbt, was modern war und sehr ulkig aussah. Körperpuder gab es noch im Bad meines Großvaters, und das staubte herrlich, wenn man es schüttelte; dazu große Mengen Badezusätze, besonders Salze. Damals benutzte er nur ein Aftershave – das berühmte Wässerchen der Sechziger- und Siebzigerjahre, »Tarr«. Gut möglich, dass er das bereits in Berlin kennengelernt hatte, denn tatsächlich hat der Hersteller, der Drogerist und Fabrikant Ludwig Scherk das Rasierwasser 1931 dort auf den Markt gebracht. In Amerika hieß das Wässerchen Tar's und wurde mit dem Untertitel »A real man's Cologne« verkauft. Es versprach einen »lang anhaltenden Duft, an dem sich Männer erfreuen und den die Frauen bewundern«. Nach dieser Verheißung roch es im ersten Stock des Hauses meiner Großeltern.

Sie schworen auf seltsame Rituale. Weil Martha und Henri glaubten, dass es der Durchblutung und dem Kreislauf förderlich sei, gingen sie im Winter nackt in den Garten und wälzten sich im Schnee. Danach liefen sie, in dicke, flauschige Bademäntel gehüllt, wieder ins Haus und nahmen ein Bad. Bei meinen Großeltern gab es die vermutlich flauschigsten und größten Bademäntel und Handtücher der Welt; bessere konnte es in den feinsten Hotels nicht geben.

Um vom Haus ins Alstertal mit seinen bis in die Stadt führenden

Spazierwegen zu kommen, muss man nur eine Straße überqueren und einem kleinen Weg folgen. Mein Großvater war gern an der frischen Luft. Er liebte es, spazieren zu gehen. Vor allem wohl wegen der Bewegung, die ihm guttat und bei der er sich so manchen Druck von der Seele lief. Er mochte die Natur, mochte vor allem Wasser – das aber besonders deshalb, weil er gern schwimmen ging und weil es zum Bootfahren dazugehörte. Für die Schönheit der Natur hatte er eigentlich erst im Alter wieder einen Blick. Als er nicht mehr schwimmen ging und auch nicht mehr gut gehen konnte.

Mein Vater, Christian, wurde von seinen Eltern nicht verhätschelt. Das passte auch nicht zu ihnen, die eher schnörkellos waren und unprätentiös. Seine Großmutter Elsa, die für ihn die verlässlichste Bezugsperson war, hat meinen Vater hingegen, wie er sagt, »auf ihre strenge Art doch sehr verwöhnt«. Es war kein gewöhnliches Elternhaus, aber als Kind war Christian nicht unglücklich. Das kam erst später.

Morgens ging er zur Grundschule Strenge, die ein paar Straßen entfernt lag. Er war ein ordentlicher Schüler. Wenn »Krischan« aus dem Haus war, begann sein Vater mit dem Frühstück, um dann gegen zehn Uhr im Verlag zu sein. Sonntagmittags und, so oft es ging, auch abends während der Woche wurde gemeinsam gegessen. Die Familie unterhielt sich, man hörte gemeinsam Radio. Der Korea-Krieg, der Ungarn-Aufstand, die ersten Olympischen Spiele nach dem Krieg – das waren Ereignisse, deren Verlauf die Nannens am Radiogerät verfolgten. Während der Fotograf Rolf Gillhausen, der später das »Oberauge« des *Stern* wurde, in Ungarn in einem Baum saß, an dem ein Geheimdienstler von der wütenden Menge aufgehängt wurde – ein Einsatz, der ihn fast das Leben gekostet hätte –, saß Henri mit Martha, Christian und Elsa vor dem Lautsprecher. Elsa sprach als Siebenbürger Sächsin fließend Ungarisch und übersetzte Berichte, die über Kurzwelle zu empfangen waren, wenn man nur lange genug am Empfänger gedreht hatte. So saßen sie Stunden um Stunden zusammen.

In den Ferien fuhr Christian nach Oberfischbach zu Monika, ein andermal reiste er mit der Familie von Ilse, einer Studienliebe meines Großvaters, nach Juist, oder er besuchte seine Großeltern in Emden. Am liebsten aber fuhr er mit seinen Eltern mit dem Auto nach

Positano. »Allerdings musste mein Vater auch im Urlaub spätestens am dritten Tag irgendetwas anstreichen«, erzählt er mir heute. »Der konnte keinen Stillstand ertragen. Ganz selten, wenn er mal ein gutes Buch las, fand er so etwas wie Ruhe.« Und auch Victor Schullers Sohn Alexander erinnert sich daran, dass er bei einem Urlaub, den er mit seinen Eltern auf der *Positano III* verbrachte, gleich zum Relingputzen eingeteilt worden war.

Wenn die Nannens nach Tauberbischofsheim zu Marthas Schwester Anneliese fuhren, standen glückliche Tage bevor. Alle waren heiter, gut gelaunt, die Familie konnte stundenlang Karten spielen, man ging zum Essen aus, lachte viel. So war es, als alles noch in Ordnung war. Später, als die Ehe meiner Großeltern die glücklichste Zeit hinter sich hatte, konnte es mit dem Lachen dann binnen Sekunden vorbei sein. Dann stieg mein Großvater von einem Moment auf den anderen in sein Auto und fuhr weg. Weil sich an irgendetwas Kleinem große Funken entzündet hatten.

Darüber, welche Fehler mein Großvater gemacht hatte, sprach er bei unserem Essen nicht. Oder sagen wir besser: Er nannte das, was er getan hatte, nicht »Fehler«. Er tauchte in die Gefühle von damals ein. In seine Gefühle. Das Einbeziehen der Gefühle anderer kam erst später und damit so etwas wie Einsicht. Auch darüber haben wir uns unterhalten. Aber nicht an diesem Tisch im Hotelrestaurant, sondern Jahre später bei unseren gemeinsamen Spaziergängen in Emden. Wirklich bereut hat mein Großvater einiges von dem, was er Martha und auch seinem Sohn zugemutet hatte, erst wenige Jahre vor seinem Tod. Und diese Reue traf ihn hart. Aber davon später.

Emden war für den Familienvater und *Stern*-Chef Nannen zu jener Zeit noch nicht der große Zufluchtsort, zu dem er am Ende seines Lebens wurde. Jedes Mal, wenn die Familie von dort zurückfuhr, fluchte er über die Provinzialität der Leute, über die Engstirnigkeit mancher Jugendfreunde, mit denen er vor allem politisch gar nicht übereinstimmte, und konnte nicht schnell genug von dort wegkommen. Sobald die Familie Nannen wieder im Auto saß und in Richtung Hamburg fuhr, schimpfte er über die Stadt. Es war ihm alles zu starr, zu unbeweglich im Denken, zu weit ab von der Welt. Und wichtig: Martha wurde dort schief angesehen und fühlte sich deshalb nicht wohl. Sie war in den Augen der Emder eine Fremde.

Zu seinem Vater Klaas Eiben Nannen, der ein recht wertkonservativer, regelbewusster Mann war, hatte Henri kein ungebrochenes Verhältnis. Der Lebenswandel seines Sohnes war Klaas offenbar suspekt. Die Denkweise des Journalisten war dem Polizisten aus dem Kaiserreich zu fern, als dass sie sich hätten richtig verstehen können.

»Meinem Vater wäre es lieber gewesen, wenn Erich den Krieg überlebt hätte und nicht ich«, sagte er einmal über seinen jüngeren Bruder, der als Soldat vermutlich im Januar 1945 gefallen war und den die Eltern nie beerdigen konnten. Ich weiß nicht, ob das nicht eine beinahe zynische Form von Koketterie war. Wie aus alten Briefen, die ich jetzt in den Unterlagen meines Großvaters gefunden habe, hervorgeht, hat Klaas sich sehr um seinen Ältesten gesorgt und hoffte immer, dass ihm nichts geschehen möge.

Mein Vater erinnert sich daran, dass die beiden – auch wenn Klaas gelegentlich in Hamburg zu Besuch war – »schnell Auseinandersetzungen hatten«, Temperament hatten sie demnach beide. Und mein Großvater erzählte mir, dass er seinen Vater sehr geliebt habe, dass er nur deshalb heftig mit ihm stritt, weil es ihm so wichtig war, dass der Vater seine Meinung teilte und die Dinge so sah wie er.

Damals jedenfalls hätte sich mein Großvater offenbar vor den Reisen nach Emden lieber gedrückt. Er konnte seine Rolle spielen, wenn er dort war, besuchte zum Beispiel den Klassenkameraden Rudi Nagel, seine Frau Lenchen mit den Kindern Eske und Bernd oder traf sich mal mit dem Apotheker Mälzer, den er auch aus der Schule kannte, aber im Grunde hatte er zu jener Zeit immer wieder denselben Wunsch, der schon den Jugendlichen bewegt hatte: Nur schnell raus hier!

Martha und Henri waren lange ein gutes und eingespieltes Team. Er liebte an ihr das, wozu er selbst nicht die Zeit oder nicht das Händchen hatte. Sie las sehr viel, war kulturell noch breiter gebildet als er, und sie besaß ein ausgleichendes Verhandlungsgeschick. Er brauchte das. Es imponierte ihm. Und es tat ihm gut.

Sie hatten viele offizielle Kontakte, die sie pflegten. Freunde gab es nur wenige, noch weniger die Zeit dafür. Richard Gruner und später seine Frau Flora gehören dazu. Victor und Thea Schuller waren an ihrer Seite, lebten mittlerweile am Stadtrand in Großhansdorf. Schriftstellerin Dorothea und Zeichner Günther Radtke, enge Freunde bis zum Ende und Mitarbeiter der ersten *Stern*-Truppe, wohnten zeitweise in der Nähe. Aber sonst? Sie pflegten keinen großen Kontakt zu Nachbarn, waren nirgends Vereinsmitglieder, sie suchten nicht nach Nähe.

»Meine Eltern waren keine Socializer«, sagt mein Vater heute. »Sie folgten auch nicht jeder Einladung, zogen sich oft zurück. Wenn sie glaubten, dass sie sich irgendwo nicht wohlfühlen könnten, gingen sie lieber gar nicht erst hin.«

Mein Vater, so könnte man es sagen, war das Kind vom *Stern*. Wann immer man für den *Stern* ein Kind brauchte, das zum Beispiel für ein Weihnachtsheft Spielsachen ausprobierte oder für sonst eine Geschichte Fotomodell sein konnte, hielt mein Vater dafür her. Schon als Fünfjähriger durfte er oft stundenlange Fotositzungen über sich ergehen lassen.

Die schönste Geschichte, für die mein Vater Modell stand, ist die der »Späher«. Der *Stern* hatte von 1953 bis 1961 eine Beilage für Kinder, die per Hand (weil es dafür keine Maschine gab) dem Hauptblatt beigesteckt wurde, das *Sternchen*. Mit dem Slogan »Kinder haben *Sternchen* gern – *Sternchen* ist das Kind vom *Stern*« warb man um ganz junge Leser. Im *Sternchen* wurde 1955 eine Aktion gestartet, bei der die Kinder vorgegebene Autotypen notieren sollten, wenn sie diese auf den Straßen gesehen hatten; auch Verkehrszeichen und einige andere Auffälligkeiten im Straßenverkehr sollten vermerkt werden. Man sah also ein VW Cabrio und verzeichnete in einem mitgelieferten Heftchen, wann und wo das Fahrzeug erspäht worden war. Das Ganze war eine Mischung aus Detektivgeschichte und Verkehrserziehung, und es kam grandios an. Die Kinder, die sich an der Aktion beteiligten, nannte das *Sternchen* »Späher«. Es gab einen Späher-Club und so eine großartige Leser-Blatt-Bindung für die Eltern, die den *Stern* nun auf jeden Fall kaufen mussten. Auf dem Titel des *Sternchen* am 6. November 1955 sieht man den neunjährigen Späher »Krischan«, wie er in kurzer Hose und Jacke mit einem Stift in der Hand in der Nähe der Hamburger Landungsbrücken oberhalb der Straße sitzt und den Verkehr beobachtet.

Der Späher-Club wurde bundesweit bekannt, und der Chef der Späher – Boris Grams, ein Mitarbeiter des *Stern* – fuhr mit einem kleinen Lieferwagen kreuz und quer durchs Land und warb für die Aktion. Boris Grams war übrigens von Haus aus Komponist und Zeichner und dazu ebenfalls als Soldat in Italien gewesen. Außerdem ist er der Großvater des heutigen *Spiegel*-Verlagsgeschäftsführers Ove Saffe.

Der *Stern* wohnte also auch in Wellingsbüttel, und in den glücklichen Jahren bedeutete das kein Ungleichgewicht. Oft kamen Redakteure ins Haus, Dahl, Schuller, Radtke, andere – man diskutierte, Elsa kochte – kochte stundenlang, stellte Buffets oder Vier-Gänge-Menüs zusammen.

»Der Beruf war für meinen Vater Berufung, er bestimmte seine innere Ausrichtung«, erzählt mir mein Vater heute. »Mein Vater nahm die Geschichten mit nach Hause. Nicht unbedingt nur in Form von Papier, sondern er nahm die Gedanken mit, die ihn bewegten, und die diskutierte er mit meiner Mutter. Es war ihm unmöglich, etwas für sich zu behalten, das ihm Kopfzerbrechen bereitete.« Das waren keine strategischen Gespräche darüber, wie man ein Thema am besten nutzte oder präsentierte. Es war ein Austausch zwischen zwei intelligenten, interessierten Menschen, bei dem die Sache von allen Seiten beleuchtet wurde, Positionen verändert, Gegenargumente gefunden wurden. Ein Austausch, der beide bereicherte und der Nähe schuf. »Martha war meine beste Kritikerin und Leserin. Immer. Und sie hat eine unendlich viel bessere Menschenkenntnis als ich. Darauf habe ich mich sehr verlassen können. Ich falle doch auf alle möglichen Leute herein«, sagte mein Großvater.

Sein Editorial schrieb er damals fast immer zu Hause in seinem Arbeitszimmer. Er setzte sich dann abends an seine Schreibmaschine, eine Remington, und begann zu tippen. Oder er schrieb in seiner großen Schrift mit einem Farbstift auf Layout-Papier. »Er hat sich wahnsinnig schwergetan mit dem Schreiben«, sagt mein Vater. »Wenn man dann am nächsten Morgen in das Zimmer kam, waren die Ecken voll von zusammengeknüllten Seiten, alles Entwürfe.« Wenn er fertig war, las Martha, manchmal auch Elsa. Und wenn die gute Argumente hatten, wurde nachgebessert. »Er war sich nie gleich sicher, ob ein Text wirklich gelungen war, und brauchte die Resonanz. Manchmal, wenn ihm eine Laus über die Leber gelaufen war, fluchte er und schimpfte auf ›all die Idioten‹, von denen er in der Redaktion umgeben sei. Oder er kam voller Überschwang nach Hause, wenn er glaubte, einen Scoop zu haben. Er war müde, aber glücklich, wenn sie am Schlusstag spät in der Nacht noch einmal alles umgeworfen und dem Heft noch einmal ein ganz neues Gesicht gegeben hatten, friedlich war er dann fast. Nur durfte der *Stern* nicht im Haus herumliegen. Es machte ihn unruhig, bereits gedruckte Ausgaben zu sehen. Weil man daran nichts mehr ändern konnte«, erinnert sich mein Vater.

Alle schwierigen Verlagsangelegenheiten besprach er mit Martha, der er auch als Geschäftspartnerin blind vertraute. Martha war wie sagte es der Freund Victor später – jemand, der »sich nie mit fremden Federn schmückte. Wenn es auch die Federn des eigenen Mannes waren.« Sie fand, dass es Henris Verdienst war, was er aus dem *Stern* machte, dass es sein Erfolg war. Er hatte sich hochgeboxt, aus eigener Kraft; sollte sie sich jetzt einfach neben ihn stellen, auf Zehenspitzen womöglich, um auch was abzukriegen von dem Glanz? Ihr Stil war das nicht. Sie war bereit, ihm dabei zu helfen, aber sie wollte keine Lorbeeren. Sie wollte kein Scheinwerferlicht, das sie nicht für das ihre hielt. Sie wollte seinen Ruhm nicht, aber sie gönnte ihm diesen. Victor sagte, sie hätte ihr Licht nicht so unter den Scheffel stellen dürfen, hätte ihre Stärken stark machen müssen.

Martha war über viele Jahre hinweg so etwas wie Henris Minister des Äußeren – manchmal auch fürs Äußerste. Wenn er sich nicht traute, Leute anzurufen, von denen er aber unbedingt etwas wollte, dann ließ er Martha anrufen. Das kam oft vor. Er rief nicht gern selbst an. Er brauchte ein Entree. Wenn er nicht genau wusste, in welcher

Stimmung der andere gerade war, nicht wusste, ob er womöglich bei etwas Privatem stören könnte, war er verlegen. Und er wusste, gerade wenn es um wichtige Unterredungen ging, bei denen der erste Schuss sitzen musste, konnte seiner danebengehen. Martha hingegen hatte so eine Art mit Menschen. Die mochten sie. Sie war ruhig und freundlich und eloquent. Es war angenehm, mit ihr zu sprechen. Sie kannte sich aus, war im Thema, konnte dem Gesprächspartner schmeicheln, wagte aber auch eine klare Ansprache. Deshalb war sie es auch, die ausgesandt wurde, Porzellan zu kitten, wenn Henri es im Streit zum Beispiel mit den Gesellschaftern Gerd Bucerius und Richard Gruner oder dem Verlagsdirektor Robert Streitberger zerbrochen hatte. (Robert Streitberger war lange Verlagsdirektor der *Zeit* und des Nannen-Verlags, später Mitglied der Geschäftsleitung von Gruner+Jahr.)

»Mein Vater hat oft sehr hart für die Belange der Redaktion kämpfen, immer wieder um Unabhängigkeit und finanziellen Spielraum ringen müssen«, erzählt mir mein Vater. »Meine Mutter hat sich dann bemüht, ihn auf einen Weg zu bringen, der nach vorn wies und der der Sache dienlich war. Es funktionierte aber auch andersherum. Gruner, Bucerius und Streitberger riefen meine Mutter an, weil sie wussten, dass sie es fertigbringen würde, mit ihrem Mann beschwichtigend zu reden. Ganz große Zusammenstöße konnten auf diesem Wege manchmal vermieden werden.« Martha sprach für Henri, auch dann, wenn nichts für ihn sprach. Aber sie sprach nicht darüber.

Sie gab nicht die Grande Dame, spielte nicht die Berühmte an der Seite des Berühmten, sie drängte sich nicht in den Mittelpunkt der feinen Gesellschaft, saß nicht bei allen Premieren in der ersten Reihe und war nicht bei den großen Vernissagen oder Auktionen im In- und Ausland zugegen; sie gab nicht ständig Partys, und sie tanzte nicht auf allen Hochzeiten. »Das Zeug dazu hätte sie locker gehabt«, sagte Victor Schuller. »Sie konnte es nicht über sich bringen und tat also nichts von alledem.« Sie versuchte nicht, er zu sein. »Dabei geriet sie ganz langsam, aber sicher immer weiter ins Abseits«, erzählte Vic. »Vielleicht war es das, was sie falsch gemacht hat.«

Mit dem zunehmenden beruflichen Erfolg meines Großvaters verschob sich zu Hause das Kräfteverhältnis. Je bekannter er wurde, je mehr Bühne er draußen fand, desto weniger kam er damit zurecht, dass eine Familie keine Bühne ist und keinen Star braucht. Oder wenigstens nicht nur. Sie braucht Verlässlichkeit, Selbstlosigkeit, Liebe, Schutz. Er brauchte Beifall, und den bekam er nicht uneingeschränkt. Die beiden Seiten seines Lebens, wenn man das private und das berufliche überhaupt als zwei Seiten bezeichnen will, ergaben nicht mehr ein Ganzes. Er wollte zu Hause herrschen, wie er es im *Stern* tat, und das ging nun mal nicht. Es ging nicht gut. Schon deshalb nicht, weil die Familie keine Möglichkeit hatte, zu entkommen. Für sie gab es keinen Ausgleich, sie konnte nicht eingeschüchtert die Bürotür des Chefs hinter sich schließen und sich langsam wieder berappeln oder gleich bei Victor Schuller im Büro Streicheleinheiten zur Heilung suchen. Das konnten nur die Redakteure, wenn sie Ärger mit dem »Alten« hatten.

Wann genau das Unglück, das auf das Glück folgte, angefangen hat – daran kann sich mein Vater nicht mehr erinnern. Es war irgendwann in den Sechzigerjahren. Häufig war es an Weihnachten, dass die Stimmung kippte – aber es kam auch an anderen Feiertagen oder am Wochenende manchmal vor. Scheinbar aus dem Nichts heraus fing mein Großvater Streit an, der dann darin endete, dass er aus dem Haus ging. Dann fuhr er zu seiner Geliebten. Diese war damals eine recht junge Frau, sie arbeitete in der Redaktion. Wann er wieder nach Haus kommen würde, wusste die Familie nicht.

Wie viele schlaflose Nächte kann Martha ausgehalten haben? Hat sie eines Tages gewusst, dass sie es nicht mehr aushält? Warum hat sie ihn nicht vor die Tür setzen können? Lässt sich das ignorieren?

Es ist unmöglich, so zu tun, als wäre alles in Ordnung, wenn der Vater oder der Ehemann oder der Schwiegersohn immer wieder Wutausbrüche hat, die sich so heftig entladen, dass meistens etwas zu Bruch geht. Eines Tages warf Henri laut schreiend das Meißener Porzellan mit Eichenlaub aus dem Fenster in den Garten.

Was macht es mit einer Familie, die sich duckt, damit sie nicht getroffen wird? Man konnte sich nicht daran gewöhnen, aber man konnte Mechanismen entwickeln, man konnte auf der Hut sein, damit rechnen, dass die Stimmung umschlagen könnte. Das tat die Familie, und so veränderte sich die Atmosphäre im Haus. Elsa versuchte sich möglichst unsichtbar zu machen, wenn es Krach gab. Wenn mein Großvater schlechter Stimmung war, versuchten die anderen, nichts Falsches zu sagen. »Es war nicht immer einfach, zu wissen, wie ein Gespräch ausgehen würde«, sagt mein Vater. »Es gab gute Gespräche. Und dann wieder kippte es plötzlich. Er war eben ein Choleriker.«

Es war nicht so, dass im Haus fortan alle auf Zehenspitzen schlichen. Und es war auch nicht so, dass mein Vater sein Elternhaus möglichst verließ. Nur gab es eben keine Unerschütterlichkeit mehr. Die Ungewissheit darüber, ob es gleich einen großen Krach geben würde, verdrängte die Unbefangenheit. Und zur Not ließen Martha, Elsa und Christian Henri einfach reden.

Natürlich war das auch für meinen Großvater eine kaum auszuhaltende Situation. Das hatte er nicht gewollt. Oder sagen wir anders: Das wollte er so nicht haben. Er brauchte Austausch, Widerspruch, Menschen, die ihm etwas entgegenhielten. In der Redaktion forderte er seine Leute so lange heraus, bis sie sich wehrten, bis sie über sich selbst hinauswuchsen, um es dem »Alten« zu zeigen. Wer ihm standhielt, bekam seine Anerkennung. Wer stark war, wurde gut behandelt. Respekt bekam, wer den Blick nicht abwandte.

Zu Hause war keiner auf dieses Ringen vorbereitet. Und er ignorierte, dass die Familie kein Ring ist. Martha machte den Fehler, seinem Verhalten nichts Entscheidendes entgegenzusetzen. Sie war dazu erzogen worden, sich unterzuordnen. Er war der Mann im Haus, und das hatte sie zu respektieren. Die Anwesenheit ihrer Mutter machte es in dieser Hinsicht nicht besser, weil die nicht auf ihrer Seite stand. Dass ihr Schwiegersohn Affären hatte, wollte Elsa nicht wissen, oder sie verdrängte es. Mein Großvater selbst hatte die naive und ignorante Vorstellung, dass er weiter mit Martha verheiratet sein und sich in Parallelwelten mit anderen Frauen treffen konnte, ohne dass das Auswirkungen gehabt hätte.

Diese Erkenntnis steht mir ganz deutlich vor Augen – damals an unserem Tisch am Mittag, an dem er mir erzählte, was ihn an den anderen Frauen so fasziniert hatte. Und ich fragte mich doch, warum er glaubte, dass all diese Frauen nichts mit Martha zu tun gehabt hätten. Dann sagte ich ihm, dass sie aber doch sehr verletzt gewesen sein muss. »Martha war auch keine ganz einfache Frau«, sagte mein Großvater.

Er sah nicht, was er tat. Damals nicht. Er gab vor seinem heranwachsenden Sohn mit Eroberungen an und war verärgert, wenn der moralische Bedenken äußerte und sich auf die Seite seiner Mutter stellte. »Meine Mutter ist zwischen ihrem starken Mann und der dominanten Mutter fast zerdrückt worden«, sagt Christian heute. »Natürlich hat sie nachher auch viel falsch gemacht. In vielen Auseinandersetzungen musste man dann meinem Vater recht geben, weil sie sich verrannt hatte. Aber die Ursache lag meistens ganz woanders.«

Martha versuchte es und machte zu gute Miene zu den Gespielinnen ihres Gatten. Bei manchen Anlässen lachte sie ihren Widersacherinnen förmlich ins Gesicht. Hätte sie ihn damals vor die Wahl gestellt, vielleicht hätten die beiden eine Chance auf mehr Glück gehabt. Aber so war sie nicht. Und wahrscheinlich hätte es auch zu dem Zeitpunkt nichts genützt. Er war vielleicht nicht aufzuhalten. Martha stand daneben und schaute zu. Und sie gab ihn nicht auf, sie stritt mit ihm, immer wieder kam es zum Krach. Aber sie verkraftete es nicht.

Mit Anfang vierzig wurde sie zum ersten Mal krank. Bis dahin war sie eine »von keinem Wehwehchen geplagte, ungemein lebensfrohe Person«, die dann »vom lieben Gott oder vom Satan in allen möglichen Formen gequält wurde«, sagte mein Großvater. In medizinischen Begriffen ausgedrückt liest sich diese Qual so: Subdurales Schädelhämatom, Ablation mammae mit Nachbestrahlung, $^{2}/_{3}$ Resektion des Magens, Polresektion der linken Niere wegen eines Beckenausgusssteines, eine Star-Operation, Schwindel mit unklarer Ätiologie, der sie immer wieder schwer stürzen ließ. Es war die Zeit, in der Ärzte schnell zum Skalpell griffen. In medizinischer Hinsicht galt »viel hilft viel«, und man war davon überzeugt, dass mit Operationen nicht lange gewartet werden sollte.

Aber es waren nicht nur die Krankheiten, nicht nur die Operationen, die Marthas Körper zusetzten. 1966 starb Marthas engste Vertraute, ihre Schwester Anneliese, mit zweiundvierzig Jahren bei einem

Verkehrsunfall. Danach wurde alles immer schlimmer. Es war noch die Zeit, in der man bei privaten Feiern viel Alkohol trank. Cocktails waren schnell mal in der hauseigenen Bar gemixt – eine solche gab es auch im Haus meiner Großeltern im Keller. Solche Trinkstuben im Keller waren in Mode, und sie eigneten sich prächtig dazu, auch offiziellen Besuch mit einer gewissen Gemütlichkeit zu empfangen, ohne den Gästen gleich in die ganz privaten Räume Einblick zu gewähren.

Die gesellschaftlichen Umstände begünstigten sicherlich einen großzügigen Umgang mit Alkohol, aber es war auch nicht die Zeit für ein Körperbewusstsein, wie wir es heute kennen. Alkohol war noch nicht als Teufelszeug gebrandmarkt, Rauchen schadete noch nicht der Gesundheit. Und der Grundsatz, nach dem wir heute leben, dass weniger mehr ist, dass pur besser als luxuriös, leicht besser als fett ist, war in diesen Jahren nicht zeitgemäß. Auf Partys hatte man Sekt- oder Whiskeygläser in der Hand, und es fiel gar nicht auf, wenn man ein, zwei Gläser mehr trank als der andere.

Wann es Martha aufgefallen ist, dass sie immer öfter versuchte, auf diese Weise ihre Nerven zu beruhigen und ihr Herz zu schützen, weiß ich nicht. Dritten fiel es auf. Sie war öfter angetrunken. Und Henri hasste das. Wie er jede Art von Kontrollverlust hasste. Er empfand Ekel, weil diese Veränderung seinen Sinn für Ästhetik störte. Und er sah diese teuflische Krankheit, die sich immer mehr meiner Großmutter bemächtigte, als eine Schwäche. Eine Schwäche, für die Martha in seinen Augen die Schuld trug.

Die Dame, die besondere Frau, die sie im Inneren noch war, konnte er von außen nicht mehr sehen. Und er wollte sie nicht hören. Er half ihr nicht, unterstützte sie nicht. Stattdessen begann er, sie zu kontrollieren und sie zu maßregeln, sie kleinzumachen, sie vorzuführen. »Er telefonierte am Wochenende mit der jeweiligen Freundin. Das war schwer zu ertragen«, sagt Christian. Henri verabscheute Schwäche. Eigentlich war es wohl so, dass er nicht damit umgehen konnte, dass Menschen in seiner Nähe auch schwach sein konnten. Menschen, die in seinem »Aufgabengebiet« als Vater und Ehemann lagen, durften wohl schon deshalb nicht schwach sein, weil das ihn an seine eigenen Grenzen, seine eigenen Schwächen führte. Er versagte. Und er war hilflos. Er wusste nicht, was er tun sollte. So suchte er sich Schuldige. Die Streitereien wurden heftiger, weil er die gelegentlich verbissene Argumentation seiner Frau bei Disputen nicht auffangen konnte. Er walzte sie nieder.

1973 entschloss sich Martha, das Haus in Wellingsbüttel zu verlassen und nach München zu ziehen. Dort hatte sie Bekannte und ein paar Freunde. Außerdem war ihre Mutter Elsa kurz zuvor ins nahe gelegene Lechbruck gezogen, wo sie mit Freunden und Familienangehörigen in einem Siebenbürger Seniorenheim zusammenkommen konnte. Henri ließ sie gehen. Es gab keinen Ausweg mehr, den sie beide erkannt hätten.

»Man kann ein Leben nicht zweimal leben«, sagte mein Großvater an jenem Mittag zu mir und das klang sehr traurig, nicht so, als wäre es etwas, mit dem man sich eben abfinden musste. »Man kann nicht wiedergutmachen, was man falsch gemacht hat. Aber du sollst wissen, dass mich die Frage danach, was ich falsch gemacht habe, immer bewegt hat und dass sie mich weiter bewegen wird, solange ich noch zu leben habe. Es hat keine Frau gegeben, die ein ungetrübtes Glück eher verdient hätte als Martha.«

Elsa war noch einmal für ein paar Jahre zu ihrer Tochter nach München gezogen. Für beide Frauen muss es schwer gewesen sein. Meine Urgroßmutter starb 1986, und bald stand fest, dass es für Martha besser wäre, wenn sie wieder nach Hamburg, in die Nähe der Familie käme. So zog sie 1987 zurück in ihr Haus, das Henri kurz zuvor mit Kurs auf Emden verlassen hatte. Sie trank nicht mehr. Sie kochte ab und an für uns, Oliver und mich, ihre Enkel. Wir besuchten sie regelmäßig, brachten ihr riesige Tulpensträuße mit; sie hasste Topfblumen, die fand sie spießig. Sie besuchte uns, wir wohnten nur wenige Straßen voneinander entfernt. Mein Vater kümmerte sich, meine Mutter kümmerte sich. Und auch mein Großvater sprach fast täglich mit ihr. Sie hätte vielleicht endlich ein paar friedliche Jahre haben können. Und vielleicht wäre alles wieder unbefangener geworden.

Aber sie war schon lange nicht gesund, die vielen Operationen hatten sie zermürbt. Und sie war einsam. »Gegen die Einsamkeit, die ganz tief sitzt, die von der Seele Besitz ergriffen hat, kommen aufmunternde Worte nicht mehr an«, sagte Victor damals. »Wenn jede Hoffnung verbraucht, aller Mut zur Liebe gebrochen, die Wertschätzung des eigenen Lebens auf den Nullpunkt gesunken ist – dann ist man einsam.«

An diesem Mittag mit meinem Großvater, der ein Nachmittag und bald ein Abend geworden war, sprach er auch noch von anderen Frauen. Davon, wie es war, in diesen ersten Momenten, wenn es knisterte. Und darüber, was sie ihm bedeuteten. Er erzählte mir von der Tochter seiner Jugendliebe Cilly, in die er sich sofort verliebt habe, als er sie in Israel kennenlernte, weil sie dem Bild ihrer Mutter in jungen Jahren so ähnelte. Davon, wie Cilly, wegen der er eigentlich angereist war, sich gefühlt haben mag, habe ich nicht viel erfahren. Er erzählte mir von seiner Freundin Traute, die kurz nachdem Martha nach München gegangen war, in ihr Haus in Wellingsbüttel einzog, und darüber, wie schlecht er sich gefühlt habe, als diese sich knapp vier Jahre später von ihm trennte. Und er erzählte mir, dass er sich von Martha nie hätte scheiden lassen können, denn das »hätte sie sicher umgebracht«. Davon, dass er sich überhaupt hätte scheiden lassen *wollen*, hat er nie ein Wort gesagt. Er sprach von ihr immer als seiner Frau.

»Geht es dir besser?«, fragte er mich, als wir uns zum Abschied fest in den Arm genommen hatten und er auf seinen Fahrer wartete. »Ja«, sagte ich und meinte es auch so.

Martha starb am 6. Mai 1990 in einem Hamburger Krankenhaus. Als ich sie zuletzt sah, waren ihre weißen Haare kurz geschoren. Sie war müde. Sie war wohl sehr gefasst. Zwischen uns war eine Distanz, die wir sahen, wenn wir uns in die Augen blickten, die wir nicht wollten und die zu überspringen uns keine Zeit mehr bleiben sollte. Als meine Eltern meinem Großvater von ihrem Tod erzählten, brach er am Telefon weinend zusammen. Er war fassungslos.

Zur Trauerfeier und etwas später zur Urnenbeisetzung kam er nach Hamburg. Es war der 18. Mai, ein wunderbarer, warmer Tag, an dem dieses kleine Töpfchen mit der Asche meiner Großmutter in die Erde gelassen wurde. Ein groteskes Bild, nach so viel Leben. Mein Großvater wankte am Grab.

Am nächsten Morgen erfuhr ich, dass er nun seine Freundin Eske heiraten wolle. Das hatte er meinem Vater kurz vor der Beisetzung meiner Großmutter noch gesagt.

Eine Woche später erhielt ich von meinem Großvater einen Brief, in dem er von seinen Gefühlen erzählte. »Sicher bleibt mir«, so schrieb er, »dass ich nie in meinem Leben jemanden mehr geliebt habe als unsere Martha und dass ich unter keinem Schmerz mehr gelitten habe als darunter, dass wir beide, Mama und ich, nicht für immer glücklich miteinander geblieben sind.«

Lieben

Bei alledem bleibt eine wichtige Frage. Wenn Martha die große Liebe seines Lebens war – wie mein Großvater bis zu seinem Tod immer wieder sagte –, wenn die Ehe mit ihr die entscheidende Bindung war, wie auch Hermann Schreiber in seiner Biografie feststellt, warum dann all die anderen? Was bedeuteten sie ihm, und vor allem, was bedeuteten sie für sein Leben? Dieser Frage, oder besser, ihren Antworten will ich begegnen. Vielleicht wäre es nebensächlich, sich mit dem Liebesleben eines großen Mannes zu befassen, wenn nicht dieser einen ausgeprägten Hang zu Frauen gehabt hätte, nicht nur zu Bettgeschichten, sondern zur Weiblichkeit als eine Art Korrektiv, aber auch als einen Teil seiner selbst. Er lebte nicht ohne sie. Sie alle bedienten seine Sinnlichkeit, sein Gefühl für das Schöne, seine musische Seite, die er brauchte, um den *Stern* zu machen, wie er ihn gemacht hat. Es ist aber auch so, dass mein Großvater nur zu Frauen Männerfreundschaften haben konnte. »Vic ist mein einziger Freund«, sagte mein Großvater zu mir während dieses Essens im Hotel. »Es hat in meinem Leben aber unendlich viele Frauen gegeben, die mir sehr viel bedeutet haben und immer noch bedeuten.« Die Distanz, die er zu Männern hatte, lässt sich von Anbeginn beobachten: im Studium, besonders im Krieg, beim *Stern* und im Leben. Nur Richard Gruner und besonders im Alter Victor Schuller waren Ausnahmen.

Er mochte nicht allein durchs Leben gehen, brauchte einen Partner, im wahren Wortsinn einen Weggefährten, jemanden, der sich mit ihm ein Stück des Lebens eroberte. Es ging ihm nicht so sehr darum, sein Leben zu teilen, er brauchte Frauen zur Reflexion seiner Gedanken. Frauen waren nach seinem Gefühl die Klügeren, Lebensklügeren – das lernte ich nicht erst in unserem Gespräch an jenem Mittag. Er sprach viel mehr mit Frauen über Sinnfragen, über alles, was nicht mit dem Beruf zu tun hatte. In diesen Gesprächen konnte er melancholisch sein, philosophisch manchmal.

Blattmacher sprechen davon, dass ein Blatt, eine Ausgabe die richtige Mischung haben muss, um eine überzeugende Ausstrahlung zu haben. Es darf nicht zu viel Politik ins Heft, weil das den Leser abstoßen könnte, aber nur Geschichten über Royals und Schauspieler nehmen Autorität, Seriosität, Gewicht. Wer den Leser nicht direkt anspricht, wer ihn nicht persönlich meint, der hat verloren – zu viele Serviceseiten, auf denen wieder eine neue Diät, wieder ein völlig neues Körpergefühl oder der Umgang mit Herz-Kreislauf-Problemen in allen Einzelheiten beratschlagt werden, nehmen dem Geschichtenerzähler die Wucht. Kurz gesagt: Auf die Mischung kommt es an.

Der *Stern*-Nannen konnte Mischung. Er hatte ein untrügliches Gespür dafür. Und über die Frauen in seinem Leben könnte man sagen, dass sie für seine eigene Mischung notwendig waren. Was sie ihm gaben, was er sich von ihnen nahm, vervollständigte ihn. Das bedeutete aber nicht notwendigerweise, dass er dafür etwas von seinem Leben gab, Kompromisse einging oder auf einen Lebensaustausch bedacht war. So war er nicht. Er erkannte fast instinktiv, was er gerade von wem wie brauchte, um der Vorstellung von sich selbst und dem, was er im Leben gern hätte, näher zu kommen. Doch er lebte genauso wenig nach einer Strategie, wie er den *Stern* nach Plan oder am Reißbrett machte.

Mein Großvater hat Frauen früh als Wissende kennengelernt; so stehen einige »seiner« Frauen für Bildung, von der er nicht genug haben konnte. Männer waren für ihn Macher, Frauen tendenziell eher Wissende. Natürlich gab es auch die anderen; die, die nur für eine Nacht blieben, wobei es nicht unbedingt Nächte waren, in denen Sex, Körperlichkeit, Weiblichkeit das waren, was er von Frauen wollte. Seine One-Night-Stands fanden bei Gelegenheit statt. Nicht bei jeder sich bietenden Gelegenheit, aber doch zu ungewöhnlichen Momenten. Wenn mein Großvater von solchen Abenteuern sprach, war es, als wäre er stolz darauf und zugleich von sich selbst überrascht, dass ihm so etwas gelingen konnte – ein Halbstarker irgendwie. Frauen machen Männer offenbar mächtiger, wenn sie in Scharen auftreten, zumindest dachten das viele Männer damals. »Frauen erfüllten bei Henri immer eine Aufgabe«, sagt Jan Hensmann, ehemals stellvertretender Vorstandschef bei Gruner+Jahr und später zu Emder Zeiten ein Ratgeber und Freund meines Großvaters.

Aber ich muss doch lieber am Anfang beginnen. War mein Großvater schon immer ein Charmeur, einer, der einen Schlag bei Frauen hatte? War er ein Eroberer? Wie waren die Frauen, die in seinem Leben eine Aufgabe erhielten? Und welche Aufgaben waren es, die sie für ihn erfüllten? Um hier Antworten zu erhalten, muss ich mir die Frauen näher ansehen, mit ihnen sprechen – sofern möglich – und ihre Briefe lesen. Wenn sie Spiegel von ihm sind, dann wäre an ihnen eine Menge über meinen Großvater abzulesen.

Noch als Schüler in Emden verliebte sich Henri in ein Mädchen, Cäcilie Windmüller, die Tochter des Schlachtermeisters Adolf Windmüller. Sie hatte dunkelbraunes langes Haar, ein wenig gelockt, das sie zu Zöpfen flocht, und auffallend große dunkle Augen. Das einzige Foto, das es von den beiden gibt, auf dem sie in einer Menschenmenge gedrängt beieinanderstehen, hat sie im Alter für scheußlich befunden und gemeint, sie sehe aus, als sei sie gar nicht ganz anwesend. Sie war ein gutes Stück kleiner als der hoch aufgeschossene Henri. Beide waren im selben Jahr geboren, Cäcilie – benannt nach der preußischen Prinzessin – ein paar Monate vor Henri, am 9. August 1913. Sie war das dritte von fünf Kindern einer Emder Familie jüdischen Glaubens. Er nannte sie Cilly, und auch als alte Frau unterschrieb sie noch jeden Brief an ihn mit »Deine Cilly«. Nach dem Schulunterricht, den sie natürlich getrennt besuchten, fuhren sie mit dem Rad hinaus an die Deiche oder paddelten mit einem Faltboot über die Emder Kanäle. Es war nicht die Zeit, in der sich junge Mädchen mit jungen Herren allein treffen konnten, so etwas galt als unschicklich. Aber sie waren trotzdem ständig zusammen, unternahmen viel miteinander.

Henri wohnte etwa fünf Minuten von Cilly entfernt an der Judenstraße, an die seine Eltern bald nach der Geburt des Bruders Erich 1917 gezogen waren. Später, 1933, wurde sie von den Nationalsozialisten in Webergildestraße umbenannt. Und heute trägt sie den Namen des jüdischen Widerständlers Max Windmüller (mit Cilly verwandt), der vielen Juden zur Flucht verhalf und dann selbst verhaftet, deportiert und letztendlich auf dem Todesmarsch von Flossenbürg nach Dachau, am 21. April 1945, erschossen wurde. Die jüngste Umbenennung hat mein Großvater nicht mehr erlebt.

Anders als man vermuten könnte, wohnten zur damaligen Zeit nicht nur jüdische Familien an der Judenstraße. Als Henri dort lebte, mischten sich die Konfessionen, die Berufe auch, es war ein selbstverständliches Miteinander. Das Haus, in dem die Familie Nannen zur Miete lebte, gehörte dem Böttcher Nagel – dem Vater von Henris späterem Schulkameraden Rudolf Nagel, welcher wiederum der Vater der letzten Frau meines Großvaters, Eske, wurde. Um die Ecke stand die große Synagoge, die in der Reichspogromnacht 1938 mit Brandbeschleunigern angesteckt wurde.

Aber zu der Zeit war Henri schon lange nicht mehr in Emden. Und auch Cilly war, ganz knapp bevor die Verhaftungen begannen, am 20. Oktober 1938, aus Emden geflohen. Über die Niederlande gelangte sie nach Palästina und überlebte den Holocaust. Ihre Eltern Johanna und Adolf Windmüller entschieden sich zu bleiben. 1940 wurden sie nach Berlin und von dort im Oktober mit hundertzwanzig anderen Emder Juden ins polnische Ghetto Lodz deportiert. Sie starben im Vernichtungslager Chelmno, vermutlich im Mai oder Juni 1942. Sie hätten noch entkommen können damals, gemeinsam mit den Kindern. Aber sie blieben in Emden. Adolf hatte doch seine Schlachterei, die er nicht einfach zurücklassen wollte, er war ein Friese, was sollte er da in Palästina – es würde ihnen schon nichts geschehen.

Die jüdische Schule war nur ein paar Schritte von Henris Elternhaus entfernt, und es ist denkbar, dass Cilly und Henri sich hier zum ersten Mal über den Weg gelaufen sind. Bis 1925 blieben die Nannens Bewohner der Judenstraße, dann gelang es Klaas, ein eigenes Haus, genauer gesagt, eine Doppelhaushälfte an der Schillerstraße 20, zu finanzieren. Zu Hause konnten die Verliebten sich jedoch nicht allein treffen. Nicht, weil es dort Vorbehalte gegen eine Jüdin beziehungsweise gegen einen Polizistensohn gegeben hätte, sondern weil die Zeiten eine solche Nähe gar nicht erlaubt hätten. Der Deich und die Wiesen waren ein Zufluchtsort für die zwei. Dort konnten sie allein sein, Händchen halten, auch mal einen Kuss austauschen. Sie lasen einander Gedichte vor, wenn sie draußen in der Sonne im Gras lagen und niemand sie störte. Henri konnte Gedichte auch auswendig rezitieren – bis ins hohe Alter übrigens. Ich erinnere mich daran, dass er noch als Mittsiebziger Christian Morgensterns Verse aus dem Kopf wiedergeben konnte. Die Abschrift des Gedichts habe ich in seinen Unterlagen gefunden:

Palmström steht an einem Teiche
und entfaltet groß ein Taschentuch.
Auf dem Tuch ist eine Eiche
dargestellt sowie ein Mensch mit einem Buch.
Palmström wagt nicht, sich hineinzuschneuzen,
denn er gehört zu jenen Käuzen,
die oft unvermittelt, nackt
Ehrfurcht vor dem Schönen packt.
Und so faltet er zusammen,
was er eben erst entbreitet,
und kein Fühlender wird ihn verdammen,
wenn er ungeschneuzt entschreitet.

Cilly zeichnete gern, und auch Henri hatte für den Zeichenunterricht bei Lehrer Roskamp am Wilhelmsgymnasium einen Sinn. Noch im Abiturzeugnis erhielt er für seine Zeichenkünste ein »Gut«, in Deutsch sogar ein »Sehr gut« – Leibesübungen waren nicht sein Feld, da gab es nur ein »Nicht genügend«, genauso in Mathematik. Cilly erhielt regelmäßig Geigenunterricht und durfte manches Mal in der besseren Gesellschaft von Emden bei Geburtstagen oder anderen Feierlichkeiten ihre Kunst zum Besten geben. Vor allem anderen aber liebte sie die bildende Kunst. Die Malerei hatte es ihr angetan, und so war es ganz selbstverständlich, dass sie ihrem Schwarm Henri davon erzählte, mit ihm über die Motive der Maler diskutierte und ihn mit in Ausstellungen zog, für die die beiden nach Bremen oder Worpswede fuhren und sogar nach Köln und Hannover kamen – per Anhalter oder mit dem Zug.

Viele Jahre später, 1943, schreibt mein Großvater in einem Vorwort zu einem Kunstbuch, das er herausgegeben und Cilly gewidmet hat, über seine ersten Schritte in die Kunstwelt, die er an ihrer Seite gemacht hatte. Er beschreibt, wie er sich mit ihr die Welt des Sehens erobert hat, zunächst in Emden, wo sie sich mit Gemälden von Salomon van Ruysdael und Blättern von Ludolf Backhuysen und ihren Schwarz-Weiß-Abbildungen in Kunstbüchern begnügen mussten. Cillys vollen Namen in diesem Vorwort zu nennen, hätte das Buchprojekt scheitern lassen können. Also spricht er von ihr und von sich nur in der dritten Person.

»Sie verbrachten suchend und tastend lange Abende über einer Sammlung von Reproduktionen, vornehmlich der großen Spanier und Niederländer, und langsam traten aus dunklen Hintergründen die leuchtende Gestalt eines Velázquez, das vom Schauer seiner Visionen erfüllte Gesicht Goyas und die malerische Gewalt des Rembrandt van Rijn. [...] Das eigentliche, die Farbe, fehlte [...], und aus einer nicht ganz erklärlichen Furcht vermieden sie es, die Kunstbücher zu lesen, vor deren Abbildungen sie Stunden verweilten, ehe sie nicht wenigstens einige dieser Bilder in der ganzen farbigen Kraft ihrer Erscheinung selber gesehen hätten. Es blieb ihnen lange verwehrt, [...] und als sie sich dann endlich entschlossen, nach Bremen in die Kunsthalle zu fahren, da standen sie nach einem flüchtigen Gang durch die Galerie – sie gingen wie gehetzt durch die Säle, weil sie fürchteten, von Mittelmäßigem eingefangen zu werden –, da standen sie also verstummt und erschüttert, geschlagen und doch zu innerst beglückt vor der ›Camille‹ von Monet, und als sie fühlten, wie sich das Tor auftat, um sie einzulassen, da liefen sie überwältigt davon und fuhren nach Hause, weil sie meinten, es genüge fürs Erste, eine Weile davorgestanden zu sein, und sie hatten die Empfindung, als habe es sich um dieses einen Bildes gelohnt, die Fahrt zu unternehmen.«

Ein anderes Mal, als sie wieder gekommen waren, um *ihre* Bilder zu besuchen – die Bilder »waren nun schon zu Vertrauten geworden«, wenngleich bei ihnen »nie das Gefühl einer schrankenlosen Vertraulichkeit über die demütige Ehrfurcht die Oberhand gewann« –, fuhren sie am Nachmittag nach Worpswede. Dort wohnte ein Dichter, dessen Werk sie lange schon für sich entdeckt hatten. Und wieder, »wie damals vor dem Bilde des Monet, erfuhren sie die Begegnung als ein sie tief bewegendes Geschehen«, und »unter den Gesprächen, die sie im Garten und an den Ufern der dunkel dahinfließenden Hamme führten, wurde viel zusammen geschwiegen, und hinter der Verhaltenheit, die zwischen norddeutschen Menschen zunächst immer ihr Wesen hat, und hinter der scheuen Bewunderung der beiden jungen Menschen stand doch die Gewissheit eines Gemeinsamen; und der Händedruck, den sie beim Weggehen empfingen, war nicht wie ein Abschied, sondern wie ein Gruß auf den Weg, den sie mit sich nahmen und bewegten in ihren Herzen.«

Bei Windmüllers wurde viel über Kunst gesprochen, es war ein Haus der Kultur, ein musisches Haus für die Sinne. Henri fühlte sich hier wohl. Vielleicht auch, weil es das war, was er nur anstreben konnte, selbst aber nicht hatte. Hier auf den Stufen vor dem Eingang saßen die beiden Teenager und tauschten Bilder aus, Kunstkarten, die sie in ihre Sammelalben einklebten. Solche Alben waren schon damals bei Schülern attraktiv, und Cilly und Henri beugten sich über eines, in das man Reproduktionen von Gemälden alter Meister heftete – Rubens, da Vinci und andere. Die Bilder waren etwa so groß wie eine Postkarte, etwas schmaler vielleicht, und die beiden hüteten sie wie einen Schatz.

»Cilly Windmüller verdanke ich, dass die bildende Kunst in meinem Leben einen so entscheidenden Platz eingenommen hat«, wird mein Großvater etwa sechzig Jahre später bei der Eröffnung seiner Kunsthalle erzählen. Und in einem Brief an Cilly schreibt er 1986: »Wir sollten noch einmal ein paar Stunden Zeit miteinander haben, ehe man uns verbrennt oder begräbt, dich in Haifa und mich in Emden, einige sechzig Jahre nachdem wir in der Boltentorstraße auf dem ›Drüppel‹ eures Hauses standen und ich meinen Arm um deine Schulter legte, Du hattest ein senffarbenes, leicht dunkelbraun gesprenkeltes Trägerkleid an, und deine Briefe und einen Briefumschlag mit einem Stück von deinem Zopf habe ich auch noch.«

Cilly blieb über das Leben meines Großvaters hinweg eine Liebe in Gedanken, die ihm sehr viel bedeutete. Mit ihr verband er Romantik, die eigene Jugend, Hoffnung – und eben die Kunst.

Vater Klaas Nannen achtete zwar auf eine gute Erziehung, wollte, dass es seine Kinder zu etwas bringen mögen, Henri ging auf die höhere Schule, hatte auch als Jugendlicher Privatlehrer, die, weil sie bei Nannens zur Untermiete wohnten und sich die Miete nicht leisten konnten, mit der Vermittlung von Wissen zahlten. Aber Kunst war im Hause Nannen kein Thema. Klaas Eiben Nannen stammte aus einer armen Familie, als Kind durfte er lediglich die Volksschule besuchen, hatte es im Rahmen seiner Möglichkeiten dann aber verstanden, sich voranzuarbeiten. Klaas war zuerst Schlosser und hatte dann als Heizer auf der SMS *Mecklenburg*, einem Linienschiff der kaiserlichen Marine, angeheuert und wurde schließlich Polizist. Großmutter Hinderika Buitenduif war eine renommierte Hebamme, die Henri sehr liebte, Mutter Elise Marie war eine freundliche, resolute Person und als Frau eines SPD-Mitglieds ebenfalls politisch aktiv. Sie engagierte sich zum Beispiel beim Aufbau eines Wohlfahrtverbandes. Henri war mit starken Frauen aufgewachsen, sie führten ihn, sie prägten ihn, er verließ sich auf sie.

Cilly war die erste Frau, die ihm mit ihrem Wissen imponierte, allerdings nicht die letzte. Er mochte Frauen, die gebildet waren, die denken konnten. Manchmal mochte er auch andere.

Die Backfischliebe, an die mein Großvater sich immer wieder und besonders später, als er wieder zurück nach Emden gezogen war, intensiv erinnerte, war nicht ungetrübt. Cilly Windmüller war Jüdin und Emden alles andere als frei von Ressentiments, die bald schon in ausgelebten Antisemitismus und Menschenfeindlichkeit mündeten. Siebenhundert Juden lebten damals etwa in der Stadt. Bald wurde Cilly nicht mehr darum gebeten, bei Einladungen zu spielen, und in der Erinnerung meines Großvaters wurden beide immer wieder Opfer von Pöbeleien und Anfeindungen.

Seit 1920 war Ludwig Münchmeyer, der spätere Reichsredner der

NSDAP, Pastor auf der Nordseeinsel Borkum. Von dort aus verbreitete er Hetztiraden über das ganze Land. Schon weit vor 1933 ließ er rassistische, antisemitische Flugblätter verteilen, verbot jüdischen Gästen den Aufenthalt auf den Inseln und sicherte sich Handlanger und Gefolgsleute. Antisemitische Vorfälle häuften sich. In Emden verteilte die Völkische Freiheitsbewegung an Weihnachten 1927 Flugblätter, die jüdische Geschäftsleute diffamierten. Seit 1928 – da war Henri fünfzehn Jahre alt – gab es eine Ortsgruppe der NSDAP in Emden, die allerdings erst im März 1933 Sitze im Emder Magistrat erhielt.

Henri war ohnehin schon als Jugendlicher anders als seine Schulkameraden, er fand seine eigenen Wege, hatte andere Interessen, andere Ansichten. Ab und an geriet er in Handgreiflichkeiten. Unter anderem dann, wenn jemand seine Freundin beleidigte. Sie riefen ihnen hinterher, »Rassenschänder« schrien sie.

In der Stimme meines Großvaters klang so viel Zorn, wenn er über diese Erlebnisse sprach, und ich denke: Wenn er sich damals schon so schlecht unter Kontrolle hatte, wann immer er wütend war, lebten Cilly und er als Paar nicht ganz ungefährlich.

Das Wilhelmsgymnasium, das sein Vater für Henri und Erich ausgewählt hatte, weil es die Schule für die Kinder aus besseren Kreisen gewesen ist, war besonders für Henri ein Ort, an dem er die humanistische Bildung genoss, die man ihm anbot. Aber es war auch eine Umgebung, in der er sich nicht richtig wohlgefühlt hat. Seine Mitschüler wohnten in ganz anderen Umständen, waren großbürgerlich geprägt und verfügten über andere Möglichkeiten der Freizeitgestaltung. Vor allem aber stammten sie politisch gesehen eher aus dem nationalkonservativen Lager, und jemand wie Henri mit seinem sozialdemokratischen Vater war keiner von ihnen. Die Liebe zu Cilly vergrößerte nur die Distanz. Aber das war ihm recht. Er versuchte nie, etwas an diesem Status zu ändern.

Mein Großvater hat in den letzten Jahren seines Lebens immer wieder nostalgisch und mit dem romantischen Pathos der Vergangenheit über Cilly gesprochen. Der Kreis schloss sich für ihn, und zu diesem

Lebenskreis gehörte seine Liebe zu Cäcilie Windmüller. Es war die Erinnerung an die Zeit mit ihr, die ihm wichtig war, aber es war bestimmt auch die romantische Geschichte, für die er einen untrüglichen Sinn hatte. Er konnte – und daran war nichts kitschig und nichts zu belächeln, weil er es wirklich so empfand – sehr gerührt sein von selbst erlebter Geschichte.

Als Henri nach dem Abitur, das er am 14. März 1933 in der Tasche hatte, und nach einer kurzen Zeit als Lehrling in den Zug nach München stieg, war die Sache mit Cilly offenbar zunächst zu Ende. Später hat er mir einmal erzählt, sie habe sich von ihm getrennt. Sie waren beide knapp zwanzig, sie hatten das Leben noch vor sich. Und er wollte etwas anderes vom Leben, als Emden ihm geben konnte: Weite und Möglichkeiten.

»Was war er für ein wilder Draufgänger«, sagt Ilse, die Henri im Zug von Emden über Bremen nach München kennenlernte, als der im Herbst 1933 im Begriff war, das erste Mal sein bisheriges Leben zurückzulassen. In München wollte Henri studieren. Dort angekommen, beschlossen sie gemeinsam mit einer dritten Zugbekanntschaft, erst einmal beieinander zu bleiben. Keiner von ihnen wusste, wo er schlafen sollte, und in den ersten Nächten konnten sie nur in einem primitiven Haus ein Bett zur Untermiete finden. Und so verabredeten sie, dass sie aufeinander achtgeben würden, bis sie alle etwas Passendes gefunden hatten.

»Ich kam als Erste unter«, sagt mir Ilse. »Bei einer Jüdin, die bereits alle weiteren Zimmer vermietet hatte.« Henri wollte gern in Ilses Nähe wohnen und fand schließlich auch eine Bleibe. Hedwig Kahn, eine ältere jüdische Dame, nahm ihn auf, und vor allem deren Wirtschafterin Mari hatte einen Narren an ihm gefressen. Sie umsorgte ihn, kochte dem »Jungchen« immer etwas, und Henri fühlte sich wohl in dem Zimmer an der Leopoldstraße 56. Seinen Freunden ging es nicht anders, keiner von ihnen hatte Geld, alle hatten Hunger, und so kamen sie zu Henri zum Essen.

»Fast jeden Tag landeten wir dort in seinem Zimmer«, erzählt Ilse. Es war über eine kleine Stiege hinter der Küche zu erreichen. Darin standen ein Bett, ein Stuhl und ein Tisch, die er kräftig mit Farbe bearbeitete. Alles wurde neu angestrichen, sogar die Decke. Zweimal ums Eck, an der Türkenstraße 57, lag das legendäre Lokal Alter Simpl, in Künstlerkreisen besser als Simpl bekannt, in dem nach der Jahrhundertwende Leute wie Joachim Ringelnatz oder Karl Valentin auftraten und in dem auch der Sohn der Vermieterin, der Rechtsanwalt Ferdinand Kahn, gelegentlich kabarettistische Einlagen gab. Am nächsten Tag erschienen die Kritiken, so erzählt es Ilse, und man wurde vorsichtiger mit dem, was man sagte, wie weit man ging. Der Einfluss der Nazis wurde allmählich stärker spürbar.

Hier im Simpl verlebten die Studenten heitere Abende, konnten es sich zumeist aber nicht leisten, dort mehr als ein Glas Wein zu bestellen. Jeder zahlte für sich selbst, zum Einladen hatte keiner von ihnen genug Geld. Ilse erinnert sich daran, dass sie oft dort waren. Es ging dort locker zu, die Gäste konnten spontan etwas zum Besten geben, rezitieren oder Klavier spielen. Henri tat es ihres Wissens nach nicht. »Aber das Zeug dazu hätte er gehabt.« Er hat sich wohlgefühlt in diesem Umfeld. Ob Henri Ringelnatz noch dort getroffen hat, kann Ilse nicht sagen, wahrscheinlich ist es nicht – der große Kabarettist und Schriftsteller erhielt 1933 Auftrittsverbot, ein Großteil seiner Werke wurde im März 1933 auf dem Scheiterhaufen der Nazis bei den Bücherverbrennungen vernichtet. Ringelnatz starb 1934 in Berlin an Tuberkulose. Aber gewiss ist, dass aus diesen Studienjahren die Verehrung meines Großvaters für seine Verse stammt.

Solange Ilse in München war, waren die Wochenenden verplant. »Wir fuhren sonntags meistens mit dem Fahrrad aus, machten Ausflüge in die Gegend«, erzählt sie. »Einmal brachte Henri einen Schulkameraden mit, den er in München in einer Wirtschaft getroffen hatte, Curt Hohoff, aber der benahm sich schlecht, und dann bat ich Henri, ihn nicht wieder mitzubringen«, sagt Ilse. Hohoff studierte zunächst Medizin und wurde später als Schriftsteller, Autor und Literaturkritiker bekannt und gefeiert. In München setzte er sich unter anderem mit Henri in die Vorlesungen des Kunsthistorikers Wilhelm Pinder.

Hohoff war es auch, der Henri ins Pfälzer Weinhaus Zum Schönfeld an der Schönfeldstraße mitnahm, wo sich ein Stammtisch mit

Künstlern, Journalisten, Ärzten und einem Buchhändler gebildet hatte, ein Simplicissimus-Stammtisch, der sich wöchentlich zusammenfand. Georg Britting war dabei, Eugen Roth nicht, den lernte Henri aber wohl über Britting kennen und nutzte diese Bekanntschaft, um viel später Roth zu verlegen. Britting war irgendwann auch deshalb von Henri Nannen etwas genervt, weil der dazu neigte, nur über Zeitungen und Journalisten zu sprechen. »Wenn der bloß über *Die Kunst im Dritten Reich* oder die Redakteure des Rundfunks redet«, dann solle Hohoff ihn doch besser nicht wieder mitbringen, schreibt dieser in seinen Erinnerungen an die Münchner Zeit. Der Verleger Carl Hanser war unter den Gästen, andere mehr. Nannens Charme verfing beim ersten Mal nicht so recht, so beschreibt es Hohoff, was wohl auch daran gelegen habe, dass er ja nicht trank und dieser Stammtisch eine gewisse Trinkfestigkeit voraussetzte. Ein paar Jahre später wiederum habe er die Herren durchaus für sich gewinnen können. Seine »flapsige Art, sein Auftreten, seine rhetorischen Manöver und sein schwarzes Haar« hätten die amüsierte Runde für ihn eingenommen.

Ilse, die mich in ihrem Bungalow empfängt, ist heute eine 99-jährige Dame, der ich anmerke, wie sehr sie sich meinem Großvater verbunden fühlt. Ilse studierte Medizin, und Henri hatte nicht nur an ihr großes Interesse und »ging« mit ihr, sondern auch an der Medizin, sodass er sich in die für die gesamte Studentenschaft zugänglichen Medizinvorlesungen setzte und – wie Ilse sagt – alles begierig aufnahm. Schon damals kannte er sich in der Terminologie und manchen medizinischen Zusammenhängen bestens aus. Die Medizin wurde für ihn zu einem Steckenpferd, ob nun durch Ilse initiiert oder einfach dadurch begünstigt, dass er später an somatoformen Störungen litt, also Beschwerden hatte, die keine organischen Ursachen haben. In jedem Falle konnte er es in einem fachmedizinischen Gespräch mit Ärzten ganz gut aufnehmen. Und meistens versuchte er dabei, den Medizinern ihren Job zu erklären, weil er sicher war, dass er es besser wusste.

Ilse und Henri hatten gemeinsame Interessen. Sie ging mit in sein Kolleg. »Ich hatte eine Liebe für die Malerei«, sagt sie mir. Eines Tages kam sie nach Hause, und da wartete Henri schon ganz aufgeregt. »Komm mit, komm mit, ich muss dir etwas zeigen«, sagte er. Sie folgte ihm, und er machte ein großes Geheimnis daraus. Er habe etwas gefunden, wollte aber noch nichts verraten. »Im älteren Teil von München«, so erinnert sich Ilse, »gab es so kleine Läden, Kunst und Trödel verkauften die. Und Henri hatte hier ein Stillleben entdeckt, das er für 100 Reichsmark erstehen könnte. Wenn er denn das Geld gehabt hätte.« Er hatte aber nicht so viel, und so bat er Ilse, ihm Geld zu geben. Die hatte so viel gerade mal im Monat. »Ich war hingerissen von diesem Bild«, sagt sie. Irgendwie kratzten sie das Geld zusammen, und er erstand dieses Bild von Josef Dobrowsky. Dafür gab es dann eine Weile weniger zu essen.

»Das erste Bild aus der Sammlung Nannen«, sagt Ilse. Es hängt heute in ihrem Haus; auf der rückliegenden Wohnzimmerwand hat es einen Ehrenplatz. Ich drehe es um, und da steht eine mit dicken Buchstaben gemalte Widmung: »Für Hans und Ilse von der Sammlung Nannen mit herzlichen Wünschen. Schöne Weihnacht 1943.«

Kurz vor Weihnachten, bevor er mit Martha nach Italien ging, stand Henri bei Ilse und ihrem Mann vor der Tür, trug Uniform, hatte das Bild unter dem Arm und schenkte es ihr einfach.

Ilses Eltern kamen nach dem zweiten Semester hinter die Liebschaft ihrer Tochter. Die Mutter verlangte, dass sie das Studium sofort abbrechen sollte. Ilse war verzweifelt. Der Vater lenkte ein, und so durfte sie weiterstudieren, allerdings in Düsseldorf und dann später in Kiel. Henri ließ ihr über einen Freund ausrichten, wie schlecht es ihm ginge, allein ohne sie. Sie konnte nicht nach München reisen, weil sie kein Geld für die Fahrkarte hatte. Er besuchte sie in den Ferien, einquartiert bei einer Freundin. Als er an Ilses Tür klingelte, war diese gerade beim Spülen und ging mit Seife an den Händen zur Tür. »Ich dachte, mich trifft der Schlag«, sagt sie. »Und ich wusste gar nicht, was ich machen sollte.« Ihre Mutter hatte ihm die Tür gewiesen, nicht einmal ansehen wollten die Eltern ihn, von da an trafen die beiden sich heimlich, und Ilse konnte ihren Eltern nicht verzeihen. »Sie hätten ihn ja wenigstens kennenlernen können und dann sagen, was ihnen nicht gefällt. Man schaut sich den Freund der Tochter doch wenigstens an. Und es hatten sich schon diverse Mütter Henri angesehen.«

Wenig später haute Ilse von zu Hause ab und fuhr nach Emden, um Henri zu sehen, der bei seinen Eltern zu Besuch war. »Ich schämte mich, weil seine Eltern so gastfreundlich waren und mich einluden, bei ihnen zu übernachten«, sagt Ilse, die sich eigentlich in der Jugendherberge ein Bett reserviert hatte. Henris Mutter setzte seinen Vater aus dem Schlafzimmer und ließ Ilse bei ihr schlafen. »Vater und Sohn waren vollkommen verschieden, aber Henri hat Klaas immer in Ehren gehalten«, sagt sie. »Er muss viel Kraft gehabt haben, um dahin zu kommen, wo er nachher war«, sagt Ilse über Klaas Nannen. Und er hatte einen starken Willen, es zu schaffen. Das hat Henri von ihm, von seinem Vater.«

Bei diesem Besuch lernte Ilse Henris Familie besser kennen, auch Erich, seinen Bruder, den sie als blonden, braunäugigen, lieben und sanften Jungen in Erinnerung hat – ganz anders als Henri war er. Er hatte nichts von dieser starken, raumgreifenden Aura. Ilse sagt, er habe es schwer gehabt, sich durchzusetzen. Henri hingegen »war bei uns der Mittelpunkt. Und er hatte es anders als andere Männer nicht nötig, sich wichtigzumachen und sich nach vorn zu drängen. Er war es einfach.«

Sie sitzt in ihrem Sessel, reicht Tee und Gebäck, und mir wird klar, was er an ihr mochte: eine kluge, pragmatische, gebildete Frau ohne Schnörkel, stilvoll, unprätentiös – Ärztin ist sie geworden und Mutter von sieben Kindern; eine Frau, die um klare Worte nicht verlegen ist. Und wenn sie über Henri spricht, ist da so ein Glanz in ihrer Stimme. Keine Wehmut, sie hat ohne ihn ein erfülltes Leben gelebt, aber Glanz ist da, oder mehr noch: ein Leuchten. Die Vermutung, dass Henri mit ihrer Freundin Käte ein wenig angebändelt hatte, gehört nicht zu den guten Erinnerungen. »Dass Henri es zuließ, dass die ein Auge auf ihn werfen konnte!«, ruft Ilse aus. Sie ist noch heute empört. »Käte war literarisch interessiert und auch sonst ein ganz nettes Mädchen. Aber so was …! Da habe ich gedacht, wenn er so was fertigbringt, dann zieh ich ab«, sagt sie. »Frauen setzen doch auf Dinge von bleibendem Wert. Und wenn da die Möglichkeit ist, dass etwas schiefgeht, dann mögen Frauen das gar nicht. Und bevor da noch etwas Schlimmeres draus werden würde, wollte ich die Sache lieber beenden.«

Käte wurde für meinen Großvater zu einer wichtigen, engen, aber platonischen Freundin, eher eine Sinnesverwandte als eine Liebe. Sie schrieb ihm Briefe an die Ostfront, und sie war es, die später die Ehe mit Monika vor dem Standesamt bezeugt hat.

Während ihres Besuches in Emden lernte Ilse auch Cilly kennen, zu der Henri sie gleich schleifte und der er Ilse als seine neue Freundin vorstellte. Damals war Cilly »seine Liebe aus der Vergangenheit«, sagt Ilse. »Sie bedeutete ihm viel, aber es war vorbei.« Und es war bei ihm so, wie es immer war. Die Beziehung war in eine Freundschaft gemündet. So war er damals schon. Weil sie beide ihm am Herzen lagen, wollte er der einen zeigen, wie toll die andere war. Er war stolz auf sie, froh darüber, so wunderbare Frauen zu kennen. Dass es für Frauen gemeinhin nicht das höchste der Gefühle ist, eine von mehreren oder gar vielen zu sein – und seien sie noch so klug, belesen, gebildet oder schön –, gehörte nicht zu seinem aktiven Wissen.

Im achten Semester kehrte Ilse zum Studieren zurück nach München. Henri und sie gingen manchmal im Ballhaus tanzen, er brachte sie nach Hause, und sie redeten ohne Unterlass. Einmal gerieten sie auf dem Heimweg vom Odeon nahe der Feldherrnhalle über etwas in Streit. Sie gingen und stritten und gingen und argumentierten – und nach einer Stunde, die sie quer durch München gelaufen waren, standen sie plötzlich wieder vor dem Tanzlokal und schauten einander verblüfft an, als sie es bemerkten. Sie diskutierten häufig eifrig miteinander und hörten damit auch nicht auf, wenn sie vor Ilses Haustür angekommen waren. »Sie können hier nicht immer so lange vor der Tür stehen«, habe damals ihre Vermieterin zu Ilse gesagt »das machen nur Dienstmädchen. Sie sind doch kein Dienstmädchen.« Aber Henri und Ilse fiel immer noch etwas ein, und so trennte man sich nur schwer am Abend.

Bei Tage waren sie in der Uni, oder sie besuchten zum Beispiel Kunstschauen. »Er ging einmal durch die gesamte Ausstellung und konnte sofort einen Vortrag darüber halten. Wusste, welches das Hauptwerk war, um das sich alles rankte, wie die Bilder miteinander korrespondierten«, erzählt Ilse. »Das ging bei ihm binnen weniger Minuten, ich musste mir die Werke in Ruhe ansehen. Er hatte dafür einen Instinkt. Der wusste, was gut war und was weniger bedeutend.«

Er brachte ihr bei, wie man ohne zu bezahlen mit der Straßenbahn fahren konnte; und wie man per Anhalter fuhr, lernte sie auch von ihm. »Er hatte ja wirklich kein Geld. Und er hatte immer solchen Hunger«, sagt mir Ilse. Die Kunstgeschichte interessierte ihn, er schrieb darüber auch gern – aber wo das genau hinführen sollte, wusste er nicht, so hat Ilse es in Erinnerung. Sie hatte ihn gedrängt, seine Promotion zu schreiben. Und das tat er auch. Das Ende fehlte noch, und er gab sie nicht ab. Das Studium brachte er nicht zu Ende. »Er mochte einfach nicht mehr an dieser Doktorarbeit schreiben«, sagt Ilse. »Er strich sein Zimmer noch einmal und ging dann lieber mit mir in eine medizinische Vorlesung.« Das Studium zu Ende zu bringen, war für ihn nicht entscheidend wichtig. Ilse nennt es »Wissen stapeln«. Das trieb ihn um. Wissen war seine Fahrkarte, einen Titel brauchte er nicht.

Trotz der Ablehnung ihrer Eltern machte Henri Ilse nach ihrer Rückkehr einen Heiratsantrag. Aber ihr war das zu früh. Sie hatte noch ein paar Semester bis zum Examen, und sie wollte es schaffen. »Jetzt oder nie«, sagte er. Sie sagte: »Nie«, und weinte viele Tränen. »Und so trennten wir uns«, erzählt Ilse.

Aber er ließ sie nicht los. Später, als sie mit ihrem Mann in Greifswald wohnte, während des Krieges, besuchte er sie und erzählte ihr von seinem Leben. Dass er Monika heiraten wollte, berichtete er. Und die nächsten Male kam er mit Martha. »Das war nachher eine sehr intensive Freundschaft zwischen uns, ganz ohne Sex«, sagt Ilse.

Monika, eigentlich Editha Zedlitz, verheiratete Bischof, lernte Henri wohl kurz nach der endgültigen Trennung von Ilse kennen. Möglicherweise sogar davor. Vielleicht war die Begegnung mit Monika auf der Eisenbahnstrecke von Heidelberg nach Darmstadt auch der Grund dafür, dass er Ilse, die er ja eigentlich liebte, die Pistole auf die Brust setzte. Er wollte eine Basis, wollte Kinder. Ilse hatte er gesagt, dass er zehn Kinder wolle. Sie war dazu noch nicht bereit.

Dann eben Monika? Sie war elf Jahre älter als er, Schneidermeisterin aus Magdeburg, hatte zwei kleine Kinder, Arnika und Uwe aus der

Ehe mit Heinz Bischof, der ihr den Wunsch nach einem dritten Kind angeblich verwehrte und sich einer jüngeren Frau zuwandte.

Für Henri waren die drei genau das, wofür er in dem Moment empfänglich war: Familie. Dass Monika und Peter aber tatsächlich am 29. August 1940 im Münchner Standesamt heirateten, hätte keiner seiner Freunde gedacht. Käte, so zitiert sie Hermann Schreiber, war verblüfft über diese Beziehung und habe gesagt: »Die heiratet dich nie.« Ob er denn gar keine Angst vor diesem Altersunterschied habe. »Du glaubst ja gar nicht«, habe er geantwortet, »wie groß mein Harmoniebedürfnis ist.« Und Editha saß nach einer gescheiterten Ehe bei ihrer Mutter in Hannover, hatte zwei kleine Kinder, war Mitte dreißig und wohl recht verzweifelt. Jedenfalls war sie sich lange nicht über den Weg klar, den sie nun einschlagen sollte, in ihren Aufzeichnungen gab sie Peter alias Henri schon verloren. Das schrieb sie an Ostern 1937. Sie habe alles von ihm zusammengepackt. Die Gründe dafür sind nicht ganz deutlich. Wenn man Ilses Worten folgt, so könnte er sich zu dem Zeitpunkt auf sie besonnen und noch einen letzten Versuch gestartet haben. Ob Ilses Nein und Monikas Entschluss, ihm alles zurückzuschicken, so viel Druck aufbaute, dass Henri das Vergangene verloren gab und weiterging, ist nicht mehr genau nachzuvollziehen.

Fest steht, dass Monika mit den Kindern am 1. August 1937 eine Wohnung an der Pickelstraße 3 am damaligen Münchner Stadtrand bezog. Ihr Ehemann, Heinz Bischof, hatte angeboten, die Umzugskosten zu übernehmen, wenn sie ihn freigebe. Henri zog nicht sofort mit ein, sondern wohnte um die Ecke an der Postillonstraße. Der Mietvertrag lief auf Gertraude Editha Bischof, Nannen ist später als Untermieter eingetragen. In seinen Erinnerungen beschreibt Curt Hohoff, dass er die Kinder »wie die seinen liebte, aufzog, belehrte und gegen die Affenliebe ihrer Mutter in Schutz nahm. Er tollte mit ihnen durch die Wohnung, sie ritten auf ihm und hielten sich an seinen schwarzen Haaren fest.« Uwe Bischof sagt, das sei eher selten vorgekommen. »Er wusste nicht so genau, wie er mit Kindern umgehen sollte. Er war nicht der Typ Papa. Aber wir hatten eine gute Zeit. Das Leben auf dem Land war für uns Kinder ein Traum, und zwischen meiner Mutter und

Peter gab es nie wirklich Streit. Abgesehen von spontanen Wutausbrüchen, bei denen er dann schon mal den Suppenteller an die Decke werfen konnte.«

Vierzig Jahre später, mit uns, seinen Enkeln, war es dann doch ganz anders. Berührungsängste, Distanz, Bewunderung, die zwischen uns gestanden hätte – so etwas gab es nicht.

Über Monika habe mein Großvater zu Hohoff gesagt, sie sei eine »Schönheit wie von Botticelli. Sie ist famos in Küche und Bett, aber aus Hannover, steif und vornehm. Sie möchte die Kinder hannöversch erziehen. Ich tu das Gegenteil.«

Mir hat er viele Jahre später erzählt, er hätte wohl nicht geheiratet, wenn der Krieg nicht gewesen wäre. In seinen Briefen aber, die ich bei meiner Spurensuche gefunden habe, schreibt er seiner Freundin Käte, dass er nicht wisse, ob Monika seine Liebe sei, aber dass er es hoffe.

Als die beiden, Monika und Peter, einmal mit seinem Motorrad aufs Land fuhren, um Bauernmöbel, die mein Großvater damals sehr mochte, zu kaufen, entdeckten sie ein kleines Austraghaus in Oberfischbach – ein teils weiß verputztes Holzhäuschen, das bis Ende des neunzehnten Jahrhunderts den Senioren des Hofes für den Lebensabend diente. Es stand leer, zuvor war es als Schule für die Kleinsten verwendet worden. Für damals 15 Reichsmark im Monat mieteten Peter und Monika das Haus. Heute steht es wieder leer. Für Henri war es ein kleines Stück vom Glück, eine Idylle, ein »eigenes« Häuschen – vielleicht war es auch die Provinz, die er schätzte. Mein Vater, der hier geboren wurde, erinnert sich daran, wie schön es war, in den weiten, hügeligen Wiesen zu spielen. Scheinbar ein Paradies.

Einen Traum kann man nicht auf Biegen und Brechen Wirklichkeit werden lassen, und so blieb die Familie mit Monika eben das, was sie für Peter war: der Versuch, einen Traum Wirklichkeit werden zu lassen. Aber auch hier konnte er es nicht gut sein lassen. Sie gehörte nun einmal als ein Teil seines Lebens dazu. Bis Monika über achtzigjährig starb, blieb er in losem Kontakt, fuhr mit seinen neuen Frauen hin, besuchte sie auch noch im Altersheim in Bad Tölz und zahlte ihr Leben lang Unterhalt.

Frauen konnten für Henri nur Wegbegleiterinnen sein. Sie gingen mit ihm. Er ging nie mit ihnen. Und jede dachte, dass sie ihn für sich allein hatte. Dass sie die eine sei, nach der er gesucht hätte. Er suchte nicht bewusst nach den Menschen, mit denen er Strecken seines Weges gehen wollte. Aber wenn er auf sie gestoßen war, nahm er sie mit auf die Reise, auf seine Reise. Das bedeutet auch nicht, dass er nicht beeinflussbar gewesen wäre, das war er weiß Gott.

»In sexueller Hinsicht bin ich immer ein Hallodri gewesen«, sagte mein Großvater 1987 in einem Interview. Und er schäme sich dessen, was er meiner Großmutter Martha angetan hatte, sagte er. »Sie hat es nicht verdient, dass dies [seine Betrügereien] auch noch an die große Glocke gehängt wird.« Sie wusste von den Affären ihres Mannes, die auch im Büro entstanden. Viele wussten davon.

Die längste dieser In-House-Affären hatte er wohl mit Uschi, die als Achtzehnjährige zum *Stern* kam, im Lauf der Zeit zu einer engen Mitarbeiterin wurde und die für ihn das war, was Hermann Schreiber einen »Kamerad Frau« nennt. Fünfzehn Jahre etwa muss das so gegangen sein, mal mehr und mal weniger intensiv. Es war eine Beziehung voller Heimlichkeiten, eine, zu der er nie stand, aber die er manchen gegenüber zugab. Uschi jedenfalls war an seiner Seite. Sie kannte die Spesenkonten, wusste, wer überzog, wusste, wer wie viel verdiente und was er dafür tat; sie war in alles eingeweiht. Sie sorgte dafür, dass Kündigungen, die er aussprach, nicht in Schriftform rausgingen, bevor der Chef auch wirklich sicher war, dass er diesen Mitarbeiter nicht nur spontan aus Wut, sondern tatsächlich rauswerfen wollte; sie wusste, wenn jemand Geldsorgen oder gesundheitliche Probleme hatte, sie wusste, wo Not am Mann war und wo jemand nur tricksen wollte, sie war ein perfekter Stichwortgeber, saß in allen Konferenzen und notierte. Und sie schwieg. Er verließ sich auf sie. Wer zu Nannen wollte, musste an Uschi vorbei – im wahren Wortsinn, denn sie saß in einem Zimmer in der Nähe der Chefredaktion. Wer sich etwas vom Chef erhoffte, ging zuvor zu Uschi, um zu erfahren, in welcher Stimmung Nannen gerade war, aber auch, um für sich selbst ein gutes Wort einzulegen. Die Redakteure antichambrierten. Uschi hatte einen großen Einfluss, dessen war sich mein Großvater selbst wohl gar nicht so bewusst. Und sie hatte eine gewisse Machtposition im Haus, einfach weil er sich so auf sie stützte.

Diese Doppelrolle muss auch für sie schwierig gewesen sein, denke ich. »Sie war zufrieden mit dem, was sie hatte«, sagt mir einer der damaligen *Stern*-Mitarbeiter. »Sie war umschwärmt von Leuten, die sich ihren Einfluss zunutze machen wollten. Aber ich kann mir nicht vorstellen, dass sie je eifersüchtig war. Kann man eifersüchtig sein bei jemandem, den man nie wirklich erreichen kann?«

Uschi ging mit an Bord der *Positano III*, und manchmal verließ sie das Schiff, bevor Martha anreiste. Aber sie verbrachten auch gemeinsame Zeit. Uschi war auch mit in Italien. Dass sie Henri, den sie übrigens auch Peter nannte, öffentlich stets siezte, wird es für meine Großmutter nicht einfacher gemacht haben. Vermutlich wird sie sich dadurch noch mehr gekränkt gefühlt haben. Es war eine offene Heimlichtuerei und damit natürlich ein Schlag ins Gesicht der Familie.

Nun soll nicht der Eindruck entstehen, als wären die Liebschaften meines Großvaters ausschließlich freundschaftlich-kameradschaftlicher oder intellektueller Natur gewesen. Auch wenn das Kumpelhafte das ist, was den beiden, Uschi und ihm, immer anzuspüren war – Sex spielte eine große Rolle.

Über Uschi erzählte er viele Jahre später auch, die Beziehung sei vor allem von Körperlichkeit geprägt gewesen. Das ist nicht fair, wenn man sich anschaut, wie sehr er diese junge, hübsche Frau mit dem kecken Blick an sich gebunden hat, und wie wenig Chance sie hatte, sich ein eigenes Leben aufzubauen. Ohne den Einfluss eines Mannes, der sie nie geheiratet, ihr nie die Möglichkeit zu einer Familie mit Kindern gegeben hätte und der sie wohl kaum je so wertgeschätzt hat, wie es ihr und der Bedeutung, die sie eigentlich in seinem Leben hatte, angemessen gewesen wäre. Er ließ sie nicht aus seinem Bann, und er gönnte sie keinem anderen.

Er hat nicht immer nur gut über sie gesprochen. Dabei war Uschi natürlich auch ein Teil unserer Familie. Sie gehörte auf eine nicht näher definierte Weise zu meiner Welt. Als Kind habe ich sie oft gesehen. Sie verstand sich ganz gut mit meiner Mutter Gisela, und sie ist eine lustige, meist fröhliche Person. Allein die Abhängigkeit zu meinem

Großvater, in die sie sich gebracht hatte, nahm ihr einen Gutteil der Ausstrahlung einer selbstbewussten Frau. Uschi möchte heute nicht mehr über Henri Nannen sprechen – nicht einmal mit mir. Ich kann das akzeptieren.

Martha hat damals wohl auch nicht verstanden, wie groß ihr Gewicht hätte sein können, hätte sie ihn zur Ordnung gerufen. Er hätte sie niemals ersetzt. Und zwar nicht nur deshalb, weil sie die Mutter seines Sohnes war, was für ihn eine untrennbare Verbindung bedeutete, wie er seiner Freundin Ilse später erzählte. Das Problem war nur, dass er sich gegen jede Kritik von Martha zunächst scharf zur Wehr setzte. Sie fand ein Taschentuch voller Lippenstift in seinem Anzug, den sie ausklopfen und herrichten wollte, und stellte ihn zur Rede. Da brüllte er sie an, wie sie wohl dazu komme, ihm hinterherzuspionieren. Er war an nichts schuld, und wenn es nur jemand wagte, ihn darauf aufmerksam zu machen, dass es anders war, dann wurde die ganze Wut, die er wohl auf sich selbst hätte haben müssen, über dieser Person ausgeschüttet. Dem dauerhaften Contra, das nötig gewesen wäre, war Martha nicht gewachsen.

Nicht lange nachdem meine Großmutter nach München gezogen war, zog in ihr Haus am Wellingsbüttler Weg Henris neue Freundin Traute.

Traute erzählte er, dass ihm all seine Affären nichts bedeuteten und dass er in seinem Leben überhaupt nur Cilly, Martha und sie, Traute, geliebt habe. Aber auch Traute vermisste etwas für eine Beziehung ganz Entscheidendes: Nähe. Liebe konnte er formulieren, aber Nähe, wirklich echte Nähe, ließ er nicht zu. Das war einer der Gründe, weswegen sie sich nach etwa vier Jahren von ihm trennte. So erzählt sie es mir heute.

Wie hatte es angefangen? 1969 begann Traute bei »Jugend forscht« für Hans Weidemann zu arbeiten – Weidemann war der SS-Mann, von dem schon im Zusammenhang mit Gerhard Löwenthal die Rede war. Mein Großvater hatte Weidemann zu einem Umsetzer seiner Ideen gemacht, die Stiftung »Jugend forscht« war eine davon. Claus Lutterbeck nennt Weidemann in seinem Text über Nannen den ersten

»Eventmanager«. Traute wollte alsbald von »Jugend forscht« weg und erfuhr, dass Nannen eine weitere Sekretärin suchte. Zuerst war sie etwas überrascht darüber, wie es beim *Stern* zuging. »Wenn irgendwas nicht funktionierte, warf er auch mal Tabletts ins Treppenhaus. So was gibt es heute gar nicht mehr«, sagt sie.

1974 hatte Henri Nannen Traute und eine andere Sekretärin, Maggie, gefragt, ob sie nicht auf eine Reise mit der *Positano III* mitkommen wollten. Das taten sie. Und auf dieser Reise nach Polen verliebte sich Nannen in seine Sekretärin. Sie war dreißig, er war sechzig. Traute erzählt heute, dass sie im ersten Moment gar nicht gewusst habe, wie sie damit umgehen solle – der Chefredakteur des *Stern*, sie die Sekretärin. Ein blödes Klischee. Sie war verhalten.

Und so hat sich alles weiterentwickelt. Erst sind sie noch heimlich verreist. »Nach Kopenhagen, aber das durfte keiner wissen, und dann fing dieses Lügen an, das ich auf keinen Fall wollte. Furchtbar, wenn man sich überlegen muss, was man sagt und ob das zu der Geschichte passt, die man sich ausgedacht hatte. So wollte ich es nicht«, sagt sie. Er bekannte sich zu ihr. Noch 1974 zog Traute auf seine Bitte hin in sein Haus ein. Sie wollte klare Fronten, wollte als Frau an seiner Seite stehen. Deshalb rief sie Martha in München an und erzählte ihr, dass sie nun mit Henri zusammen sei. »Ich wollte einfach nicht, dass sie es aus zweiter Hand erfährt. Das hatte ich mit ihm besprochen, und er fand es gut, weil er dazu wohl auch nicht den Mut hatte. Ich wollte so nicht in Wellingsbüttel leben. Es war schließlich ihr Haus gewesen«, sagt Traute. »Martha ist damit mir gegenüber sehr gut umgegangen. Sie fand es gut, dass ich so ehrlich war. Wie sie sich wirklich gefühlt hat, weiß ich nicht.«

Traute belebte das Haus. Sie brachte frische Blumen mit. Sie bearbeitete den Garten – und zog Henri mit raus, er solle sich mit betätigen. Sie behandelte ihn »wie einen normalen Menschen«, so erinnert sie sich. Im Januar 1975 gaben die beiden ein großes Fest in der Kellerbar, zu dem die Mitarbeiter eingeladen wurden, Victor Schuller, die Ueckers, Peter Koch, aber auch Rudolf Augstein waren zu Gast. Traute führte »Schwimmtage« ein, einmal in der Woche kam eine ganze Horde Redakteure zum Schwimmen, und dann konferierte man zu Hause und beriet sich in anderer Atmosphäre. Er fand das toll, eine wunderbare Idee.

Hatte er denn vergessen, dass Martha es auch so gehalten hatte? Dass es diese Idee in seinem Leben bereits gegeben hatte?

Er selbst wäre nicht darauf gekommen. Er hatte kein Interesse daran, ein großes Haus zu führen, jedenfalls kein aktives Interesse. Wenn Traute sich darum kümmerte, fand er das gut, und es machte ihm Spaß. Aber es war ihm nicht wichtig.

Auch Traute wollte Henri übrigens seiner ersten Frau Monika vorstellen und fuhr kurzerhand mit ihr nach Oberfischbach. Traute hat sie als etwas verhärmte Frau in Erinnerung, die keinerlei emotionale Bindung mehr an Henri hatte. Aber er konnte es nicht lassen, er musste ihr zeigen, mit wem er jetzt zusammen war.

In Wellingsbüttel kehrte wieder so etwas wie ein normales Leben ein. Henri Nannen ging morgens recht früh aus dem Haus, um halb elf war Konferenz im »Affenfelsen«, so wurde das Verlagsgebäude an der Warburgstraße wegen seines Äußeren genannt. Uschi fing ihn vorher ab, weil noch Dinge zu besprechen waren. Traute bereitete morgens das Frühstück, ging dann aus dem Haus, weil sie sich wegen der Beziehung zu Henri doch wieder zu »Jugend forscht« hatte zurückversetzen lassen. Die Büros lagen damals aber weit entfernt, in Hamburg-Bahrenfeld – eine Dreiviertelstunde Fahrt bedeutete das mindestens. Abends traf man sich dann wieder zu Hause.

Henri kam abends spät. Und wenn er dann da war, ganz privat, da ließ er auch die Dynamik des Tages draußen. Er war dann ausgepumpt. Er war müde. Und er hatte keine Lust, über private Probleme zu reden oder solche, die Traute bewegten. Der Tag hatte ihn verbraucht, er wollte noch ein bisschen Zeitung lesen, auch mal fernsehen, aber von allem anderen nichts mehr wissen. Nicht einmal zum Spazierengehen hatte er Lust.

Mein Großvater war kein Mann, der Frauen rund um die Uhr verwöhnte. Er hatte dafür keinen Sinn, verwöhnte sich aber auch selbst nicht. Er lebte nicht verschwenderisch, sondern gab mitunter viel Geld ganz gezielt aus. Vor allem für Kunst. Aber er protzte nicht mit Geld. Traute nennt ihn »bescheiden«. Wenn die beiden ausgingen oder unterwegs waren, bezahlte er, kaufte ihr auch mal ein schickes Kleid oder eine Kette, wenn ihm etwas gefiel. Aber er neigte nicht dazu, im Alltag darüber nachzudenken.

Von Henris Freunden wurde Traute »letztlich nie richtig akzeptiert«, sagt sie mir heute. »Die dachten, da kommt jetzt so eine kleine Sekretärin, eine junge Frau ... Auch Henris Sohn und Schwiegertochter haben mich nie richtig akzeptiert.«

Traute war für Henri wohl einiges zugleich. Sie war aktiv, gesellschaftlich interessiert und vorzeigbar; genauer gesagt ist sie eine sehr elegante Erscheinung, und das gefiel ihm außerordentlich. Sie war die Lady in seinem Leben. Hinzu kam, dass ihr Bruder zwei kleine Kinder hatte, die er als eine Art Onkel vergötterte. Er verstand sich mit Trautes Mutter gut, die ihm die Gemütlichkeit eines »etwas spießigen Elternhauses« gab, wie Traute es nennt. Er stellte ihrem Bruder das Haus in Positano für den Urlaub zur Verfügung. Er fühlte sich wohl. Seine eigene Familie hatte er gerade zerbrochen – Martha war nach mehr als dreißig Jahren weg, die Kritik seines Sohnes wollte er weder anhören noch gelten lassen, und die Tatsache, dass der Traute schon aus Solidarität zu seiner Mutter nicht nur herzlich in der Familie aufnehmen konnte, war für meinen Großvater völlig unverständlich.

Ob er das wirklich reflektierte oder ob er sich nur einfach wieder seinem Weg zuwandte, um alles Negative hinter sich zu lassen, ist nicht mit Bestimmtheit zu sagen. Ich denke, er verdrängte in diesem Fall, und wenn ihm das jemand sagte, wehrte er sich. Er wandte sich für einige Monate komplett von unserer Familie ab. Wir waren sein schlechtes Gewissen, und das war natürlich – so sah er es – unsere Schuld. »Ach, wie wunderschön, so eine Familie zu haben«, sagte er zu Traute, wenn alle bei ihrer Mutter beisammen waren. Wieder versuchte er sich seinen Traum zu modellieren. Und wenn es auf den üblichen Wegen nicht ging oder ihm zu mühsam erschien, dann versuchte er es über Abkürzungen, über eigene Wege, die er sich schuf.

Trautes Person fing all seine Defizite in dem Moment auf. Er fühlte sich wohl für einen kurzen Moment gerettet. Aber sie war noch etwas: Sie forderte ihn heraus. Sie war, bei aller Liebe zu ihm, nicht kleinzukriegen. Sie fraß ihm nicht aus der Hand, und sie sagte, was sie wollte. Sie sagte auch, was sie nicht wollte. Sie imponierte ihm damit, aber es strengte ihn auch an. Und weil sie einiges nicht so wollte, trennte sie sich schließlich.

Wie war das eigentlich, warum hat sie sich von ihm abgekehrt?

»Ich habe mich mit ihm eigentlich sehr wohlgefühlt, auf der anderen Seite fühlte ich mich aber auch ganz allein«, sagt Traute, die auch heute, mit etwa siebzig, die gleiche stilsichere Gewandtheit hat wie damals. »Er war froh, dass da jemand war, dass ich da war«, sagt sie. »Aber er führte einfach sein Leben. Man war neben ihm eine Person, die im Umfeld nicht akzeptiert war.«

Wenn die beiden auf Veranstaltungen gingen, stellte Henri seine Gefährtin niemandem vor, er ging drei Schritte voraus. Und sie musste sich irgendwann so fühlen wie ein Anhängsel. »Das war sehr schwierig.« Allerdings waren eben Veranstaltungen auch nichts für ihn. »Smalltalk liegt mir nicht«, sagte er immer. Er fühlte sich dann unwohl und sah zu, dass er das Ganze so halbwegs überlebte. Es wird ihm also nicht aufgefallen sein, dass er seine Partnerin nicht mehr neben sich hatte.

Auf Dauer konnte sie nicht im Schatten dieses Mannes existieren. Die anfängliche Begeisterung, die er an den Tag gelegt hatte bei allem, was mit ihr zu tun hatte, war verflogen. Er war nicht mehr dieser aufgeschlossene, aktiv interessierte Mann, der er am Anfang der Beziehung gewesen war. Sie liebte das Theater, die Oper, ging gern ins Konzert – er konnte sich dafür nicht erwärmen. »Och nö, dann muss ich ja immer meinem Vordermann in den Kragen gucken, lass uns doch lieber zu Hause eine Platte hören«, sagte er dann, wenn Traute ihn doch mobilisieren wollte. Sein Leben war voll genug. Er hatte seine Kunst – er ging zu Messen, zu Kunsthändlern und kaufte, was ihm gefiel. Und er hatte den *Stern*. Eine ganze Welt voller Theater und Geschichten. Mehr brauchte er nicht.

Sie entfernten sich voneinander. Es wurde für beide bedrückend. Und Traute begriff, dass sie sich selbst würde aufgeben müssen, wenn sie an seiner Seite weiterexistieren wollte; sie merkte, dass sich ihre Persönlichkeit veränderte, dass sie mit ihm nicht mehr sie selbst war.

Auf eine andere Weise hatte das wohl nur Ilse damals erkannt und sich gegen die Heirat mit Henri entschieden.

Eine Scheidung von Martha hatte er, wie gesagt, nie in Erwägung gezogen, und auch Traute sagt, dass das zwischen ihnen kein Thema gewesen sei.

Als sie 1977 ging, versuchte er, sie zum Bleiben zu bewegen, begann aber auch, alles infrage zu stellen, was gewesen war, fing an, ihr Vorwürfe zu machen. Er warf ihr Ungeduld vor, die sie von sich wies. Sie hatte sich eingebracht. Aus ihrer Sicht hatte sie alles getan – die Schwierigkeiten ließen sich dadurch nicht beseitigen. »Das ist mir sehr schwergefallen damals«, sagt Traute heute. Er konnte es nicht verstehen, und dass sich jemand von ihm trennte, war eben auch vollkommen neu für ihn. Dass jemand aus dem, was ihm im Zusammenleben mit ihm nicht gefiel, die Konsequenz zog, war für ihn fremd. Dass eine Liebe zu ihm zerbrechen konnte, davon war er überrascht. Und man darf das nicht falsch verstehen. Er kannte es wirklich nicht. Er hatte das in den vierundsechzig Jahren zuvor nie erlebt. Und er wusste nicht, dass man in einer Beziehung auch etwas für diese tun musste, er kannte die Probleme, die seine Frauen mit ihm hatten, nicht. Für ihn waren es keine. Er war fassungslos und hilflos, weil er gar nicht wusste, wie er damit – wie er mit sich selbst in dieser Situation – umgehen sollte.

»Als Traute sich von mir trennte, wollte ich ins Wasser gehen«, sagte mir mein Großvater damals, bei unserem Mittagessen im Piazza Romana, als es um meine verlorene Liebe gehen sollte und um seine Lieben ging. »Das hat mir den Boden unter den Füßen weggezogen.« Und tatsächlich geriet er damals in eine schwere Krise.

Zuerst einmal verschwand er. Sein Kollege Peter Koch rief Traute an. »Wo ist er? Wir machen uns Sorgen.« Mein Vater wusste auch nicht, wo mein Großvater war, und rief ebenfalls Traute an. »Wo ist er, du musst doch wissen, wo er ist.« Sie wusste es aber nicht. Zu einer Zeit, in der es kein Mobiltelefon gab, kein Internet und wo jemand, wenn er selbst nicht anrief oder anders seinen Aufenthaltsort kundtat, nicht so schnell gefunden wurde, bereitete das Verschwinden meines Großvaters unruhige Nächte. Sein Bett hatte er nicht berührt.

Der Wagen war weg. Er war in denkbar schlechter seelischer Verfassung gewesen, weil er mit einer solchen Wucht um die verlorene Beziehung trauerte, dass es ihn aus der Bahn warf. Doch sein Sohn, mein Vater, hat immer wieder gesagt: »Mein Vater bringt sich nicht um, ich kenne ihn, das macht der nicht.«

Er hatte recht. Und ich hörte aus der Stimme meines Großvaters, als er mir von dem Wasser erzählte, in das er habe gehen wollen, dass er sich nie etwas angetan hätte. »Ich bin damals an die See gefahren und habe mir überlegt, wie lange es wohl dauern würde. Dann bin ich doch lieber wieder umgekehrt.« Er hätte sich nie vom Leben verabschiedet, dafür war er zu neugierig, zu unabhängig auch. Verletzt war er und verzweifelt. Aber sicher nicht lebensmüde.

Mein Großvater war auf irgendwelchen Routen nach Positano gefahren, er hatte ein paar Umwege in die Strecke eingebaut. Heute, mit anders ausgebauten Straßen, ist das ein Weg von 2000 Kilometern, der zum Schluss in einer Serpentine am Golf von Salerno die Amalfiküste entlangführt. Die »Villa Fragola« war sein Zufluchtsort. Hier konnte er wieder Geländer putzen, schmirgeln, grundieren, mit Rostfarbe tünchen und dann streichen; immer dabei den Zweikomponentenlack, der fester Bestandteil seiner Werkzeugausstattung war. Er konnte Wände streichen und Türen nachschleifen, sie mit Holzlack konservieren. Er konnte die mit meerblauen Kacheln ausgelegte Dachterrasse mit irgendwelchen beißenden chemischen Mittelchen bearbeiten, die normalerweise jeder Kachel das sofortige Ende beschert hätten und die er benutzte, um nur für ihn sichtbares Grün oder Blütenstaub der rundum wachsenden, stark duftenden Geranien abzuwischen.

Er konnte unendlich viele Dinge mehr tun in Positano, und genau das brauchte er jetzt. So konnte er seine Seele ein bisschen beruhigen. Irgendwann erreichte mein Vater einen befreundeten Positanesen, Giovanni Rispoli, und bat ihn, doch zu schauen, ob Nannen im Haus sei. Der machte sich auf den Weg oben vom Berg hinunter zu dem schmiedeeisernen Tor und klingelte. Das Haus liegt am Hang und ist von oben nicht einsehbar. Hinter dem Tor geht eine Treppe hinunter, von der als Erstes der obere Teil des Hauses, der wie eine eigene Wohnung nutzbar ist, abgeht, dann folgt zu rechter Hand ein Einschnitt in die Mauer, der eine innere Terrasse freigibt, und wenn man die Treppe weiter hinabsteigt, gelangt man zum untersten Stockwerk des Hauptteils des Hauses, wo der Eingang liegt. Giovanni musste also alle 176 Stufen hinter sich bringen, um festzustellen, ob »Signore Nannen« sich hier aufhielt. Da war er, und damit war auch für uns sicher: Er lebt, und er tut das, was er immer tut, er handwerkelt. Es würde also vorbeigehen.

Ihre Trennung sei eigentlich recht schnell über die Bühne gegangen, sagt Traute. Sie hätten beide nicht lange gelitten. Sie fanden recht schnell zu einer freundschaftlichen Verbundenheit, eine Freundschaft wurde es nicht. Und auch mein Vater erinnert sich daran, dass mein Großvater das schnell weggesteckt habe. Babette Fischer erinnert sich heute etwas anders. Sie sagt, es sei Henri eine Zeit lang doch sehr schlecht gegangen. Er sei so verloren gewesen, traurig, hoffnungslos, allein. Aber das hatte möglicherweise tatsächlich nicht einmal so viel mit der gescheiterten Beziehung zu tun, sondern mehr damit, dass er allein war. Beim *Stern* schasste er zu dem Zeitpunkt auch noch seinen Ziehsohn, Manfred Bissinger. Das bewirkte etwas in ihm. Er litt darunter, auch wenn er selbst daran mindestens mitschuld war.

In diese letzten Jahre der Siebziger fallen Phasen tiefer Traurigkeit, mein Großvater litt unter Depressionen, mochte manchmal gar nicht aufstehen. Seine Freunde sorgten sich, seine Familie sorgte sich.

Mithilfe des *Stern*-Reporters Heiko Gebhardt hatte er zu einem Hund gefunden, der ihn beschützen sollte. Mein Großvater stand, vermutlich ab 1977, auf einer Liste der RAF. Es gab Farbbeutelanschläge auf das Haus. Die Sirenen der Alarmanlage wurden eingeschäumt, und trotz umfänglicher Sicherheitsanlage wurde in das Haus eingebrochen. Manchmal, wenn wir am Haus meines Großvaters vorbeifuhren, standen Polizeiwagen und Zivilfahrzeuge in der Einfahrt. Immer mit Blaulicht.

Ich war als Kind eine Weile lang daran gewöhnt, dass irgendetwas am Haus nicht in Ordnung war. Dass Sicherheitsbeamte auftauchten. Meinen Eltern wurde nahegelegt, uns nicht allein zur Schule gehen zu lassen und uns überallhin zu fahren. Das BKA riet meinem Großvater dringend, sich einen Leibwächter und einen Hund anzuschaffen. Als er nicht wollte, bestimmte das BKA, dass Manfred Ey, ein Pfeife rauchender Leibwächter mit Schnurrbart, ins Haus am Wellingsbüttler Weg einziehen sollte. Ey zog in das frühere Zimmer meiner Urgroßmutter und war fortan auch Teil der Familie. Wenn ich es mir recht überlege, hatten wir schon eine seltsam bunte Familie.

Den Hund hatte mein Großvater selbst schon mit Gebhardt abgeholt. Nuck war ein groß gewachsener Airedale-Terrier, lammfromm, lieb, weich. An ihm hing mein Großvater sehr. Von einer Russlandfahrt hatte er außerdem zwei Karthäuser-Katzen von einem Straßenhändler mitgebracht und sie in seiner Jacke durch den Zoll geschmuggelt – Tinka und Ivan taufte er sie. Die waren eigentlich für Traute. Traute wollte sie aber nicht. Also blieben sie in Wellingsbüttel. Ivan lief irgendwann weg. Tinka wurde überfahren.

Eines Tages jagte Nuck ein Kaninchen durchs Alstertal. Der Hund war gut erzogen, aber er hörte trotzdem nicht. Und er jagte das Kaninchen aus dem Alstertal heraus. Als er über die Straße lief, erfasste ihn ein Auto. Mein Großvater war am Boden zerstört. Und mir erzählte er, er habe den Hund weggegeben. Ich war entsetzt und konnte ihn nicht verstehen. Wie konnte er nur seinen Hund verraten? Erst viel später habe ich gehört, was wirklich geschehen war. Herr Ey zog irgendwann wieder aus. Da wurde es sehr still im Haus.

Mein Großvater hatte sich, wie gesagt, immer eine große Familie gewünscht. Martha hatte gesagt: »Zwei Nannens genügen mir.« Und so blieb »Krischan« ein Einzelkind. Den liebte der Vater, aber er war ihm häufig nicht nah. Er liebte auch uns, seine Enkel, und er liebte seine Schwiegertochter Gisela, die ihm gegenüber nicht das Haupt beugte und die er als zuverlässige Gesprächspartnerin schätzte. Aber seine Welt war der seines Sohnes so fern, und er konnte sich vice versa so wenig in die berufliche Welt meines Vaters eindenken, dass er auch anderswo eine Heimat brauchte. Die Leidenschaften von Vater und Sohn gingen einfach in völlig verschiedene Richtungen. Ungeachtet dessen musste es ja für ihn, für Henri, weitergehen. Er konnte sich schließlich nicht im Leben seines Sohnes einquartieren. Er brauchte noch immer dieses eigene Glück, das eigene Heim mit allem, was für ihn dazugehörte. Nur fand er dieses andere Zuhause nach Martha eben nicht gleich. Er war auf eine Weise schiffbrüchig geworden in seinem Leben, und er wusste nicht genau, in welcher Richtung das Land war.

Erst mit seiner letzten Frau Eske entstand das, ein Zuhause, und er fand mit ihr und vor allem in Emden wieder eine Heimat. Wenn das auch nicht die vordringliche »Aufgabe« war, die sie in Henris Leben erfüllte. Die Beziehung mit Eske, die er sechs Jahre vor seinem Tod heiratete, stand im Zeichen der Kunsthalle, die er ihr »gemeinsames Kind« nannte.

Sie sagt, sie hätten in den Jahren »wirklich eine 24-Stunden-am-Tag-Ehe geführt«. Es gab so viel zu reden und zu entscheiden. Es war eine ganz besondere und intensive Zeit für beide. Sie war der Partner, den er für dieses Unterfangen brauchte. Nicht, weil er es anfangs nicht aus eigener Kraft geschafft hätte – die ersten Jahre war natürlich er der Motor, ohne den der Karren nicht gelaufen wäre. Nein, sie war so wichtig, weil er wieder jemanden an seiner Seite brauchte, mit dem er die Pläne, die Arbeit, die Umsetzung, die Sorgen, die Gedanken teilen konnte. Und er wusste, dass er älter wurde, er wusste, dass seine Kraft irgendwann nicht mehr ausreichen würde, und er wollte sichergehen, dass sein letzter Traum – »ein Haus für meine Bilder« – nicht nur wirklich wahr werden würde, sondern ihn auch überleben konnte. Später, als er älter wurde, übernahm sie mehr und mehr. In vollkommen anderer Hinsicht als er, dafür sind sie dann doch zu verschiedene Persönlichkeiten, aber sie tat es wie er mit voller Kraft. Bis heute ist sie Geschäftsführerin des Museums.

Eske Ebert, geborene Nagel, ist die Tochter von Henris Emder Schulkamerad Rudolf »Rudi« Nagel, der wiederum der Sohn vom alten Fassbauer Nagel war, in dessen Haus die Familie Klaas Nannen ein paar Jahre zur Miete wohnte, ich erwähnte das schon. Mein Großvater war für Eske lange Zeit so etwas wie ein Onkel, und sie nannte ihn auch »Onkel Henri«. Einen, den sie bewunderte, der eine ganz andere Welt verkörperte und den sie ab und an um Rat und Tat fragte.

Als achtundzwanzigjähriger Soldat war Henri auf Fronturlaub zu Besuch bei seinen Eltern; es ging ihm nicht gut, er war lange krank gewesen und hatte wegen »Orientierungslosigkeit« im Lazarett in München und Bad Reichenhall gelegen. Das war die Zeit, nachdem er in Russland diese grauenvollen Bilder in sich aufgenommen hatte, mit denen er nur schwer fertigwurde, und in der er hoffte, nicht wieder an die Front zurückzumüssen.

Als er in Emden davon hörte, dass Eske das Licht der Welt erblickt hatte, besuchte er Lenchen, Eskes Mutter. Das berichtet diese in ihrem Tagebuch am 5. Januar 1942. Er schaute auch später immer mal herein, wenn er in Ostfriesland war. Es gab nostalgische Erinnerungen und viele schlechte. Ansonsten war Emden vor allem eins: schön weit weg. Bis der siebzigjährige Schiffbrüchige endlich Land sah. Jetzt konnten ein paar Puzzleteile seines Traumes in der Wirklichkeit zusammengesetzt werden. Plötzlich passte alles zusammen. Emden, die Stadt, in der seine Wurzeln lagen, in der er seine erste Liebe kennengelernt hatte, die Liebe, die ihn an die Kunst herangeführt hatte und die er all die Jahre zu einer personifizierten Nostalgie hatte werden lassen; Emden, das schön weit weg von Hamburg lag, wo er mit den vermeintlichen Hitler-Tagebüchern, die Gruner+Jahr gekauft hatte, gerade sein Waterloo erlebt hatte; Emden, wo er weit weg von den »Ratten« war, wie er in seiner Wut die Redakteure des *Stern* nannte, die ihr Mütchen an ihm kühlen wollten. Aber dazu später.

Als Rudi Nagel 1981 schwer erkrankte, fuhr Henri nach Emden, um ihn zu besuchen. Eske, deren erste Ehe zu dem Zeitpunkt gerade in Berlin in die Brüche gegangen war, kümmerte sich um den Vater. Henri kam dann öfter zu Rudi. Eske und er verbrachten viel Zeit miteinander. Und es war eine besondere Zeit, nicht gerade eine herkömmliche Ausgangssituation für erste zarte Bande, aber eben eine, die starke Emotionen und essenzielle Bedürfnisse offenlegte.

Ich erinnere mich daran, dass auch wir Rudi im Krankenhaus besuchten. Mein Vater kannte die Familie natürlich auch aus seiner eigenen Kindheit, und meinem Großvater war es ein Anliegen, dass wir kamen. Es war ein bisschen merkwürdig, bei einem mir völlig fremden Mann, der nicht mehr lange zu leben haben würde, einen Besuch am Krankenbett zu machen. Rudi erzählte Witze, an einen erinnere ich mich heute noch. Es war seltsam.

Rudi Nagel starb am 10. Februar 1982. Und »dann blieben wir beieinander«, hat mein Großvater immer gesagt, wenn er davon erzählte, wie sich Eske und er gefunden hatten.

Auch Eske wurde am Anfang nach alter Manier »herumgezeigt«. Sie unterschied sich von ihren Vorgängerinnen. Anders als diese war sie eine Unternehmertochter mit eisernem Willen und eigenem Kopf, wie auch ihre Lebensgeschichte zeigt. Sie schlägt nach ihrem Vater, verzichtet zum Schrecken ihrer Mutter Lenchen auf das Abitur, um gleich im elterlichen Betrieb mitzuwirken und in der Fassfabrik eine Ausbildung zur Industriekauffrau zu absolvieren. Anschließend geht sie auf Wunsch der Eltern ins »Töchterpensionat Casals« in Heidelberg – eine Schule für die feinere Gesellschaft, wo Eske ein paar Monate lang Kochen, Backen, Wäsche steifen und Umgangsformen erlernt. Weil sie aber etwas von der Welt sehen will, zieht sie anschließend nach England und arbeitet in der Nähe von London als Au-pair in einer Familie.

Ein Jahr später, zurück in Ostfriesland, arbeitet sie bei der Werft Thyssen Rheinstahl Nordseewerke und ist zuständig für die Stapelläufe und Probefahrten der Frachter. Sie wird ein echter »Seemann«, hat ein Heuerbuch, das sie noch heute in Ehren hält. Bei einer der Fahrten, die sie begleiten darf, lernt sie die *Seven Seas* kennen, eine schwimmende Universität, die nach Amerika, Europa, Afrika und Asien fährt. Sie will unbedingt auf diesem Schiff arbeiten, wo Studenten lernen, während sie die Weltmeere bereisen. Sie bewirbt sich, wird genommen und darf in der Zahlmeisterei arbeiten. Ein Jahr später ist sie zurück, bekommt eine Anstellung bei den Howaldswerken in Kiel und verlobt sich mit dem Sohn des Pastors. Das Haus ist schon angemietet, da zieht es sie wieder zur See. Sie bricht die Beziehung ab und fährt auf dem Frachter *Johann Schulte* über den Atlantik.

Weil sie als Reisejournalistin arbeiten möchte und die Eltern eine weitere Ausbildung nicht bezahlen wollen, jobbt Eske auf dem russischen Kreuzfahrtschiff *Usbekistan* als Reisebegleiterin auf der Strecke zum Schwarzen Meer und den griechischen Inseln. Auf der *Usbekistan* ist Peter Ebert zu Gast, fünfzehn Jahre älter als sie. Sie vergisst den Plan von der Journalistenschule und heiratet noch auf dem Schiff, am 20. August 1970. Henri Nannen ist später dabei behilflich, die Ehe auf deutschem Boden anerkennen zu lassen. Die folgenden zehn Jahre lebt Eske Ebert mit Mann Peter und Sohn Bernd, der 1972 zur Welt kommt, in West-Berlin. Als die Ehe 1981 nicht mehr zu retten ist, verlässt sie die Stadt mit Kurs Emden. Allerdings wäre sie, wie sie mir heute erzählt, lieber nach Hamburg gegangen. Der Weg zurück, nachdem sie besonders das kulturelle Angebot in einer Stadt wie Berlin schätzen gelernt hatte, war für sie wenig verheißungsvoll.

Eigentlich waren es also zwei Schiffbrüchige, die da am Sterbebett aufeinandertrafen. In beider Leben war viel kaputtgegangen. Beide suchten nach einem neuen Anfang, einem Ufer, von dem aus sie starten konnten. Und so gingen sie es miteinander an.

Am Anfang war das für Eske sicherlich nicht einfach. Ihr war eine ganze Reihe Freundinnen und Geliebte vorausgegangen, und wo immer sie in Hamburg, wo mein Großvater ja lebte, hinkam, sahen die Leute sie zunächst als »die Neue«. Sie glaubte, wie alle anderen vor ihr, dass ihre Beziehung etwas ganz Besonderes sei, und das war sie sicher auch. So wie die anderen davor. Er war mit Martha verheiratet, alle kannten Martha, viele mochten sie. Das ist für eine junge Frau – Eske war damals gerade mal vierzig Jahre alt –, die diese Art Gesellschaftsrummel nicht kannte und der Henri auch in diesen Kreisen nicht beistand, eine unangenehme und verunsichernde Situation. Wenn sie ihn bat, er könne ihr doch auch mal helfen, verstand er das nicht. Sie komme doch gut klar, es sei doch alles gut, sagte er. Es war aufregend, es war neu – aber »gut« war es anfangs wohl für Eske nicht. Sie musste die Zähne zusammenbeißen, wenn sie bei ihm bleiben wollte. Und das tat sie.

Er stellte sein »Tütje« (plattdeutsch für Küken oder »Hühnchen«), wie er Eske als Kosenamen nannte, auch seiner Vergangenheit vor. Natürlich auch Traute. Und weil mein Großvater in zwischenmenschlichen Dingen doch manchmal von einer gewissen Weltfremdheit war, sagte er eines Tages zu Traute: »Mäuschen, kannst du denn nicht mal mit Tütje einkaufen gehen? Schau doch mal, was sie anhat.« Ein anderes Mal lieh er sich von Traute eine Kette, die er ihr geschenkt hatte, weil er fand, dass diese nun so gut zu einem Outfit passte, das Eske trug. Wie ein Elefant im Porzellanladen benahm er sich. Kein Mensch käme auf die Idee, die alte Freundin als Stilberaterin für die neue heranzuziehen. Er schon. Aber das tat seiner Verliebtheit keinen Abbruch. Er schwärmte in den höchsten Tönen von ihr, davon, wie tüchtig sie doch sei. Er meinte so etwas nicht böse, sondern im Gegenteil ganz besonders nett.

1986 zog mein Großvater aus dem Haus in Hamburg aus, um sich in Emden niederzulassen und sein letztes großes Werk zu tun. Wie sehr er Eske dafür brauchte, zeigt nicht zuletzt die Tatsache, dass er sie am 5. Oktober 1990 zum Traualtar führte. Er, der aus Prinzip nie mehr heiraten wollte, tat es auch, weil er wusste, dass das die Chance war, seinen Traum zu retten. Das klingt harsch. Aber so war er. Und es bedeutete nicht, dass er Eske nicht geliebt hätte. Er hatte sie sogar sehr lieb.

Und ja, er hatte noch immer Angst davor, plötzlich wieder allein zu sein. Aber vor allem wusste er eins ganz genau: Dass sie nur als seine Ehefrau mit dem Namen Nannen nach seinem Tod die Chance haben würde, mit der Autorität und der Selbstverständlichkeit aufzutreten, die sie brauchte, um die Kunsthalle am Leben zu erhalten. Darüber haben mein Großvater und ich miteinander gesprochen, und er sah das ganz klar. Er wusste, dass es Leute geben würde, die nur darauf warteten, ihr nach seinem Tod das Leben schwer zu machen. Er wusste, dass sie jede Unterstützung benötigen würde, wenn sie sich in seine Fußstapfen begeben müsste, und dafür sorgen, dass weiterhin genügend Gelder frei gemacht würden, das Museum mit seiner Stiftung und seinen wechselnden Ausstellungen zu finanzieren. Das war sein Ziel.

Als ich Ilse frage, ob Henri sich im Alter verändert habe, sagt sie: »Mit zwanzig wusste er, was er wollte. Er ist sich sein Leben lang treu geblieben. Er war, wie er war.«

Das alles hier liest sich, als wäre er ein egoistischer Berserker gewesen, der durch sein privates Leben gewütet ist, immer mal wieder bewundert, angehimmelt oder geliebt von durchaus beeindruckenden Frauen. Aber so war es nicht. So war es nicht nur. Jeder, der ihn kennt und hier liest, was ich über sein Privatleben geschrieben habe, wird sagen: Ja, stimmt schon. Aber so war er ja nicht immer. Und das ist richtig. Genauer gesagt ist das sogar der entscheidende Punkt. Er war – und dieses Gefühl überwiegt bei allen, die ich gesprochen habe – in seiner Ausstrahlung von einer Liebenswürdigkeit, die guttat. Seine Fähigkeit, sich in die Lebenssituationen von Menschen hineinzudenken – solange seine eigene Rolle und Position außen vor waren – weichte jede nur denkbare Distanz auf. Er war sofort im Thema, er konnte Rat geben, wenn zum Beispiel meine Eltern vor beruflichen Herausforderungen standen, und er sagte immer: »Ihr könnt auf mich zählen!«

Wie gesagt, solange es dabei keine Überschneidungen mit seinen eigenen Interessen gab, traf das uneingeschränkt und in einem Maße zu, wie ich es mir nicht besser und familiärer hätte vorstellen können.

Er war nicht gefühlskalt, wenn es um andere ging. Im Gegenteil. Er machte sich Sorgen, als es meiner Mutter eine Weile lang sehr schlecht ging, und er war dabei so fürsorglich, dass sie sich warm umfangen fühlte – was in der Situation das Wichtigste war. Als meine Eltern jung waren, unterstützte er sie bei allen möglichen Unternehmungen – sie kauften sich eine kleine Bauernkate auf dem Land, deren Fußboden nur aus einem Erdloch bestand und durch deren Dach es regnete. Mit vereinten Kräften wurde dieses Häuschen zu einem Ort, an den ich beste Kindheitserinnerungen knüpfe. Zu den vereinten Kräften gehörten mein Großvater und Traute, die hobelten, lackierten, strichen und Fliesen verlegten. Ich glaube zwar, dass diese Lacke in der Menge, die er verwendete, nicht ganz der Gesundheit zuträglich waren – denn es durften natürlich nur ganz bestimmte Holzlacke sein, die besten und davon viel. Aber das Ergebnis war wunderbar.

Und zu den Erinnerungen gehört mein Großvater, der in diesem Haus am Frühstückstisch saß und mir zeigte, wie man ein gekochtes Ei mit dem Kopf öffnete. Wieso er das tat? Weil er es konnte. Ich war sechs Jahre alt, und er war mein Held. Wir liefen in gelben Gummistiefeln auf den Deichen an der Oste entlang und holten auf dem Heimweg eine Kanne frische Milch vom Bauern. Es war meistens schön und harmonisch, wenn wir alle zusammen waren. Und manchmal eben gar nicht.

Man konnte gut fröhlich sein mit ihm. Er sang zum Beispiel ganz gern und tat das auch im Alter noch. »Mariechen saß weinend im Garten« – es gibt sogar eine Single davon, Interpret: Henri Nannen. Das hatte sich seine Redaktion zum Geburtstag ausgedacht und aus einem alten Urlaubsfilm aus Italien ausgekoppelt.

Ich sehe ihn vor mir, wie er in Positano saß und über das Meer schaute, froh und fast beseelt war er, wenn er dort in der Buca di Bacco saß, einen Pimm's No. 1 trank, den er da schon zig Jahre immer wieder getrunken hatte. »Vergiss nicht, dass da unbedingt ein Minzblatt hineingehört und natürlich Gurke mit Schale und ein Schuss Angostura.« Hier hatte er schon so oft gesessen, und alles fiel hier von ihm ab, so sehr schien er am rechten Ort zu sein. Er sprach mit dem Wirt, Giuseppe Rispoli, italienisch, sein Freund Giovanni neben ihm, und während ich die beiden so beobachtete, wurde mir klar, dass sie miteinander alt geworden waren. Giuseppe war neun Jahre jünger als mein Großvater und hatte in der Buca nach dem Krieg mit ersten Tanzabenden angefangen, seine Gäste zu bewirten. Die beiden kannten sich vierzig Jahre lang. In dieser distanzierten, aber beständigen Vertrautheit zu wissen, dass der eine wiederkommen und der andere noch da sein würde, waren sie einander Weggefährten. Dass dieses Gefühl meinem Großvater etwas bedeutete, sah ich ihm an.

Auch deshalb ging es ihm hier so gut, Positano war ein Stück von ihm, in der Buca war er zu Hause. Was hatte es hier für große Essen gegeben! Nicht groß, was die Anzahl der Gäste anging, sondern was die Zahl der Gänge betraf. Freunde wie Schullers, wenn sie dann da waren, saßen mit am Tisch. Theo Sommer, damals Chefredakteur der *Zeit*, war einmal gleichzeitig in Positano und konnte sich einer solchen Esseneinladung nicht erwehren.

Mein Großvater wusste immer präzise zu sagen, was heute und jetzt am besten schmeckte und was man als Vorspeise essen könnte, »cocktail di gamberi« und danach Spaghetti Puttanesca – scharf und würzig – und dann den frischen Fang aus dem Meer, manchmal fing er den Fisch selbst und brachte ihn mit. Zum Nachtisch, wenn es sie gab, kleine wilde Walderdbeeren. »Die aß Martha hier so gern.« Er saß bei solchen Essen vor Kopf und wollte unbedingt allen etwas Gutes tun. Nur, wehe wenn man seinen Empfehlungen nicht folgte! Da konnte er komisch reagieren. Das ärgerte ihn.

Für uns alle gab es diese klaren, stillen Momente mit ihm. Dann nahm man sich in den Arm und sagte gar nichts. Es waren Augenblicke, in denen wir nur nebeneinandersaßen und die Hand des anderen hielten. Kostbare Augenblicke. Als ich klein war, hockte ich auf seinem Schoß, und wenn ich mich dann an ihn schmiegte, gab es nirgends einen sichereren Ort. Beinahe jeder von uns, und da schließe ich seine Frauen mit ein, würde den Rest gern verdrängen, nicht kennen oder hat das Negative schon beiseitegeschoben. Ich kann es verstehen, weil das Gute, das von ihm bleibt, wirklich gut und strahlend ist. Diese Gesamtheit machte ihn aber schließlich aus. Und noch etwas darf bei dieser privaten Schilderung nicht in Vergessenheit geraten, er war eben über die meiste Zeit der meisten Tage hinweg vor allem eins: Er war der *Stern.*

Der Stern vor dem *Stern*

Nannen war der *Stern*. Und der *Stern* war Nannen. Alle sagen das. Und meinen, dass das eine nicht ohne das andere zu denken war, dass die Person und das Blatt nicht nur eine untrennbare Einheit bildeten, sondern sich gegenseitig entsprachen. Dass das, was den *Stern* ausmachte, in Nannen steckte. Und sie meinen die Kraft, die der eine hatte und die das andere hatte. Nur wer dabei gewesen ist, kann wohl von sich sagen, dass er diese Energie kannte, die da in den Räumen lag.

Der *Stern* und die Leidenschaft, die sich mit ihm für viele verbindet, das war nicht nur mein Großvater, dessen Geist omnipräsent war. Es war auch seine Mannschaft, die für die beste Geschichte bereit war, das Äußerste zu leisten – und es eben auch tat. Und es war das, was aus dieser besonderen Art der Zusammenarbeit zwischen Chef und Truppe herauskam, nämlich Geschichten, von denen der Leser nicht genug kriegen konnte, Texte, die berührten – wie die Auflagenzahlen beweisen, wie aber auch das Renommee zeigt, das der *Stern* besonders in den Sechziger- und in den Siebzigerjahren hatte. Wie die einzelnen Zutaten zusammenkamen und wie es war, wenn sie wirkten, davon soll in den Geschichten über die Redaktion und das Arbeiten beim *Stern* die Rede sein. Es soll von der großen Lust erzählt werden, mit der alle Beteiligten den *Stern* machten. Und davon, was das mit meinem Großvater zu tun hat.

Natürlich war der *Stern* nicht von Beginn an das Blatt, das wir heute vor Augen haben, wenn wir an seine große Zeit denken. Wie also wurde *Der Stern* d e r *Stern*? Welche Aufgabe stellte er sich? Und: Wem gehörte die Illustrierte eigentlich?

Nachdem es für meinen Großvater in Oberfischbach mit zwei Frauen etwas eng geworden war, zog es ihn und dann auch meine Großmutter mit meinem Vater nach Hannover, wo groteskerweise die Noch-Schwiegermutter, Monikas Mutter, die erste Anlaufstelle war. Nannens waren arm, Unterkünfte waren in den ausgebombten Städten kaum zu finden und wurden zugeteilt. Eine Weile lang kampierten sie in Henris Büro, einem kleinen Zimmer im Hannoveraner Pressehaus, dem Anzeiger-Hochhaus an der Goseriede 5-6.

Ob es wirklich sein dringendster Wunsch gewesen war, in Norddeutschland Ausstellungsräume für eine Schau während der Nazizeit nicht gezeigter Künstler zu finden, wie er es der amerikanischen Militärregierung in Bayern vorgetragen hatte, oder ob ihn nicht doch etwas anderes viel stärker getrieben hat, nämlich in den britischen Sektor zu gelangen, wo bekanntermaßen weitere Zeitungen lizenziert werden würden, ist schwer zu beantworten. Es kann auch sein, dass das in zwei Schritten erfolgte; dass er also nach Hannover fuhr, dort rasch herausfand, welche Chancen bei den Briten bestünden, und dann mehr oder weniger gleich entschied, zu bleiben. Die Briten stellten aber auch, anders als die Amerikaner, Zeugnisse aus, die Deutsche im Alter zwischen vierzehn und fünfundsechzig nach eingehender Prüfung für die Zeit des Nationalsozialismus entlasteten, was die Voraussetzung für die Übernahme einer Lizenz war.

Henri Nannen war 1946, als er in den Norden zurückkehrte, gerade mal zweiunddreißig Jahre alt. Ob er da schon gewusst hat, dass die britische Militärregierung einen Lizenzträger für die *Hannoversche Neueste Nachrichten* brauchte, die zunächst als Organ der CDU, der FDP und der Niedersächsischen Landespartei fungierten, ist auch nicht verbrieft. Sicher ist, dass die Lizenz am 3. Juli 1946 vergeben wurde, dass mein Großvater bald darauf einer der Lizenznehmer war und dass so seine Zeit in Hannover begann. Als Kind hatte er eine Zeit lang Pastor werden wollen. Jetzt konnte er dem nachgeben, was ihn schon immer gereizt hat, nämlich »durch das Wort, durch das Gespräch, durch das Schreiben Dinge bewirken«.

Diese erste Zeitungslizenz mit der Nummer 71 der Militärregierung gab mein Großvater am 5. Februar 1947 zurück. Er hatte sich für die Lizenz der *Abendpost* beworben, die er am 6. Februar unter der Nummer 114 auch erhielt. Die *HNN* wurde ein reines CDU-Blatt, die *Abendpost* ging an die FDP – die Militärregierung lizenzierte die Zeitungen ausdrücklich als Organe der bürgerlichen Parteien. Die Lizenz für die *Abendpost* gab mein Großvater am 1. Oktober 1948 zurück, um »den Verlag Henri Nannen (*Stern*) von der Hannoverschen Verlagsgesellschaft (*Abendpost*) lösen zu können«. So beschreibt es mein Großvater in seinem »Gesuch um Zulassung einer Zeitung/Zeitschrift« am 1. Oktober 1948, in dem es um die Erlaubnis der »Weiterführung einer dem Antragsteller bereits durch die PR/ISC [Public Relations and Information Services Control] Land Niedersachsen lizenzierten Zeitschrift unter der Bestellung eines zusätzlichen Lizenzträgers« geht. Kurz gesagt, um einen weiteren Gesellschafter mit ins Boot zu holen, bedarf es dieses Gesuchs vor dem Presserat für die britische Besatzungszone. Aber dazu konkret später.

Erst am 31. Juli 1947 erhielt mein Großvater die endgültig entlastende Urkunde, das Entlastungszeugnis der Militärregierung in Hannover, da war er längst Verleger. Zu dem Zeitpunkt lag er schon über Kreuz mit der FDP, dem Hausherrn also. Er selbst war etwa ein halbes Jahr lang FDP-Mitglied gewesen, hatte sich sogar zur ersten Landtagswahl in Niedersachsen, am 20. April 1947, aufstellen lassen. »Ich hatte zu den FDP-Leuten in Hannover gesagt: ›Geben Sie mir für die Landtagswahl den schlechtesten Wahlkreis, den Sie finden können, und setzen Sie mich da als Kandidaten ein.‹« Das war Lingen. »Da habe ich erst mal in der ganzen Stadt nachts Plakate geklebt. Darauf stand: ›Henri Nannen kommt nach Lingen.‹« Kein Mensch kannte ihn, und das wusste mein Großvater natürlich auch. »Die Leute sollten denken: ›Wenn du nicht weißt, wer das ist, dann bist du auch nicht informiert‹«, so hat er es oft erklärt. »Und dann habe ich in der Stadthalle in Lingen meine Rede gehalten. Ich stand da und sah die Gesichter, und plötzlich hatte ich das Gefühl: ›Du hast sie gepackt.‹ Da habe ich gedacht: um Gottes willen! Ich habe hinterher zu meiner Frau gesagt: ›Nie in die Politik! Das ist ja eine teuflische Verführungskunst, wenn man einigermaßen reden kann.‹ Vermutlich kam aber doch noch etwas anderes hinzu, das ihn von einer politischen Laufbahn abgebracht hat. Beim Parteitag aller FDP-Gruppen der britischen Zone im Juni 1947 hatte mein Großvater sich mit einem Referat über die »Kultur und Politik« angemeldet.

Was er sagte, führte zum Tumult. Er vertrat die Ansicht, dass man – nach der Erfahrung des eben beendeten Krieges – den Dienst an der Waffe per Gesetz abschaffen müsse; um die Menschlichkeit ginge es schließlich. Die Wiederbewaffnung Deutschlands war ein großes Thema. Daran schieden sich die Geister. Und Nannen stach in eine Art Wespennest. Denn seine Meinung teilte der rechte Flügel der FDP ganz und gar nicht. Zu den Widersachern gehörte auch Erich Mende, auf den der *Stern*-Chef später lange Zeit nichts kommen ließ. Es wurde beschlossen, Nannens Rede nach dem Parteitag, nicht, wie sonst üblich, in gedruckter Form den Mitgliedern zukommen zu lassen. Zensur in den eigenen Reihen? Wenn das so war, dann war ein Henri Nannen hier eindeutig falsch.

Als Folge dieses Auftritts versuchte die FDP, Nannen die Lizenz für die *Abendpost* in Hannover wieder zu entziehen. Das ging aber nun mal nicht so einfach. Und zuletzt gab er sie im Oktober 1948, wie gesagt, aus eigenem Entschluss zurück – da war der *Stern* schon zwei Monate alt.

Die politische Bühne war nichts mehr für meinen Großvater. Auch deshalb, weil er genau wusste, dass er nicht dafür taugte, mit seiner Meinung hinter dem Berg zu halten. Sich das vorzustellen, ist nicht schwierig. Ihm fiel manches aus dem Nichts ein, was er dann aber auch sofort umsetzen musste. Dann ließ er keine Bürokratie gelten. Henri Nannen war keiner, der gehorchte. Der hätte sich nicht den Mund verbieten lassen, wenn er in Details anderer Meinung gewesen wäre als die Parteiführung. Der hätte diskutiert, und er wäre nicht diszipliniert genug gewesen, sich im Zaum zu halten, wenn er vor Wut gekocht hätte. Ich glaube, dass er sich da selbst ganz gut einschätzen konnte. Außerdem hätte er überhaupt keine Lust dazu gehabt, sich innerhalb der Partei nach oben zu arbeiten, sich anzustellen, bevor er vielleicht etwas hätte bewegen können. Er eignete sich nicht als Linientreuer, er wollte sich nicht auf etwas festlegen, das er morgen schon wieder anders sehen konnte. Auch aus Prinzip nicht, denn er hasste jede Form von Ideologie, sicher auch als Folge der Nazizeit.

Eines Tages im April 1948, es war kurz nach dem Mittagessen und es war ein Sonnabend, so beschrieb es Victor Schuller, klingelte in dem Haus, in dem die Familie Nannen als Untermieter schließlich einquartiert worden war, das Telefon. Am Apparat war der Press Chief Mr. Deneke. Was genau die beiden besprochen haben, hat Martha nicht gehört. Henris Gesicht konnte sie ansehen, dass es wichtig war. Seiner Haltung konnte sie ablesen, dass er aufgeregt war, dann wurde er immer noch ein bisschen größer. Seine Stimme aber war laut und klar. »Ja, Mister Deneke, ich verstehe. Ja, Mister Deneke, ich komme sofort.« Henri drückte ihr den zweijährigen »Krischan« in die Arme, den er die ganze Zeit fest umklammert und auf und ab wippend im Arm gehalten hatte. Dann hängte er den Hörer ein, nahm seine Jacke, verabschiedete sich von Martha mit einem Kuss. »Ich muss zu Mister Deneke …«, sagte er und war schon aus der Tür.

Deneke wollte ihm – das erfuhr Henri, als er in dessen Büro in der Stadt angekommen war – eine Jugendzeitschrift übertragen. *Zick-Zack – für junge Menschen* hieß sie und wurde in Bad Pyrmont von zwei Lizenzträgern publiziert – Gerhard Ritter und Franz Otterpohl –, über die sich der Brite geärgert hatte. Denen wollte er die Lizenz wieder entziehen.

Zick-Zack wurde bis dahin im Tanzsaal von Bad Pyrmont, in der Gaststätte Felsenkeller gemacht; an zwei Abenden in der Woche mussten die Redakteure ihre Fotos, Bleistifte und Aktenordner in der Besenkammer neben dem Saal einschließen, denn dann war Tanzstunde. Dazu drehte sich der Herr, der für den Vertrieb von *Zick-Zack* zuständig war und dessen Hosenträger aus Ordensband des Eisernen Kreuzes Zweiter Klasse gefertigt waren, nur auf seinem Klavierhocker von seinem Arbeitsplatz herum, rückte etwas näher an den Flügel und griff in die Tasten – so erinnert es Günter Dahl, der damals bei *Zick-Zack* volontierte. Der Vertriebler war eigentlich Pianist, und die Tanzlehrerin gab ihm ein paar Briketts von denen ab, die ihre Schüler ihr für den Unterricht als Bezahlung mitbrachten. *Zick-Zack* umfasste 32 Seiten, wurde im Kupfertiefdruckverfahren bei der Druckerei Girardet, Essen, hergestellt und hatte eine genehmigte Auflage von 30 000 Stück, bei einer zweiwöchigen Erscheinungsweise.

Das hatte Henri Nannen gerade noch gefehlt. Eine Jugendzeitschrift? Was sollte er denn damit? Er hatte die *Abendpost*, die dreimal in der Woche erschien, und konnte sich mit ihr auch politisch Gehör verschaffen. Er schrieb im Feuilleton, das er zunächst leitete, über Maler, über Theaterstücke, über Filme, die ihn bewegten, und darüber, wie mies diese Nachkriegszeit im Grunde war. Und da sollte er sich jetzt mit Halbstarken befassen? Doch wohl kaum.

Aber so einfach schlug man so ein Angebot nicht aus. Was, wenn er absagte? Würde er dann nicht ein für alle Mal bei Mr. Deneke verspielt haben? Denn der hatte ihm bereits klargemacht, dass er sehr an *Zick-Zack* hing.

Ich weiß nicht, ob er sich mit der Zeitschrift vorher je befasst hatte. Ich habe bei meiner Spurensuche Exemplare aus den Jahren 1947 und 1948 in einem Berliner Archiv aufgetan und sie mir noch einmal angesehen, um zu verstehen, was mein Großvater da eigentlich übernehmen sollte. *Zick-Zack – für junge Menschen* war keine wirkliche Teenie-Zeitung war. Die Artikel beinhalten zum Beispiel die Frage, ob die Prügelstrafe in Schulen gerechtfertigt sei. Sie beschäftigen sich mit den Rechten der Polizei und mit Tanzverboten. Man prangert den Bürokratismus an, der sich ausbreite. Und diskutiert leidenschaftlich darüber, was oder wer ein echter Europäer sei. Das alles war ausbaufähig. Und es war eine Chance.

»Mister Deneke, oh, das ist eine große Sache, aber sehen Sie…« Mein Großvater bat sich Bedenkzeit aus. So etwas wolle schließlich mit aller Vernunft und gebotener Sorgfalt überdacht werden. So wie ich ihn kenne, befragte er anschließend seinen Bauch und prüfte seine Möglichkeiten. Der Bauch sagte ihm: Du bist doch sowieso schon die ganze Zeit mit deiner *Abendpost*-Redaktion dabei, ein Konzept für eine Zeitschrift zu entwickeln. Lediglich mit dem Titel tut ihr euch noch schwer. Gut, der Name *Zick-Zack* ist jetzt nicht perfekt, es ist umständlich, erinnert optisch an die SS-Runen und verursacht ein Geräusch wie ein Stechschritt, aber… du denkst doch schon in Magazin. Du willst doch die *Abendpost* und das Theater mit der Partei gar nicht mehr. *Zick-Zack* wäre unabhängiger. Und es ist immerhin ein Magazin und hat die Erlaubnis, ein Magazin zu sein. Das ist doch etwas! Rudolf Augstein hat auch gerade erst aus der Lizenz für *Die Woche* den *Spiegel* gemacht. Und der hat Kontakt zu Leuten wie Adenauer.

Seine Möglichkeiten hat mein Großvater, soweit ich weiß, nie unterschätzt. Hätte er je aufgehört, Nichtexistierendes für möglich zu halten, er hätte nichts von dem erreicht, für das er heute noch in Erinnerung ist. Er hoffte auf eine Gelegenheit, aus dem Blatt mit der Zeit etwas anderes machen zu können als ein Jugendblatt, das musste doch möglich sein – mit einer Zeitschriftenlizenz.

Eine Zeitschrift – was das an erzählerischen und gestalterischen Möglichkeiten bot, musste ihm klar gewesen sein. Die große Zeit der *Berliner Illustrirten Zeitung* war ihm ein Begriff, die Auflage hatte vor der Übernahme durch die Nazis etwa zwei Millionen Exemplare erreicht, Leopold Ullsteins Zeitschrift hatte als erste auf dem Berliner Zeitungsmarkt große Fotos als Titeloptik gewählt, die *Berliner Illustrirte* konnte (relativ) aktuell berichten. Als die Nachricht vom Untergang der *Titanic* die Redaktion erreichte, gelang es, den Druck der Ausgabe anzuhalten und ein Foto des »unsinkbaren« Schiffes einzuwechseln und sofort zu berichten – davon sprachen die Leute. So machte man das. Zeitschrift – das bedeutete Bilder, das bedeutete Aufsehen, Interesse, damit könnte man den Lesern nah sein.

Und so sagte mein Großvater Mr. Deneke, dass er die Zeitschriftenlizenz haben wolle – unter der Bedingung, dass er damit gleichzeitig die Erlaubnis erhielte, sie im neu zu gründenden Verlag Henri Nannen zu veröffentlichen und in diesem auch Bücher und Sonderhefte zu publizieren.

Die ersten dieser Art waren die *Bunten Hefte* in denen Geschichten bekannter Schriftsteller zu lesen waren; Eugen Roth veröffentlichte hier 1949 »Tod und Sieg am Matterhorn«. Das Heft kostete 30 Pfennig und war mit Federzeichnungen illustriert. Mein Großvater griff damit auf etwas zurück, das er kannte. *Die bunten Hefte für die Soldaten* wurden während des Krieges in Stuttgart gedruckt und an die Front geliefert. Es gab mehr als 120 Folgen. Von der »Regentrude« bis zum »Urfaust« wurde alles gedruckt, was erlaubt war, und den Soldaten per Feldpost zugesandt.

Am 28. April 1948 wurde mit Schreiben PR/ISC Regional Staff Land Niedersachsen 229/8026/PRISC die Lizenz für *Zick-Zack* an meinen Großvater übertragen. Am 3. Juni 1948 wurde der Verlag Henri Nannen GmbH mit einem Stammkapital von 20 000 RM gegründet. Gesellschafter waren zu gleichen Teilen Henri Nannen und die Hannoversche Verlagsgesellschaft.

Mr. Deneke war froh, seine *Zeitschrift für junge Menschen* in guten Händen zu wissen, und fuhr in den Urlaub, heim nach England. Das verschaffte dem frischgebackenen Zeitschriftenchef Zeit. Er reiste zunächst nach Bad Pyrmont, um einen Überblick zu bekommen. Auf der Tanzfläche im Felsenkeller erschien also Henri Nannen. »Er trug Luftwaffenoffiziers-Reithosen und gefütterte Fliegerstiefel«, schrieb der damalige Volontär Günter Dahl später, der sein gesamtes journalistisches Leben fortan beim *Stern* verbrachte.

Der neue Lizenzträger meinte, dass er das Geschäftsgebaren der Pyrmonter Gesellschaft nicht durchblicken könne, kündigte alle laufenden Verträge und ordnete den Umzug nach Hannover an. Dahl war bei *Zick-Zack* nur genommen worden, weil er eine Schreibmaschine besaß, die er dem Blatt zur Nutzung überließ. Mein Großvater nahm ihn gleich mit nach Hannover. Nicht wegen der Schreibmaschine. »Viele Jahre später verriet er mir, mein Anblick habe damals an sein soziales Gewissen gerührt«, erzählte Günter Dahl.

Ein paar Wochen danach erhielt mein Großvater in Hannover ein Telegramm. Deneke verkündete, dass er früher als geplant zurückkommen würde. Freund Victor erzählte, dass mein Großvater mit der letzten Straßenbahn an diesem Abend nach Hause fuhr und seine Frau weckte. »Marthalein«, habe er verzweifelt gesagt, »pack den Rucksack, Mister Deneke kommt. Er wird mir die Lizenz entziehen.«

Was war geschehen? Mein Großvater hatte eine Möglichkeit gesehen, aus *Zick-Zack* doch gleich zu Beginn etwas zu machen, das mehr seinen Vorstellungen entsprach. Als Deneke abgereist war, ging er zu dessen Vertretung. Gemeinsam mit seiner Redaktion hatte er weiter an dem Projekt Zeitschrift gebastelt. Dass er bei Deneke nicht damit

20

21

Späher: Auf dem Titel des *Sternchen* am 6. November 1955 sieht man den neunjährigen Späher »Krischan«. Der Kinderteil *Sternchen* wurde von 1953 bis 1961 dem *Stern* beigelegt.

First Lady: Hildegard Knef auf dem ersten Cover, am 1. August 1948.

22/23

Leitspruch: »Was nützt die schönste Predigt, wenn die Kirche leer bleibt?«, sagt Henri Nannen oft. Gemäß dieser Idee entwirft Art Director Behnken Titel für den *Stern*. Links: Die Lufthansa-Maschine »Landshut« wird von Terroristen entführt. *Stern*-Reporter begleiten die Maschine. Rechts: 60 Jahre Büstenhalter. Im selben Heft die Geschiche der Rugby-Mannschaft, die in den Anden abgestürzt war und zu Kannibalen wurde, mit der Zeile: »Eßt meine Mutter zuletzt«.

24

Befugt: Am 12. September 1955 schreitet Nannen (3. v. r.) mit ernster Miene neben Bulganin, Adenauer und Chruschtschow die Treppe des Kreml hinab.

25

Festlich: Willy Brandt, Henri Nannen, Schwiegertochter Gisela auf dem Bonner Presseball.

Begeistert: Fotos waren für den *Stern*-Chef so wichtig wie Texte. »Ein Bild funktioniert entweder gleich oder gar nicht«, pflegte er zu sagen. Hier, 1973, im Pressehaus am Hamburger Speersort, wählt er die besten für eine Reportage aus.

26

27

Seit' an Seit': Willy Brandt fühlt sich Henri Nannen immer nah. Er sagt ihm die Meinung und kämpft für seine Politik.

28

Unbeirrt: Nannen und Augstein streiten gemeinsam für einen »Wandel durch Annäherung«. Die Liberalen sind noch nicht ganz überzeugt. Auf dem FDP-Parteitag 1967 diktiert der *Spiegel*-Mann seinem Freund eine Rede, die er dann nicht halten darf.

29

Tischgespräch: Nach einer Russlandreise 1957 besucht Nannen den Bundeskanzler. Adenauer lässt sich von ihm berichten.

30

Vergangenheit: Erich Mende und seine Frau sind mit dem Ehepaar Nannen gut bekannt. Aber Mende widerstrebt Nannens Meinung zur Ostpolitik – daraufhin distanziert sich der *Stern*-Chef deutlich.

3

Zukunft: Hans-Dietrich Genscher war einer von denen, die die Liberalen auf neuen Kurs brachten. Die FDP verdanke Nannen viel, sagt er heute.

32

Historisch: 1970 unterzeichnen Bundeskanzler Willy Brandt und der polnische Ministerpräsident Jozef Cyrankiewicz den Warschauer Vertrag. Hinter Brandt steht Egon Bahr, der Architekt der Ostverträge, dahinter Henri Nannen.

33

Berührend: Der Kniefall Willy Brandts am Mahnmal im einstigen Warschauer Ghetto. Henri Nannen steht in der zweiten Reihe hinter Walter Scheel und traut seinen Augen nicht.

34

Kontrovers: Franz Josef Strauß war ein Jahr lang Kolumnist beim *Stern*. Henri Nannen sagte über den CSU-Chef: »Strauß war mein liebster Gegner.«

35

Einig: Eine persönliche Nähe wie zu Willy Brandt hatte Henri Nannen zu Bundeskanzler Helmut Schmidt nicht. Aber bewundert hat er ihn schon.

3

37

Partner: Richard Gruner war einst Henri Nannens bester Freund. Mit Gerd Bucerius verband ihn eine Art intellektueller Wettstreit und großer Sportsgeist. Das Bild stammt aus einem gemeinsamen Urlaub der Familien Bucerius, Gruner und Nannen in Lenzerhaide.

38

Größen: Axel Springer, Rudolf Augstein, Henri Nannen bei einer Feier im Haus von John Jahr 1982.

39/40/41

Familie *Stern*: Beim Auswählen der Fotos schauen Kollegen Nannen über die Schulter und übernehmen dessen Anmerkungen (r. o.). Zu Karl Beckmeier, Mitglied der ersten *Stern*-Crew, der immer hinter Nannen stand, sagte der *Stern*-Chef: »Mensch, Karlchen, Sie machen mich nervös.« Woraufhin der entgegnete: »Stehen Sie mal den ganzen Tag hinter sich.«
Nannen mit Ursel Hintz, Fred Ihrt und Babette Fischer (o./v.l.).
Eine Besprechung auf dem Dach des »Affenfelsen« an der Außenalster mit Victor Schuller und Klaus Liedtke (v.l.).

durchkommen würde, vermutete er. Aber Wing Commander Baker, ein Lehrer aus Bedford, war die Gelegenheit, die es zu ergreifen galt. So erzählte es mein Großvater immer wieder, und so hat er es auch in einem Jubiläumsheft des *Stern* geschrieben:

»Ich meldete mich bei Baker, machte ihm klar, dass das vierzehntägliche Erscheinen von *Zick-Zack* eine dumme Sache sei, weil der Leser nie wisse, ob nun an diesem Donnerstag oder erst am nächsten die neue Nummer erscheine, außerdem sei das Format der Zeitschrift zu klein, stattdessen sollte man den Umfang lieber von 32 auf 16 Seiten eindampfen und zu wöchentlichem Erscheinen übergehen. Und schließlich fragte ich ihn, ob er wisse, dass *Zick-Zack* eigentlich ein Nazititel sei, mit einem Anklang an ›zackig‹ und an den Hitlerjugend-Kampfruf ›Zicke-zacke-zicke-zacke-hei-hei-hei‹. Das passe ja wohl schlecht zum Konzept der demokratischen Umerziehung. Dies leuchtete dem Briten ein.

Aber wie sollte man das Blatt denn bloß nennen? Ich fasste mir ans Kinn und begann laut nachzudenken: ›Die abgerissenen Landser auf dem Bahnhofsplatz oder vor dem Pressehaus, das waren doch noch Kinder, als man sie zum Militär oder schließlich zu den Werwölfen einzog, und heute sind sie zwischen sechzehn und fünfundzwanzig. Das sind doch die Leser, die wir umerziehen wollen (›Reeducation‹ war damals das offizielle Schlagwort für die Beziehung zwischen Engländern und Deutschen). Denen kann man doch keine Kinderzeitung vorsetzen, denen sollte man eher so etwas wie den Stern einer neuen Hoffnung zeigen – warten Sie, Commander, *Stern*, wäre das nicht ein guter Titel? *Stern* – das ist's. Einsilbig, deklinierbar und positiv besetzt. Sterne leuchten. ›Geben Sie mir den *Stern*‹, das kann man am Kiosk knapp und präzise sagen. Lassen Sie uns das Blatt *Stern* nennen!‹ Baker fand den ›spontanen‹ Einfall großartig. Seine Sekretärin Barbara ließ sich von mir all die Veränderungen an der Jugendzeitschrift *Zick-Zack* diktieren, und schon am nächsten Tag zogen wir unsere Probenummer aus der Schublade, die natürlich längst den Titel ›*Der Stern*‹ hatte, sechzehn Seiten zählte und auf dem Titelblatt die junge Hildegard Knef im Heu zeigte.«

Kritiker haben meinem Großvater später vorgeworfen, das sei

doch Unsinn, er sei doch nicht aus dem Nichts auf den Titel *Stern* gekommen, und schließlich habe es doch schon ein Filmblättchen gegeben, in Berlin 1938/39, das *Der Stern* geheißen hat. Das habe er doch mit Sicherheit gekannt, noch erst recht, weil dessen Schriftleiter in der ersten Redaktion des neuen *Stern* mitarbeitete. Das sei wieder nur eine von Nannens Geschichten. Und eigentlich habe also gar nicht er den *Stern* gegründet.

Tatsächlich hat mein Großvater nicht behauptet, es sei ihm im Gespräch mit Baker eingefallen. Er sagte, er habe Baker vorgespielt, dass es sich um einen spontanen Einfall handelte. Und wer je das baff erstaunte Gesicht eines ganz und gar wissenden Nannen gesehen hat, weiß, dass er diese Rolle perfekt gespielt haben konnte. Längst, so erzählte er es und so beschrieb es auch Victor Schuller, hatte man sich über Titel und Ideen gebeugt. Längst hatten sie beim Brainstorming festgelegt, dass der Name »Der Stern« doch perfekt wäre für so ein Magazin. Ein guter Titel müsse einsilbig sein und sich deklinieren lassen, habe mein Großvater verkündet.

An eine *gemeinsame* Entscheidung erinnerte sich Victor Schuller allerdings nicht. »Nun waren in den letzten Wochen einige neue Leute in die Redaktion eingezogen. Alte Hasen, Ullstein-Profis, die schon bei der alten *Berliner Illustrirten* mitgemischt hatten, ein Gütesiegel, mehr wert als der sauberste Entnazifizierungsschein. Da diese Leute immerzu von ihrer Ullstein-Zeit redeten, dem goldenen Zeitalter des Journalismus, könnte es durchaus sein, dass dieser oder jener einmal wähnte, er habe ein Artikelchen geschrieben für eine Filmzeitschrift, die *Stern* hieß. Hat da jemand Stern gesagt? Kein anderer als Nannen hat Stern gesagt, und dabei blieb's«, erzählte Victor Schuller später.

Zu den Leuten, die von Ullstein kamen, gehörte der ehemalige Schriftleiter der Dreißigerjahre-Filmzeitschrift *Der Stern*, Kurt Zentner; ein halbes Jahr lang war er in Hannover dabei. Zentner hatte vor dem Krieg als Bildredakteur und Chef vom Dienst der *Berliner Illustrirten Zeitung* im Ullstein-Verlag gearbeitet – bevor die Familie 1934 von den Nazis vertrieben worden war. Zentner war geblieben. *Der Stern* wurde im Deutschen Verlag (so hieß Ullstein ab 1937) von September 1938 an gedruckt. Kurt Zentner galt als Blattmachertalent. *Der Stern*, den Zentner dann machte, war ein Blatt, das geschnitten und geheftet, mit einigermaßen Aufwand produziert wurde. Es enthielt Berichte über neue Bühnenstücke, besuchte die großen Stars zu Hause, ließ zum Beispiel Brigitte Horney in mehreren Ausgaben von ihrer Kindheit erzählen und zeigte Szenen vom Set des neuesten Films. Man erklärte, wie die Orchester für Filmmusik eingesetzt wurden, und war zu Gast im großen Zirkus Althoff. In Babelsberg ging *Der Stern* ein und aus. Hans Albers schrieb über sein »aufregendstes Sporterlebnis«, und Emil Jannings oder Paul Hörbiger luden zur Homestory. Shirley Temple wurde als Heidi gefeiert und Zarah Leander in Fortsetzungsberichten gewürdigt. In einer Auflage von etwa 750 000 Exemplaren gelangten Geschichten über Stars wie Heinz Rühmann, Hertha Feiler, Marika Rökk, Grete Weiser, Ilse Werner, Marlene Dietrich, Greta Garbo oder Lilian Harvey für nur 10 Pfennig jeden Dienstag an die Leser.

Zentner muss sich im Klaren darüber gewesen sein, dass die Damen noch an Attraktivität gewannen, wenn sie nicht ganz so warm angezogen waren. Wer die beiden Jahrgänge durcharbeitet, der bekommt eine ganze Menge Haut und viele eng geschnittene Kleider zu sehen. Damals schon arbeitete man außerdem mit Fortsetzungsromanen, Witzeseiten, Preisausschreiben und Leserbriefseiten und vor allem mit großformatigen Fotos. Einer der großen deutschen Fotografen, Hilmar Pabel, hat darin veröffentlicht. Er war später fast zehn Jahre Fotograf bei Nannens *Stern*. Kurt Zentner selbst zog 1940 in den Krieg. Auch er gehörte, wie Henri Nannen und Hilmar Pabel, eine kurze Zeit zur Propagandakompanie der Wehrmacht. Es ist möglich, dass man schon zu Kriegszeiten voneinander gehört hatte, vielleicht sogar vorher; genauso möglich ist, dass es Zufall war – einfach, weil diejenigen, die als Journalisten arbeiten wollten, sich fanden und zusammentaten.

Ob mein Großvater von Anfang an die Zeitschrift *Der Stern* aus den Dreißigerjahren vor Augen gehabt hat und sich wegen der Titelrechte nicht ganz sicher darüber war, wie weit man den Bezug offiziell benennen sollte, oder ob es so war, wie er es mir erzählte, nämlich dass ihm erst bei der zweiten Ausgabe wieder eingefallen ist, dass es den *Stern* ja schon einmal gegeben hatte und er sich dann Sorgen wegen der Titelrechte machte, weiß ich nicht. Ganz bestimmt aber hat er eins gemacht: Er hat sich die guten Ideen, mit denen man nachweislich Auflage machen konnte, angesehen – soweit überhaupt möglich. Und dann wird er instinktiv entschieden haben, was er von alledem in *seinem Stern* verwenden konnte. Er brauchte ein Gerüst, mit dem er starten konnte und das es ihm erlaubte, auch noch in zwei Wochen und dann eben wöchentlich auf dem Markt zu sein. Das war aus der hohlen Hand nicht zu stemmen, sagte er. Man brauchte Einfälle, und man brauchte Material, dann würde es schon gehen.

Den Menschen, die nach dem Krieg erst einmal vor dem Nichts standen, Unterhaltung zu geben – ein bisschen Glitzer, ein bisschen heile Welt –, lag fast schon auf der Hand. Und natürlich waren die Stars der Dreißiger auch die der Nachkriegszeit. Dazu kam, dass mein Großvater aus der Münchner Zeit sowohl Schriftsteller kannte als auch Kontakte zu den Filmstudios hatte. In München hatte er, wie gesagt, fürs Radio gesprochen. In Berlin lernte er Brigitte Horney kennen. Er war außerdem gut bekannt mit dem jüdischen Schriftsteller Curt Riess, der 1933 ins Exil in die Schweiz gegangen war, sowie dessen Frau, der nicht ganz unumstrittenen Schauspielerin Heidemarie Hatheyer, die zwar auf der Bühne an den Münchner Kammerspielen und später bei Gustaf Gründgens große Theatererfolge feierte, von den Alliierten aber wegen ihres Mitwirkens an Nazifilmen mit Drehverbot belegt worden war.

Mein Großvater wäre am Anfang, in Hannover, schlecht beraten gewesen, nicht zu nutzen, was er nutzen konnte, um diesem Blatt einen möglichst rasanten Start zu verschaffen. Günter Dahl hat erzählt, dass sie die ersten Nummern fast überwiegend mit geklauten Geschichten und Bildern aus anderen Zeitschriften machten. Woher sonst nehmen?

»Wir leben in Zeiten, da in der Not auch der Einzelne das wird nehmen dürfen, was er zur Erhaltung seines Lebens und seiner Gesundheit notwendig hat, wenn er es auf andere Weise, durch seine Arbeit oder durch Bitten, nicht erlangen kann«, sagte der Erzbischof von Köln Josef Frings in seiner Silvesteransprache 1946. Das Wort »fringsen« wurde erst in Köln und dann im ganzen Land zum Synonym für »Mundraub« und »Kohleklau«. »Fringsen« war erlaubt, daran erinnerte sich auch mein Großvater noch.

Der erste *Stern* in Hannover kostete 40 Pfennige, die Gesamtdruckauflage zählte 130 736 Exemplare. Bei den ersten drei Nummern wurde den Grossisten ein Remissionsrecht von 50 Prozent zugestanden. Danach waren es 20 Prozent. Die Remissionen haben nach Heft eins nur in einem Falle acht Prozent betragen, sonst zwischen drei und fünf Prozent. Der *Stern* war gefragt. Das muss so gewesen sein, denn die Währungsreform vom 20. Juni 1948 saß den Deutschen wie ein Schock in den Gliedern, so erinnerte sich Victor Schuller. »Sie wurden wieder knauserig wie zu Kaisers Zeiten. Die Pfennige klebten ihnen wie Pech an den Fingern, wenn sie vor den Zeitungskiosken standen. Der Käufer wurde wählerisch.«

Als Mr. Deneke aus England zurückkam, entzog er Henri Nannen zwar nicht die Lizenz für den *Stern*, aber der Zorn packte ihn trotzdem, weil der mit seiner *Zeitschrift für junge Menschen* nun gar nichts mehr gemein hatte.

Als die Hannoversche Verlagsgesellschaft in wirtschaftliche Schwierigkeiten geriet, weil sich ihre sehr anspruchsvolle Tageszeitung in den ländlichen Gebieten Niedersachsens nach der Währungsreform nicht mehr halten konnte, musste mein Großvater sich etwas einfallen lassen. Sein Verlag brauchte neue Teilhaber. Er gab seine 25 Prozent an der Hannoverschen Verlagsgesellschaft zurück, und im September 1948 erwarb der Kaufmann Walter Heise aus Duisburg einen Anteil am Verlag Henri Nannen und somit am *Stern*.

Die Verbindung nach Duisburg schaffte der damalige FDP-Vorsitzende und Vizekanzler Franz Blücher, weil der gleichzeitig im Aufsichtsrat der Essener Nationalbank saß. Die Essener Nationalbank gewährte einen Betriebsmittelkredit von 300 000 Mark. Eine Tochter der Bank, die Grundstücksgesellschaft Duisburg GmbH, übernahm einen Geschäftsteil von 5000 RM, also 25 Prozent des Nannen-Verlags.

Bevor diese Veränderung der verlegerischen Voraussetzungen jedoch perfekt war, gab es Probleme mit den Briten. Als Heise als zweiter Lizenzträger an die Seite meines Großvaters kommen wollte, erhoben sie Einwände. Schließlich sei *Der Stern* als Jugendzeitschrift gedacht gewesen, und mittlerweile gebe es nicht einmal mehr einen Untertitel, der darauf hinweise. Man ziehe in Erwägung, die Lizenz zurückzunehmen. So steht es in einer Aufforderung der Press Section vom 22. September 1948, nach der die Lizenzträger zu erscheinen und alle lizenzrelevanten Konzepte und Dokumente mitzubringen hätten. Sollte nach nur sechs Wochen *Stern* schon wieder alles vorbei sein?

Heise und mein Großvater traten gut vorbereitet am Freitag, dem 1. Oktober 1948, um 9.30 Uhr zu einer Besprechung in der Pressestelle der Staatskanzlei Hannover an der Hohenzollernstraße 47 an. Sie hatten ein fünfseitiges Exposé mit Anhang angefertigt, in welchem sie die Aufgaben des *Stern*, die wirtschaftlichen Verhältnisse, das Thema Jugendzeitschrift und die Perspektiven des Blattes beleuchteten. Offenbar war das die Rettung. Es ist so etwas wie die Regierungserklärung des *Stern* und sollte deshalb ausführlicher zitiert werden. Darin heißt es:

»*Der Stern* will eine lebensbejahende und optimistische Zeitschrift sein. Durch das aktuelle Bild will er seine Leser am Geschehen der Zeit interessieren. Bildserien und Reportagen aus Deutschland sollen die tätige Anteilnahme am politischen Leben erregen. Daneben aber soll auch das Fenster nach draußen weit aufgestoßen werden, um durch die Kenntnis anderer Länder und Völker das Verständnis für deren Probleme zu wecken. Populärwissenschaftliche Texte und Zeichnungen führen in die Geheimnisse der modernen Wissenschaft und Technik ein. Fragen der Kunst und der kulturellen Entwicklung stehen zur Debatte. Bild- und Zeichenreportagen behandeln wirtschaftliche und soziale Themen, Fragen der Lebensform werden in Text und Bild erörtert, und in der Leserecke werden alle diese Dinge zur Diskussion gestellt. Dass daneben auch der Sport, die Unterhaltung, Film und Mode und schließlich auch der Humor zu ihrem Recht kommen, versteht sich von selbst. Am Anfang eines jeden Heftes aber erscheint ein grundsätzlicher politischer Leitartikel, in dem versucht werden soll, an die Vernunft in der Politik zu appellieren, dem übersteigerten Nationalismus durch die Besinnung auf ein gesundes nationales Selbstbewusstsein zu begegnen, den sozialen und politischen Nöten der jungen Menschen nachzugehen und an die Stelle von Dogma, Doktrin und anderen Engstirnigkeiten den gesunden Menschenverstand zu setzen.«

Schon hier werden alle Zutaten des späteren *Stern* benannt. Schon hier ist die Rede davon, dass mit »erhobenem Zeigefinger« kein Leser zu gewinnen sei, erst recht kein junger, dass eine »anregende« und »unaufdringliche« Art, Geschichten zu erzählen, die Menschen viel eher zu »menschlicher und politischer Toleranz« und zur »Abscheu gegen Unfreiheit« erziehe als »tönende und belehrende Redensarten«. Die Lizenz wurde nicht zurückgezogen.

Der *Stern* siedelte bald, im Januar 1949 nach Duisburg über und druckte weiter in der Druckerei Girardet. Nannen und Heise hielten Anteile von je 7500 RM, also 37,5 Prozent, dazu kam die Grundstücksgesellschaft. Den Gesellschaftern ging aber nun auch langsam das Geld aus. Die Papierpreise waren kaum mehr zu bezahlen. Im Februar 1949 kürzte die britische Militärregierung dem *Stern* das Papierkontingent wegen »Unbotmäßigkeit« (das war der Zorn des Mr. Dencke). Wie gesagt, der *Stern* war mit mehr als 130 000 Exemplaren gestartet. Mein Großvater wollte keinen Rückschritt, sich selbst kleinzuhalten, war keine Option für ihn. So reiste er mit einem alten Fiat durchs Land, um Papier aufzutreiben. Eigentlich fuhr er durch die Wälder, denn die Papierfabrikanten hatten ihm gesagt, dass sie genügend liefern konnten, sofern sie Holz hätten. Das besorgte er, es wäre doch gelacht, wenn das nicht zu machen wäre! So hielt er die Papierversorgung eigenhändig mit aufrecht und brachte – gemeinsam mit Martha – einen LKW mit Anhänger samt Holzlieferung für die Papierfabriken Feldmühle und Albbruck bis vor die Fabriktore. Wenn ich jetzt darüber nachdenke, weiß ich nicht, wie oft er diese Geschichte erzählt hat. Diese Tour jedenfalls gehört so deutlich zu meinen Kindheitserinnerungen, dass ich mir meinen Großvater als jungen Mann eine Weile lang immer in diesem LKW vorgestellt habe.

Für die Überproduktion mussten die Gesellschafter höhere Preise bezahlen, was nun der Essener Nationalbank nicht gefiel. Schon im Januar 1949 hatte der *Stern* eine Auflage von 192 037 Exemplaren. Jetzt war es April, und die Bank wollte aus eigenen Stücken auf 75 000 drosseln, um das Risiko loszuwerden. Nannen und Heise wollten nicht. Die Essener Nationalbank drohte damit, den Betriebsmittelkredit zu kündigen.

Noch Ende April 1949 nahm Nannen mit der *Zeit* in Hamburg Kontakt auf. Er brauchte neue Geldgeber, um dem *Stern* wenigstens eine Chance zum Überleben zu lassen. Gerd Bucerius und Ewald Schmidt di Simoni, Besitzer und Geschäftsführer der *Zeit*, waren interessiert.

Schmidt di Simoni sprach von einem »beträchtlichen Vermögen«, das Bucerius habe. *Die Zeit* verfügte allerdings doch nicht über freie Mittel, was Nannen erst nach Vertragsabschluss erfuhr, wie er sagte. Mein Großvater erklärte sich auf Drängen von Bucerius' Buchhalter dazu bereit, zunächst selbst die Hälfte des Essener Betriebsmittelkredits als persönliche Bürgschaft zu leisten und noch im selben Jahr auch die zweite Hälfte zu übernehmen – 300 000 Mark. Eine Entscheidung, die ihn kurz darauf den *Stern* kosten sollte. Gerd Bucerius und Ewald Schmidt di Simoni unterschrieben bereits am 14. Mai 1949, sie hielten jetzt 50 Prozent. Heise hatte seinen Anteil auf 12,5 Prozent reduziert. Die Grundstücksgesellschaft war draußen.

Ende Mai 1949 wurde die Papierbewirtschaftung aufgehoben. Am 1. Juni übernahm der Verleger Henri Nannen nun auch die Chefredaktion des *Stern*. Am 10. Oktober nahm der Verlag seinen Sitz in Hamburg, die Auflage zählte 329 246 Exemplare. Nannen war zudem zunächst einer von zwei Geschäftsführern. Der *Stern* wurde für die intellektuelle, aber finanzschwache *Zeit* mehr und mehr zur Melkkuh. Schon im Sommer 1950 kam es über die Verteilung der Gewinne und der Kosten zum ersten gewichtigen Streit der Gesellschafter.

Als es Heise im Oktober 1950 zu viel wurde, kam mit einem Geschäftsanteil von 12,5 Prozent (Nannen hielt weiter 37,5 Prozent) und durch Vermittlung von Henri Nannen – so erzählte er es – Richard Gruner mit ins Geschäft. 1951 verkaufte mein Großvater, von Bucerius in die Zwangslage gebracht, seine Anteile an seinem Verlag. Er bekam 375 000 Mark zuzüglich Steuern. Von Gerd Bucerius erhielt er zudem die Zusage, dass der Name des Verlags bestehen bleibe.

Ein Vorteil, der sich aus einer der schwärzesten seiner *Stern*-Stunden ergab, war sicher der, dass mein Großvater fortan Geld für den *Stern* ausgeben konnte, das nicht sein eigenes war, und dass er als Verleger jemanden gewonnen hatte, der erstens um den Wert des *Stern* für die *Zeit* wusste und den er zweitens moralisch unter Druck setzen konnte.

Der größte Gewinn aus dieser Niederlage war aber meines Erachtens ein anderer. Mein Großvater war journalistisch nun de facto viel unabhängiger als zuvor. Hätte er als Verleger so glaubhaft Meinung machen, Haltung zeigen können? Hätte der *Stern* das werden können, was er war? Was er wurde, ist jedenfalls zu 100 Prozent Nannen, der Journalist, und Nannen, der Chefredakteur, vielleicht noch Nannen, der Gründer – aber nur in geringem Maße Nannen, der Verleger.

Im Rückblick hat mein Großvater einmal gesagt, dass es ihm nicht darum gegangen sei, das Blatt zu besitzen, »sondern mir kam es darauf an, den *Stern* machen zu können. Ich habe es hundertmal bereut, aber bald nicht mehr, denn ich muss sagen, ich hätte keinen Verleger finden können, mit dem ich so viel anstellen konnte wie mit Bucerius.«

In Bucerius' Augen stellte Nannen sicherlich eine Menge an. Vieles ging ihm gegen den Strich; manches Mal hat er erwogen, den *Stern* und damit Nannen zu verkaufen. Bei ihren Auseinandersetzungen ging es um so vieles. Immer wieder allerdings um Politik und nackte Haut. Von beidem gab es Gerd Bucerius im *Stern* zu viel.

In seinem Buch »Der angeklagte Verleger« erwähnt Bucerius eine Dame im Bikini, über die er 1951 voller Empörung an meinen Großvater schrieb: »Es ist nicht möglich, eine Frau so darzustellen.« Später hat er sich wohl über dieses harmlose Bildchen weniger entrüstet. Und mein Großvater zitiert ein Gespräch mit Ebelin Bucerius, in dem sie ihm ihr Leid klagte, weil die »Damen in der CDU«, immer wenn sie ein neues Kleid angehabt habe, sagten: »Das hat sie nun wieder mit den nackten Weibern auf dem Stern verdient.«

Wäre es allein nach Gerd Bucerius gegangen, dann wäre der *Stern* nie das geworden, was er wurde und war – ein hochpolitisches Blatt, das sich einmischte. »War die Umstellung auf ›Politik‹ nicht zu radikal? Heft Nr. 15 hat fast nur politische Themen. [...] Ist der Leser damit nicht überfordert?«, schreibt er meinem Großvater zum Beispiel in einem Brief am 5. April 1960. Und wäre es allein nach meinem Großvater gegangen, dann würde sich an den *Stern* möglicherweise heute auch niemand mehr erinnern, weil er auf halbem Wege bankrott gegangen wäre. »Lieber Freund«, schreibt Bucerius 1963, »Ihre Aufstellung ist ja sehr imponierend. Aber hier sind die Zahlen. Wir müssen unsere Redaktionskosten senken.« Der eine hatte die wirtschaftliche Macht, und der andere machte, was er wollte, weil er es konnte. Und zwischendurch hörte der eine auf den anderen und umgekehrt.

Sie waren keine Freunde, dazu fehlte ihnen das gemeinsame Gefühl. Aber sie waren voller jeweils unterschiedlich temperiertem Respekt für den anderen. Gerd Bucerius war für meinen Großvater vielleicht *der* intellektuelle Sparringspartner. Die vielen Briefe und Hausmitteilungen, die sie sich gegenseitig in all den Jahren schickten, zeugen von mitunter beißender Ironie, Sprachgeist, und dem Versuch, die Oberhand zu behalten oder zu gewinnen, aber auch von dem gemeinsamen Ziel, den *Stern* nach vorn zu bringen.

Mein Großvater hätte aufgrund seiner Ausgangsposition der Unterlegene sein müssen, er hatte seine Anteile unter Zwang an Bucerius verkauft – wie der selbst später sagte. »Große Redakteure sind – wie große Künstler – meist ganz schlechte Kaufleute«, schrieb Gerd Bucerius 1963 in einem Brief. »Schon im Jahre 1951 gab es mit Herrn Nannen als Mitgesellschafter der Verlag Henri Nannen GmbH eine Auseinandersetzung, welche den Bestand des Hauses bedrohte. Es kam zu einer Streikdrohung aller *Stern*-Redakteure. Schließlich konnte ich Herrn Nannen zwingen zu wählen: ob er Chefredakteur des *Stern* oder Gesellschafter der Verlag Henri Nannen GmbH bleiben wolle. Herr Nannen hat damals auf das Geschäft verzichtet und die Redaktion gewählt.«

Etwas weniger schön liest es sich in den Akten aus der Zeit, die mein Großvater aufbewahrt hat. Daraus geht – verknappt gesagt – hervor, dass so gut wie alle Gewinne, die der *Stern* machte, in die Erhaltung der *Zeit* flossen, dass Vertriebs- und Anzeigenerlöse zu ihren Gunsten verteilt waren und dass einer der drei Teilhaber der *Zeit*, Ewald Schmidt di Simoni, offenbar eher fragwürdige Transaktionen vorgenommen hatte, woraufhin Gerd Bucerius nicht entsprechend reagierte.

Dann bot sich für Bucerius und Schmidt di Simoni eine Gelegenheit: Mein Großvater verfügte über keine DM-Eröffnungsbilanz, die aber erforderlich war und ohne die der Verlag liquidiert worden wäre. Die *Zeit*-Männer weigerten sich, die Eröffnungsbilanz zu unterschreiben, und zwangen ihren Partner vom *Stern*, einen *Zeit*-Geschäftsführer im Nannen-Verlag zu installieren. Der hätte dann die Erlöse neu verteilen sollen. »Trotz Zusage geschah das nicht, der Nannen-Verlag wurde weiter ausgepowert«, schrieb mein Großvater, und die Unterlagen belegen es, »wir zahlten weiter Zinsen für Darlehen, die dem *Zeit*-Verlag zugeflossen waren, usw. usw.«

Bucerius bot meinem Großvater an, »die dem *Zeit*-Verlag gehörenden Anteile zum Preise von DM 750 000« zu kaufen, er habe drei Monate Zeit gehabt, das Geld zu mobilisieren. Weder hatte mein Großvater das Geld, noch gelang es ihm, es über andere zu beschaffen. Das Risiko war zu groß, so bescheinigten es die Steuerberater. Und so beschaffte Bucerius das Geld. Wie er sagte: von Freunden.

Diese Narbe verschwand nie ganz.

Gerd Bucerius war zwar CDU-Mitglied und, bis zu seinem Austritt 1962, Mitglied des Deutschen Bundestages, aber er ging nur so weit, seine Meinung immer wieder zu sagen und zu schreiben – nicht aber, sie dem Chefredakteur des *Stern* zu oktroyieren. Der hatte es insofern zwar manchmal schwer, das Blatt auf eigenem Kurs zu halten, aber er konnte es immerhin. Und in diesem Zusammenspiel liegt mit Sicherheit ein großer Teil des Erfolgs des *Stern* begründet. Es war also weniger die Zusammenarbeit mit Bucerius, die diesen Wundschmerz hinterließ, auch nicht der Preis, der aus heutiger Sicht lächerlich wirkt, über den sich mein Großvater aber nicht beschwert hat. Es war eher die Art und Weise, auf die Bucerius ihm den *Stern* abgenommen hat, die ihn anging. Und das ließ er Buc spüren. Der wäre mit der *Zeit* schon 1950 beinahe bankrott gegangen. Und das vergaß Bucerius nie, denn er wusste, dass er trotz aller Unberechenbarkeiten Nannens in ihm den »besten Chefredakteur« hatte, den er sich für den *Stern* hätte denken können. Buc, der sich selbst sicherlich für einen begnadeten Schreiber hielt, erkannte das, was so viele als »Nannens Bauch« beschreiben und das er selbst »Einfühlungsvermögen« nennt. Als er sich später im März 1970 mit dem Gedanken trug, sein Risiko zu minimieren und seine Anteile seinen Partnern Jahr und Mohn zu verkaufen, sagte er, dass er meinem Großvater in dem Falle fünf Millionen Mark »zu meinen Lasten« zuteil kommen lassen würde. (Am 1. Januar 1973 tauschte Bucerius seine Anteile in Bertelsmann-Anteile, nicht ohne die *Zeit* zuvor aus dem Haus Gruner+Jahr herauszulösen.)

Aber das waren die Extremsituationen, in denen sich beide zwar hin und wieder befanden, die aber das übliche Arbeitsverhältnis nicht ausreichend beschreiben. Ein paar der Briefwechsel und Mitteilungen seien an dieser Stelle zitiert, um in dieses Einblick zu geben und in die Vorstellungen davon, wie der *Stern* sein sollte.

»Sie werden sagen, der Bucerius hat's leicht, dem Chefredakteur aus der gesicherten Entfernung des Verlegers Ratschläge zu geben. Aber es ist halt mein Beruf.« So beginnt Gerd Bucerius einen Brief an meinen Großvater, in dem er ihm wieder seine Meinung zu Abläufen und Stimmungen im Allgemeinen und zum Chefredakteur im Besonderen mitteilen wollte. Vor dem Hintergrund der Geschehnisse erklärt sich von selbst, was hier zwischen den Zeilen geschrieben steht.

»Ein Herz und eine Seele – waren wir das je? Bei Gott nicht«, schrieb mein Großvater in seiner Festschrift zum achtzigsten Geburtstag Gerd Bucerius' am 19. Mai 1986. »Und dem Verein zur gegenseitigen Beweihräucherung haben wir auch nie angehört. Unsere gemeinsame Geschichte war eher eine Geschichte der Zusammenstöße und gegenseitigen Verfolgungen. Und am schönsten war es immer, wenn die Beulen verheilt waren oder wir einander nicht erwischt hatten.«

»Das Heft Nr. 52 ist hervorragend«, schreibt Bucerius an »Herrn Nannen« – ein paar Jahre später nennt auch er ihn Peter. »Die Bilder sind schön, das Heft ist ganz weihnachtlich, jeder Beitrag sitzt. Der Erfolg (Auflage 1 300 000 Exemplare) wird durch die Leistung der letzten Monate verständlich.« Im selben Brief mahnt er seinen Chefredakteur an, er solle achtgeben, denn er wolle nicht, »dass der *Stern* jemals mit dem *Spiegel* verwechselt« werde. »Dass mir dieses Blatt immer als ein Makel am deutschen Journalismus erschien, wissen Sie. Sie meinten, auch solch ein Blatt müsse es geben, weil es – Methode hin, Methode her – ›den Schmutz aufräumt‹. Ich dagegen glaube, dass der *Spiegel* den Schmutz nicht aufräumt, sondern nur umherschaufelt. Wer glaubt, dass die Welt nur von der Sucht nach Geld, Sex und Macht getrieben wird, der fühlt sich vom *Spiegel* bestätigt: also die Neidischen, Hämischen.

Nun, Sie wollen natürlich auch den *Spiegel* nicht. Aber dennoch glaube ich, dass auch der *Stern* seit Kurzem bestimmte Linien verfolgt, die schließlich in der Methode enden werden, auf die wir gemeinsam herabsehen.« Er sah im *Stern* ein Blatt, das der »fesselnden und lebendigen Unterhaltung dienen soll«, sich nicht aber dazu eigne, Skandale aufzudecken.

»Zu einem Urteil über komplizierte politische Vorgänge oder zu einer echten Gesellschaftskritik reicht der Apparat des *Stern* nicht aus, wenn man verantwortlich schreiben und nicht dilettieren will (was ich in der Lage Deutschlands für bedenklich halte)«, sagt Bucerius. Auch die *Zeit* würde es sich schwer machen, bevor sie sich ein politisches Urteil erlaube. »Schließlich appelliere ich an Ihre Kameradschaft«, schreibt der Verleger seinem Chefredakteur. »Warum müssen im *Stern* Dinge stehen, die nur so schmerzlich und unerträglich sind?« Musste das alles sein? Das fragte sich der Verleger und drängte den *Stern*-Chef immer wieder, er solle die Politik doch der *Zeit* überlassen. »Peter«, habe er gesagt, »die Marion [Gräfin Dönhoff] hat den Sachverstand und den Apparat«. – »Wieso«, hat mein Großvater im Rückblick gefragt, »fehlte mir der Apparat? Oder der Sachverstand?«

Wo Bucerius seinem Kunden ein Wohlgefühl bereiten, ihn berühren wollte, da wollte Nannen seinen Leser verstören, aufwecken, ihm unter die Haut kriechen. »Sitzt das Kritteln nicht im *Stern* augenblicklich drin?«, fragt Bucerius. »Wenn sich jeder freut, dass Margaret heiratet, dann weist der *Stern* nach, dass und wie der Bräutigam gehurt hat, dass eine seiner Freundinnen eine Fehlgeburt hatte und sein Freund im Zuchthaus sitzt«, kritisiert er im Jahr 1960.

Und immer wieder stand im Vordergrund der vielen Mitteilungen und Gespräche die Sorge um die Auflage, um den Wettbewerb mit der *Quick*, die vor allem auf dem Anzeigenmarkt ein großer Konkurrent war.

Wer also heute davon spricht, dass in der »guten alten Zeit« alles möglich gewesen sei und sich niemand um die Auflage geschert habe, die ja immer gut mit Tendenz steigend war, der hat diese Briefe nicht gelesen, und er hat nicht gewusst, was der Chefredakteur von der Redaktion ferngehalten hat. Jeden Verlust in der Auflage merkt Bucerius an. Fehlen die Nannen-Briefe, das Editorial also, dann schreibt Bucerius einen Brief, in dem er sagt, dass diese Briefe gleich 50 000 Leser mehr bedeuten und dass man darauf nicht verzichten dürfe: »Ich gehe nicht unbeschwert auf die Reise, bitte helfen Sie mir! Diese excellente Redaktion muss in der Lage sein, jede Woche einen Brief an den *Stern*-Leser zu produzieren. 50 000 mehr Leser ist die Prämie, und wir brauchen sie so dringend. Ihre Formulierungsgabe ist so brillant – warum wird sie den Lesern vorenthalten?« In beinahe jedem Brief von Bucerius mischen sich Lob und Tadel. Oft schreibt er: »Ich habe immer – und allen – gesagt: Nannen ist der beste Chefredakteur in Deutschland. Desavouieren Sie mich nicht!«

In diesen Briefen wird um Umfänge, Farbqualität und Kosten für Veränderungen am Blatt gerungen. Immer wieder bemühte mein Großvater mit beißender Ironie die Definition dessen, was Redakteure seien, die er auch Bucerius in einem Brief Ende 1969 zuteil werden ließ: »Redakteure sind Männer, welche die von der Anzeigenabteilung freigelassenen Räume eines Heftes zu den von der Herstellungsabteilung angeordneten Terminen mit einem Stoff füllen, den der Vertrieb zum Wohle des Verlages verkaufen kann.« Er kämpfte um Platz, um Doppelseiten, um die Flexibilität, Seiten noch spät wechseln zu können, und darum, weiterhin mit beiden Händen das Geld zum Fenster hinauswerfen zu können, damit es mit der Schubkarre zur Tür wieder hereinkäme.

Später schreibt Bucerius auch von einer großen Auseinandersetzung, die er mit Nannen wegen einer Geschichte über den sowjetischen Überfall auf die Tschechoslowakei (am 21. August 1968) gehabt hätte. Der *Stern* hatte recherchiert, dass die Bundeswehr währenddessen ihre Sender den Tschechen zur Verfügung gestellt habe. Bucerius hörte von der Geschichte über Dritte, Nannen war auf seinem Schiff und nicht erreichbar, die Regierung in Person des Bundespressechefs Conny Ahlers und Staatssekretärs von Hase aus dem Bundesverteidigungsministerium dementierten. So beschreibt es Bucerius. Tatsächlich war an der Sache offenbar so viel dran, dass der *Stern*, wäre er bei der Aussage seiner Geschichte geblieben, ein Staatsgeheimnis preisgegeben hätte, das erfuhr auch Bucerius später. Bevor mein Großvater zu dem aufgebrachten Verleger fuhr, bei dem die Partner Richard Gruner und John Jahr sich aufhielten, rief er – so hat er es erzählt – Conny Ahlers an. »Ich sagte ihm, dass sein Dementi erlogen sei, dass ich aus Staatsräson allerdings revozieren würde, wenn er mir persönlich zugäbe, dass wir wahrheitsgemäß berichtet hätten. Conny bestritt, aber das Nebengeräusch der Dementiermaschine kannte ich. ›Lüg nicht, gib mir Willy Brandt!‹, forderte ich. Brandt meldete sich. Er sagte weder Ja noch Nein auf meine Frage, sondern nur: ›Genügt es, wenn ich Ihnen sage, dass die Meldung der Bundesrepublik schadet?‹ Es genügte mir, ich nahm das Dementi auf meine Kappe.«

Bucerius schrieb später über diesen Anlass, dass seine »Erleichterung keine Grenzen« gekannt habe. »Damals wurde mir klar, dass Nannen und ich uns einen solchen Streit nur leisten konnten, weil wir genau wussten, dass Chefredakteur und Verleger zusammengehören und dass keiner dem anderen eine unheilbare Wunde zufügen dürfe. Es war nicht unser erster Streit. Jeder hatte gut geendet, obwohl es bei dramatischen Auseinandersetzungen die Regel war, dass der eine dem anderen den Krempel vor die Füße warf!«

Den Krempel hinwerfen – das sah aus dem Blickwinkel meines Großvaters so aus, dass er zum Beispiel bei einer Gelegenheit, als er einen politischen Leitartikel geschrieben hatte, von dem Bucerius hörte und den der nicht gedruckt sehen wollte, erklärte, dann würde an der Stelle eben Weißraum erscheinen. Bucerius hatte zuvor gesagt, er würde die Maschinen anhalten, sollte der Artikel eingeplant werden. Die Reaktion meines Großvaters empfand Bucerius offenbar als Erpressung und hielt dagegen, dass man unter solchen Bedingungen und mit einem Mann, der bei Meinungsverschiedenheiten mit Drohgebärden taktierte, nicht zusammenarbeiten könne. Bei anderer Gelegenheit, als Bucerius schriftlich festhalten wollte, dass »künftig nichts im *Stern* stehen solle, was gegen die begründeten Interessen von Nannen, Gruner, Bucerius« verstoße, war mein Großvater, wie er selbst sagte, außer sich. »Buc«, sagte er demnach, »Sie sind der Verleger, ich bin der Chefredakteur. Wenn Sie glauben, dass ich Ihnen in den Hintern treten will, dann müssen Sie mich rausschmeißen. So ist das nun einmal, das wird Sie ein bisschen Geld kosten, aber den Hut muss ich nehmen. Ohne gegenseitiges Vertrauen läuft da nichts.«

Ob es wirklich das gegenseitige Vertrauen war, das sie aneinanderschmiedete, oder doch eher Interessen, die mit der jeweils anderen Person verbunden waren, sei dahingestellt. Für meinen Großvater war Bucerius, so erschien es mir, seine liebste Herausforderung. Er rieb sich an ihm, und vielleicht wuchs er an ihm auch, das mag sein. In jedem Falle fand sich immer ein Weg. Nicht immer zugunsten meines Großvaters, denn die Hausmacht – und das spürte auch ein Henri Nannen – war bei den Verlegern.

Aber sie stritten auch gemeinsam, Seit' an Seit'. Wegen des Artikels »Wer schützt uns vorm Verfassungsschutz?«, der in der Ausgabe vom 26. Februar 1959 im *Stern* abgedruckt war, stellte das Hamburgische Landesgericht eine einstweilige Verfügung aus, die den Vertrieb des Heftes verbot. »Wir mussten das Blatt an die Kioske bringen, ehe die Polizei es beschlagnahmen konnte«, sagte mein Großvater, der diese Geschichte immer wieder erzählt hat. Das Ganze trug sich an einem Wochenende zu, der *Stern* erschien damals noch montags. Damit die einstweilige Verfügung nicht zugestellt werden konnte, versteckten sich mein Großvater und sein Verleger – erst in der Wohnung von Bucerius' Sekretärin Hannelore Göbel, die Charles-Aznavour-Platten abzuspielen begann, dann in der abgedunkelten Wohnung von Bucerius in Pöseldorf. Meine Großmutter hatte dem Gerichtsvollzieher bereits gesagt, sie wisse nicht, wo ihr Mann sei. Im Verlag waren die Türen verschlossen und die Telefonzentrale nicht besetzt, spätnachts gingen sie auseinander. Am nächsten Morgen klingelte es bei Bucerius an der Haustür, und er öffnete, weil er dachte, dass ein Gepäckträger die Koffer der soeben angereisten Ebelin bringen würde. Da stand der Gerichtsvollzieher, und die einstweilige Verfügung mit dem Vertriebsverbot war zugestellt.

Es war aber ein Sonntag, und in der Druckerei in Itzehoe, wo die Maschinen ungestört weiterliefen, war wenig los. Mein Großvater hatte dafür gesorgt, dass die Telefonzentrale unbesetzt geblieben war. Er erzählte die Geschichte so weiter: Bucerius telefonierte mit dem Hamburger Vertriebschef Schneider und wies ihn an, nach Itzehoe zu fahren, um den Druck zu stoppen. Er selbst beschwor Herrn Schneider aber, auf der glatten Straße unbedingt vorsichtig zu fahren, man sei ja auch für seine Gesundheit verantwortlich. Jede Stunde druckten weitere 40 000 Exemplare des *Stern*. Herr Schneider hatte verstanden und rutschte dann mit seinem Käfer bei Elmshorn urplötzlich in einen Graben und konnte erst Stunden später in Itzehoe auf den Hof der Druckerei fahren. Da waren die LKW schon weg. Beschlagnahmt wurden die nicht verkauften Hefte später trotzdem.

Ich glaube, manchmal gingen sie sich gegenseitig fürchterlich auf die Nerven. Beide haben das auf verschiedene Weise gesagt. Mein Großvater antwortet Bucerius auf dessen Aktennotiz im Jahr 1967, in der es um die neue Sexwelle ging, die offenbar für Auflagenstärkung bei anderen Zeitschriften sorgte. »Lieber Buc, lassen Sie mich dazu etwas sagen: Jedesmal, wenn die Auflage des *Stern* nicht so ganz rosig ist, ertönt mit schöner Regelmäßigkeit vonseiten des Verlages der Schrei nach mehr Sex. Und immer wenn über die Auflage nicht zu klagen ist, wird über die Redaktionskosten gejammert.«

Die *Revue* sah mein Großvater auf einer anderen Rennbahn und wehrte Vergleiche ab. »Sie bezahlen mich dafür, dass ich weiß, wie man auf *unserer* Bahn siegt. Das habe ich nun seit fast zwanzig Jahren mit einigem Erfolg exerziert. Es ist immer gut und verdienstvoll, wenn der Verleger schöpferische Unruhe in seine Redaktion bringt. Aber sowohl in der Programmierung eines Blattes als auch in der Durchführung dieses Programms bedarf es der professionellen Ruhe und

Entschlossenheit. Nur auf den Maria-Theresien-Orden [den höchstrangigen Tapferkeitsorden des Militärs unter Maria Theresia von Österreich] möchte sich ein Chefredakteur nicht verlassen.«

So ging es jahrzehntelang hin und her. Und dieses Zusammenspiel, das Kräftemessen, das gegenseitige Beraten, das Diskutieren und das Ringen um die besten Ergebnisse bildeten den Rahmen für den Erfolg des *Stern*. Als Bucerius seine Anteile tauschte, blieb er, und das hatte mein Großvater ihm bei seinem »Ausscheiden« bittend mit auf den Weg gegeben, »in der Nähe« des *Stern*.

Bucerius und Gruner gehörte also von 1951 bis 1965 der *Stern* allein, dann kam John Jahr dazu. Später schied Gruner aus, Reinhard Mohn übernahm, Ernst Naumann hielt kurzfristig 5 Prozent, bis am Ende auch Bucerius seine Anteile aufgab, sodass bis heute die Jahrs und als Hauptanteilseigner Bertelsmann den *Stern* ihr Eigentum nennen können. Aber ganz gleich, wie die Eigentumsverhältnisse am Ende waren – gefühlt war es immer Nannens *Stern*. Und wenn die Bemerkung erlaubt ist: auch unserer. Das Blatt gehörte zur Familie. Es kam, damals noch in dicke Pappe gerollt, zu uns nach Hause, groß im Format, dick, schwer. Jede Woche. Und vorn prangte das Porträt meines Großpapas, der in seinem Editorial zu dem »Lieben *Stern*-Leser« sprach. Als Kind hatte ich keine Vermutung, der *Stern* könnte nicht meinem Großvater gehören. Und wenn ich ihn im »Affenfelsen« besuchte, machte niemand den Eindruck, als wäre er anderer Meinung.

Das liegt mit Sicherheit auch an der Haltung, am Selbstverständnis meines Großvaters. Er hat sich nie als Angestellten gesehen. Auch wenn er später geradezu in tiefes Selbstmitleid darüber verfallen konnte, dass ihm der Laden nicht mehr gehörte, so erzählt es ein Mitarbeiter.

Einmal, in den Siebzigern, musste mein Großvater zwei Wochen auf seine Vertragsverlängerung warten – die war nicht in der Post, und das war nicht üblich. Er wurde unruhig und sprach darüber mit Andi Elten: »Wissen Sie, Andi«, sagte er, »ich habe noch nie in meinem Leben Misserfolg gehabt, ich weiß gar nicht, wie ich damit umgehen sollte, wenn der Vertrag jetzt nicht käme.« Das war auch etwas, das ihn und damit den *Stern* über die vielen Jahre hinweg prägte: Erfolg. Er war an Erfolg gewöhnt. Der ist ihm nicht geschenkt worden, das nicht. Aber er kannte es auch irgendwann nicht mehr anders. Und der *Stern* auch nicht.

Alles, was in ihm war, ging in den *Stern*. Er hat ihn nicht nur gemacht, er hat ihn geschaffen. Mit zuerst sechs Leuten, die halbwegs den Krieg überstanden hatten. Die hungerten, froren, kriegsversehrt waren – Günter Dahl zum Beispiel ist im Bombenhagel von Berlin verwundet und dann verschüttet worden, sodass er hinkte, stotterte und eine Gesichtslähmung hatte. Sie besaßen nicht viel mehr als das, was sie mit sich trugen. Hart im Nehmen allesamt, nicht nur, was die Bugwelle ihres Chefs anging, die sie alle hin und wieder traf.

Henri Nannen selbst hatte die Schrecken des Krieges im Nacken, und der wollte jetzt etwas mit dem anfangen, was er am besten konnte: Geschichten verkaufen. Ob er damals allerdings schon wusste, dass er das, was er konnte, um ein Vielfaches besser zu tun vermochte als andere, weiß ich nicht. Sein Fokus war vielleicht noch anderswo. Auch er hungerte in den ersten Jahren, er wog 62 Kilo, als er in Hannover ankam. Er wurde krank, hatte Hungerödeme. Und er hatte noch seine Familie zu versorgen. Zunächst war es alles eher Pflicht als Kür. Er wird es dennoch rasch herausgefunden haben, denn seine Art, Zeitung zu denken, funktionierte, sobald er selbst das Sagen hatte. Es war nicht nur seine Verbundenheit mit diesem Blatt, die den Satz »Der *Stern* ist Nannen« geprägt hat. Mein Großvater war mit Herz und Verstand Journalist. Er selbst sagte später einmal in einem Interview, dass es mit dem Journalismus genauso sei »wie mit der Kunst und der Liebe: Man ärgert sich, oder man ist hingerissen. Auch wenn man sich aufregt, ist daran zu sehen, dass einen die Geschichte fasziniert.«

Klaus Liedtke, der viel später erst in Hamburg in die Redaktion kam, erzählt mir: »Er hatte diese bedingungslose Begeisterung, die Leidenschaft fürs Blattmachen und für alles, was mit Publizistik und dem *Stern* zu tun hatte.«

So wie ich ihn kenne, denke ich, dass er mit der Zeit einfach davon ausging, zu den Besten zu gehören. Daran war vielleicht auch Hybris, bestimmt ein starker Überlebenswille, auf jeden Fall aber sein ausgeprägter Perfektionismus schuld. »Es ist schwer auszumachen, wo bei Nannen die Grenze war zwischen Besessenheit und Selbstdarstellung. Beides ging ineinander über«, sagte Günter Dahl. »Was da wie Selbstdarstellung aussah, war die Überzeugung, wegzuwollen vom lehrhaften Journalismus.«

Wahr ist, dass er oberlehrerhaftes Verhalten nie leiden konnte. Das Exposé in Hannover dokumentiert dies. Warum etwas so und nicht anders sein konnte, wollte mein Großvater erklärt und nicht verordnet haben. »Er will einen Journalismus, der die Kräfte des Lesers mobilisiert, ihn zum selbst entscheidenden mündigen Leser macht. Nannen will nicht nur auf den Leser wirken, er will auch den Leser auf sich wirken lassen.« So hat es Gerd Bucerius gesagt.

Der Chefredakteur Nannen fühlte sich nicht angegriffen, wenn ein Redakteur ihm nicht »folgte«. »Wenn Sie bei Ihrer Meinung bleiben, Herr Nannen, dann schreiben Sie das gefälligst selbst. Ich tue es zumindest auf keinen Fall.« Solche Sätze konnten schon fallen, wenn heftig diskutiert wurde. Er ging von dem Grundsatz aus, dass diskutieren muss, wer Journalist sein will. Mehr noch, dass diskutieren muss, wer Demokratie lernen und leben will. Dass man bei allen freiheitlichen Gedanken auch Geld benötigt, um ein Magazin wie den *Stern* auf dem Markt zu halten, war auch einem Henri Nannen klar. Not macht erfinderisch. Und die ersten *Stern*-Jahre waren von argen existenziellen Nöten geprägt.

Was er für die Aufgabe des *Stern* hielt, beschrieb mein Großvater am 20. Mai 1949 in einem Artikel für die Fachzeitschrift *dnv – der neue vertrieb* – noch einmal präziser: »Der *Stern* will nicht mehr und nicht weniger sein als eine echte ›Illustrierte‹. Das bedeutet Verzicht auf jede Lenkung und Beeinflussung des Lesers durch irgendeine Idee oder Weltanschauung. Wenn die politisch oder weltanschaulich gebundenen Blätter uns vorwerfen, wir hätten keine ›eigene Meinung‹, und verträten keinen ›eigenen Standpunkt‹, unserer Arbeit fehle daher der ›moralische Hosenboden‹ – so meinen wir, dass der moralische Hosenboden der Wahrheit, der Objektivität und der Unabhängigkeit uns vollauf genügt. Wir halten unsere Leser für nicht so dumm, dass wir ihnen eine bestimmte Meinung vorkauen müssten. Wir wollen ihnen die Tatsachen so geben, wie sie sind. Mögen sie sich selber ihren Vers daraus machen. Um aktuell zu sein, heißt es, den Geschehnissen immer auf den Fersen zu bleiben und die Hand dauernd am Puls der Zeit zu haben. Das gilt nicht nur für die äußeren Ereignisse, für Sensationen und Katastrophen, Entdeckungen und Erfindungen, Präsidentenwahlen und Modeschauen, Autorennen und Filmbälle und was dergleichen Anlässe immer sein mögen – das gilt auch für die geistige und gefühlsmäßige Entwicklung der Zeit und ihrer Menschen. Man muss wissen, was die Stunde geschlagen hat, man muss aber auch fühlen, was unter der Oberfläche des Tagesgeschehens an unausgesprochenen Gefühlen, Ängsten und Sehnsüchten lebendig ist. Man muss aussprechen und ansprechen können, was in den meisten Menschen noch unbewusst und ungeklärt sein Wesen hat, und der schönste Erfolg ist gegeben, wenn der Leser plötzlich sagt: ›Siehst du, d a s ist es, so etwas Ähnliches habe ich mir auch schon immer gedacht (oder gewünscht oder gefürchtet).‹

Die Engländer haben für diese Art Journalismus ein treffendes Wort geprägt, das sich nur schwer ins Deutsche übertragen lässt – ›*human interest*‹, wörtlich etwa ›menschliches Interesse erweckend‹.«

Über die Jahre hat mein Großvater wohl doch eine Übersetzung gefunden. Sie lautete: ein Blatt für Lieschen Müller.

Der *Stern* und die große Lust

Der *Stern* war Nannen. Hieße das nicht auch, dass das Blatt sein Spiegel war? Dass die Bilder, Geschichten, Themen Aufschluss über ihn geben? Ist das so? Beim Öffnen der »Wundertüte« – wie mein Großvater den *Stern* nannte – fallen so viele Bilder und Geschichten heraus, dass jeder, der heute den Namen hört, wohl etwas anderes vor Augen hat. Der eine denkt an die ersten deutschen Sternchen, an Hildegard Knef, an Liselotte Pulver, an Marilyn Monroe und an Shirley MacLaine, der zweite an die Ostpolitik, an Willy Brandt und an die Gegner – Franz Josef Strauß zum Beispiel. »Der *Stern* hat doch die Madonna von Volkach gerettet!«, wissen noch viele. Den Nächsten imponiert der freie, selbstbewusste *Stern*, der mit dem erzkonservativen Gerhard Löwenthal am Tisch saß und durch dichten Zigarettenqualm vor zwanzig Millionen ZDF-Zuschauern brüllte: »Halten Sie den Mund, Herr Löwenthal!« Ach nein, das war ja nicht der *Stern*, das war Henri Nannen.

Und wieder ein anderer hat noch all die Titelbilder von nackten Frauen vor Augen, die die Nächste als sexistisch in Erinnerung hat. Einer schwelgt in Erinnerungen an Soraya, der Nächste verteufelt den *Stern* dafür, dass er gegen den Schah Meinung machte und den Muff aus den Talaren schütteln half, während andere ihn bejubeln, weil er für das Recht auf Abtreibung eingetreten ist. Aus manchen Köpfen verschwinden die Bilder der ermordeten Israelis im olympischen Dorf in München nicht, das Crew-Tagebuch des Fluges LH 181 (die Maschine hieß *Landshut)* ist in ihnen präsent.

Die ersten Fotos des neuen VW waren im *Stern*. Und der Mercedes 220 wurde hier zum ersten Mal öffentlich Probe gefahren und dabei auf Fahrgeräusche, Lenkprobleme und allerlei anderes getestet, das dem Leser wichtig sein könnte, wenn er in dem Auto säße.

Brennt in der Hölle wirklich ein Feuer?, fragen sich vielleicht heute noch Katholiken seit dem so betitelten *Stern*-Artikel, der politisch für solch einen Aufruhr sorgte, dass Verleger Gerd Bucerius in dessen Folge aus der CDU austrat. Und manche sagen nur: *Stern*? War das nicht die Sache mit den Hitler-Tagebüchern?

Bilder, Geschichten, Leben – so viele Tabus, die benannt und übergangen wurden, so viel Meinung und Gegenhaltung, so viele Grenzen, die der *Stern* verrückt oder überschritten hat. So viel Aufruhr. Mancher Streit. Mancher Irrtum. Alles Nannen? Was offenbar allen bleibt, ist dieses Gefühl, dass der *Stern* jeden etwas anging. Dass der *Stern* bewegte, die Leser bewegte und eben auch im Land etwas bewegte. Und warum das so war, ist die Frage, der hier nachzugehen ist.

Mein Großvater hat einmal zu mir gesagt, dass es darum ging, etwas zu verbessern, nicht einfach mit dem Ist-Zustand zufrieden zu sein. Vielleicht meinte er auch, ›seinen Frieden zu schließen‹. Und dabei ist eben auch er nicht an seinen Vorstellungen von 1948, als der *Stern* am 1. August in erster Auflage ausgeliefert wurde, hängen geblieben. »Was schert mich mein Geschwätz von gestern«, hat er öfter als Konrad Adenauer gesagt und es auch so gemeint, weil er das Gestern nicht mehr hätte verändern können. »Nur dumme Leute reden zwanzig Jahre lang immer dasselbe.« Auch so ein Nannen-Spruch, den er oft wiederholte. Der private Nannen, der sich immer wieder neue Leben aufbaute, der an seiner Lebensgeschichte feilte, damit sie sich irgendwann doch einmal so erzählen ließe, wie er es sich gewünscht hatte, das war auf der anderen Seite der Journalist Nannen, der immer etwas am Heft zu verändern hatte, der aber das Blatt nicht las, wenn es einmal fertig war.

Niemand durfte darin lesen, wenn er dabei war. Das nahm solche Formen an, dass er im Flugzeug um einen anderen Platz bat, wenn jemand neben ihm den *Stern* las. Mein Großvater hätte einfach nicht gewusst, was er tun soll, wenn der Nachbar eine Geschichte einfach überblättert hätte.

Der Ehemann, Partner, Freund, Vater Nannen ging weiter, wenn er das Gefühl hatte, dass sich sein Traum nicht erfüllte. Der *Stern*-Chef erfüllte sich seine Träume und ging dann weiter. Er konnte blitzschnell analysieren, neu denken und wirbelte in Texten herum, dass seinen Redakteuren die Wut kam – und noch dazu fand er jeden Fehler. Manchmal war er zu schnell für sie. Manchmal verrannte er sich. Er war keiner, der sich aufhielt. »Das ist eine Sache des Temperaments«, sagte mein Großvater. »Ich bin keiner, der leise ›und könnte man es nicht vielleicht so machen‹ sagt.« Es gebe gewisse Dinge, über die könne man verschiedener Meinung sein, und solche, bei denen keine Debatte zulässig sei. »Es gibt keine Diskussion darüber, ob man, wenn man etwas anmalt, mit der mageren Farbe anfängt und mit der fetten aufhört. Darüber lasse ich nicht diskutieren, denn das weiß ich.«

Willy Brandt hat meinem Großvater zum fünfundsiebzigsten Geburtstag am 25. Dezember 1988 ein Telegramm geschickt. »Journalismus kann abdanken, wenn er harmlos wird«, hat er darin geschrieben. Harmlos war der *Stern* nie. Nicht einmal in den Anfangszeiten, in denen das Blatt noch ein Blättchen war, braun-weiß gedruckt wurde, in kleinem Format. Als der Leser noch die Nase voll hatte von Staat und Führenden, aber gleichzeitig auch so sehr an autoritäre Staatsformen gewohnt und damit so obrigkeitsgläubig war, dass ihm Politik und der Wille, diese mitzugestalten, noch nicht so nah waren wie in späteren Jahren.

Mein Großvater war nicht harmlos. Er hatte auch kein Mittelmaß, nichts, das in ihm einfach nur nett, freundlich, schön oder andererseits leicht betrübt, verstimmt gewesen wäre. Bei ihm waren Dinge »fabelhaft«, »wunderbar« »grauenvoll« oder auch mal »todtraurig«. Seine Stimme konnte die Klangfarbe verändern. Er hatte für jede Stimmung einen Ton. Und er setzte diese Töne ein. Seine Gefühle schienen direkt aus ihm in seine Artikel, aber auch in die Redaktion zu fließen. Klaus Liedtke, Reporter, Auslandsressortleiter und in der Post-Nannen-Ära Chefredakteur, erinnert sich an »diese radikalen, diese extremen Gefühle, die man damals mit seiner Arbeit und mit dem *Stern* verband«.

Dass mein Großvater eine solche Atmosphäre um sich herum entstehen ließ und dazu genoss, lag auch daran, dass er selbst keine gängigen Maße kannte. Das hört sich seltsam an, ist aber nicht im übertragenen, sondern im direkten Sinne gemeint. Es gab Maße und Regeln, deren Sinn er auch nicht verstand. Ich weiß noch, wie er einmal zu meinem Geburtstag nach Hamburg kam. Wir saßen bereits bei Tisch, er kam zu spät. Da stand er dann plötzlich und hatte einen Blumenstrauß in der Hand, auf den er augenscheinlich sehr stolz war. Ich kann mich nicht mehr ganz genau daran erinnern, wie alt ich wurde, vielleicht siebzehn. Jedenfalls war es eine ungerade Zahl von Jahren, und die hatte meinem Großvater zu schaffen gemacht. Er hatte auf dem Weg bei einem Blumenladen angehalten und mit der Verkäuferin gerungen. Sie wollte die Rosen nur im Bund verkaufen. Und das Bund zählte zwanzig Blumen. Er wollte einen Strauß roter Rosen, jedoch siebzehn. »Aber dann haben Sie doch drei mehr«, sagte die Floristin. »Ich habe die falsche Anzahl Blumen«, sagte er. »Dann nehmen Sie doch die weißen, die gibt es einzeln.« – »Dann habe ich die falsche Farbe.« Rosen nur im Bund kaufen zu können, ergab für ihn überhaupt keinen Sinn. Ich verstand ihn damals nicht wirklich.

Aber im Grunde hatte er natürlich recht. Wer bestimmt denn, dass es Bundrosen nur im Bund gibt? Wer sagt denn, dass die Welt so sein muss, wie wir sie akzeptieren? Besonders in den kleinen, scheinbar unwichtigen Details, aus denen unser Alltag aber doch zusammengesetzt ist. Zu schweigen von den großen. Es ist mir noch oft so gegangen mit meinem Großvater. Er hat mich immer wieder über diese einfache Frage nachdenken lassen. Offenbar sah er die Welt mit anderen Augen. Er ließ sich den Blick nicht durch Vorurteile oder Fakten verstellen. Nicht alles als gegeben hinzunehmen, ist etwas, das man sich von ihm abgucken konnte. Vielleicht ist diese eigene Art, an das Leben heranzugehen, das, was Andi Elten, der Anfang der Sechzigerjahre zum *Stern* kam, mit dem Wort »Lebendigkeit« beschreibt. »Das Wichtigste ist, dass der Nannen total lebendig war in einer Welt, in der immer mehr Menschen wie Automaten durch die Gegend laufen und eine unheimliche Unlebendigkeit herrscht«, sagt mir Elten, als ich ihn zum Gespräch in seinem Garten in Mecklenburg treffe. Vic Schuller hat es mal so gesagt: »Nannen bleibt im dichtesten Verkehr stehen, um in einen Laden zu gehen und einen Liter Milch zu kaufen, wenn er durstig ist. Das ist keine Rücksichtslosigkeit bei ihm, er ist einfach vollkommen ungeniert.« Mein Großvater war jemand, der in der Hitze eines New Yorker Hotelzimmers splitternackt an der Schreibmaschine sitzen konnte und sich nicht daran störte, wenn Kollegen, auch Sekretärinnen dabei waren. Und er schloss auch nicht die Gardinen, wenn er sich zu Hause umzog. »Wieso sollte ich?«, sagte er. »Wenn die anderen sich daran stören, sollen sie doch nicht hingucken.«

Dem *Stern* hat es geholfen, der profitierte von diesem Spiel mit Grenzen. Hätte mein Großvater Bedenken und Befindlichkeiten gehabt, wie man sie normalerweise kennt, die ihn und dann die anderen gebremst hätten – der *Stern* wäre wohl nicht geworden, was er wurde.

Der *Stern* sei erst in den Sechzigerjahren politisch geworden, heißt es immer wieder. Erst dann habe er sich mit harten Themen beschäftigt. Erst dann habe das Blatt Haltung bewiesen. Auch wenn die politische Hoch-Zeit des *Stern* sicherlich in den Sechzigern beginnt, so ganz richtig ist die Aussage nicht. Nicht nur, weil Nannen und Heise es schon in ihrem Exposé für die Briten anders formuliert hatten. Wenn es um Meinung und um scharfe Auseinandersetzung ging, dann war mein Großvater schon früh dabei, auszuteilen.

Natürlich ist wahr, dass der *Stern* nach dem Relaunch 1959 vielmehr dem glich, was die meisten im Sinn haben, wenn sie an den *Stern* denken. Damals wurden das Logo und das Format verändert, das Braun verschwand, man druckte schwarz auf weiß, Farbe kam ins Heft, wenn auch nicht gleich auf jeder Seite und nicht in heute gewohnter Vielfalt, und Henri Nannen hatte den streng konservativen Wiliam S. Schlamm als Kolumnisten verpflichtet, der politisch so lange polarisierte, bis es selbst dem Chef zu viel wurde.

Aber der *Stern* war immer politisch. Er war immer kritisch. Und er interessierte sich schon immer für seine Leser. Wenn es gut lief, tat er all das auf einmal. Alles, was der *Stern* in den Fünfzigerjahren war, war er auch später noch. Und genau damit war er typisch Nannen. Ein paar Beispiele:

1950, in der Ausgabe Nr. 53, legten sich die *Stern*-Leute mit den Siegermächten an. Sie hatten ausgerechnet, was den deutschen Steuerzahler die »Bewirtung« der Besatzer kostete. Unter dem von Ernst Tollers Reportagestück abgewandelten Titel »Hoppla, wir leben! (auf Besatzungskosten)« zeigte das Blatt mit vielen Fotos, wie der französische Besatzer, Hoher Kommissar André François-Poncet, wohnte. »Nun, damit sind wir schon mittendrin in dem, was uns ein wenig allzu sehr nach den unzeitgemäßen Siegerallüren militärischer Besatzer schmeckt, denn wo anders als in Feindesland wohnen die Generäle in Luxusschlössern für 3,8 Millionen Mark, wo anders als in Feindesland schlafen die Gattinnen in Betten, die mit koreanischem Ziegenleder ausgeschlagen sind, wo anders lassen sich die Gouverneure ›sechsmotorige Schreibtische‹ für 85 000 Mark anfertigen, wo anders statten sie ihre Empfangsräume mit Teppichen für 16 200 Mark und ihre Esszimmer mit Möbeln für 12 884 Mark aus – und das alles auf Besatzungskosten?«, fragte Nannen. »Nun, das geschieht nirgendwo anders als in Deutschland. Fast sechs Jahre nach Kriegsende.«

Der *Stern* hatte die Anfrage des damaligen Abgeordneten Franz Josef Strauß am 27. Oktober 1950 im Bundestag zum Anlass genommen, genauer nachzuschauen. Strauß hatte wegen einer angekündigten Aufstockung der Besatzertruppenkontingente, was die Besatzungskosten von 4,6 Milliarden auf 8 Milliarden Mark erhöhen sollte, gefragt, ob es zutreffe, dass »aus Besatzungskosten allein 66 000 deutsche Kraftfahrer bezahlt würden«. Was wurde eigentlich noch alles von den Besatzungskosten bezahlt?, fragten sich nun Nannen und seine Leute. US-Oberkommissar McCloy hatte verlauten lassen, »es sei kein Picknick, als Besatzung in einem fremden Land zu leben«, sie wären lieber zu Hause.

Fünf Jahre später sprach der Reporter Ernst Grossar in Genf mit dem sowjetischen Ministerpräsidenten Bulganin, weil der noch ein wenig Zeit vor dem Abendessen hatte, zu dem sich sein französischer Kollege Edgar Faure um eine halbe Stunde verspätete. Grossar saß Wodka trinkend bei Bulganin, und es gelang ihm – auch weil er ganz gut Russisch sprach –, dem Russen immer wieder eine die Deutschen bewegende Frage zu stellen, bis der am Ende nicht mehr auswich und sie beantwortete: »Besteht noch eine Hoffnung auf die baldige Wiedervereinigung Deutschlands?« Bulganin sagte: »Ein Volk wie das deutsche kann natürlich nicht auf die Dauer in zwei Teile gespalten bleiben. Aber Sie werden verstehen, dass eine Wiedervereinigung Deutschlands ohne die Lösung der anderen schwebenden Fragen nur eine halbe Sache wäre. Deshalb haben wir zunächst die Schaffung eines Systems der kollektiven Sicherheit unter Einschluss aller europäischen Nationen sowie der Vereinigten Staaten von Amerika vorgeschlagen.« Als Grossar einwandte, dass die Einigung über Deutschland doch auch ein erster Schritt auf dem Weg sein könnte, machte Bulganin klar, dass es eben nicht geschehen könne, wenn von der Bewaffnung und Wiedervereinigung Deutschlands nur die Nato profitieren würde. »Schließlich kann man uns doch nicht zumuten, dass wir auf diese Weise selbst zur Stärkung der militärischen Gruppierungen der Westmächte beitragen.« Die Wiedervereinigung könne nur schrittweise und durch Verhandlungen Wirklichkeit werden.

Ein paar Wochen später, im Spätsommer, trafen Grossar und Bulganin wieder aufeinander. Diesmal in Moskau. Und diesmal war Henri Nannen dabei. Das Foto, das der *Stern*-Reporter von sich und dem russischen Ministerpräsidenten in Genf von einem Kollegen hatte aufnehmen lassen, wurde in Moskau zur Eintrittskarte für ihn und seinen Chef, Henri Nannen. Nur so war es für meinen Großvater möglich, sich am 12. September 1955 auf dieser schon erwähnten Treppe nach vorn zu schieben. Bulganin hatte ein paar Tage zuvor ein Essen für die Gäste gegeben, und auch Ernst Grossar wurde in den Park seiner Datscha eingelassen. Als sich die Herren für ein Foto aufstellten, rief der Russe dem Reporter zu: »Wir kennen uns doch aus Genf! Ich habe übrigens das Bild von uns beiden im *Stern* gesehen und unser Gespräch wieder gelesen. Aber was Sie da von meinem fließenden Deutsch geschrieben haben, das war reichlich übertrieben!«

1957 macht sich mein Großvater wieder auf den Weg nach Russland. Gemeinsam mit Joachim Heldt und Fotoreporter Eberhard Seeliger fährt er mit einem Mercedes Cabrio, das Daimler Benz ihm für die Tour zur Verfügung gestellt hat, und einem Begleitfahrzeug vier

Wochen lang durch die Sowjetunion. Gemeinsam fahren sie und der Dolmetscher durch das Land, in dem Eberhard Seeliger noch vierzehn Jahre zuvor als Obergefreiter im Dreck lag und zu dem auch Henri Nannen eine besondere Beziehung aus Kriegszeiten hat. Auf dieser Reise wurden die drei wie Freunde empfangen. Das vermittelten sie auch in ihren Geschichten, die sie mit zurückbrachten. Allerdings mussten sie sich diese Freundschaft mitunter hart erkämpfen: So im ersten Hotel nach 580 Kilometern russischer Rollbahn, in Kursk. Die Mannschaft des Hotels, einschließlich des Hoteldirektors, begrüßte die Deutschen mit einer Alkoholfahne. Dann tranken die Journalisten mit, Wodka aus Wassergläsern. »Ich höre sie noch draußen auf dem Flur singen, der Direktor in der Mitte«, schrieb Heldt über diesen Abend. »Dann beginnt sich mein Zimmer zu drehen. Ich warte, bis das Bett vorbeikommt. Und springe hinein.«

Russland blieb für meinen Großvater immer eine Herzensangelegenheit. Er fühlte sich mit dem Land und mit seinen Leuten verbunden. Manchmal sprach er davon, wenn wir spazieren gingen. Ich weiß nicht, ob es nur die Schuld des Krieges war, die den Deutschen für die Russen mitempfinden ließ. Es klang nach mehr.

Auf der Tour mit dem Mercedes 190 SL kamen die drei sehr nah an die Bevölkerung heran. Nannen, mit dem roten Auto vorn, konnte ab und an den Dolmetscher Slawa ablenken, sodass die Kollegen hinten auch Motive fotografieren konnten, die nicht in das Bild passten, das die Staatsführung gern nach außen abgegeben hätte. In Minsk durften sie bei einem sowjetischen Autorennen mitmachen und fuhren, o Wunder, die schnellste Runde. In Jalta besuchten sie die ehemalige Sommerresidenz des Zaren, den Liwadija-Palast, 1957 ein recht ramponiertes Sanatorium, wo gut zwölf Jahre zuvor die Jalta-Konferenz abgehalten und das Schicksal Deutschlands besiegelt worden war. Danach winkten sie Nikita Chruschtschow beim Baden zu, der dort gerade Urlaub machte und sich von ihrem Boot, auf dem sie herumschipperten, nur wenig stören ließ. Und all das brachten sie zu ihren Lesern nach Hause. Nicht nur deshalb, weil viele von ihnen nie hierhergereist waren und die Eindrücke aus einer fernen Welt konsumieren wollten. Sondern vor allem deshalb, weil andere von ihnen hier tatsächlich gewesen waren oder weil sie Verwandte oder Freunde hatten, die an der Ostfront gekämpft hatten. Zu sehen, was hinter dem Vorhang war, der damals noch nicht eisern schwer fiel, war den Lesern die 50 Pfennig für den *Stern* wert.

Eine Figur ist aus dem *Stern* der Fünfzigerjahre allerdings auch nicht wegzudenken. Ich habe sie schon erwähnt, und ihr Name fällt immer dann, wenn es darum geht, dem Blatt Leichtigkeit vorzuhalten. Die Rede ist von Prinzessin Soraya, der Frau des letzten iranischen Schahs, Mohammad Reza Pahlavi. Nicht nur der *Stern*, auch die Konkurrenten *Quick* und *Revue* sowie die deutschen Tageszeitungen stürzten sich auf ihre Geschichte, weil sie wirklich alles hatte, was eine gute Unterhaltungsstory brauchte.

Soraya war perfekt. Auch wenn das anfangs gar nicht alle *Stern*-Redakteure so sahen. Sie war die atemberaubend schöne neunzehnjährige Tochter des Fürsten Khalil Esfandiary Bakhtiary, der zu den mächtigsten Familien in Iran gehörte und zugleich kaiserlich-iranischer Botschafter in Deutschland wurde. Ihre Mutter war die in Moskau geborene Berlinerin Eva Karl, eine Verkäuferin. Für den Schah war Soraya eine gute Partie, als er sie 1951 heiratete. Sie sprach Persisch, Deutsch, Französisch und Englisch, war in den besten Internaten der Schweiz und Englands zur Schule gegangen, und ihre Familie galt als eine der vornehmsten. Sie war modern, und für den *Stern*-Leser war sie fast schon eine deutsche Prinzessin, »ihre kaiserliche Hoheit«.

Bald verlangte die Dame beim Friseur, die Haare so gelegt zu bekommen wie Soraya. Sie fuhr mit ihr in den Urlaub, und sie begann, mit ihr zu leiden, als Soraya unglücklich wurde. Der Schah vergnügte sich mit anderen Frauen, sie bekam keine Kinder, und das Ende vom Lied war, dass die Opposition ihn unter Druck setzte, er solle sich unter diesen »kinderlosen Umständen« von Soraya trennen.

Sie hatte alle Zutaten für den *Stern* – dass sich aber ausgerechnet an ihr eine ernste politische Frage entzünden würde, die die Illustrierte vor Gericht und die Bundesregierung in Bedrängnis bringen würde, war nicht abzusehen. Unter dem Titel »Lex Soraya« ist der Versuch der deutschen Regierung in die Geschichte eingegangen, ein

Gesetz zu verabschieden, das es der Presse verbieten sollte, über ausländische Prominente und deren Privatleben zu schreiben, sofern dadurch Interessen der Bundesrepublik betroffen wären. Ein Eingriff in die Pressefreiheit.

Der Grund: Der *Stern* hatte immer wieder über das Leben des Paares, über Sorayas Tränen, über die Umstände dieser Ehe berichtet. Das taten andere auch, aber der *Stern* veröffentlichte am 19. April 1958 eine Geschichte von Hans Wehrle und Gerd Heidemann. Unter dem Titel »Tausendundeine Macht – Seit Soraya den Kaiserhof verließ, streiten sich die starken Männer Teherans um Liebe, Öl und Golddukaten« deckten die Reporter auf, wie die Machtverhältnisse in Iran waren, schrieben, dass der Schah nur »ein Spielball ist, der von den zahllosen Mächten, die um Einfluss und Geld und Öl streiten, hin und her gefedert wird« und dass die Scheidung auf einflussreiche Ratgeber zurückzuführen sei, die einen antiamerikanischen Kurs fuhren. Dazu komme, dass er die Trennung von Soraya recht gut verkraften würde, denn: »In seinen privaten Stunden weiß der Schah die Freuden des Lebens voll zu schätzen. Wenn er mit Freundinnen zu seinen Sommersitzen fliegt, kann er auch jetzt noch lachen.«

In Teheran zeigte man sich verschnupft, der Artikel wurde als Hoheitsbeleidigung empfunden. Man wandte sich an die deutsche Regierung. Der damalige Außenminister Heinrich von Brentano wollte das angeknackste deutsch-iranische Verhältnis reparieren und für die Zukunft Präventivmaßnahmen ergreifen. Deshalb ließ er es zu, dass der *Stern* wegen des Artikels angeklagt werden durfte. Wegen »Beleidigung« musste sich das Magazin vor dem Hamburger Landgericht verantworten, doch die Richter stellten das Verfahren bald ein.

Aber die Regierung Adenauer war aufgescheucht. Der persische Botschafter, Khalil Esfandiary, also ausgerechnet Sorayas Vater und damit des Schahs Exschwiegervater, musste den Zorn der persischen Regierung in Bonn überbringen. »Die Ehre des Schahs und der iranischen (persischen) Regierung« sei durch den Artikel angegriffen worden, ließ Iran verlautbaren. Brentano hatte dem Kanzler ausgemalt, wie einschneidend der Abbruch der diplomatischen Beziehungen sein könnte. Persien könnte sich der DDR zuwenden. Adenauer ließ sich offenbar überzeugen, denn in Eile wurde ein Zusatz zum § 103 StGB formuliert, der ausländische Staatsoberhäupter, Minister und Botschafter vor »Beleidigung« und »verleumderischer Beleidigung« schützen sollte:

»Wer öffentlich in einer Versammlung oder durch Verbreitung von Schriften, Schallaufnahmen, Abbildungen oder Darstellungen eine herabwürdigende Behauptung tatsächlicher Art aufstellt oder verbreitet, die das Privat- oder Familienleben eines ausländischen Staatsoberhauptes oder eines seiner Angehörigen betrifft und geeignet ist, die auswärtigen Beziehungen der Bundesrepublik Deutschland zu stören, wird ohne Rücksicht darauf, ob die Behauptung wahr oder unwahr ist, mit Gefängnis bis zu zwei Jahren oder mit Geldstrafe bestraft. Eine Beweiserhebung über die Wahrheit der Behauptung ist unzulässig.«

Die »Lex Soraya« sollte es Journalisten fortan untersagen, über Privatangelegenheiten von ausländischen Staatsoberhäuptern und deren Familien zu berichten, sofern die Berichte die Belange der Bundesrepublik Deutschland betreffen könnten. Das Bundeskabinett hatte zwar den Gesetzesentwurf eingebracht, aber schon bei der ersten Abstimmung im Bundesrat wurde der Zusatzparagraf einstimmig abgelehnt. Der Bürger könne nicht mit Bestimmtheit erkennen, wann er sich strafbar mache, urteilten die Ländervertreter. Das komme einer Zensur gleich.

Im selben Jahr hatte der *Stern* mit der Verteidigung der »eigenen« Pressefreiheit alle Hände voll zu tun. »Wer schützt uns vorm Verfassungsschutz?«, fragte Meinhardt Graf von Nayhauß in der Ausgabe Nr. 8, 1959 zum zweiten Mal, nachdem eine erste Geschichte unter demselben Titel 1954 bereits Furore gemacht hatte. Um der einstweiligen Verfügung zu entgehen, versteckten Bucerius und mein Großvater sich, wie berichtet, in Bucs Wohnung. Diese Ausgabe des Heftes wurde später beschlagnahmt. Der *Stern* war verboten. Und der Aufschrei in der Öffentlichkeit vernehmbar.

Am 4. März 1959 sprang Rudolf Augstein Henri Nannen in einem *Spiegel*-Artikel zur Seite: »Aber die Beschlagnahme der Nummer 8 des *Stern* mit dem Verfassungsschutz-Artikel ist mir in die Glieder gefahren. Das verbohrte Streben der Bundesregierung, die Freiheit der

Kritik zum Schweigen zu bringen, ist wohl noch nie so eklatant in Erscheinung getreten. Zum ersten Mal in zwölf Jahren, und nicht in eigener Sache, geben wir Alarm: ›Rettet die Freiheit!‹ – rettet sie gegen die, die ihr gewählt habt.«

Der *Stern* »will über die Sauberkeit im öffentlichen Leben wachen«, hatte mein Großvater in einer Fernsehsendung Jahre zuvor erklärt. »Wenn die Vertreter der sogenannten ›öffentlichen Hand‹ wissen, dass der *Stern* ihnen auf die Finger sieht, dann ist das die beste Vorsorge gegen Korruption und Unrechtmäßigkeiten.« Journalismus als Gegengewicht. Die Presse als zusätzliche Gewalt. So hat mein Großvater es gesehen, dafür hat er sich eingesetzt. Und ganz offenbar hat ihm das auch einen Heidenspaß gemacht. Diese Pflicht war keine Last, sondern genau das, was er tragen wollte. Wer sich die besagte Fernsehsendung ganz anschaut – und dafür gibt es viele Beispiele mehr –, kann erkennen, in welchen Rausch er geraten konnte, wenn eine Sache gut lief.

In diesem Fall lief sie aber anfangs nicht so besonders gut. Am 7. März 1958 strahlte der Hessische Rundfunk die Sendung aus. Unter der Fragestellung »Müssen Illustrierte so sein?« saßen der Journalist Jürgen Neven-du Mont, der Schriftsteller Alfred Andersch und der Soziologe Hans Barth über Wirken und Wirkung deutscher Zeitschriften zu Gericht. Angeklagt waren Henri Nannen und Helmut Kindler (Verleger der *Revue*), der Vertreter der *Quick* war nicht erschienen. Auch Diskussionsleiter Eugen Kogon stellte sich auf die Seite der Illustrierten-Gegner.

Neven-du Mont versteifte sich auf die Titelbilder, die oft Frauen zeigten. »Mädchen, Mädchen«, sagte er, »Mädchen, wohin wir gucken. Muss das sein?« Mein Großvater erklärte, dass auch Leserinnen lieber Ausgaben kauften, die Frauen zeigten, das sei erwiesen. Wenn Adenauer auf einem Esel durch Griechenland ritt und der *Stern* das Foto auf den Titel hebe, gebe es 14,6 Prozent Remittenden, Landschaftsbilder kämen zu 11,3 Prozent zurück und bei den Mädchen seien es nur 6 Prozent. Eine ganz wirtschaftliche Rechnung also, bei der herauskäme, dass man Frauen zeigen müsse.

Obwohl in der Unterzahl, machten die Illustrierten-Chefs die bessere Figur. Die Gegner waren nicht gut vorbereitet, hatten sich kaum Zeitschriften angesehen und hegten spürbar Ressentiments, ohne wirklich Argumente liefern zu können.

Worum ging es dem *Stern*? Das konnte Nannen seinen Lesern, die am Fernsehschirm zu Hause saßen, jetzt sagen: »In einer Zeit, die durch die ›Herrschaft der Organisationen‹ und des ›Apparates‹ gekennzeichnet ist, will der *Stern* dem Individuum, dem einzelnen Menschen, zu seinem Recht verhelfen«, sagte er. Das war es, worauf seine Leser bald vertrauten. Das war »ihr« Henri Nannen, der sich da ins Fernsehen setzte und sich wehrte – für sie. Und er tat es im direkten Diskurs mit seinen Lesern.

In einem Brief an den »lieben *Stern*-Leser« vom November 1959 erzählt er von den Problemen, die er mit der Schule seines Sohnes habe. Eine Mutter hatte ihm geschrieben und davon erzählt, dass bei ihrem Sohn ständig der Unterricht ausfalle. »Ich brauchte diesen Brief gar nicht zu zitieren, denn ich habe mit meinem Sohn Christian die deutsche Schulmisere am eigenen Leib erlebt«, schreibt er und erzählt davon, dass die Lehrerin jedes Jahr ein Kind bekomme, und wenn sie nicht gerade im Wochenbett liege, so habe sie Mandelentzündung. Mein Großvater fällt in den Klageruf seiner Leser mit ein. Er ist einer von ihnen, sie werden zum Teil seiner Welt – Verbündete gegen die Minister der Länder, die der *Stern*-Chef für mitverantwortlich hält. »7000 Stellen für Lehrer sind in der Bundesrepublik unbesetzt. Wenn jetzt noch in allen Ländern das neunte Schuljahr eingeführt wird, fehlen dadurch weitere 11 000 Lehrer. Reduziert man außerdem – was dringlich wäre – die Klassen auf höchstens 35 Schüler, dann brauchen wir nochmals 16 000 Lehrer. Das ergibt nach Adam Riese 34 000 unbesetzte Pulte und Millionen Kinder, die mit mangelhafter Schulbildung ins Leben geschickt werden.«

Das Rezept geht auf. »Das Reichsgericht des kleinen Mannes«, das er mit seinem Magazin sein wollte, wird auch als solches gesehen. Die Menschen wenden sich an Nannen in Leserbriefen, sie erwarten sich von ihm Hilfe, Rat, Veränderung. Er findet ihre Sprache, belehrt nicht, spricht sie direkt an und hinterlässt in seinen Artikeln immer Botschaften, die als »Küchenruf« funktionieren sollen. Ein Satz, ein Gedanke, eine Forderung, ein erklärender Hintergrund, eine Zahl – etwas, das sich der Leser merkt und seiner Frau von der Wohnstube in die Küche (so schön das Klischee) nachrufen kann. Etwas, das er seinem Nachbarn erzählen und dann sagen kann: Nannen sagt das auch, oder: Das stand so im *Stern*.

Den Stern gibt es so gesehen natürlich nicht. Er hat viele Gesichter. Und das bedruckte Papier war nur ein Teil dessen, was den *Stern* ausmachte. Und es ist nur *ein* Teil von Henri Nannen. Die Menschen, die mit meinem Großvater gemeinsam das Magazin gemacht haben, die für ihn und mit ihm gearbeitet haben, sind weitere Mosaikstücke.

»Kinder«, so sagte mein Großvater oft, »das ist euer Blatt!« Er wusste, dass es ohne diese Redaktion nicht gegangen wäre. Er wusste auch, dass er seine Leute emotional daran beteiligen musste, dass die Identifikation mit dem *Stern* wie Mörtel wirken konnte. Anders als beim *Spiegel* war es beim *Stern* von Beginn an üblich, Artikel mit dem Namen des Autors zu versehen. Das hat unter anderem dazu geführt, dass die Reporter sich mit dem Blatt verbunden fühlten. Es war auch *ihr Stern*. Man spürt das noch, wenn man heute zu den ehemaligen *Stern*-Leuten fährt, um ihre Erinnerungen aufzunehmen. Und so der Antwort auf die entscheidende Frage näher zu kommen: Wenn der *Stern* Nannen war und Nannen der *Stern* – wer war Henri Nannen dann wirklich?

Mein Großvater war sich im Klaren darüber, dass er nicht auf jedem Gebiet alles wusste. Mir hat er immer wieder erzählt, wie traurig er darüber sei, dass er kein Französisch sprechen könne. Das sei eine so wundervolle Sprache, sie habe einen so anrührenden Klang, und Frankreich würde nie jemand entdecken können, der nicht die Sprache spreche. Er also nicht. Ich habe das damals nicht nachempfinden können. Aber über die Jahre ist mir klar geworden, dass er Wissen und auch Sprache immer als Schlüssel verstanden hat. Einen Schlüssel zum Erleben, eine Tür zu den wahren Geschichten. Am meisten schmerzte es ihn, dass er weniger gebildet sei, als er es gerne wäre, hat er oft gesagt. Vielleicht war er auch deshalb so begierig auf Geschichten. Er sammelte Erzählungen, und was ihm besonders gefiel, das gab er dann so wieder, dass er eine Botschaft überbrachte. »Die Klugscheißerei, die heute so viele Journalisten an den Tag legen, ist mir höchst zuwider«, sagte er im Gespräch mit Markus M. Ronner. »Wenn Sie den Menschen etwas klarmachen wollen, können Sie das nicht mit abstrakten Erklärungen tun, sondern nur, indem Sie ihnen Gefühle vermitteln.« Er gab den Lesern etwas, das die mitnehmen konnten. Manchmal war es schlicht Unterhaltung.

So wie mein Großvater Geschichten sammelte, so sammelte er auch die Reporter, Autoren und Redakteure, die sie für den *Stern* erzählen konnten, auch sie waren Schlüssel. Ob einer sich Fachwissen über ein Studium angeeignet hatte oder über andere Wege, das war ihm gleichgültig.

Am 15. Januar 1954 besuchte ihn der damals siebenundzwanzigjährige Joachim Heldt, um sich als möglicher Reporter für den *Stern* vorzustellen. Heldt hatte sich mit der Reportage »Unsere kleine Straße« vorab beworben. »Ein merkwürdiges Gespräch, in dem nicht ich den Joachim Heldt ausfragte«, erinnerte sich mein Großvater später, »eigentlich fragte er mich aus, was denn unsere Absicht mit dem Blatt sei, wo wir politisch stünden und ob wir unsere Leser nur unterhalten wollten oder etwa belehren, oder ob wir sie informieren wollten, damit sie ihre Lehren selber ziehen könnten.« Unter diesen Fragen sei ihm vieles erst klar geworden, was bis dahin sporadisch und oft unbewusst, intuitiv begonnen worden war. »Unversehens hatte ich so etwas wie das Programm eines ganz neuen *Stern* entwickelt, ehe ich merkte, dass ich da einem geborenen Reporter gegenübersaß. Einem Reporter, den ich brauchen würde, wenn ich das verwirklichen wollte, was mir da vorschwebte.«

Am fünfzigsten Geburtstag meines Großvaters starb Joachim Heldt, und auch wenn es in all den folgenden Jahren viele gute Reporter beim *Stern* gab, die mein Großvater sehr schätzte – an Joachim Heldt dachte er noch oft. Für ihn war er so etwas wie der Inbegriff des *Stern*-Reporters. »Wir kennen alle jenen Typus des Reporters, der die Welt bereist, um sich seine häuslichen Vorurteile bestätigen zu lassen«, sagte er in seiner Trauerrede. »Joachim Heldt gehörte nicht zu ihnen. Und ebenso wenig gehörte er zu denen, die hinausziehen, ganz unbelastet von Kenntnissen und voll harmloser Neugier, was ihnen da draußen wohl begegnen möchte. Und die dann das Zufällige für typisch halten und aus flüchtigen Impressionen allgemein gültige Erkenntnisse ziehen.« Ein guter Reporter müsse mit einer »unbelichteten Seelenplatte« ausziehen und unvoreingenommen schauen. Ohnehin sei der Journalist ja jemand, der die Wahrheit immer zu einer subjektiven Wahrheit mache, einfach indem er mit seinem Charakter, seiner Prägung, seinen Fähigkeiten die Dinge filtere, über die er dann berichtet.

Mein Großvater forderte Objektivität. »Wohl wissend, dass es Objektivität im reinen Sinne nicht gibt«, wie er zugab. »Die Augen, mit denen der Journalist sieht, die Sinne, mit denen er wahrnimmt, sind die Antennen eines Subjekts. Die Wirklichkeit, wie sie sich ihm darstellt, ist bereits die Wirklichkeit, gesehen durch ein Temperament. Da muss durchaus keine Manipulation der Wahrheit im Spiel sein, nur: Die *Wahrheit* des Journalisten A ist nicht die des Journalisten B, und das gilt vor allem bei Vorgängen, die sich nicht in Orts- und Zeitangaben erschöpfen, sondern bei denen Sinn und Zusammenhänge Raum für subjektive Deutung zulassen. Auch der Stellenwert, den der schreibende Journalist oder amtierende Chefredakteur als Blattmacher einer Nachricht geben, beeinflusst ihre Wirkung. Was dem einen nur eine kurze Notiz auf Seite 7 wert erscheint, das meldet der andere als Dreispalter auf der Titelseite seiner Zeitung.« Er sah das aber nicht als negativ an. Für ihn war es eher ein Argument dafür, herauszustreichen, wie wichtig Pressefreiheit und Vielfalt sind.

Und zwar nicht nur die äußere, die er nicht gefährdet sah, solange es genügend verschiedene Zeitungen, Meinungen, Verleger gebe. Sondern auch das, was er die »innere Pressefreiheit« nannte. Ein Verleger, der seine Blätter an der kurzen Leine hielt und die eigene ideologische Monotonie nur mit der Lautstärke vordergründiger Sensationen zu übertönen versuchte, liefe Gefahr, dass die Redakteure in vorauseilendem Gehorsam handelten. »Wo aber ein Verleger seinen Redakteuren die ›innere Pressefreiheit‹ gewährt, da wird sich der verantwortungsbewusste Journalist umso mehr um Objektivität bemühen.

In diesem Sinne wirkt nicht nur die Pressevielfalt in einem Lande, sondern auch die Meinungsvielfalt in einer Redaktion regulierend und korrigierend im Sinne journalistischer Objektivität«, sagte mein Großvater einmal. »Immerhin: erreichen kann der Journalist diese Objektivität nur als subjektive Ehrlichkeit – die abstrakte Wahrheit gibt es im Journalismus nicht.«

Klaus Harpprecht, einer der Veteranen des Nachkriegsjournalismus, hatte ihm in einem Interview in dieser Hinsicht auf den Zahn fühlen wollen. Während der Politiker im Falle eines Irrtums ein hohes Risiko einginge, sei dies doch bei Publizisten sehr gering. »Liegt darin nicht die Gefahr einer relativen Unwahrhaftigkeit?«, fragte Harpprecht. »Ach«, sagte mein Großvater, »wenn eine Nummer meiner Zeitung erschienen ist, in der ich mich geirrt habe – und das geschieht unendlich oft –, dann macht mir das so viel Bedrückung, dass ich Ihnen sage, das ist nicht risikolos.« Harpprecht sah das anders und betonte, dass doch ein Irrtum des Journalisten eine öffentliche Person moralisch disqualifizieren und so ruinieren könne, während der Journalist keine Folgen davontrüge. »Haben Sie jemals überlegt – wenn diese Beweise nicht stimmen, wie ist mir eigentlich dann zumute, was habe ich eigentlich dann mit einem Menschen angerichtet?«, fragte Harpprecht. Und mein Großvater antwortete sehr entschieden darauf: »Nein«, sagte er, »das habe ich nicht getan, weil ich alles getan habe, um erst dann meinen Mund aufzumachen, wenn ich selber ganz fest davon überzeugt bin, dass meine Beweise treffend sind, dass sie ziehen. Und ich finde, wenn man eine unqualifizierte Person in ein öffentliches Amt hineinwählt, dann muss man sich nicht über die Leute ärgern, die dann darüber sprechen.«

Anfang der Sechzigerjahre hatte mein Großvater bereits beschlossen, aus dem »Revolverblatt«, wie Andi Elten es heute nennt, ein großes Magazin zu machen. Er hatte sich vorgenommen, sein Blatt zu wenden, und er wusste genau, dass das nur mit guten, wenn nicht den besten Redakteuren des Landes möglich war. Außerdem brauchte die Redaktion langsam einen etwas anderen Aufbau. 1960 war das Blatt schon so groß, dass fünfundsechzig Redakteure dort arbeiteten.

»Bis dahin gab es keine Redaktionsstruktur«, berichtete Günter Dahl. Jetzt sollte es anders werden. »›Kinder, wir werden immer größer, es kann nicht jeder alles machen, wir brauchen Ressorts mit einem Verantwortlichen‹, sagte Henri Nannen.« Der *Stern* hatte damals eine Auflage von etwa 1,7 Millionen Exemplaren. »Und so wurden wir eingeteilt«, erzählte Dahl. »Einer für Politik Inland, einer für Politik Ausland, für Wirtschaft, Kultur, Sport und so weiter. ›Natürlich brauchen wir auch jemanden für die Medizin‹, sagte Nannen. ›Das soll der Dahl machen, der hat sowieso alle Krankheiten.‹« Das war typisch für meinen Großvater. »Was mein Chefredakteur da vor versammelter Mannschaft verkündete, hörte sich zwar gefühllos an, war's aber nicht. Ich kannte ihn. Ich wusste, das war wie eine Beförderung, denn er traute mir zu, was er anderen nicht zutraute. Siebzehn Jahre saß ich auf diesem Stuhl. Schon bald waren wir zu viert im Ressort Medizin, keiner war Mediziner, aber alle waren voller Neugier und angezündet von dem Mann auf der Brücke, hatte er doch das richtige Rezept in seinem Bauch: ›Nichts interessiert die Leser so sehr wie ihre Gesundheit, ich weiß es genau, denn *ich* interessiere mich ja dafür.‹ Da war er wieder: Vater, Mutter, Bruder und Freund von Lieschen Müller – Lieschen Müller höchstpersönlich«, erinnerte sich Dahl.

Jörg Andrees »Andi« Elten saß seinerzeit am Albaner See am äußersten Rande von Rom. Dort hatte er gemeinsam mit seiner Frau eine schöne Wohnung. Gegenüber liegt Castel Gandolfo, seit dem siebzehnten Jahrhundert die Sommerresidenz der Päpste. Elten war damals Afrikakorrespondent der *Süddeutschen Zeitung* und hatte in Italien seine Basis. Das Telefon klingelte, er stand aus seinem Sessel auf, um den Hörer abzunehmen. »Hier spricht Martha Nannen«, sagte eine freundliche Stimme. »Bitte entschuldigen Sie die Störung. Mein Mann würde gern einmal mit Ihnen reden, wenn es recht ist«, sagte sie. »Wir sind gerade auf der Durchreise nach Positano«, erklärte Henri Nannen am Telefon. »Ich würde mich gern mit Ihnen unterhalten. Könnten wir vielleicht auf eine Tasse Kaffee vorbeikommen?« – »Das ist kein Problem«, sagte Elten, »gern.«

Wenig später hielt ein silbernes Cadillac-Cabrio mit Heckflossen oben am Haus. Mein Großvater besaß damals einen Cadillac Coupe de Ville, mit dem er zum Beispiel auch in Oberfischbach zu Besuch war. Ich weiß nicht, ob es ihm wichtig war, aber übersehen konnte man ihn mit dem Gefährt nicht. »Das war ein Auftritt, den man nicht vergisst«, sagt mir Andi Elten heute.

»Er stieg dann aus und war anfangs sehr verlegen. Aber wir unterhielten uns gut, und am Abend fragte er meine Frau und mich plötzlich, ob wir nicht mit nach Positano fahren wollten.« Zu viert ging die Fahrt weiter, an die Amalfiküste, die Serpentinen entlang. Es roch nach Zitronen und nach Bougainvilleen, und die Sonne schien. Elten erinnert sich daran, dass es wie ein Rausch war, ein Programm non-stop. In Positano war Henri Nannen bei allen bekannt. »Er bezahlte auch nicht in den Restaurants, sondern ließ anschreiben und beglich dann monatlich seine Rechnungen, er hatte kein Geld in der Tasche.« Als Erstes gingen sie essen. »Er war der Capitano. Nannen aß mit einem unglaublichen Vergnügen, mit einer nahezu erotischen Lust. Und er drängte uns, alles mitzuessen.«

Zwei Nächte blieben die Eltens, dann fuhren sie zurück nach Rom. Darüber, was mein Großvater eigentlich von dem *SZ*-Mann wollte, verlor er an diesem Wochenende kein Wort. Eine Weile später rief er Elten aus Hamburg an. »Ich habe mir noch mal alle Artikel geben lassen, die Sie geschrieben haben«, sagte er. »Nun möchte ich mich mit Ihnen einmal ernsthaft unterhalten.« Andi Elten, der bei der *Süddeutschen Zeitung* nicht mehr ganz glücklich war, war empfänglich für sein Angebot. »Wir wollen das Blatt auf *Life-Magazine*-Niveau bringen, eher noch besser«, sagte Nannen. Das gefiel Elten. »Er wollte Qualität, das formulierte er ganz deutlich«, erinnert er sich. »Nannen hatte übrigens einen Sinn für Qualität. Nicht nur, was das Schreiben angeht. Er war auch ein Lebenskünstler. Der hat eine Lebensfreude gehabt, einen Sinn für das Gute und das Schöne. Man könnte sagen, er hat mit seinen Sinnen Qualität entdeckt.«

Andi Elten, Jahrgang 1927, war einer der ersten großen Reporter, den mein Großvater zum *Stern* holte. »Ich wusste, hier kann ich alle journalistischen Projekte ohne Rücksicht auf die Kosten umsetzen«, sagt Elten mir. Mein Großvater war sich im Klaren darüber, dass das

Talent anderer, dass ihr Können gut für ihn war – gleich, wie es zustande kam. Deshalb hielt er seine Leute, anders als seine zuweilen despotische Art vermuten lassen könnte, nicht an der kurzen Leine. Er bezahlte Gehälter, wie es sie bei anderen Blättern nicht gab. Aber vor allem ließ er sie machen. Das galt im Besonderen für die Autoren. »Das war es, was mich gereizt hat«, sagt der ehemalige *Stern*-Mann. »Das und die Tatsache, dass man auch nördlich der Mainlinie gelesen wurde.« Allerdings musste er sich zu Beginn erst einmal an die Gepflogenheiten seines Chefs gewöhnen. Das war noch die Zeit, in der mein Großvater zwar scharf diskutierte und – wie auch Elten damals fand, »sehr gute« – Kolumnen schrieb, aber auch gleich die Leserbriefe dazu verfasste, um die Debatte am Kochen zu halten. »Das fand ich mit meinem *SZ*-Snobismus natürlich degoutant«, sagt Elten heute. Bei Intellektuellen war der *Stern* allemal verpönt.

Zu Beginn rümpfte man über Eltens Entschluss, nach Hamburg zu gehen, die Nase – so erzählt er es mir. »Ich erinnere mich an eine Party bei Gerd Bucerius, zu der ich eingeladen war und bei der ich dies deutlich zu spüren bekam. Ich traf dort auf Martin Walser, den ich bis dahin nicht kannte.« Walser zeigte sich erfreut, den Reporter kennenzulernen, auf den er offenbar große Stücke hielt, und sagte ihm das auch. Elten erklärte ihm, dass er fortan, wenn er seine Artikel weiter lesen wolle, den *Stern* abonnieren müsse. »Oh«, sagte Walser demnach, »wenn das so ist, werde ich wohl doch lieber auf Ihre Artikel verzichten.« Ein paar Jahre später schrieb dann auch Martin Walser gegen die dort üblichen Honorare für den *Stern*.

Die sogenannten »politischen« Zeiten des *Stern* fingen recht unpolitisch an. Mit einer echten Räuberpistole nämlich. Und die ist charakteristisch für das Engagement des Illustriertenmannes Nannen.

Was war geschehen? Diebe hatten die schwebende »Madonna im Rosenkranz« – eine 2,80 Meter hohe Schnitzarbeit aus Lindenholz, 1524 von Tilman Riemenschneider fertiggestellt – in Volkach gestohlen. In der Nacht zum 7. August 1962 kletterten zwei Männer aus Bamberg über die Kirchenmauer, dann durch ein 2,25 Meter hoch gelegenes Kippfenster und gelangten mit einem Seil ins Innere der Wallfahrtskirche »Maria im Weingarten«. Von innen konnten sie eine Tür entriegeln, die ihnen später als Fluchtweg diente. Sie montierten die Madonna ab, die über dem linken Seitenaltar an einem Eisengestänge unter der Decke hing, griffen sich noch zwei kleinere Beutestücke und entkamen mit dem Kunstwerk, das dann auf einen Wert von einer Million Mark geschätzt wurde.

Der nun folgende überregionale Medienrummel – auch *Zeit* und *Spiegel* berichteten – hatte zur Folge, dass das Diebesgut unverkäuflich wurde, kein Hehler würde sich mit dieser heißen Ware belasten. Mein Großvater war besorgt, dass die Madonna zerstört werden könnte. Er sprach mit dem Leiter des Mainfränkischen Museums in Würzburg, Max von der Freeden, den er gut kannte; der wandte sich an den Volkacher Pfarrer Simon Himmel. So wurde die Rettungsaktion verabredet.

Am 21. August 1962 erschien im *Stern* die Aufforderung: »Gebt die Madonna von Volkach zurück!« Den Räubern wurde Verschwiegenheit zugesichert. Mein Großvater bot ein Lösegeld von 100 000 Mark. Keiner meldete sich. Auch beim zweiten Abdruck nicht. Beim dritten Angebot schrieb der *Stern*-Chef, er werde, wenn wieder keine Reaktion erfolgen sollte, die 100 000 Mark dazu verwenden, die Täter zu jagen. Eine grenzwertige Aktion, aber erfolgreich, weil sich einer der Diebe, der sich Leininger nannte, tatsächlich am 25. Oktober telefonisch meldete und am 26. Oktober einen Teilbetrag in Hamburg abholen wollte. Den sollte ein *Stern*-Redakteur an einer verabredeten Stelle deponieren. Doch dann rief der Täter nicht an. Der war inzwischen geflüchtet, weil er zunächst an eine Falle glaubte. Vor dem Pressehaus wimmelte es nämlich von Polizeibeamten, was ihn glauben ließ, Nannen hätte sein Wort nicht gehalten. Dem war aber nicht so. Ausgerechnet in dieser Nacht war die Hamburger Polizei angewiesen worden, die Redaktionsräume des *Spiegel* zu durchsuchen, die sich ebenfalls im Pressehaus am Speersort befanden, und dessen Redakteure zu verhaften. Der Beginn der sogenannten »*Spiegel*-Affäre« hätte der »Aktion Madonna« fast einen Strich durch die Rechnung gemacht.

Aber der Räuber rief doch wieder an, erreichte diesmal Nannen selbst, und man verabredete die Rückgabe der Plastik für das Wochenende des 3./4. November 1962. Mein Großvater ging selbst zur Geldübergabe. Er hatte dem Verbrecher am Telefon gesagt, dass ein toter oder verletzter Nannen kein Lösegeld zahlen würde. Und er war sich sicher, dass der das auch glaubte.

Vielleicht war er der Meinung, auf rationales Denken wäre bei jedem Verlass. Vielleicht hatte er im Gefühl, dass er auf den Verbrecher überzeugend gewirkt hatte. Aber wusste er es? Hatte er darüber nachgedacht?

Egon Bahr hat mir im Gespräch erzählt, dass Henri Nannen »in seinem ganzen Gehabe vollkommen unängstlich« gewesen sei. »Das Wort ›Angst‹ kannte Nannen nicht.« War es so? Oder war es die konsequente Negation von Angst und Gefahr? War es Mut, sich der Gefahr zu stellen, weil er schlecht Kollegen hätte dem Risiko aussetzen können und selbst zu Hause bleiben? Eins steht jedenfalls fest: Das Retten hätte er keinem anderen überlassen.

Riemenschneiders Madonna fand sich wie verabredet auf einem Acker hinter dem Ort Großgründlach bei Nürnberg – in ein weißes Tuch gehüllt. Hinter einer kleinen Anhöhe in eine Mulde geduckt, warteten – wie sich später herausstellte – die mit Pistolen bewaffneten Diebe. Etwa eineinhalb Stunden später übergab mein Großvater Pfarrer Himmel die Madonna. Nannen hielt Wort, aber die Diebe konnten trotzdem – Jahre später – gefasst werden, weil sie sich und einander verrieten.

Die Stadt Volkach war voller Dankbarkeit und verlieh meinem Großvater die Ehrenbürgerwürde. Gleich dazu gab es – in solchen Fällen üblich – ein Ehrengrab, was mein Großvater lieber ausschlug.

Solche Abenteuer hatte Andi Elten bei der *Süddeutschen Zeitung* nicht miterlebt. Die Chefredaktion der *SZ* habe damals eher einem Beerdigungsinstitut geglichen. »Vielleicht noch einem englischen Club.« Das waren lauter Intellektuelle mit brillantem Verstand – aber ohne einen Funken von Draufgängertum und knackiger Lebensfreude. In der Konferenz beim *Stern* ging es vollkommen anders zu. Kraftausdrücke waren an der Tagesordnung, und der Chef trat auf wie ein Dompteur, der die Peitsche knallen ließ, damit seine Leute Kunststücke vollbrachten. »Ich dachte, ich sehe nicht recht.« Nach der ersten Konferenz ging Andi Elten, »arrogant, wie ich war damals«, zum Chef und sagte ihm, dass er leider nicht mehr teilnehmen könnte, wenn es so zugehen würde.

»Das ist die andere Seite meines Charmes«, erwiderte der. »Jeder, der Henri Nannen nah war, geriet in die Gefahr, diese andere Seite zu erleben«, sagt Elten. Und er hat recht. Über den »großen Zorn« wird noch zu erzählen sein.

»Er hat die Fähigkeit gehabt, *Stern*-Konferenzen zu einer einzigartigen Diskussionsrunde zu formen«, sagt Andi Elten auch. »Die Kunst war, dass er sich gesagt hat: ›Ich will wissen, was in den Köpfen meiner Leute vorgeht. Und das kriege ich nicht mit, wenn ich nur verkünde, was zu tun ist, und wir eine rasche Konferenz haben. Ich will provozieren.‹ Er wollte die Leute aus ihrer Fasson herausholen und sie durch gezielte Unterstellungen, durch Fragen, durch Provokationen dazu bringen, ihr Innerstes nach außen zu kehren und ihr wahres Selbst zu präsentieren. Damit man dann daraus eine Diskussion ableiten könnte.« So hat er dafür gesorgt, dass die Redaktion in einem hypernervösen Leistungszustand blieb und – mit mindestens einem Auge auf ihn – versuchte, Höchstleistungen zu bringen.

»Ich weiß noch«, erzählt mir Elten, »dass einmal ein Flugzeug im Jemen entführt wurde. Am nächsten Tag in der Konferenz richtete Nannen das Wort an Egon Vacek, der für Außenpolitisches zuständig war. ›Na, Herr Vacek‹, sagte er ›haben Sie denn in der vergangenen Nacht auch etwas unternommen? Oder warten Sie darauf, dass die Lufthansa an Sie herantritt?‹« Das war noch der milde Nannen. Egon Vacek ist unter dieser ätzenden Ironie dann in seinem Stuhl zusammengesunken. »Es war, als würde ein Schwert auf ihn niedergehen.« Es waren »hemdsärmelige« Mittel, mit denen dieser Henri Nannen seine Mannschaft zu motivieren versuchte. Aber es gelang ihm.

»Für seine Redaktion war er der Maestro«, hat Gerd Schulte-Hillen, einst Vorstandsvorsitzender von Gruner+Jahr, über meinen Großvater in einem Nachruf gesagt. »Hob er den Taktstock, war Stille. Dirigierte er, konnte er dem Orchester Töne entlocken wie kein anderer. Er lebte ganz aus sich und seiner Intuition. Seine Egozentrik war natürlich und selbstverständlich. Er war der *Stern*, und der *Stern* war er. Diesem Prinzip hatten alle und hatte alles zu dienen.«

Andi Elten sieht in dieser Ichbezogenheit die große Schwäche meines Großvaters: »Seine schwache Seite war, dass er dieses Ego ohne Bremsen fahren ließ. Das führte dazu, dass er auch falsche Urteile fällte. Er hat auf die falschen Leute gesetzt. Die Leute, die an seiner Brust groß geworden sind, haben nachher fast seinen Lebenstraum zerstört.« Und Hans Detlev Becker, damals Verlagsleiter des *Spiegel*, hat es mir gegenüber noch drastischer formuliert: »Nannen war ein geborener Egozentriker mit sicherem Instinkt. Bei ihm galt der Satz: ›Nach mir komme ich.‹«

»Er hat dann manchmal Thesen in den Raum gestellt, nur um zu provozieren«, erzählt mir sein damaliger Auslandsressortchef Liedtke heute. »Und wir sind darüber hergefallen, wenn sie uns politisch nicht weit genug links zu sein schienen. Wir haben uns die Köpfe heißgeredet. Und alle sind wir aus der Konferenz gegangen mit dem Gefühl, lebendig zu sein.«

Nannen gefiel das. Er wusste: Wenn ich die in einen großen Wettkampf miteinander treibe, kommt am Ende das Beste für den *Stern* dabei heraus. Das bedeutete aber auch, dass die Mannschaft sich gegenseitig nichts schenkte. Die verbalen Attacken gingen bei Weitem nicht nur von Nannen aus, und sie richteten sich auch nicht nur gegen ihn. Der Wettstreit ging um die besten Ideen, die besten Plätze im Blatt und die Gunst des Chefs. Da ließ man auch schon mal den anderen in einem schlechteren Licht dastehen, um selbst besser auszusehen. Die Ressortleiter gingen mitunter aufeinander los und machten die Geschichte des anderen schlecht, um einen besseren Platz im Heft zu bekommen. »Wer braucht das? Will doch keiner lesen! Ist auch noch schlecht geschrieben.«

Die Reporter kamen oft mit Ideen in Nannens Büro, erklärten ihm, warum sie eine bestimmte Reise unternehmen wollten, warum sie ein Thema weiterverfolgen mussten. Aber sie sagten ihm auch, wenn sie fanden, dass er mit einem Einfall danebenlag – und er ließ sich überzeugen. »Einmal wollte mich Nannen als Obergefreiten in die Bundeswehr einschleusen«, erzählt Andi Elten mir. »Das wollte ich aber nicht machen und sagte ihm: ›Wenn ich in meinem Alter bei der Bundeswehr wäre, wäre ich ganz sicher General, Herr Nannen, das geht nicht.‹ Das fand er lustig, und damit war die Sache entschieden.«

»Ich habe niemals gesagt: ›Sie werden sich jetzt hinsetzen und das in diesem Sinne schreiben!‹«, erklärte mein Großvater einmal im Interview. »Ich mag die Male gar nicht aufzählen, wo jemand gesagt hat: ›Der Alte ist verrückt geworden.‹ So muss in einer Redaktion diskutiert werden, sonst geht's nicht.« Von sich hat er behauptet, ein Primus inter Pares gewesen zu sein. Sicher habe er dem Blatt seinen Stempel aufgedrückt. »Aber es hat immer die Diskussion gegeben.« Das bestätigen alle, mit denen ich gesprochen habe. Und vielleicht ist es der Hauptgrund dafür, dass diese Redaktion so lange Zeit geschlossen hinter ihm stand. Elten sagt, dass die Kollegen »für Nannen durchs Feuer gegangen« wären. »Wenn die Henri Nannen rausgeworfen hätten, dann wäre der *Stern* einfach nicht erschienen.«

Klaus Liedtke drückt es noch drastischer aus. »Man war fast bereit, so seltsam das heute klingen mag, für Henri Nannen sein Leben zu geben, für den *Stern* – und natürlich für den eigenen Ruhm«, sagt er über das besondere Verhältnis zu meinem Großvater und über die große Leidenschaft *Stern*.

Dieser Einsatzwille war nicht nur ein Lippenbekenntnis, davon zeugen die Reportagen, und ich höre es in den Gesprächen, die ich mit den Ehemaligen führe. Keiner von ihnen hätte sich damals getraut, mit der zweitbesten Geschichte nach Hause zu kommen. Die beste war immer das erklärte Ziel. Das ging so weit, dass sie sich wissentlich in Gefahr brachten und sich dabei unsterblich fühlten.

Fotoreporter Fred Ihrt zum Beispiel, der 1967 zur Zeit der griechischen Militärdiktatur mit einer irgendwie gecharterten Piper und natürlich verbotenerweise über die Internierungslager der Obristen auf der Insel Gyaros flog, um beweisen zu können, was die Junta für ein Unheil über das Land brachte. Dabei wurde er beinahe abgeschossen. Als er im Jom-Kippur-Krieg 1973 mit Andi Elten auf den Golanhöhen unterwegs war, saß er wie durch ein Wunder nicht in dem Peugeot, der von einer syrischen Rakete getroffen wurde. Elten war an diesem

Tag zum Schreiben im Hotel geblieben, und Ihrt fuhr mit einem Briten, dem fünffachen Familienvater und Reporter Nicholas Tomalin und einem dritten Kollegen ins Kriegsgebiet. Tomalin starb im Auto, als er den Wagen wenden wollte. Ihrt und der Begleiter waren gerade zuvor ausgestiegen.

Oder eben wie Klaus Liedtke, der sich mit Fotograf Hans Bollinger im April 1975 zum Vietcong durchschlug. »Wie schaffen wir es, auf den Panzern zu sitzen, die als Erstes nach Saigon einrollen?«, fragte sich Liedtke damals und erzählt mir heute davon. »Das war mein Ziel. Das war die Geschichte, die die anderen nicht haben würden.« Zuerst versuchten die beiden Reporter, auf dem Landweg hinter die »feindlichen« Linien zu kommen, und gerieten mehrfach in Artilleriefeuer. Dann fanden sie einen Fischer, der anbot, sie über den Wasserweg, über das Südchinesische Meer, nach Norden zu bringen.

»Wir waren natürlich auch einfach jung, kamen uns ganz groß vor, und es war ein Abenteuer, in dem wir mittendrin waren«, erzählt Klaus Liedtke. Im Morgengrauen des dritten Tages gingen die beiden Männer an Land. Sie suchten sich ihren Weg und fanden eine Kommandantur, wo die Soldaten so überrascht von ihrem Erscheinen waren, dass sie zuerst dachten, die Amerikaner seien nun in ihrem Rücken gelandet. Die *Stern*-Reporter in ihren Kakishorts hielten sie für Spione, und nahmen sie gefangen. So verbrachten Liedtke und Bollinger zwei Wochen bei Reisdiät im Volksgefängnis des Vietcong, aber zumindest ohne Anwendung von Folter, und unter den Augen eines schielenden Vietnamesen, der ihnen immer wieder die Knie betatschte.

Auf »den ersten Panzern« saßen sie dann doch nicht, und daheim beim *Stern* galten sie wochenlang als verschollen. Bei ihrer Rückkehr war die Stimmung in der Redaktion »brenzlig«. Das sei leichtfertig gewesen, vollkommen unverantwortlich! So sahen es viele, und die Diskussion darum, wie weit Reporter gehen dürfen und wohin man sie wie weit ziehen lassen darf, war heftig. Liedtke schrieb damals einen Brief an seinen Chef. Es sei ihm wichtig gewesen, zu erklären, warum er sich so entschieden hatte. »Sie haben absolut richtig gehandelt«, schrieb mein Großvater zurück. »Ich habe mir natürlich Sorgen gemacht«, gab er zu. »Aber wenn Sie schlechter wären, als Sie es sind, hätte ich mir mehr Sorgen gemacht.« Er honorierte es, wenn Leute Risiken eingingen, und er stellte sich vor sie. Der junge Klaus Liedtke hielt sich für unverwundbar, sagt er mir heute. »Ich war ja vom *Stern*.« Was sollte da schon passieren?

Vier Jahre später, 1979, reisen Hans Bollinger und der dreißigjährige *Stern*-Reporter Wolfgang Stiens nach Uganda, um aus dem tansanisch-ugandischen Bürgerkrieg zu berichten. Bollinger ist inzwischen vierunddreißig Jahre alt und geht überall dort hin, wo es gefährlich wird. Er ist ein mutiger Fotoreporter, einer von denen, die noch richtig »brennen«, wie man sagt, und der etwas riskiert, um das Besondere zu bekommen. In der Redaktion ist er dafür anerkannt, und beliebt ist er obendrein, dieser blonde, fröhliche Typ, der einen Schlag bei Frauen hat und den jeder irgendwie mag, weil er so eine positive Ausstrahlung hat.

In Uganda versuchen die beiden etwas Ähnliches wie Bollinger zuvor in Vietnam. Sie wollen von Kenia aus in das für Ausländer verschlossene Uganda. Sie wollen dabei sein, wenn die Schreckensherrschaft des Idi Amin zu Ende geht. Die Lage ist unübersichtlich, niemand fühlt sich sicher. Um die Kampfmoral der eigenen Truppen zu stärken, nährt Idi Amin die Gerüchte um weiße Söldner, die sich einmischen würden. Und Bollinger erinnert sich an die Sache mit dem Schiff in Vietnam. Für eine Menge Geld bringen sie einen Schmuggler dazu, sie mit einem Boot über den Victoriasee hinüberzufahren. Dort soll ein Auto stehen, das sie weiterbringen wird. Das Auto ist nicht da, und sie versuchen, mit den Rebellen ins Geschäft zu kommen. Dazu gehen sie mit ihrem gesamten Gepäck in das »Restaurant« des Ortes, eine Lehmhütte, in der einige Speisen angeboten werden. Fünf Minuten später hören sie von draußen Geräusche, Fahrzeuge. Soldaten auf einem Traktor mit Anhänger riegeln den Ort ab. Ein Landrover mit offenem Planenverdeck und sechs Männern an Bord hält genau vor dem Eingang – vier Libyier und zwei Afrikaner sind dabei, so konnte es später von Reportern recherchiert werden. Die Journalisten kommen heraus. Sie sprechen mit dem Anführer Tindy Bwa, Polizeichef von Kisoga, dem nächstgrößeren Ort. Zunächst verhandeln die beiden Reporter mit dem Mann, erklären ihr Anliegen. Der hört auch zu, und es sieht aus, als könnte ihr Vorhaben gelingen. Dann geht irgendetwas schief.

Jemand ruft: »Erschießt sie!«

In der Nähe des Victoriasees unweit der Hauptstadt Kampala werden Hans Bollinger und Wolfgang Stiens vermutlich am 6. April 1979 von dem Landrover aus erschossen; zwei schwedische Kollegen sterben mit ihnen. Die Toten werden sofort verscharrt. Bollinger hatte noch versucht davonzulaufen, als Stiens schon am Boden lag. Später nachgeschickte *Stern*-Reporter fanden Augenzeugen der Hinrichtung. Sie konnten die Ereignisse – wie oben beschrieben – in allen Details recherchieren und später im *Stern* veröffentlichen.

Auch das war der *Stern*. Auch diese Tage gehörten zum Leben meines Großvaters. Ihm ging es damals unter die Haut, so erinnert sich mein Vater. »Das war, als wäre ein Familienmitglied gestorben«, sagt ein Mitglied dieser Redaktion. Und Klaus Liedtke sagt mir, dass Bollingers Tod die Kollegen für eine Weile gehemmt habe. »Der Hans war einer, den wähnten wir immer auf der Seite des Glücks. Dass dem so etwas passiert.« Beim nächsten Einsatz war man etwas zurückhaltender. Beim übernächsten schon nicht mehr.

Mein Großvater war jemand, der mit der Zeit zu gehen verstand. Für den *Stern* war das ideal. Als Journalist war er eine Beziehung mit dem Zeitgeist eingegangen, den er spürte und dem er folgte. Das hat wenig mit Opportunismus zu tun und viel mit Gespür dafür, wo die Leser standen und wo er sie abholen musste. Manchmal hängte er diesen Geist um ein paar Längen ab und stieß damit etwas an.

»Wir haben abgetrieben«, stand auf der gelben Titelschürze, die sich über das Cover von Ausgabe 24 am 6. Juni 1971 legte. 374 deutsche Frauen hatten sich geoutet, gegen den Paragrafen 218 verstoßen zu haben – was ja, wie sich später herausstellte, nicht stimmte, nicht alle hatten einen Schwangerschaftsabbruch vorgenommen, manche hatten ihren Namen nur aus Solidarität und als Unterstützerinnen der Sache gegeben. Alice Schwarzer zum Beispiel, die die Unterschriften gesammelt und die Idee zu der Aktion aufgebracht hatte. Deutschland tobte. Das Tabuthema Abtreibung war zum ersten Mal in dieser Offenheit angesprochen. Alice Schwarzer kannte Winfried Maaß vom *Stern*, den sie anrief und der sich für die Idee einsetzte. Mein Großvater war auch dafür. Weil er wusste, was da an Zündstoff enthalten war. Und Schwarzer wusste sicherlich, was es für Folgen haben könnte, wenn der *Stern* damit aufmachte. Zehntausende gingen in den Städten auf die Straße und demonstrierten gegen den Paragrafen 218, Frauengruppen fanden sich. Die Zeit war da.

»Seltsamerweise ging Nannen Frauen in Konferenzen ganz besonders an«, erzählt mir Thomas Walde, den ich zum Gespräch besuche. Carola Heldt war eine von ihnen. Sie hatte mein Großvater in die Redaktion geholt, als ihr Mann, der Reporter Joachim Heldt, wie gesagt jung verstorben war und sie Hilfe brauchte. »Carola zitterte immer ganz besonders in den Konferenzen«, so erinnert sich Walde, aber auch andere haben noch gut im Gedächtnis, dass gerade für sie, die »Besprechungen mit Nannen ein echter Angang waren«. Sie war immer gut vorbereitet, hatte ihre Themen parat, aber Nannen fragte nach, wollte den Kern der Geschichte erklärt bekommen, hatte an dem Blickwinkel etwas auszusetzen und tat das so lange, bis das Thema richtig saß.

Für Carola Heldt war es jedes Mal eine Tortur. Aber für meinen Großvater war es die einzige Weise, ihr zu helfen. Nur wenn die Geschichten gut waren und die Aufmachung perfekt, konnte sie bestehen wie alle anderen auch. Später leitete sie das Ressort »Frauen und Familie« – von den Männern als »Stricken und Ficken« verunglimpft. So ganz weit war die Sexismusdebatte offenbar noch nicht geführt. Damals regte sich darüber niemand auf. Es war einer von den vielen Witzen, die über jeden und alles gemacht wurden.

Mein Großvater hat über sich gesagt, dass er ein Chauvi sei. Er war einerseits begeistert von Frauen. Körperlich und sinnlich sowieso, ihre emotionale Intelligenz bewunderte er, und er fühlte sich privat bei ihnen gut aufgehoben. Aber beruflich war die Sache doch etwas anders. »Zum Journalismus gehört eine emotionale Besessenheit«, sagte er. »Aber diese emotionale Besessenheit muss durch einen scharfen Intellekt kontrolliert werden. Und die Emotionen bei Frauen sind häufig größer als der sie kontrollierende Intellekt.« Der *Stern* war eine Männerbastion.

Übrigens fand mein Großvater Männer im Vergleich zu Frauen oft »ideologisch verbiestert« und damit lebensfremd. Er hat erzählt, dass er dafür gewesen sei, viele Frauen in die Redaktion zu holen, es habe nur einfach kaum welche gegeben, die gepasst hätten und gut genug gewesen wären.

»Es gab richtig gute Frauen beim *Stern*«, sagt mir Ingrid Kolb. Das waren nachher alles deutschlandweit bekannte Journalistinnen. Kolb, die nach ein paar Jahren das Ressort »Erziehung und Gesellschaft« übernahm und später die Henri-Nannen-Schule, die Journalistenschule von Gruner+Jahr, leitete, war eine von denen, die offenbar passten. Sie setzte sich aktiv für Frauen, Frauenthemen, Frauenbewegung ein, und sie war das, was meinem Großvater – ohne Ansehen des Geschlechts – gefiel: Sie war ein Kämpfer. Fast zum Einstand legte sie im Dezember 1977 mit einem Artikel vor, in dem es um »sexuelle Anmache« von Frauen im Büro ging. Acht Frauen hatten sich unter Nennung ihres Namens geoutet, dass sie am Arbeitsplatz »betatscht«, »angequatscht« und »vernascht« worden waren. »Das war ein Aufreger«, erinnert sich Kolb. »Die Männer der Republik standen kopf. Es war das erste Mal, dass ein Massenmedium das Thema aufgriff.«

Der Stellvertreter des Chefredakteurs, Manfred Bissinger, hatte den Artikel ins Blatt gehoben und zum Titelthema gemacht, als Henri Nannen auf Reisen in Amerika war. Dass die Sache brisant war, wusste er natürlich. »Der Artikel erregte unheimlichen Zorn«, erzählt mir Ingrid Kolb. »Es kamen zwei böse Briefe, gerichtet an Henri Nannen, einer aus Gütersloh von Reinhard Mohn und einer von John Jahr.«

Nicht so sehr der Text hatte für Verstimmung gesorgt, sondern das provokante Titelbild. Das Cover hatte der junge Art Director Wolfgang Behnken entworfen, er setzte dazu eine Frau mit halblangem, blauem Rock, der in der Mitte bis obenhin geschlitzt war, auf einen Drehstuhl vor einen Siebzigerjahre-Büroschreibtisch, offenbar die Sekretärin. Sie trug hochhackige Sandalen, hautfarbene Strumpfhosen und schlug das rechte Bein so über das linke, dass ihre Beine bis zum Oberschenkel entblößt waren. Hinter dem Schreibtisch saß ein Mann im braunen Anzug, das obligatorische Familienfoto vor sich. Sie schrieb auf einen Stenoblock, er griff zum Telefon. Aber er hatte anstatt seines Kopfes einen großen (gezeichneten) Schweinskopf auf seinen Schultern. »Frauen fühlen sich am Arbeitsplatz sexuell belästigt. Deutsche Chefs – Ferkel im Betrieb?«, lautete der Titel. Das zeigte Wirkung. Es kamen kistenweise Leserbriefe. Alle redeten davon. Auch im Haus.

»Henri Nannen war niemand, der nur auf Männer hörte«, erzählt mir Ingrid Kolb. »Ich glaube zwar, dass er lieber mit Männern zusammen war, weil er sich da auf sichererem Terrain fühlte, aber wenn ihn ein Thema interessierte, war es ihm völlig gleich, ob es von einer Frau oder von einem Mann kam.«

Man kann eine Ausgabe des *Stern* herausgreifen und versteht, wie das Blatt grundsätzlich gedacht ist. Der Titel der Nummer 53 vom 27. Dezember 1970 zum Beispiel zeigt eine dunkelhaarige junge Frau mit selbstbewusstem Blick, sitzend, die Schenkel leicht auseinander, mit scheinbar nichts bekleidet außer einem um sie herumdrapierten Fell. »Wilder Fuchs und zahme Ziegen – die Pelze der Saison«, kündigt die Modestrecke im Heft an, die sich mit dem Trend »Pelz« auf eine ganz neue, moderne Weise beschäftigt. Unter dem *Stern*-Logo auf der linken Seite kündigen drei Teaser Geschichten im Heft an. »Frauen machen's billiger. Weniger Lohn für gleiche Arbeit« nutzt die sexuelle Anspielung, um auf eine harte Analyse der ungleichen Bezahlung von Frauen und Männern in den gleichen Berufen hinzuweisen. »Der Fall Löwenthal. Dokumente und Zeugenaussagen zu einer ungeheuerlichen Fälschung des ZDF« verkauft die Hauptgeschichte im Blatt über den Streit ohne verbale Schnörkel und Spielereien. Und unten auf dem Titel mit dem blauen Hintergrund werden unter dem Anreißer »Noch geheim: die Autos von 1971« die Erlkönige der Saison präsentiert.

Es war diese Mischung aus Geschichten, die sich wie Krimis lasen, Einblicken in die Politik oder Ausblicken in die weite Welt, die der Leser sonst nicht kennenlernen würde, und dazu dem Blick ins eigene Leben – so gerichtet, dass dieses sich gleich viel besser anfühlte. Das liest man auch den Texten an. Die sind nicht miesepetrig, weltschlecht oder missmutig im Ton – auch wenn sie Missstände anprangern, etwas reißt den Leser immer mit. Das Gefühl, das bleibt, ist nicht: Dir geht es schlecht. Es ist vielmehr: Der *Stern* hilft dir.

Die Freiheit, zu irren, gestand Henri Nannen seinen Redakteuren wie sich selbst zu. Was er hingegen gar nicht leiden konnte, war Schlampigkeit, unsaubere Arbeit – wenn einer nicht alles gegeben und sich zu früh zufriedengegeben hatte; wenn er vor einer offenen Tür stehen blieb und nicht hindurchging, um zu sehen, was dahinter war. Die »Oase der Freiheit«, wie Paul Sethe die Redaktion des *Stern* genannt hatte, durfte nicht beschädigt werden. »Ohne die Neugier, ohne das Bedürfnis, stets den neuesten Stand der Entwicklung zu ergründen, ohne dieses Erkenntnisstreben hätte der Journalist seinen Beruf verfehlt«, sagte mein Großvater. »Journalismus bedeutet Information über das Bestehende, über sein Zustandekommen und die in ihm beschlossenen Möglichkeiten. Wer sich mit dem Zustand allein begnügt und ihn nur abschildert, ist bestenfalls ein Berichterstatter. Wer nur kritisch und ideologisch postuliert, ist eher ein Propagandist und Pamphletist.«

Für ihn war der Journalist ein Aufklärer, einer, der seinem Leser die Welt begreifbarer, die Verhältnisse transparenter und damit das Leben bewusster machte. Er wollte, dass seine Redakteure ideologischen Qualm und parteipolitischen Nebel vertrieben und die Dinge beim Namen nannten. »Jeder meiner Leute ist eine bunte Feder, die ich mir in meinen Häuptlingsschmuck stecken kann«, hat mein Großvater einmal gesagt. »Viele davon finde ich zum Kotzen.«

Eine der wichtigen Edelfedern war Jürgen Serke.

»Wir saßen bei Nannen im Zimmer, der Tag war vorbei, und Nannen schenkte ein. Es gab köstlichen Rotwein, und jeder erzählte etwas, wir tauschten uns aus«, erzählt mir Serke, der anfangs etwa vier Jahre Gerichtsberichterstatter war. Dann aber wollte er das Arbeitsgebiet wechseln und sich der Literatur, den Schriftstellern zuwenden. Er hatte sich intensiv mit vertriebenen Autoren beschäftigt. An dem Abend erzählte er Geschichten von deutschen Dichtern, deren Werke 1933 von den Nazis öffentlich verbrannt worden waren. »Da sagte Nannen plötzlich: ›Mensch, Serke, das ist doch eine Serie. Nehmen Sie sich morgen einen Fotografen und kommen Sie in einem Jahr wieder!‹«

Am nächsten Tag besprach Jürgen Serke das Thema mit dem Fotografen Wilfried Bauer. In den folgenden Wochen und Monaten bereisten die beiden die ganze Welt. Sie besuchten die letzten noch lebenden Schriftsteller, sprachen mit weiteren Zeitzeugen, sammelten Fotos, Dokumente, Manuskripte. Und wirklich, im nächsten Jahr, im September 1976 kamen Serke und Bauer zurück und legten die fertige Serie vor. Zuerst waren nicht alle Mitglieder der Chefredaktion begeistert. Besonders Rolf Gillhausen setzte sich aber für ihr Erscheinen ein. »Die verbrannten Dichter«, darunter Namen wie Carl Einstein, Max Herrmann Neiße, Albert Ehrenstein, Ernst Toller, Yvan Goll, Jakob Haringer und Else Lasker-Schüler, wurden auf diese Weise im *Stern* gewürdigt. Für das Blatt war die Serie sicherlich eine der wichtigsten im Bereich der Kultur. Wer die Texte heute liest, begibt sich mit Serke und Bauer auf eine akribische Suche, findet Details und lernt lebendige Dichter kennen, die ja schon zum Zeitpunkt des Erscheinens der Artikel verstorben waren.

Texte wie die von Serke waren genauso typisch für den *Stern* – nicht, weil sie Themen behandelten, über die schon jeder gerade sprach, nicht weil sie aus einem aktuellen Ereignis heraus entstanden, sondern weil sie von dieser großen Erzählkunst zeugen, die mein Großvater für maßgeblich hielt. Das Buch, das die Verfasser im Anschluss aus dieser Serie machten, verkauft sich bis heute. Für Serke ging es auf diesem Weg immer weiter. Es kamen »Die verbannten Dichter« – eine Serie, in der er das jeweilige Schicksal aus dem Ostblock vertriebener Schriftsteller wie Milan Kundera, Pavel Kohout oder Alexander Solschenizyn nachzeichnete, und später »Die böhmischen Dörfer«, worin Serke 47 bis dahin weitgehend unbekannte deutschsprachige Autoren vorstellte.

»Es kamen körbeweise Leserbriefe, als die ›verbrannten Dichter‹ gedruckt waren«, erzählt mir Serke, den ich in Großhansdorf bei Hamburg besuche, um mehr über meinen Großvater zu erfahren. »Bis dahin hatte es Hitler geschafft, diese Schriftsteller aus den Köpfen der

Leute zu verdrängen, nun waren sie wieder da«, sagt er. »Buchverlage begannen in der Folge, wieder ihre Werke zu drucken, es gab plötzlich wieder Biografien dieser Dichter auf dem Markt. Der *Stern* hat da Großes geleistet und einen Anstoß gegeben.«

Wenn die *Stern*-Reporter frei hatten, trafen sie sich mit anderen *Stern*-Leuten, nicht nur, aber oft. Wie bei meinem Großvater verbanden sich Beruf und Privates, vielleicht gab es da auch nie eine Grenze. »Der *Stern* ist meine Familie. Meine Familie ist der *Stern*«, sagte mein Großvater manchmal. Und es war ja auch wenig Zeit vorhanden, um außerhalb Kontakte zu pflegen. In Großhansdorf bei Hamburg wohnten viele von ihnen, Gebhardt, Schuller, Schneider, Serke und andere. Oft, wenn sie nachts das Blatt fertig gemacht hatten, fuhren sie mit ihren Autos über die leeren Straßen Wettrennen, Schuller im BMW, Gebhardt im Porsche von der Alster über den Horner Kreisel mit quietschenden Reifen nach Großhansdorf hinaus. Und dann weiter an die Ostsee, nicht immer nüchtern und schon eher im Morgengrauen. Jochen Steinmayr, in den Sechzigern eine Weile stellvertretender Chefredakteur (und später Gründer und Chef des legendären *Zeit*-Magazins), schnallte in solchen Nächten am Ostseestrand sein Holzbein ab und legte es beiseite. Vic Schuller machte sich einen Jux und vergrub es im Sand. Dann gingen sie alle schwimmen. Und natürlich suchte Steinmayr hinterher erst einmal fluchend sein Bein. Wenn sie gerade nicht arbeiteten, luden sie sich gegenseitig ein, die Kinder spielten in den Gärten, die Männer gingen mit den Hunden spazieren. Und der *Stern* blieb Thema.

Vorstandschef Manfred Fischer, der ebenfalls dort draußen wohnte, beschwerte sich bei meinem Großvater einmal, weil er morgens, wenn er selbst in den Verlag fuhr, *Stern*-Mitarbeiter dabei sah, wie sie gerade erst in aller Seelenruhe mit dem Hund Brötchen holen gingen. »Wissen Sie, Manfred«, hat er dann gesagt, »ich habe seinen Kopf gemietet, aber nicht seinen Arsch.«

Einer der großen Vorteile, die man beim *Stern* damals hatte, war der großzügige Umgang mit Zeit. Nicht, dass Zeit nicht wertvoll gewesen wäre, aber sie wurde ganz bewusst als Investition in das Blatt gesehen. Es gab Zeit für Geschichten. Manchmal wochenlang. Es konnten aber auch Monate werden. »Natürlich hat dein Opa gewusst, dass man zu Christiane F. nicht einfach ein-, zweimal hingehen kann und dann eine Geschichte hat«, sagt Heiko Gebhardt. *Stern*-Reporter Kai Hermann hatte gemeinsam mit Horst Rieck die Serie über das drogensüchtige Mädchen Christiane Felscherinow in Berlin geschrieben, dazu zwei Monate lang mit der damals Fünfzehnjährigen immer wieder Interviews geführt. Ihre Lebensgeschichte wurde später als *Stern*-Buch unter dem Titel »Christiane F. – Wir Kinder vom Bahnhof Zoo« über zwei Jahre hinweg zum meistverkauften Buch. In vielen Unterrichtsklassen wurde »Christiane F.« zur Pflichtlektüre.

Wenn es heute heißt, der *Stern* habe unsere Gesellschaft, eine Epoche mitgeprägt, dann liegt dies auch an der intensiven Beschäftigung mit anderen Menschen und Orten. Es war ja nicht nur die große Politik, aus der das Blatt bestand, es war das Verständnis für die verschiedenen Wirklichkeiten der Leser oder der Schwester des Lesers oder des Bekannten der Leserin, das die Verbindung zwischen *Stern* und Lieschen Müller schuf. Es war die Überraschung, die das Heft jede Woche bereithielt. Man kaufte sich den *Stern* und wollte wissen, was die dieses Mal hatten.

Mit dieser Freiheit, die ihr Chef ihnen gewährte, entstand für die Reporter allerdings auch ein enormer Druck – der war nicht geringer als der, den die Kollegen im täglichen Umfeld von Nannen hatten. Sie wussten genau, dass gute Arbeit nicht ausreichen würde. »Der hätte mich doch in den Kerker geworfen, wenn ich nicht geliefert hätte«, sagt Gebhardt. »Und in der Redaktion gab es genügend, die gern dabei zugesehen hätten, wenn wir gefallen wären.«

»Nannen konnte sicherlich nicht alles, so war es ja nicht«, erzählt mir Jürgen Serke. »Aber er war eine charismatische Figur an der Spitze dieses Blattes. Er wusste ganz genau, dass zum Beispiel Erich Kuby ihm in manchem überlegen war und dass es bei Heinrich Jaenicke so war, das alles wusste er – aber dafür waren wir ja da. Solche Leute wie Nannen gibt es gar nicht mehr. Manch andere Chefredakteure hätten Angst, wenn sie merkten, dass da jemand ist, der ihnen auf wichtigem Gebiet voraus ist. Für Nannen war das völlig egal. Und das war seine Größe, Leute zu holen, die machen zu lassen, was sie können und das vor allem in den Bereichen, die er nicht konnte. Er wusste, dass er der Chef war, das stellte er nicht infrage.«

Am 13. Oktober 1977 entführten vier palästinensische Terroristen die Lufthansa-Maschine LH 181 mit dem Namen *Landshut* auf ihrem Flug von Palma de Mallorca nach Frankfurt. Im Konferenzraum beim *Stern* waren alle zusammengekommen. Manche eher murrend, weil sie – wie Heiko Gebhardt – gerade an einer großen Geschichte saßen und es nicht leiden konnten, da herausgerissen zu werden. Aber diese Lage erforderte den ganzen Einsatz aller. Gebhardt flog mit Kai Hermann mit der nächsten Maschine nach Dubai, wo die *Landshut* nach Zwischenstopps in Rom, Larnaka und Manama am Morgen des 14. Oktobers Landeerlaubnis erhalten hatte. Die Entführer forderten die Freilassung von elf in Deutschland einsitzenden RAF-Mitgliedern und zweier türkischer Mitstreiter, dazu 15 Millionen US-Dollar. Die Forderungen waren die gleichen wie die der Kidnapper von Arbeitgeberpräsident Hanns Martin Schleyer, der sich seit dem 5. September in der Gewalt der RAF befand.

In Dubai malten sich Gebhardt und der Fotograf die Gesichter schwarz an und setzten eine Gummikappe zur Tarnung auf den Kopf. Dann schlichen sie so unsichtbar wie nur möglich über das Rollfeld, auf dem die Maschine stand. Sie wollten nah an die Entführer herankommen, die ja bei offener Tür verhandelten. Das Foto brauchte der *Stern*, das war klar, denn auch alle anderen großen Blätter waren unterwegs.

Damit die Filme die Redaktion schnellstmöglich erreichten und auch ein Teil der Reporter rechtzeitig zurückkommen konnten, um vor Druck der nächsten Ausgabe zu liefern, gaben die Fotografen ihr Filmmaterial Stewardessen oder Piloten mit, deren Kurs Hamburg oder mindestens Deutschland war. Die digitalisierte Übertragung von Bildern war noch in weiter Ferne. Außerdem charterte der *Stern* eine Sondermaschine, die den Flug der *Landshut* begleitete.

In Hamburg saßen Peter »Pedro« Neuhauser, frischgebackener Leiter des Deutschandreportagen-Ressorts, und Walter Unger, der seinen Korrespondentendienst in den USA bald antreten sollte, gerade nach New York umgezogen war und den man in der Notlage zurückgeholt hatte, damit er seinen Nachfolger unterstützen konnte. Jetzt wurde jede Kraft gebraucht, nichts durfte schiefgehen. Hier im Ressort lief alles zusammen.

In den Tagen zuvor hatte kaum einer geschlafen. In zwei Büros saßen die Männer und versuchten, die Geschichte in den Griff zu bekommen. Unger und Neuhauser teilten sich die Arbeit auf, und »strickten die Story von zwei Enden – Neuhauser von der Entführung der Maschine rückwärts bis zum RAF-Hintergrund mit den in Stammheim einsitzenden Gefangenen, die von den Flugzeugentführern freigepresst werden sollten; ich vom Entführungsaugenblick an vorwärts, mit dem aktuellen und sich von Stunde zu Stunde ändernden Verlauf«, erzählt Walter Unger. Am 20. Oktober sollte das Heft bereits am Kiosk liegen, der Artikel würde der Aufmacher werden, und noch wusste niemand, wie die Geschichte enden würde. Ständig gingen Leute ein und aus, legten Zettel mit neuen Informationen hin, berichteten, brachten Bildmaterial, schafften Archivmaterial heran. Was wusste man über die Entführer, was über die Hintergründe der RAF, die zu dieser Lage geführt hatten? Gab es Neues von Hanns Martin Schleyer? Was plante die Politik? Wo war Helmut Schmidt? Ständig ging die Tür auf und zu. Immer wieder kam man zu Besprechungen zusammen. Jede neue Meldung konnte den Rechercheansatz verändern, die Richtung der zu erzählenden Geschichte beeinflussen.

»Bei all dem war Ihr Großvater eigentlich ständig beteiligt«, erzählt mir Walter Unger, als ich ihn jetzt in Hamburg treffe. Nicht zuletzt deshalb, weil es dabei auch um ziemlich hohe Kosten ging, musste der *Stern*-Chef in Reichweite sein. »Irgendwann spätabends, ich schätze, es war gegen zehn Uhr, kam Nannen in meine Klause, um zu hören, ob und wie wir zurechtkämen. Als er sah, was für ein Betrieb bei uns herrschte, ließ er sich auf dem Sofa an der Wand nieder und sah und hörte einfach nur zu. Diesen Taubenschlag zu erleben, machte ihm offensichtlich Spaß.«

Am nächsten Morgen überraschte er seine Leute mit einer Fürsorge, die er sonst eher in der Familie oder gegenüber Frauen zeigte. »Gegen sieben Uhr am folgenden Morgen hatten Pedro und ich gerade zusammen das Mittelstück formuliert, an dem sich unsere beiden Teile der Story trafen, als mit Getöse meine Zimmertür aufflog«, erinnert sich Walter Unger. »Herein trat, mit einem Tablett in den Händen, Henri Nannen. Offenbar hatte er die Türklinke mit dem Fuß geöffnet. Ich weiß den genauen Wortlaut nicht mehr, mit dem er hereinstürmte, aber dem Sinne nach war es so: ›Es ist Zeit fürs Frühstück, und das bringe ich.‹ Auf dem Tablett türmten sich belegte Brötchen – und ich weiß nicht, woher er sie hatte, denn die Kantine war um diese Zeit noch nicht besetzt. Aber vielleicht hatte er auch dafür gesorgt. In jedem Fall hatte er recht. Wir hatten alle Hunger.«

Sosehr manche Mitarbeiter Henri Nannen fürchten konnten, so überrascht waren sie mitunter, wenn sie ihn in anderem Umfeld erlebten. Mein Großvater war normal und vollkommen unaufgeregt in seiner Art. Und so selbstsicher er auf andere Menschen immer wieder gewirkt haben mag, so scheu war er doch auch. Ich habe diese sensiblere Seite immer vor Augen gehabt. Aber auch manche Kollegen haben ihn offenbar so erlebt. Einer von ihnen ist Thomas Walde, damals CvD, später Ressortleiter »Zeitgeschichte« und mitverantwortlich für die Geschichte mit den falschen Hitler-Tagebüchern. Aber dazu später. Diese Geschichte hier spielte am 14. Februar 1979.

Mein Großvater war von einer Reise aus New York zurückgekommen und sollte dann nach einem Stopp weiterfliegen nach Hamburg. In New York war er an der Madison Avenue gewesen, bei seiner alten Bekannten Minna Rosenblatt, der großen Galeristin, die sich auf die Werke Louis Comfort Tiffanys spezialisiert hatte und weitere Künstler der Art Nouveau vertrat. Mein Großvater kaufte bei Minna Tiffany-Lampen, diese einzigartigen jugendstilnahen Leuchten aus farbigen, in Kupferfolie eingefassten Glasstücken, mit floralen Mustern gestaltet.

Als er nun im Flugzeug auf dem Weg nach Hamburg saß, hatte er eine Tiffany-Lampe im Gepäck, sorgsam in Tücher und Folie eingewickelt, lag sie neben ihm. Und dann hörten die Piloten der Maschine von einem extremen Wetteraufkommen, das später als norddeutsche Schneekatastrophe in die Geschichte einging. Es war ausgeschlossen, die Maschine sicher ans Ziel zu bringen, sie bekam keine Erlaubnis, weiterzufliegen und musste umkehren. Sie landete in Hannover, und die Passagiere mussten sehen, wie sie an ihren Bestimmungsort kommen würden. Außer Henri Nannen saßen aber noch drei *Stern*-Leute in der Maschine, die gerade von einem Interview in Bonn zurückreisten.

Thomas Walde erzählt mir heute, dass er gemeinsam mit Peter Neuhauser und Michael Seuffert dem Vorschlag des Chefs gefolgt sei, mit dem Taxi gemeinsam nach Hamburg zu fahren. Nannen saß vorn, die anderen drei hinten im Wagen.

Bis ungefähr auf die Höhe von Evendorf ging alles gut. Dann begann es zu schneien. Heftig zu schneien. Und dann kam der Stau. Noch ein bisschen Geschiebe und Gerolle, und alles stand. Wie plötzlich türmten sich Schneemassen an den Fahrbahnrändern auf. Und es schneite ohne Unterlass. Abfahren konnten sie nicht mehr, es gab keine Ausfahrt. Nach zwei Stunden im Taxi wurde es recht kalt. Den Motor ließ die Fahrerin nur noch hin und wieder an, wenn es unerträglich wurde. Die Männer unterhielten sich, man sprach über das Interview, über die Aufbereitung, über den nächsten Tag.

»Im Verkehrsfunk kamen wir nicht vor«, sagt Walde, »und es wurde doch etwas ungemütlich.« Nach fünf Stunden konnte Peter Neuhauser über den CB-Funk eines LKW-Fahrers einen Ruf abgeben und den NDR erreichen, wo er mit einem Kollegen sprach. Der fiel aus allen Wolken.

Es wurde langsam Abend, und niemand hatte etwas zu essen eingepackt. Oder doch: Thomas Walde hatte für seine Kinder drei dieser Lufthansa-Provianttüten, die es damals noch auf jedem Flug gab, mitgenommen – als Mitbringsel, und zuerst hatte er auch niemandem etwas davon gesagt, denn er wollte die ja eigentlich behalten. »Nannen futterte gleich alle drei leer und trank dann noch den Apfelsaft aus«, erinnert sich Walde heute.

Sie hatten sich Seiten der *Bild*-Zeitung um die Beine und um die Füße geschlungen gegen die Kälte. Nach weiteren zwei Stunden kam die Feuerwehr aus Evendorf und brachte Decken und Tee. »Im Wagen vor uns mussten Leute zur dringenden Blutwäsche in die Dialyse nach Hamburg. Im LKW nebenan saßen lebende Hühnchen«, erinnert sich

Walde. »Also, am Anfang lebten sie zumindest noch.« Ein paar Wagen weiter hinten saß Uwe Seeler fest.

»Das war wirklich eine seltsame Nacht«, sagt Walde. »Ihr Großvater bekam dann plötzlich Herzrhythmusstörungen. Oder jedenfalls dachte er das und hielt sich den Puls. Er schwitzte, war etwas bleich und gab uns deutlich zu verstehen, dass es ihm nicht gut ginge. Auf der Ablage lag Tiffany, und die Taxifahrerin outete sich gerade, sie sei eigentlich ein Mann, eine Transsexuelle. Sie habe noch mehrere Operationen vor sich, im Moment sei sie immer wieder zu Operationen nach Casablanca gereist.« Über sie und andere Transsexuelle schrieb Neuhauser später eine große *Stern*-Geschichte.

Zu guter Letzt erreichten Soldaten der Bundeswehr die Autobahn und rissen Leitplanken heraus, damit die Fahrzeuge ausscheren konnten. Tiffany hat diese Nacht übrigens unbeschadet überstanden und wurde Teil der Sammlung Nannen.

Diese Herzrhythmus-Störungen traten häufiger auf. Oft war es vermutlich eher etwas, das man heute als Symptom einer somatoformen Störung diagnostizieren würde. Er selbst bezeichnete sich als einen Hypochonder, aber streng genommen war er das wohl nicht. Er hatte zwar eine große und ihn auch angreifende Angst vor schweren Erkrankungen, insbesondere Krebs, aber er war tatsächlich ja gesund. Es war nicht so, dass er sich Krankheiten einbildete und dann auch tatsächlich körperliche Befunde hatte.

Es spricht viel dafür, vom heutigen Forschungsstand ausgehend, dass er an einer somatoformen Funktionsstörung litt, die zum Beispiel Herzrasen, Schweißausbrüche und Druckgefühle als Symptome kennt. Die Ursachen liegen häufig im psychischen Bereich, können durch Stress, Angst, aber auch durch Kriegserfahrungen ausgelöst werden, was dann Einfluss auf die Steuerung der inneren Organe haben kann. Männer seiner Generation bekämpften so etwas oft mit Medikamenten. Er tat das auch. Allerdings nur gelegentlich und wohldosiert. Er hatte immer eine Hausapotheke dabei und kannte sich blendend mit allen Mitteln aus, aber er war niemand, der sich in eine Abhängigkeit zu Arzneimitteln begeben hätte. Bei ihm hatte das eher etwas Wissenschaftliches. Ein bisschen von dem hilft gegen dies, und dann noch etwas davon, das hilft so und so. Nur einmal hatte er eine längere Phase, in der er nächtelang Panikattacken auszustehen hatte. Damals wurde gegen so etwas ein Drei-Phasen-Schlafmittel verordnet – über eine gewisse Zeit hinweg. Aber mein Großvater versetzte sich nicht mithilfe von Medizin in andere Bewusstseinszustände.

Er mochte und suchte das Gespräch mit Ärzten, was für diese Form der somatoformen Störung eher üblich ist, und er hatte sich schon früh ein enormes medizinisches Wissen angelesen. *Stern*-Mitarbeiter wie Günter Dahl und Klaus Lempke wurden in der Redaktion auch gern seine »Leibärzte« genannt.

»Die Medizin im *Stern* wurde zum Marken- und Gütezeichen«, erzählte Dahl. »Heute glaube ich, nicht weil wir im Ressort so tolle Journalisten waren, sondern weil Henri Nannen ein besonderes Verhältnis zur Medizin hatte.« Eines Tages setzten ihm seine Kollegen aus Jux – weil sie um seine Angst vor Krebserkrankungen wussten – lebende Krebse ins Büro. Jeder dieser Taschenkrebse trug einen Zettel auf dem Panzer. Auf einem stand »Hodenkrebs«, der nächste hieß »Lungenkrebs«, »Magenkrebs« war noch dabei, und ich weiß nicht, wie viele mehr. Mein Großvater nahm es sportlich und hat sie gegessen.

»Er war der gesündeste eingebildete Kranke, den man sich vorstellen kann; er war nicht glücklich, wenn er nicht unglücklich sein durfte, er war nicht heiter, konnte er nicht über seine Depressionen klagen«, sagte Dahl. »Ich habe mir nie angemaßt, ihm in seine Gesundheit hineinzureden. Aber eins wusste ich im Lauf der Jahre: wohin er mit welcher Krankheit besser nicht geht.« So bewahrte er meinen Großvater wohl doch vor einigem.

»Der ›Alte‹ war scheu«. Er war nie ein Mann für den roten Teppich, das hat er gehasst«, sagt Heiko Gebhardt heute und beschreibt damit den Teil von Nannens Aura, der wie ein Gegengewicht zu dem des wuchtigen, die Welt mit beiden Händen packenden und alle Blicke auf sich lenkenden Charmeurs fungierte. Diese Scheu und seine Selbstzweifel sind vielleicht so etwas wie ein Regulativ gewesen. Vielleicht hätte er ohne diese Eigenschaften die Bodenhaftung verloren und wäre sich selbst verloren gegangen.

Er konnte krank werden, wenn er vor einer Situation Unbehagen hatte. Als er mit Andi Elten und dem außenpolitischen Ressortchef Peter Ebel bei Anwar al-Sadat in Ägypten war, erlitt er Bauchkrämpfe und einen Schwächeanfall. Sadat traf er nicht, aber dessen Leibarzt. Es war furchtbar. Und es war typisch für ihn. Andi Elten hatte es eingefädelt, dass der *Stern* ein Interview mit dem ägyptischen Staatspräsidenten bekam, und so flog er nach Ägypten, Ebel und Nannen kamen nach. Der Lufthansa-Vertreter in Kairo fuhr die *Stern*-Leute nach Alexandria, wo sie Sadat besuchen und befragen wollten.

Auf der Fahrt wurde Nannen immer nervöser. »Er hatte richtig Schiss vor dem Gespräch«, erzählt mir Elten. Ihn fragte mein Großvater dann, ob Sadat vielleicht auch Deutsch sprechen würde. »Nein, der spricht so gut Deutsch wie Sie Englisch«, antwortete Elten. Das hat meinen Großvater nicht gerade beruhigt. Die Vorstellung davon, dass er eine Frage nicht gut genug würde stellen können oder eine Doppeldeutigkeit in Antworten nicht verstehen würde und so nicht Herr der Lage wäre, drehte ihm den Magen um.

Mitten in der Wüste musste der Wagen anhalten, und mein Großvater übergab sich. Als er wieder ins Auto stieg, sagte er zu seinem Kollegen: »Ich weiß auch schon, welche Frage wir ihm als Erstes stellen werden: ›Wo bitte kann man hier kotzen?‹«

Die Fahrt ging weiter über die Wüstenstraßen, und als sie ankamen, war mein Großvater nicht in einem Zustand, der es ihm erlaubt hätte, das Interview zu führen. Elten ging mit Ebel zu Sadat und erzählte ihm, dass der Chefredakteur zwar mitgekommen sei, es gehe ihm aber nicht gut und er müsse sich entschuldigen. »Was, es geht ihm nicht gut?«, fragte Sadat und drückte eine Klingel. Sogleich kam ein Bediensteter, den der Präsident beauftragte, nach seinem Leibarzt zu schicken. Der wiederum eilte herbei und nach draußen, um Nannen zu suchen. Nach eineinhalb Stunden war das Gespräch beendet, und als die Reporter wieder rauskamen, sahen sie einen Krankenwagen vor dem Portal stehen. Der Motor lief schon. Der Leibarzt war an Bord gegangen. Aus der hinteren Luke, die offenstand, winkte Henri Nannen.

»Der war wieder piepsgesund«, erzählt Andi Elten. Mit Blaulicht, Sirene, dem Leibarzt und Henri Nannen sauste der Krankenwagen in

Begleitung von Motorrädern als Geleitschutz in einem irren Tempo wieder zurück nach Kairo. Die Reporter mit dem Lufthansa-Mann im Mercedes hinterher – so gut es eben ging. Der Krankentransport hängte sie ab. Als sie auf den Vorplatz des Sheraton-Hotels einbogen, kam ihnen, etwas gelb im Gesicht und sichtlich aufgeregt, der Hoteldirektor entgegen. »Was ist denn um Himmels willen mit Herrn Nannen geschehen?«, fragte er. »Wieso, ist er denn nicht da, geht es ihm nicht gut?«, wollten nun ihrerseits etwas beunruhigt die Kollegen wissen. Doch, doch, er sei angekommen, er sei oben, aber dieser Krankenwagen … und ein Arzt … und dann steigt der Herr Nannen ganz munter aus. Er habe ihm dann sicherheitshalber eine Flasche Champagner auf sein Zimmer bringen lassen. Andi Elten betrat kurz darauf das Zimmer seines Chefs, und da stand der auf so wundersame Weise Geheilte an dem großflächigen Fenster und schaute über die Metropole. Bisher hatte er kein gutes Wort für Ägypten finden können, dreckig sei es und eigentlich furchtbar. Als er Andi Elten hörte, drehte er sich halb zu seinem Kollegen um. »Ach«, sagte er »eigentlich gar nicht so schlecht hier.«

Natürlich wäre es möglich gewesen, dass einer der Kollegen gedolmetscht hätte. Aber das rückte meinen Großvater in eine Position, die er nicht mochte. Da hatte er nicht die Oberhand. Das Schlimmste aber war, dass er vorher nicht genau gewusst hatte, wie das Interview ablaufen würde. Die Unsicherheit schlug ihm auf den Magen, und er konnte diese innere Scheu nicht überwinden.

»Wenn man mit ihm gemeinsam irgendwo eingeladen war, zu einer Feier oder einem Umtrunk«, so erinnert sich Heiko Gebhardt, »dann drückte er sich eher an die Seite, suchte sich in einer Ecke einen dicken Sessel, setzte sich da hinein, und wenn die Leute dann zu ihm kamen, war das in Ordnung. Aber er war nie ein großer Kontakter, er ging nicht auf andere zu, wenn es nicht unbedingt sein musste.«

So hat ihn auch Babette Fischer gesehen, die mein Großvater sehr mochte und die ihm in späteren Jahren eine nahe Gesprächspartnerin wurde. »Es war nicht so, dass er immer im Mittelpunkt stehen wollte«, sagt sie. »Und man merkte schon manches Mal, dass es ihm nicht so darum getan war, hereinzukommen und immer zu strahlen.«

Ich glaube, dass er außerdem spürte, dass viele von den Menschen, auf die er traf, sich bei einer Begegnung mit ihm veränderten. Dass sie nicht authentisch blieben, sondern versuchten, zu glänzen, etwas besonders Kluges zu erzählen oder etwas besonders Aufregendes von ihm zu erfahren. Auch im Freundeskreis meiner Eltern waren Leute, die auf geradezu merkwürdige Weise angespannt darum bemüht waren, sich in gutem Licht darzustellen, das Richtige zu sagen oder zu fragen. Er mochte das überhaupt nicht. Und es verunsicherte ihn auch. Er war, wenn er bei uns zu Hause war, kein Star. Er war Großpapa. Dabei wollte er es dann aber auch belassen.

»Vielleicht hat er sehen können, wie unglaublich stark seine Wirkung auf andere war, und sich selbst gar nicht so stark gefühlt«, sagt Andi Elten. »Das kann Menschen verunsichern. Er war eine Lichtgestalt. Menschen unterbrachen Gespräche, wenn er den Raum betrat. Das war für jemanden wie ihn, der auch schüchtern war, nicht angenehm.«

Ihn hat diese Arbeit glücklich gemacht. Immer wieder zumindest. Mein Großvater war niemand, den man einen glücklichen Menschen genannt hätte. Dafür war er zu rastlos. Vielleicht ist diese Rastlosigkeit die Rückseite der Medaille, auf deren Vorderseite die Neugier ist. Er hat mir mal gesagt, dass er einem Journalisten, der zu einem Zeitpunkt meint, alles erreicht zu haben, raten würde, seinen Beruf sofort aufzugeben. Und er war melancholisch, in sich gekehrt. Serke erzählte mir, dass es auch in der Redaktion Tage gab, an denen man zum Chef ins Zimmer ging und ihn recht leise, ein wenig mit den Gedanken woanders antraf. »Da ging man dann nach fünf Minuten wieder und zog die Tür hinter sich zu.« Er war eben kein leichter, fröhlicher Charakter, dynamisch ja, bewegt auch, ausgestattet mit einem feinen Sinn für Humor, aber leicht war er nicht. Er konnte in diese dunkle Stimmung verfallen, und ich hatte immer das Gefühl, dass sie zu ihm gehört. Sie war die andere Seite des Lichts.

Aber in diesen Momenten, in denen die Reporter zurückkamen und ihm berichteten, empfand er großes Glück. Wenn er etwas Neues erfuhr, auf einen Aspekt aufmerksam wurde, den er nicht selbst bedacht hatte, dann machte ihn das glücklich. Das war die pure Lust. Er ließ sich beeindrucken, und er konnte staunen. Darüber haben wir später, als er schon älter war, einmal gesprochen; als er Zeit dazu hatte, Glück zu bemerken. Glücklich machte ihn dieses Gefühl, von dem mir alle erzählten und das sie offenbar alle kannten – damals beim *Stern*: lebendig zu sein und die Welt mit zu gestalten.

Mein Großvater hat über das Selbstverständnis und die Aufgaben des Journalisten einen Essay geschrieben, worin er sagt, dass der Beruf des Journalisten eine sehr einsame Sache sei, die er nur in Zwiesprache mit seinem Leser ausübt. »Der Journalist sitzt mit seinem weißen Blatt Papier allein. Der Gesprächspartner des Journalisten ist nicht die ›Massenseele‹, sondern irgendein einzelner Leser, der Mann, der die Zeitung in der Eisenbahn liest, der Arbeiter in der Frühstückspause, die Frau am Abend, wenn die Kinder schlafen – immer nur ein einzelner Mensch, der beim Lesen so allein ist wie der Journalist beim Schreiben. Diese beiden sind Partner eines Gesprächs. Sie sind unter vier Augen. Und ob sich diese Szene tausend oder hunderttausend Male oder etwa wie beim *Stern* in jeder Woche neun Millionen Mal ereignet: in jedem Fall ist der Journalist mit seinem Leser allein.

Und wenn er ein guter Journalist ist, dann hält er seinem Leser keinen Vortrag und keine Standpauke, dann sucht er ihn weder zu belehren noch zu manipulieren, dann erzählt er ihm eine Nachricht oder eine Geschichte. Dann nimmt er ihn mit auf Reisen und reportiert, was er sieht und erfährt, dann lässt er seinen Leser mit erleben, mit erfahren, mit schmecken, mit leiden und mit lieben. Und sich immer wieder mit wundern.«

Der große Zorn

»Es wird natürlich etliches verklärt, jetzt, in der Rückblende. Das weiß jeder, der davon redet«, sagt mir Klaus Liedtke. Und tatsächlich, in allen Gesprächen, die ich mit Ehemaligen führe, überlagert die positive Erinnerung den Zorn. Aber es war der Zorn, den mein Großvater säte und der am Ende alles zum Einsturz brachte.

Es gab die alltägliche Wut, die ein Teil dieser produktiven Energie ist, mit der der *Stern* entstand. Über sie wird gleich zu reden sein. Und sie hat durchaus komische Aspekte, denn sie ist eng an die Lust am *Stern* gekoppelt. Am besten beschreibt diesen Zorn wohl der schon erwähnte Satz meines Großvaters: »Das ist die andere Seite meines Charmes.«

Aber es gab auch noch den anderen Zorn. Den großen, von dem mein Großvater nicht verstand, wie er ihn sich zugezogen hatte. Und unter dem er litt. Das war Zorn, den er nicht gelten lassen wollte, gegen den er anbellte und der ihn im Innersten traf. In Gegenwart dieses Zorns konnte es passieren, dass manche die charmante Seite vergaßen.

»Ihre Geschichte hat eine starke und eine schwache Seite«, sagte Henri Nannen zu dem Redakteur, dessen Text er gerade gelesen hatte. »Sie fängt sehr schwach an, und dann fällt sie ganz stark ab.«

Sein Gegenüber, der Mann, der sich gerade noch Hoffnung gemacht hatte, dass ihn ein Lob aus dem Orbit von Henri Nannen ereilen könnte, erstarrte. Hätte es einen Monatslohn gekostet, in diesem Moment ein Loch neben sich im Boden öffnen zu lassen, er hätte gezahlt.

So etwas sagte mein Großvater nicht mit einem Schmunzeln. Bei einigen Menschen entsteht eine fast sichtbare Wolke aus Wut, wenn sie sich über etwas aufregen. Sie schwitzen und bekommen einen roten Kopf und toben, mindestens innerlich, ihr Gesicht verzieht sich zu einer Fratze. Er war nicht so. Seine Worte blieben nicht bei ihm, sie verließen seine Aura mit einer Geschwindigkeit, die das Gefühl vermittelte, dass er selbst für den Moment aus seiner Haut und dem Objekt seines Zorns an den Hals sprang. Sein eigenes Äußeres blieb davon seltsamerweise fast immer unberührt. Die Wut kam aus seinem Mund und aus seinen Augen, aber sie zerknitterte ihn nicht.

Wer Glück hatte, der erlebte die Schmach nicht coram publico. Nannen war schnell, hart, klar und gnadenlos, wenn es darum ging, Texte zu beurteilen. Wer ihn langweilte, wer nicht bei der Sache war, wer sich nicht einsetzte, wer ohne Herzblut schrieb, der hatte nicht nur nichts zu lachen. Unter dem Chefredakteur Nannen hatte so einer etwas zum Weinen.

»Nannen stachelte seine Redaktion zur höchsten Form von Bereitschaft und Leistung an, doch nicht immer war erkennbar, was er damit meinte«, schrieb Dahl. »Wir waren doch in Hochform, glaubten wir – reichte das nicht? Ihm nicht.« Manche Redakteure hatten Angst vor ihm. Wer furchtlos war, der hatte am wenigsten Grund zur Furcht.

Oft kam der Chefredakteur mit einem Stapel Zeitungsausschnitte in die Konferenz, setzte sich an den langen Tisch, an dem besser schon alle Ressortleiter, Assistenten, Layouter, Bildredakteure, Reporter Platz genommen hatten. Dann hörte er sich der Reihe nach an, was die Verantwortlichen zu sagen hatten. »Langweilig«, »Mist«, »das ist doch keine Geschichte« – so kanzelte er Vorschläge ab, wenn er schlecht gelaunt war.

Wenn er sich alles angehört hatte, begann er. Ein Thema nach dem anderen zog er aus dem eigenen Ärmel. Er hatte Ideen zu jedem Artikel, den er sich ausgerissen hatte, und manche darüber hinaus. »Geht doch mal von der Seite dran.« – »Die Geschichte muss groß gezogen werden.« – »Das ist ein Riesenthema! Wieso kommt da keiner drauf?« – »Bis morgen will ich sie im Blatt sehen.«

Er war keiner von den Chefs, die nur hin und wieder den Chefredakteur gaben, kritisierten, aber selbst keine Vorschläge unterbreiteten. Davor genau hatten manche Redakteure Angst – bloß dazustehen, nackt, beruflich vorgeführt. Und vor der Art, mit der er vorschlug, vor der Brutalität in seinem Auftritt, vor der Unbarmherzigkeit, mit der er Leute bloßstellen konnte. Die keine Angst hatten, forderten ihn heraus oder legten sich mit ihm an. Das mochte er und förderte es. Wer ihm entgegentrat mit guten, mit besonderen Argumenten, dem bescheinigte er mindestens einen Teilerfolg.

Oft half auch einfach Humor. Günter Dahl zum Beispiel hatte einen Sinn dafür. Einmal ging er zu seinem Chef, um einen Termin bei ihm zu bekommen: »Lieber Herr Nannen«, sagte Dahl, der, wie gesagt, stark stotterte, »hätten Sie wohl eine halbe Stunde Zeit für mich, damit ich Ihnen fünf Minuten etwas erzählen kann?« Ein anderes Mal, Dahl hatte sich deutlich zur Konferenz verspätet, war Nannen ungehalten und fragte ihn, wo er denn jetzt herkomme. Vom NDR, so lautete die Antwort, da habe er ein Vorsprechen als Nachrichtensprecher gehabt, sie hätten aber einen Jüngeren genommen.

Herbert Suhr, der 1956 ins Haus kam und jahrzehntelang Grafiker beim *Stern* war, wird nicht der Einzige gewesen sein, der von seinen Freunden und Bekannten zu hören bekam, dass er sich diesen »verdammten Saftladen« doch nicht mehr antun solle. Am liebsten hätte er den ganzen Krempel hingeschmissen und wäre sofort nach Hause gegangen, erzählte Suhr gut zwanzig Jahre später.

Warum er nicht ging? In Wirklichkeit habe er Angst vor Nannen gehabt. Denn wenn er zu ihm gesagt hätte: »Nun reicht es mir bei Ihnen, ich habe die Nase voll, suchen Sie sich einen anderen Trottel«, hätte Nannen ihm links und rechts was hinter die Ohren gegeben. Da war sich Suhr sicher.

Ich habe Herbert Suhr erst Mitte der Achtzigerjahre in der Redaktion kennengelernt, als mein Großvater schon nicht mehr beim *Stern* war, und ich bin sicher: Der wäre nie gegangen. Herbert Suhr liebte dieses Blatt. Und diesem schnodderig-ruppigen Umgang von einst konnte einer wie er gut begegnen. »In dieser [ersten] Zeit habe ich schon manche wichtige Entscheidung miterleben dürfen, die mir absolut unwichtig erschien«, erzählte Herbert Suhr anlässlich des dreißigsten Jubiläums des *Stern*. »Mir als tumbem Neuling war nur wichtig, dass die Zeitung termingerecht fertig wurde. Als ehemaliger Schriftsetzer war ich gewohnt, nach gradlinigen Ordnungsprinzipien zu arbeiten, jetzt musste ich umdenken. Chaos und Unruhe waren das Normale. Gezielte und planmäßige Arbeit schienen in meinem neuen Beruf das Odium des Unprofessionellen zu haben.«

»Ich möchte ihn ermorden und dann an seiner Bahre weinen«, hat Günter Dahl einmal über Nannen gesagt und damit einen Satz geprägt, der immer wieder besonders von Kollegen verwendet wurde. Zwischen diesen beiden Extremen bewegte sich die Arbeit beim *Stern*, und bewegte sich das Zusammensein mit Henri Nannen.

Woher dieser Zorn auf meinen Großvater kam und was er erntete, wenn er Zorn säte, ist eine nähere Betrachtung wert. Denn nur durch das Gegenstück zum Zorn, durch die Liebe und Achtung, die da auch waren und die schon beschrieben wurden, baute sich dieses Spannungsfeld auf, das Boden für alle Kreativität war.

»Sie sollen mich fürchten – nicht lieben«, hat mein Großvater über seine Redakteure gesagt. Sein Freund Vic Schuller meinte an Henri gerichtet, das Wort gehöre zwar in die Kategorie der »Nannen-Sprüche«, die nicht zu ernst genommen werden dürften. »Aber im Umgang mit deinen Mitmenschen war davon schon manches zu spüren. Du hast allen, die dir nahestanden oder mit dir arbeiteten, viel zugemutet – manchmal bis an die Grenze des Erträglichen. Du konntest auch richtig wehtun, verletzen, gezielt, mit einem sicheren Gespür für empfindliche Stellen. Aber wenn dann so ein Opfer deines Zorns aufjaulte oder gar aufmuckte oder wenn du merktest, dass du zu weit gegangen warst, dann brauchtest du nur eine Prise von deinem Charme zu versprühen – und alles war wieder gut. Vergeben und vergessen bis zum nächsten Mal.«

Für die Kreativen, für die großen Reporter, die guten Fachleute, die starken politischen Köpfe, diejenigen, die zu den ganz großen Journalisten, Fotografen und Layoutern gehörten, war das Arbeiten mit Henri Nannen Stress. Ein Wechselbad der Gefühle war es, Wut und Zorn waren darin enthalten, es gab Zeiten der körperlichen Überforderung, man arbeitete fast rund um die Uhr.

Dafür feierten sie auch ihre Erfolge. Sie labten sich an dem Ansehen, das der *Stern* und eindeutig auch seine Redakteure genossen. Sie gehörten zu den bedeutenden Journalisten im Land. Für all ihre »Qualen« bekamen sie etwas: Anerkennung und die nicht mit Geld und guten Worten aufzuwiegende Möglichkeit, sich beruflich zu entfalten.

Aber da waren eben auch die anderen. Je größer der *Stern* wurde, desto mehr Leute waren im Haus, manche, mit denen der Chefredakteur nichts anfangen konnte. Solche, die er nicht mehr selbst eingestellt, sondern auf Bitten eines der Ressortleiter geholt hatte. Nicht jeder kam mit dieser oft so benannten »unmenschlichen« Art von Henri Nannen, die ich übrigens für zutiefst menschlich halte, klar.

Gerd Bucerius schrieb meinem Großvater, nachdem der *Stern* sich von einem Mitarbeiter getrennt hatte, einen Brief, in dem etwas Ähnliches anklingt. Da heißt es: »Sie machen ja selbst keinen Hehl daraus, dass Sie über P. sowohl in seiner Abwesenheit als auch in Gegenwart eines größeren Kreises abwertend gesprochen haben. Das ist nun überhaupt Ihre Art: Sie verteilen nach links und rechts Eselstritte. Manche Mitarbeiter der Redaktion trifft es in ihrer Würde. Die Leute bleiben bei Ihnen wegen Ihrer überragenden Fähigkeiten. Früher haben sie an Ihnen gehangen, weil Kameradschaft von Ihnen ausstrahlte. Das ist im Laufe der Jahre und mit der wachsenden Redaktion verloren gegangen. Heute wissen sogar Ihre allerbesten Mitarbeiter wie Vic, Gillhausen, Dahl und wer noch, dass sie von Zeit zu Zeit in Ihre Schusslinie hineingeraten – und dann wehe ihnen. Es gibt ja niemanden, über den Sie sich nicht schon bei mir bitter beklagt hätten.« Der Brief stammt aus dem Jahr 1964.

Es ist nicht so, dass mein Großvater andauernd Leute entließ, die ihm nicht passten oder die Fehler gemacht hatten. Er konnte mal einen in jähem Zorn rauswerfen, aber die Kündigung unterschrieb er nie. Oder er stellte denjenigen fast umgehend wieder ein – dann mit höherem Gehalt. »Wo ist denn Herr Soundso?«, konnte er dann in einer Besprechung im *Stern* fragen. »Den haben Sie gestern rausgeschmissen, Herr Nannen.« Und Nannen: »Ach, aber das hat der doch wohl nicht ernst genommen, oder?«

Gerd Bucerius hat, das ist der Korrespondenz zu entnehmen, über die Jahre immer wieder angemahnt, Nannen müsse seine Personalstärke im Griff behalten und reduzieren.

P. habe damals, als er zum Abschied noch einmal mit dem Verleger sprach, gesagt: »Schade, denn Nannen ist wirklich ein großer Journalist.« Bucerius sagte darauf zu meinem Großvater: »Aber all Ihre sachliche Größe wird Ihnen nichts nützen, wenn nicht menschliche Größe dazukommt. Sie brauchen die Leute nicht von Ihrer Überlegenheit zu überzeugen. Aber Sie können sich einen treuen Stamm ergebener und erfolgreicher Mitarbeiter nur aufbauen, wenn Sie jedem einzelnen helfen, sein Selbstbewusstsein zu stärken, ihn bei Pannen aufrichten. Wenn Sie einen Mann dauernd schelten, verächtlich behandeln, muss er schwach werden.«

Diejenigen, die nicht mithalten konnten bei dieser Höllenfahrt mit dem Chefredakteur Nannen oder es ganz einfach nicht wollten, die hassten ihn manchmal. Er machte ihnen – aus ihrer Sicht – das Leben schwer. Was die einen groß machte, machte die anderen offenbar klein.

Aber die meisten von ihnen blieben. Sie kündigten nicht, um anderswo einen besseren Chef zu bekommen. Und das zu Zeiten, als es in den Verlagen noch Fluktuation gab und es kein Problem gewesen wäre, in einem anderen Haus eine Anstellung zu bekommen. Sie erkannten den *Stern* als eine der Kräfte im Land, denen sie sich zugehörig fühlten. Sie wollten sich weiter mit dem Blatt identifizieren.

Jemand wie Heiko Gebhardt geriet mit Nannen andauernd in Streit. »Scheiße ist das. Wo haben Sie schreiben gelernt?«, schrie Nannen dann mitunter und machte Gebhardts Artikel zunichte. »In seiner Riesenpranke hielt der dann meinen Text, der ganze Anfang war gestrichen, überall waren Striche, überall Anmerkungen, alles rot«, erzählt Gebhardt mir. »Nun war es halt nicht so, dass man in jeder Woche meisterlich sein konnte. Und wenn du dann nicht der Meister warst, konntest du etwas zu hören bekommen.« Zwei Wochen nach einer solchen verbalen Abreibung konnte es aber genauso gut vorkommen, dass der Chefredakteur den Reporter mit einem Lob überraschte.

42

Glück: Wenn mein Großvater mit den Händen arbeiten konnte, dann war er glücklich – diesmal war es ein Weg, den er in Emden pflasterte.

Genuss: Den Burgunderbraten nach einem Rezept seiner Schwiegermutter Elsa kochte mein Großvater gern – und wirklich exzellent.

44

Angriff: Der »Sechs-Tage-Krieg« im *Stern*, Mai 1983, bei dem es um Redaktionsfreiheit und Verlegerwillkür ging und währenddessen die Kollegen Nannens Rücktritt forderten, war das Ende seines *Stern*-Lebens. Hier sitzt mein Großvater in der Betriebsversammlung im Audimax.

45

Anfang: »Ein Haus für meine Bilder« wollte Henri Nannen bauen.
Am 3. Oktober 1986 öffnete die Kunsthalle Emden ihre Türen. Der Stifter gab dafür Haus und Hof – und seine Sammlung.

46

Positano: Die Motoryacht und das Haus an der Amalfiküste liebte er wohl gleichermaßen. Beides waren für ihn Orte, loszulassen. Allerdings musste spätestens am dritten Tag das Deck geschrubbt werden.

4

Gefunden: Mein Großvater und seine dritte Frau Eske.

48

Kunstgeschichte: Marc Chagall zu besuchen, ist für meinen Großvater einer dieser besonderen Momente. Chagall schenkt ihm den Druck und signiert »Pour Martha Nannen, 1982«.

49

Gerettet: Gerhard Marcks' »Maja«, die Bronze, und mein Großvater haben eine gemeinsame Geschichte. 1943 hat der Soldat dem Künstler dabei geholfen, seine Gipse in Sicherheit zu bringen. Im Alter kam die »Maja« nach Emden.

50

Begegnung: Gerhard Schröder ist noch nicht Kanzler, sondern Ministerpräsident, und Henri Nannen ist nicht mehr *Stern*-Chef, sondern Stifter, als sich die beiden begegnen. »Heute würde ich gern mit ihm über Russland sprechen«, sagt Schröder im Jahr 2012.

5

Leben: In seinem kleinen schwarzen Telefonbuch fand er sie alle – Weggefährten, Widersacher, Who-is-Whos. Aber er hatte nicht nur eins.

52

Nähe: Mein Großvater und ich bei der Nachfeier seines 75. Geburtstages, 1988.

53

Hausherr: »Ich kann sie doch jeden Tag sehen«, sagte mein Großvater über seine Bilder, wenn man ihn fragte, ob es ihm nicht schwergefallen sei, sie alle herzugeben.

54

Generationen: Henri, Oliver und Christian bei der letzten gemeinsamen Reise, kurz bevor mein Großvater starb. Unten: Eine erste Italienreise nach dem Krieg.

55

5

Wir: 1973 an Bord der *Positano III*.

»Heiko, das ist so schön geschrieben, ich könnte vor Ihnen niederknien«, sagte er dann.

Nannens Reaktionen waren nicht vorhersehbar. »Du wusstest nie, was dann um die Ecke kam. Sicher konnte man nie sein.« Angelika Jahr hat ihn auch so erlebt. »Er achtete bis zur letzten Korrektur aufs kleinste Detail, trieb damit seine Redaktion häufig bis zur Weißglut, aber auch zu ungeahnten journalistischen Höchstleistungen«, sagt sie. Nannen triezte seine Leute aber auch scheinbar unbegründet. Heiko Gebhardt erinnert sich daran, dass er, wann immer er Texte für *Geo* oder *Zeit* als Gastautor schrieb, Schwierigkeiten mit ihm bekam.

Für das gerade neu entstandene Kunstmagazin *Art* ließ sich Gebhardt porträtieren. »In der Start-Phase von *Art* hatte ich die Idee, den Lesern zu zeigen, dass man sich auch heute noch porträtieren lassen könne«, erzählt mir Axel Hecht, damals Chefredakteur von *Art*. »Zur Versuchsanordnung gehörte, dass sich ein Autor von mehreren Künstlern malen lassen sollte. Da es uns zu Anfang noch an guten eigenen Autoren mangelte, fragte ich Heiko Gebhardt, ob er die Geschichte machen wolle.«

Als mein Großvater davon hörte, schritt er ein. »Ein *Stern*-Redakteur gehört nicht auf den Titel der *Art*«, habe Nannen gesagt. Keine Diskussion. »Henri Nannen tobte und drohte, er werde den Druck dieser Ausgabe verbieten lassen, wenn die Geschichte, vor allem aber das Pastell mit Gebhardt auf dem Cover erscheinen würde«, sagt Hecht. »Das gönnte er mir nicht«, sagt Heiko Gebhardt. »So was konnte er nicht ertragen.«

War es Missgunst, die ihn trieb? Mein Großvater war mehr als zurückhaltend, wenn es darum ging, vom *Stern* etwas nach außen abzugeben. Er hatte immer Sorge, dass von der gebündelten Stärke seiner Zeitschrift etwas verloren gehen könnte. Den Anfängen wollte er wehren, notfalls mit Härte.

Heiko Gebhardt hatte einen bedeutsameren Fehler gemacht, als er sich für *Art* malen ließ: Er hatte meinen Großvater vorher nicht gefragt. Wenn man ihn in Details nicht einweihte, die seinen Herrschaftsbereich betrafen, blockierte er gern. Auch aus Prinzip. Die Wege mussten über seinen Schreibtisch führen. Noch schlimmer, wenn ihn jemand hintergehen, belügen oder gar für dumm verkaufen wollte; dann zog er Konsequenzen. Der Grund dafür ist simpel und hat wenig mit Neid oder Eitelkeit zu tun. Das Kräfteverhältnis im *Stern* – das wurde schon an anderer Stelle deutlich – war fein austariert. Wenn die Gewichte rutschten, konnte dies für das ganze Konstrukt gefährlich werden. Das ließ mein Großvater instinktiv nicht zu. Wer den Kopf zu oft zu weit hinausstreckte, bekam eins obendrauf – wer es nie tat, dem machte Nannen Feuer unter dem Hintern. Eine Anekdote, die ich immer wieder und auch von ihm erzählt bekommen habe, gibt einen Blick darauf, wie es sein konnte.

Es war bei Fiete Melzer am Schopenstehl. Fiete betrieb dort in der Hamburger Altstadt *die* Stammkneipe für Journalisten, Verleger, manchmal tauchten auch Politiker auf. Serviert wurde Hausmannskost, eine Speisekarte gab es nicht, es wurde gegessen, was gekocht war – und wehe, jemand aß seinen Teller nicht leer. Es roch immer nach gebratenem Hackfleisch, und dem Vernehmen nach hat es nur Richard Gruner je gewagt, an Fietes Frikadellen herumzumäkeln. Es heißt, dass Fiete, der übrigens mit seinen leicht hängenden Wangen aussah wie ein schlankerer und beweglicherer Bruder von Winston Churchill, die Preise nach der jeweiligen Brieftasche des Gastes oder nach dessen Gehabe ausrichtete. Wenn einer in seinen Augen ein Aufschneider war, dann hatte der gleich ein paar Essen mehr auf der Rechnung – nämlich die seiner Angestellten, die Fiete mit aufschrieb. Das sei nur demokratisch, fand der Wirt. Seinen Gästen war er Kummerkasten und Beichtvater, und er verlor dabei nie die Ruhe oder die Geduld, nur Säufer konnte er nicht leiden.

Bei Fiete gab es eigentlich nur Stammgäste. Und köstliche belegte Brote, die mein Großvater für sein Leben gern aß. Er, der absolut kein Kneipengänger war, gehörte zu denen, die der Wirt mit Namen ansprach. Das hieß etwas, denn zu Fremden sagte Fiete gar nichts. Die, die er leiden konnte, sprach er mit »du« an, und wenn er jemanden wirklich mochte, nannte er ihn »Dicker«. Wer mit Namen angesprochen wurde, stand über allen. »Man traf sich bei Melzer, einer viel zu kleinen Kneipe in der Nähe des Pressehauses«, erzählt der einstige *Zeit*-Redakteur Karl-Heinz Janßen. »Dort standen vier Tische, an denen einzelne Gruppen zu sitzen pflegten. Am ersten saß in der Regel Rudolf Augstein mit dem Stab des *Spiegel*, am zweiten Henri Nannen mit der *Stern*-Crew, am dritten die Redaktionsspitze der *Zeit*, und am vierten nahmen Leute vom Grossohaus Wegner Platz. Die ›Redaktionssitzungen‹ der *Zeit* dort dauerten manchmal von zwei Uhr mittags bis sieben Uhr abends. Volontäre brachten zwischendurch die korrigierten Fahnenabzüge zum Abzeichnen.«

Bei Fiete Melzer also sitzt eines Tages der *Stern*-Redakteur Jürgen von Kornatzki an der Theke auf einem Barhocker und schimpft über seinen Chef Henri Nannen. Er hat schon einiges getrunken und redet vor sich hin. »Alter Arsch! Menschenschinder!« Fiete, der sich das eine Weile lang angehört hat, spricht ihn an. »Jürgen, erzähl das nicht mir. Erzähl es dem Alten selbst.« Und tatsächlich: Jürgen von Kornatzki greift zum Hörer und ruft meinen Großvater an. Sagt ihm: »Sie sind in meinen Augen ein ganz großer Arsch.«

»Da habe ich ihm herzlich gratuliert. Schließlich hat er sich getraut, mich anzurufen. Aber ganz so leicht wollte ich es ihm nicht machen«, erzählte mir mein Großvater. »Trinken Sie auf mein Wohl, Jürgen«, habe er gesagt. »Ich komme auch gleich runter.« *Stern*-Kollegen, die auch bei Fiete sitzen, hören den Wirt murmeln: »Wenn das man gut geht.«

Mein Großvater betritt kurz darauf Fietes Restaurant, mit dabei ist Richard Gruner. Die beiden wollen zum Essen in den Ratsweinkeller gehen und bieten Kornatzki an: »Kommen Sie mit, wir laden Sie ein.« Die Hünen Richard und Henri gehen großen Schrittes hinüber in Richtung Rathaus. Kornatzki wankt hinterher. An der nächsten Ecke sieht mein Großvater einen Polizisten stehen, den er anspricht. »Ich bin Henri Nannen, der Chefredakteur des *Stern*. Und dies hier ist der Drucker Richard Gruner. Wir werden von dem Mann dort hinten verfolgt«, sagt er und deutet auf seinen Redakteur. »Würden Sie bitte diesen Menschen mit aufs Revier nehmen? Sie sehen ja, wie betrunken er ist. Er belästigt andauernd Passanten.« Die Nacht verbrachte Jürgen von Kornatzki in der Wache Depenau gleich um die Ecke, am nächsten Tag war er wieder in der Redaktion. Die Geschichte wurde zu einer der Legenden.

»Wenn er ein Ziel im Auge hatte, konnte er ganz schön ungerecht werden«, sagt mir Manfred Bissinger heute, als ich ihn danach frage, wo die Ursache für den Zorn gegen Henri Nannen gelegen haben mag. »Viele von uns, auch ich, konnten das ertragen, weil ja auch Liebe und damit Verständnis und Vergebung im Spiel waren. Klar, seine Eitelkeit ging einem gelegentlich auf die Nerven, aber in der Rückschau haben seine Großzügigkeit und seine Kreativität doch überwogen. Natürlich konnte man Tage auf ihn sauer sein, wenn er einen mal wieder so richtig zusammengeschissen hatte. Er konnte im Übrigen wirklich verletzend sein. Das war dann wirklich nur mit Liebe zuzudecken«, sagt Bissinger.

Andi Elten sagt, dass die Männer und Frauen, die zur Redaktion gehörten, mit ihm richtig verbunden waren. »Darunter waren auch echte Haudegen, aber auch sie waren ihm ergeben. Ich ja auch. Wir waren alle fasziniert. Aber man konnte nicht jeden Tag mit ihm zusammenarbeiten, wenn man ein intaktes Selbstwertgefühl hatte.« Der Redaktionsbetrieb für diejenigen, die nicht auf Reisen gingen, die nicht zu den Reportern gehörten, drehte sich nur um Nannen. Ständig musste auf ihn reagiert werden.

»Nannen hat uns nie geschont, viele fühlten sich geschurigelt, manche sogar gedemütigt«, schrieb Günter Dahl später. »Die Grenze zwischen Forderung und Überforderung muss jeder für sich selber ziehen. Der eine bricht, wenn Chaos herrscht, zusammen, der andere lebt auf und spürt erst dann, welche Kraft in ihm steckt.«

»Man hatte gelegentlich eine unglaubliche Wut auf ihn«, sagt Klaus Liedtke. »Aber das war die Wut, die man auch als Sohn oder als Tochter dem Vater oder der Mutter gegenüber hatte. Er war schon eine Überfigur, ein Ersatzvater.«

Mein Großvater war für seine Redakteure oft die Reibefläche. An ihm konnten sie sich abarbeiten, und gegen ihn mussten sie an, wenn sie stark werden wollten, auf ihn schimpften sie. Und wenn er sie bei irgendetwas erwischte, konnte sein Zorn fürchterlich sein. Aber der »Alte« war nicht nachtragend. So schnell, wie er polterte, war es dann auch wieder vorbei.

Die andere Art Zorn – die, von der er nicht verstand, wie es dazu kam – verletzte ihn. Sie vor Augen hat er sich vielleicht nie gefragt, ob er selbst auch etwas falsch gemacht hatte. So wirkte es jedenfalls. Diesen Zorn erntete er von seinem einst vielleicht besten Freund, Richard Gruner. Hatte er ihn auch gesät?

Nun muss ich vorweg sagen, dass Flora Gruner, Richards Witwe, nicht mehr über Henri Nannen sprechen möchte. Für sie ist er offenbar gestorben, ganz und gar und schon lange, auch alle Erinnerungen an ihn. Und das ist deshalb so bemerkenswert, weil Gruners und Nannens viele Jahre sehr eng miteinander waren. Das Ende dieser Freundschaft muss also der Grund dafür sein. Alles, was hier dennoch über diese wichtige Beziehung zwischen den beiden Männern erzählt werden muss, um Henri Nannen wirklich kennenzulernen, basiert auf eigenen Erinnerungen, auch denen meiner Familie, und geht auf private Archive sowie Erlebnisse, Einschätzungen Dritter und auf Erzählungen meines Großvaters zurück. Nur wer sie kennt, kann den ganzen Nannen verstehen.

Mein Vater erinnert sich an viele Ausflüge, die Gruner und Nannens miteinander unternommen hatten. Als Richard und Henri einander kennenlernten, war »Krischan« etwa vier Jahre alt, und für das Kind war Richard Teil der Familie. Er kam zu Besuch nach Wellingsbüttel, sie gingen schwimmen, saßen im Garten, redeten, aßen miteinander. Es gibt viele Fotos der beiden Paare, Martha und Richard auf Gruners Hochzeit beim Tanzen, Richard und Henri auf der *Positano III*, wo sie sich gegenseitig zeigen mussten, wer von beiden den besser trainierten Oberkörper hatte. Es kann auch sein, dass es ein Wer-hat-den-dicksten-Bauch-Wettbewerb war. Und sie hatten am gleichen Tag Geburtstag, dem ersten Weihnachtstag. Richard war zwölf Jahre jünger als mein Großvater.

»Die Erinnerungen an Flora und Richard gehören für mich zu den glücklichsten meiner Kindheit«, sagt mein Vater.

»Ich hatte dich immer als Freund gesehen«, habe Richard Gruner in seinem wohl letzten Brief, Mitte der Achtzigerjahre, an Henri Nannen geschrieben. Von diesem Brief hat mir mein Großvater erzählt, weil er ihm naheging und weil ich ihn nach Gruner fragte. »Nie hattest du einen engeren Freund. Und du wirst nie wieder einen Freund überhaupt haben.« So habe es Gruner formuliert. Eine der engsten Beziehungen zu einem Menschen war zerbrochen. Aber wohl nicht an einem Tag, da war einiges zusammengekommen, und manches lag schon eine lange Weile zurück.

Richard Gruner war einundzwanzig Jahre und einen Tag alt, als sein Vater Richard Gruner senior, dessen einziger Sohn er war, 1946 an den Folgen eines Verkehrsunfalls im Alter von fünfundfünfzig Jahren starb. Er hätte die Druckerei Gruner & Sohn mit ihren fünfzehn Mitarbeitern, die 1935 auf das etwa 10000 Quadratmeter große Gelände zwischen Klaus-Groth- und Adolf-Rohde-Straße in Itzehoe gezogen war, bei Kriegsbeginn 130 Leute beschäftigte und gerade wieder eine Arbeitserlaubnis erhalten hatte, schließen können – oder den Betrieb selber fortführen. Er entschied sich für Letzteres, in der Hoffnung, dass die Investition in eine Tiefdruckrotationsmaschine mit vier Druckwerken und einem Falzapparat, die sein Vater kurz zuvor gepachtet hatte und mit der sich Zeitschriften drucken ließen, in die Zukunft führen möge. Mit der wiedererlangten Pressefreiheit standen die Chancen recht gut, weil immer mehr Zeitschriften auf den Markt kamen, die irgendwo auch gedruckt werden mussten.

Richard Gruner hatte eine kaufmännische Ausbildung bei Broschek & Co, Verlag und Druckerei, absolviert und sich hauptsächlich auf die Gebiete des Rotationstiefdrucks konzentriert. Broschek hatte das *Hamburger Fremdenblatt*, die wohl wichtigste Zeitung der Stadt, gedruckt und war während des Krieges enteignet worden. Nach dem Krieg nahmen Albert Broscheks Erben die Arbeit im alten Kontorhaus am Heuberg in der Hamburger Innenstadt wieder auf.

Richard Gruner wurde über Nacht zum Unternehmer. Um sich über Wasser zu halten, brauchte er Aufträge – als Erstes druckte er Axel Springers *Hörzu*, bald kam durch die Beziehungen zum Nannen-Verlag erst ein Teil der Auflage des *Stern* hinzu, dann die Gesamtauflage. Dabei half ihm – unter anderen – Henri Nannen.

Während Nannen bereits 1951 als Verleger ausschied, hatte Gruner seine Anteile stetig aufgestockt. 1950 hatte er den Anteil des Gesellschafters des Duisburger Kaufmannes Heise übernommen und war so zu Nannens und Bucerius' Partner geworden. Bald veränderten sich bald – wie schon beschrieben – die Besitzverhältnisse. Der Rest ist schnell erzählt. 1965 schließen sich aus recht verschiedenen Verlagen und mit verschiedenen Zielvorstellungen und Temperamenten ausgestattet die drei Gesellschafter Richard Gruner (39,5 Prozent), Gerd Bucerius (28,25 Prozent) und John Jahr (32,25 Prozent) zu Gruner+Jahr GmbH & Co zusammen. Sie verlegen den *Stern*, *Constanze*, *Brigitte*, *Petra*, *Die Zeit*, *Schöner Wohnen* und *Capital*. Der Constanze-Verlag und der Verlag Henri Nannen gehen in dem neuen Gebilde auf. Die Druckerei von Gruner geht ebenfalls in das gemeinsame Eigentum über. Der Jahresumsatz der Zeitschriften liegt bei 250 Millionen Mark, die Druckerei setzt 150 Millionen um.

Die Freunde Henri und Richard bleiben eng verbunden. Gruner unterstützt Nannen, wenn der gegen die Einmischungen von Bucerius Rückendeckung braucht. Martha und Flora sind einander wohlgesonnen. Alles hätte gut sein können.

Aber die Dinge veränderten sich. Hauptsächlich lag das wohl an den jeweils unterschiedlichen politischen Auffassungen von Richard Gruner und Henri Nannen. Während der eine – zu Zeiten des Kalten Krieges und mit Geschäftsbeteiligungen in den Vereinigten Staaten von Amerika – befürchtete, der Kommunismus könne erstarken, und der Ansicht war, dass man dem etwas entgegensetzen müsse, war der andere dabei, den »jungen Wilden« im *Stern* Raum zu geben. Man wurde einander fremder. Während Nannen immer »sozialliberaler« wurde und sein Tun und Wirken auf Deutschland konzentrierte, war Gruner in der Welt zu Hause. Der *Spiegel* schrieb 1969, dass Gruner sich »nun gern fernab von der handwerklichen Plackerei des Alltags auf einer Insel aufhält, die er mit Freunden vor Florida erworben hat«, er »möchte den Konzern nach Börsianer-Art mit knappen Anweisungen fernsteuern«.

Richtig ist, dass Richard Gruner durch geschickte kaufmännische Entscheidungen und mit ein wenig Glück viel Geld machte. Er hatte aus den Anfängen in Itzehoe einen Industriebetrieb mit 133 Druckwerken und mehr als 2500 Beschäftigten geschaffen.

Die Familie Gruner hatte schon zu Beginn des zwanzigsten Jahrhunderts enge geschäftliche Kontakte in Nordamerika begründet und fortan gepflegt. Gruner war ein junger Mann. Er war ein begeisterter Pilot, besaß eine Lizenz für eine zweimotorige Turboprop-Maschine und hatte wohl durchaus die Neigung, noch anderes in seinem Leben zu tun, als in Hamburg den Verleger zu geben.

Claus Jacobi, der bis zu Gruners Tod 2010 mit ihm befreundet war, sagte über ihn: »Das Geheimnis von Richard Gruners Erfolg war eine ungewöhnliche Mischung aus Wagemut und Vorsicht. Sein Wagemut machte ihn zum Unternehmer und trieb ihn als Pilot in die Wolken. Ich bin mit ihm in seiner Maschine über den Atlantik geflogen. Jedes Mal, wenn ich aus der winzigen Kanzel zehn Kilometer unter mir stecknadelgroße Eisberge treiben sah, kam ich mir vor wie eine Mücke im Schneesturm. Der rotschöpfige Wikinger aber saß dann an seinem Steuerknüppel und genoss jeden Augenblick.«

Ich will nicht sagen, dass mein Großvater Gruner den Erfolg neidete, so war er nicht. Aber er fand schon, dass er selbst einen Anteil an diesem Glück hatte und dass Gruner ihm, oder sagen wir besser: dem *Stern*, aus dieser glücklichen Entwicklung heraus etwas schuldig war. »Nicht einmal, dass ich dich zum Millionär gemacht hätte, hast du je aus meinem Mund gehört oder aus meiner Feder gelesen«, schrieb er seinem Freund Mitte der Achtzigerjahre. »Du wärest auch ohne den *Stern* zu was gekommen, wenn ich dich auch nie für einen Unternehmer gehalten habe, sondern für einen geschickten Abwarter, der die Gunst der Stunde zu nutzen weiß und eine Nase für Menschen hat, die ihm dienlich sein können, heißen sie nun […] oder Nannen.«

Vielleicht hat mein Großvater diese »Schuld« auch eher als »Pflichtgefühl« empfunden. Ein Pflichtgefühl, von dem er meinte, dass Gruner es dem *Stern* gegenüber haben sollte. Aber Richard Gruner war nicht der *Stern* – das war schon Henri Nannen; und er war kein Chefredakteur, als dessen Aufgabe Nannen es sah, »sich ans Blatt flechten [zu] lassen wie an ein Rad – wenn es sich nach unten dreht, blutet man«. Er war auch kein Verleger, wie es vielleicht am ehesten noch Gerd Bucerius, zumindest in einem Teil seiner Persönlichkeit, gewesen ist. Einer, der für Zeitungen oder Zeitschriften schwärmt. Gruner war Unternehmer.

Er war wohl jemand, der das Bluten vermeiden wollte, und das konnte mein Großvater nicht verstehen. Claus Jacobi beschreibt eine Begebenheit, die hilft nachzuvollziehen, was Richard Gruner für ein Typ Mensch gewesen sein mag: »Das Ausmaß seiner Vorsicht ging mir erstmals auf, als wir an einem Wochenende in der ausgestorbenen Halle eines New Yorker Büro-Wolkenkratzers standen, dessen Penthouse einem Freund gehörte. Ihn wollten wir besuchen. Ein Lift kam. Ich stieg ein, Richard blieb draußen. ›Ich nehme den nächsten‹, meinte er. ›Wenn wir gemeinsam fahren, könnten wir gemeinsam stecken bleiben und das ganze Weekend gemeinsam im Fahrstuhl verbringen. So gern hab ich dich nun auch wieder nicht.«

John Jahr junior, der Sohn des Mannes, der am 30. Juni 1965 gemeinsam mit Richard Gruner und Gerd Bucerius in seinem Haus an der Alsterkrugchaussee »unter dem Apfelbaum bei Erdbeerkuchen mit Sahne« die Verträge für die Fusion unterschrieben hatte, erklärte die sich bald zuspitzende Situation zwischen den Partnern später in einem Artikel in der *Zeit* so: »Richard Gruner misstraute damals zutiefst den politischen Entwicklungen nach der Ablösung der CDU-Alleinregierung. In jenen wilden Zeiten des Kalten Krieges war der Ost-West-Konflikt mit dem Säbelrasseln beider Seiten auf dem Höhepunkt«, schreibt Jahr zum vierzigsten Unternehmensjubiläum. »Die Bundesrepublik war keineswegs gefestigt in die westliche Welt integriert. Die 68er-Studenten schwärmten für Sozialismus und Kommunismus. Das alles führte letztlich dazu, dass Richard Gruner Deutschland verließ und unternehmerisch seinen Erfolg in den USA fortsetzte, zum Beispiel als größter Einzelaktionär von American Airlines.«

Richard Gruner versuchte zunächst aber noch auf seine Weise, die Richtung, in die sich der *Stern* entwickelte, mit zu definieren. Im Spätsommer 1968 überredete er seinen Freund Nannen, in absehbarer Zeit den Chefredakteursposten abzugeben und als Herausgeber zu fungieren, damit Freund Claus Jacobi Chefredakteur werden könnte. Der war so lange beim *Spiegel* Chef, wie Gruner Anteile hielt (von 1961 bis 1969), und mochte mit der politischen Marschroute Rudolf Augsteins nicht mithalten, weswegen die beiden sich trennten. Jacobi, der bei Axel Springers *Welt* volontiert hatte, dann zur *Zeit* ging und viele Jahre beim *Spiegel* arbeitete, galt als konservativ und musste den *Stern*-Leuten, besonders den Linken um Manfred Bissinger, zwangsläufig zuwider sein. Nannen selbst sagte allerdings damals zu Jacobi, mit dem er freundschaftlich umging: »Solange ich die Finger drin habe, will ich bestimmen.« Da galt Rudolf Augsteins Wort: »Nannen ist zwar ein alter Löwe, aber immer noch ein Löwe.« Jacobi wiederum hatte mit Gruner einen überaus starken »Beschützer« an seiner Seite und konnte zu Recht der Annahme sein, dass er Nannen das Zepter würde aus der Hand nehmen können.

Ob Gruners Plan an dieser Stelle hätte aufgehen können, ist nicht gewiss. Auch nicht, ob mein Großvater klein beigegeben hätte. Man könnte sagen, er hatte seine Chance schon vorab und hat sie genutzt. Claus Jacobi nämlich, so meldete es der brancheninterne Dienst *textintern* Ende April 1969, hatte auf einmal Bedenken, zum *Stern* zu gehen. Die Vorzeichen hatten sich deutlich geändert. Und tatsächlich sagte er nur wenige Wochen später telefonisch bei Gerd Bucerius ab. Er werde nicht kommen. Nannen blieb.

Was sich verändert hatte, resultiert aus der zweiten Maßnahme, mit der Richard Gruner versucht hatte, das Geschäft, also Strategie und Zielsetzung des Verlages, nach seinen Vorstellungen zu formen. Und die bedeutete, den Druck auf die Partner zu erhöhen. Vor allem war er wohl die wiederkehrenden Unstimmigkeiten mit Bucerius und Jahr leid. Das geht aus der Korrespondenz hervor, die im Archiv der *Zeit*-Stiftung aufbewahrt wird.

Gruner stellte seine Partner nach eigener Aussage vor die Wahl: Um klare Verhältnisse zu schaffen, wollte er seine Anteile entweder auf 51 Prozent aufstocken oder ganz ausscheiden. Er habe die Zukunft und die Arbeitsplätze nicht durch endlosen Streit unter Gesellschaftern gefährden wollen – so erklärte er es meinem Großvater später.

Die Außenwelt nahm damals zwei verstörende Signale auf: Richard Gruner wolle verkaufen und das möglicherweise an den Bauer-Verlag. Der Name Bauer ließ beim *Stern* die Alarmglocken läuten. Der Heinrich-Bauer-Verlag in Hamburg war mit Blättern wie *Quick*, *Praline* und *Revue* groß geworden – die *Frankfurter Allgemeine Zeitung* bezeichnete ihn als »Schnulzenfabrik«, in der man gern in »seichten und flachen Gewässern« fische – und galt noch dazu als strukturkonservativ. Wer immer Bauer als potenziellen Käufer als Erstes ins Gespräch gebracht hatte, die Unruhe im Hause Gruner+Jahr war ihm jedenfalls gewiss.

Gruner sagte später zu Nannen, er habe kein Angebot von Bauer oder sonst jemandem – wie behauptet – gehabt. Bucerius sei es doch gewesen, der früher einmal mit Bauer und Springer verhandelt habe, er selbst nicht. Außerdem hätten ja die Mitgesellschafter laut Satzung ohnehin ein Vorkaufsrecht gehabt.

Bestätigt ist, dass mein Großvater die drei Gesellschafter in einem drei Stunden währenden Gespräch überredete, nicht vorschnell zu handeln, und dass man darin übereinkam, dass Richard Gruner zunächst nur 14,5 Prozent seiner Anteile verkaufen würde – und zwar an John Jahr senior und Gerd Bucerius, so verteilt, dass beide Partner über je 37,5 Prozent verfügten. 50 Millionen Mark erhielt Richard Gruner dafür, und Gerd Bucerius schreibt später in einem Brief an ihn, dass er das und die hohe Summe seinem Freund »Peter« (also Nannen) verdanke.

Vielleicht hätte die Freundschaft zwischen Henri Nannen und Richard Gruner Ungleichheiten zwischen den Gesellschaftern, Verunsicherungen wie die *Spiegel*-Affäre (wie gesagt, Gruner hielt bis zum 14. Februar 1969 25 Prozent am *Spiegel*) und andere Demokratiewagnisse überlebt. Aber manches geschah dann, das sie nicht überwinden konnten.

Der erste Angriff auf diese Freundschaft folgte aus dem Streit der Gesellschafter im Frühjahr 1969. Die Redaktion des *Stern* hatte ihren Chefredakteur damit beauftragt, den Verlegern deutlich zu machen, dass sie so nicht mit sich umgehen ließ. Sie wollte nicht als Inventar behandelt werden, das bei jedem möglichen Verkauf schwarz, rot oder gelb angestrichen werden könnte, wenn es dem neuen Eigentümer so passte. Die Zeiten hatten sich geändert, und eine Redaktion, die so um Liberalität kämpfte, dass sie dabei mitunter auf dem linken Bein ausrutschte, konnte sich eine solche Willkür nicht gefallen lassen. Dafür wiederum lagen die Jahre der Unfreiheit nicht lang genug zurück.

Jeder von ihnen hatte sie auf die eine oder andere Weise erlebt. Und dass es bei dem anteiligen Verkauf Gruners nicht bleiben würde, war absehbar. Warum hätte er, der ja Mehrheitseigner war, sich einfach nur in eine schlechtere Position bringen, aber ein immer noch großes Risiko behalten sollen? Ein mögliches endgültiges Aussteigen Gruners und die Tatsache, dass die übrigen Gesellschafter nicht über große Investitionsvolumina verfügten, konnte die Belegschaft zusätzlich beunruhigen. Gruner, Jahr und Bucerius hatten kurz zuvor 46 Millionen Mark für die Münchner Verlagstochter Kindler & Schiermeyer und ihre Titel *Jasmin*, *twen*, *Eltern* bezahlt. Es war eine etwas ungewöhnliche Abwicklung, bei der »korrupte Redakteure« mit »Bestechungsgeldern« besänftigt wurden, wie einer der drei Gesellschafter später sagte.

Richard Gruner war gegen die Übernahme der Zeitschriften. Bucerius war es vor allem darum gegangen, dass nicht Bauer, sondern Gruner+Jahr prozentual stärker auf dem deutschen Zeitschriftenmarkt vertreten sein sollte, um so das Kräfteverhältnis zu erhalten und dem starken Springer-Vertrag etwas entgegensetzen zu können.

»Pressefreiheit ist die Freiheit von zweihundert reichen Leuten, ihre Meinung zu verbreiten«, hatte Paul Sethe, einer der fünf Gründungsherausgeber der *Frankfurter Allgemeinen Zeitung*, 1965 in einem »Eingesandt« im *Spiegel* geschrieben. Nannen verlegte Sethes Bücher, veröffentlichte aber auch im Verbund mit der *Zeit* seine Artikel. Sethe war, wie seine Kollegen sagen, »ein Seher«. Der wusste immer vorher, wohin der Weg führen würde. Nannen nannte ihn einen »Mentor« der *Stern*-Redaktion. Übrigens war auch Sethe während des Krieges PK-Mann. Sethe sah im Verlag Gruner+Jahr eine »Oase der Freiheit«. Das erste bundesdeutsche Redaktionsstatut, das die *Stern*-Redaktion sich in diesen Tagen des Aufruhrs im Frühjahr 1969 gab und dessen Festlegung Nannen unterstützte und vorantrieb, hat Sethe nicht mehr erlebt.

Diese Erklärung, mit deren Übergabe an die Verleger die Redaktion ihren Chefredakteur betraute, schuf einen tiefen Graben zwischen Nannen und Gruner. Darin heißt es:

»1. Der *Stern* ist eine politisch engagierte, von Parteien, Wirtschaftsverbänden und anderen Interessengruppen unabhängige Zeitschrift, die ihre Leser informieren und unterhalten will. Die Redaktion des *Stern* verpflichtet sich, nicht gegen die vorgenannten Ziele zu verstoßen und unter Wahrung ihres journalistischen Gegenüber dem Unternehmen und seinen Mitarbeitern gerecht zu werden.

2. Kein Redakteur oder Mitarbeiter des *Stern* kann veranlasst werden, etwas gegen seine Überzeugung zu tun, zu schreiben oder zu verantworten. Aus seiner Weigerung darf ihm kein Nachteil entstehen.

3. Die Redaktion wählt jährlich in geheimer Wahl einen Beirat aus sieben Mitgliedern. Der Redaktionsbeirat vertritt die Interessen der Redaktion und wahrt die journalistische Unabhängigkeit des *Stern*. Er kann bei Konflikten innerhalb der Redaktion vermitteln. [...]

4. Die Redaktion hat den ideellen und damit auch den materiellen Wert des *Stern* entscheidend mitgeschaffen. Vor einer Veränderung der Eigentums- und/oder Besitzverhältnisse muss der Beirat rechtzeitig informiert und gehört werden.

5. Den Chefredakteur bestimmt der Verlag. Bei Berufung oder Abberufung des Chefredakteurs und/oder eines Herausgebers muss der Verlag vor Vertragsabschluss den Redaktionsbeirat hören. [...]

6. Personelle Entscheidungen innerhalb der Redaktion trifft der Chefredakteur. Personelle Veränderungen im Kreise der stellvertretenden Chefredakteure, der Ressortleiter und der politischen Mitarbeiter des *Stern* dürfen nicht gegen den Widerspruch von zwei Dritteln des Beirates vorgenommen werden. [...]

9. Dieses Statut gilt auf unbestimmte Zeit. Es kann jederzeit mit Jahresfrist, erstmals jedoch zum 31. Dezember 1978, gekündigt werden. [...]«

»Wenn es noch knapp ein Dutzend große Presseunternehmen gibt, da wird einer schon vorsichtig, ehe er es auf eine Meinungsverschiedenheit mit seinem Verleger ankommen lässt«, schreibt Henri Nannen in seinem Editorial an den »lieben *Stern*-Leser« (Nr. 22, 1969). Und weiter: »Ein Redakteur, der heute in einem Blatt Axel Springers unangenehm auffällt, dem sind gleich 39,2 Prozent der Tagespresse verschlossen. Und der Mut hört bekanntlich da auf, wo der Selbstmord beginnt. So wäre es denn wohl die Aufgabe des Gesetzgebers gewesen, die innere Pressefreiheit herzustellen und zu garantieren, indem er das Recht des freien Journalisten gegenüber den mächtigen Zeitungskonzernen kodifiziert hätte. Aber bei uns haben ja die Politiker noch mehr Angst vor den großen Verlegern als die Journalisten. Wer da etwas erwartet, wird wohl lange warten müssen. Da der ›freiheitliche Rechtsstaat‹, oft zitiert und nie erreicht, uns nicht von oben verordnet wird, müssen wir ihn wohl von unten her aufbauen. Deshalb haben die *Stern*-Redakteure aufgeschrieben und in neun Artikel gefasst, was in unserer Redaktion seit Langem schon der Brauch war. Die Verleger des *Stern*, Dr. Gerd Bucerius und John Jahr, haben dieses Statut unterschrieben, die Vollversammlung der *Stern*-Redakteure – 155 an der Zahl – hat es einstimmig gebilligt.«

Richard Gruner nahm das Statut als persönlichen Angriff. In einem Brief, von dem mein Großvater mir erzählte, schreibt sein Freund darüber, dass der Verleger durch ein Statut einfach zum Kassenwart wurde, ein Händler von bedrucktem Papier und ein Anzeigenverkäufer. Das sei, so sagte es mein Großvater mir, »nicht Richards Traum gewesen, nicht seine Vorstellung von einer freien Welt«.

Richard Gruner verkaufte auch den Rest seiner Anteile, 25 Prozent an Gruner+Jahr, für etwa 85 Millionen Mark – wie Wolf Schneider in seinem Buch schätzt – an Jahr und Bucerius. Insgesamt hat er für seine 25-Prozent *Spiegel*-Anteile und den 39,5-Prozent-Anteil an Gruner+Jahr demnach etwa 175 Millionen Mark erhalten. Er verkaufte alles im Jahr 1969 und verließ Hamburg und Deutschland in Richtung Schweiz. Mit Ascona hatten er und seine Frau Flora schon vor längerer Zeit einen Ort gefunden, an dem sie sich zu Hause fühlten. Gruner ging nicht als Steuerflüchtling, sondern war dem Vernehmen nach davon überzeugt, in der Schweiz den politisch zuverlässigeren Partner gefunden zu haben. Mit Hamburg ließ er eine Welt zurück, in der die Freude an der Zusammenarbeit zwischen Redaktion und Verlag einer Feindschaft und einem Redaktionsstatut Platz gemacht hatten. So hat es Gruner wohl gesehen. Mein Großvater meinte, dass »Richard kein gegenseitiges Vertrauen mehr« gespürt habe. Er konnte den – wie er sagte – »laufenden Aufstand der nur Mittelmäßigen nicht mehr ertragen«.

Und weil Nannen, der den Geist der Zeit gewittert hatte, sich gleich an die Spitze der Bewegung setzte und Mitglied des Redaktionsbeirats wurde, musste Gruner es dem Freund übel nehmen. In seiner Antwort schrieb mein Großvater: »Das Redaktionsstatut hat den *Stern* stabilisiert, als dies notwendig war. Nie war die Auflage höher, nie der Gewinn der Gesellschafter größer als in den Jahren, in denen die Mitbestimmung der Kompetenten in Kraft war. Als das Statut missbraucht wurde, habe ich – und nur ich – es gekündigt. Sind dir meine Briefe an die Redaktion nie vor Augen gekommen?«

Es war, als würden sie plötzlich verschiedene Sprachen sprechen. Und vielleicht fühlten sie sich auch beide vom jeweils anderen fürchterlich gekränkt. Mein Großvater ist nicht der Mensch gewesen, der sich auf die scharfe Kritik eines Freundes hin Gedanken darüber machte, ob der vielleicht mit manchem recht haben könnte. Er parierte Kritik mit Gegenangriffen. Das tat er bei Gruner, das tat er in der Familie; das tat er, weil er sich attackiert fühlte – sich oder die Sache, an der er gerade dran war. Und er tat es, weil ein geglückter Angriff ihn, der ein empfindsamer und zugleich eitler Mann war, bis ins Mark hätte treffen können. Das konnte er nicht zulassen. Er, der die Bestätigung seiner Person auch schon deshalb brauchte, weil ihr Fehlen ihn zu einer Mischung aus Selbstzweifeln und Existenznot geführt hätte, konnte es nicht über sich bringen, seinen eigenen Schwächen ins Gesicht zu sehen. Erst in seinen letzten Lebensjahren wurde das anders.

Manchmal denke ich, dass er es einfach nicht über sich brachte, schlecht von sich selbst zu denken, weil ihn das überfordert hätte. Wo hätte er anfangen sollen, aufzuräumen und wiedergutzumachen? Er hätte das nicht gewusst. Schon vor der Frage hatte er, so meine ich, große Angst. Nicht weil mein Großvater ein schlechter Mensch gewesen wäre. Nicht weil er nicht auch viel Gutes getan hätte. Sondern deshalb, weil er insgeheim gewusst hat, dass er auf zwischenmenschlichen Pfaden kaum je nach links oder nach rechts sah, wenn er ein Ziel im Blick hatte.

So fällt dann auch sein Brief an Richard Gruner aus. »Es ist Weihnachten, du hast Geburtstag, und ich habe Geburtstag, und auf meinem Tisch liegt dein Brief«, so beginnt er. »Mein Gott, was für ein Brief! Nur jemand, der im tiefsten Herzen allein und unglücklich ist, kann einen solchen Brief schreiben.«

Vermutlich hätte jeder die harten Worte Richard Gruners, die sehr persönlich und beleidigend ausgefallen waren, gekontert. Was mein Großvater nicht tat, war, zu verstehen, woher sie rührten.

Aber da war eben auch dieser Dorn. Durch den Verkauf seiner Anteile hatte es Richard Gruner ermöglicht, dass der Bertelsmann-Konzern in Gütersloh, dass Reinhard Mohn sich bei Gruner+Jahr einkaufte. Zwar hatten Bucerius und Jahr, wie geschildert, Gruners restliche 25 Prozent zunächst übernommen, allerdings reichten sie diese fast umgehend an Mohn weiter. Vier Jahre später tauschte Bucerius seine Gruner+Jahr-Anteile gegen Bertelsmann-Beteiligungen. Nur die Familie Jahr blieb. John Jahr senior reduzierte jedoch 1975 ihre Anteile auf eine 25,1-Prozent-Sperrminorität.

Mein Großvater nahm es Richard Gruner übel, dass der ihm als seinen Freund einen Tag vor der Entscheidung die »gewohnte Frage« stellte: »Peter, sag mal selbst … soll ich?«, ihn also um Rat bat, den mein Großvater erteilte. Und sich »dann heimlich davonmachte« und gar nichts mehr sagte. »Das habe ich bis heute nicht begreifen wollen«, sagte Henri. Später, als Gruner es ihm in einem Brief erklärt hatte, leuchteten ihm die Gründe für den endgültigen Verkauf offenbar ein.

Vielleicht war das, weshalb mein Großvater seinem Freund zürnte, etwas, wofür der im Grunde genommen nichts konnte. Henri, der in dem Bewusstsein aufgewachsen war, dass das Großbürgertum eine Welt für sich war, eine, die ihm verschlossen blieb, weil Kinder von Sozialdemokraten und Polizeikommissaren dort keinen Zutritt erhielten, erlebte nun, wie der Freund in ebendieser Welt lebte und ihn, Henri, nicht mitnahm. Richard war der Freund, mit dem alles seinen Anfang genommen hatte, mit dem an der Seite sich Henri ein neues Leben aufgebaut hatte, damals 1950, als Gruner sein Partner wurde. Mit ihm teilte er Freuden. Sie beide liebten rasante und Aufsehen erregende Autos und fuhren gemeinsam in den Fünfzigerjahren Rennen, immer den Wellingsbüttler Weg auf und ab. Sie besuchten einander, Gruner wohnte damals noch in Lokstedt, zwanzig Minuten entfernt, und Henri und Martha waren gerade in das Haus in Wellingsbüttel eingezogen. Als sie es sich aussuchten, war Richard Gruner dabei. Richard und seine damalige Freundin Marion unternahmen fast jedes Wochenende etwas mit den Nannens. Und auch als er seine Frau Flora kennenlernte, blieb die Freundschaft bestehen. Wenn die zwei zusammen waren, konnten sie die Sorgen, die sie ja beide kannten, einmal beiseite lassen. Jeder Unfug war ihnen recht, und sie hatten viel Spaß miteinander – so erinnert sich mein Vater heute.

Einmal lud Richard Gruner die Nannens – es muss zu einem Geburtstag gewesen sein – ins feine Weinhaus Ehmke am Gänsemarkt in der Hamburger Innenstadt ein. Und er zuckte nicht einmal mit der Wimper, als der damals noch kleine »Krischan« anstatt Austern lieber Würstchen mit Kartoffelsalat essen wollte. Bei Ehmke kam man ins Schwitzen und schickte rasch und nur beinahe unbemerkt einen Kellner aus dem Seiteneingang zu einem benachbarten Restaurant, dessen Wirt Amtshilfe leistete. Nannen hat das seinem Freund im positiven Sinne nie vergessen, und auch mein Vater erzählt noch heute davon.

Dass der Freund dieses Leben verließ, muss für Henri ein harter Schlag gewesen sein. Er mochte es ohnehin nicht, wenn Menschen, die er liebte, aus seinem Dunstkreis verschwanden. Richard hätte er nicht einmal folgen können.

Gruner gehörte zu den Großbürgern, Nannen nicht. Und weder konnte noch wollte mein Großvater daran etwas ändern. Bei allen Wendemanövern, die er manchmal fuhr, seine Wurzeln hat er nie verleugnet; irgendwo blieb er immer der Henri, den sein sozialdemokratischer Vater als Ersten in der Familie auf eine höhere Schule geschickt hatte, damit der Sohn auf der sozialen Leiter weiter aufsteigen könne. Für Henri führten Bildung und Leistung zum Aufstieg, nicht Geld.

Auch wenn Nannen ihn in freundschaftlicher Absicht unterstützt und somit sicher einen Anteil an den positiven Entwicklungen der Anfangsjahre des jungen Unternehmers hat, so war es am Ende eben doch Gruner, der zu dieser anderen Welt gehörte – und der schon zuvor aus familiärer Tradition heraus dorthin gehört hatte.

Als Bucerius, Jahr und Gruner 1965 fusioniert hatten, war mein Großvater außen vor geblieben. Das war nicht unrecht, aber er hat es nicht vergessen können. Und es war ganz bestimmt nicht so, als hätte er ständig danach geeifert, doch noch eingelassen zu werden. Dafür war er auch selbst auf seinem Gebiet viel zu erfolgreich, viel zu angesehen und viel zu sehr umschwärmt. Aber dafür erwartete er nun offenbar, dass Richard Gruner ihn nie im Stich lassen würde. Für meinen Großvater war das eine moralische Angelegenheit, eine ganz subjektive, eine gefühlte. Das geht aus allem hervor, was er später über Richard Gruner erzählte. Er hat aber wohl objektiv gesehen dem Falschen gezürnt. Es war zum Beispiel Richard Gruner, dem es Henri Nannen verdankte, dass der *Stern* in der ersten Hälfte der Sechzigerjahre nicht an Axel Springer verkauft worden war. Bucerius nämlich hatte Axel Springer am 21. September 1963 schriftlich den *Stern* zum Kauf angeboten. Gruner, der ein Vorkaufsrecht hatte, verhinderte die Übernahme. Eine Tatsache, die mein Großvater aber wohl vergessen oder mindestens beiseitegeschoben hatte. Hätte er ihm, dem Freund, nicht wenigstens *das* ein für alle Mal zugute halten können und ihn dann ohne böse Nachrede gehen lassen, als er gehen wollte?

Aber es war nicht mein Großvater, der am Schluss den Kontakt zu Gruner ganz abbrach. Es war Richard Gruner, der auf die schriftliche Bitte Henri Nannens, ihn doch beim Bau seiner Kunsthalle in Emden mit einem deutlichen Beitrag zu unterstützen, Monate brauchte, um – wie mein Großvater ihn zitierte – »die Chuzpe dieser Frage« zu überwinden. Es war Gruner, der dann von Nannen Abstand nahm und der 1996 weder bei dessen Beisetzung in Emden noch bei der öffentlichen Trauerfeier im Hamburger Michel dabei war. Dass es aber so weit kam, hängt mit Ziehsohn Manfred Bissinger zusammen.

Schon im Jahr 1976 hatte mein Großvater seinen Vertrag an den seines Stellvertreters Bissinger geknüpft. Bissinger galt als Linksaußen und war nicht jedermanns Wunschkandidat in der Nachfolge meines Großvaters. Nannen drohte mit Kündigung, sollte Bissinger nicht die gewünschte Verlängerung und eine Angleichung seines Vertrages an die der anderen Stellvertreter (Rolf Gillhausen und Rolf Winter) erhalten.

Wegen der Rücktrittsdrohung und dazu wegen der Reaktion von Gruner+Jahr-Chef Manfred Fischer, der sagte, in diesem Falle bedaure er es natürlich, meinem Großvater »einen solchen Abgang« bereiten zu müssen, wurden zweimal Vollversammlungen der Redaktion einberufen. Diese stellte sich jeweils hinter ihren Chef, oder das, was er für sie in diesem Hickhack symbolisierte. Gerd Bucerius, der damals nicht mehr Gesellschafter von Gruner+Jahr war, schrieb darüber in der *Zeit*: »In dramatischem Aufbau wurden zur ersten Versammlung alle Außenmitarbeiter, zur zweiten die Mitarbeiter aus aller Welt eingeflogen. Weniger skeptisch als der bedacht taktierende Beirat donnerte die Vollversammlung der Redakteure Nannen ihren Beifall entgegen. Keiner wollte ihn gehen lassen. Denn: ›Nannen tut zwar weniger als früher. Aber er hat auch heute noch mehr Journalismus im Bauch als zehn andere im Kopf‹, sagte mir ein *Stern*-Mitarbeiter, der es wissen muss. Kann sein, dass gerade die Lautstärke des Beifalls Nannen nachdenken machte. Bewegt hat er ihn sicher.«

Der Streit wurde beigelegt, Bissinger erhielt eine Verlängerung des Stellvertretervertrages und die geforderte Angleichung. Nannen stand gestärkt durch die Redaktion da.

Und dann kam das dicke Ende. Am 22. Dezember 1977 erschien im *Stern* ein Artikel von Kurt Blauhorn, dem ehemaligen *Spiegel*-Ressortleiter. Der Artikel trug den Titel »... und morgen die ganze Welt« und handelte von deutschen Unternehmern, Vorstands- und Aufsichtsratsmitgliedern, Bankern, Verlegern und Privatpersonen, die ihr Geld oder ihre Produktion oder einfach nur ihr Leben ins Ausland verlagert hatten. Mit aufgelistet waren sowohl Richard Gruner als auch Reinhard Mohn und Axel Springer. Der Artikel vermischte jedoch die Ursachen und Beweggründe für vollkommen unterschiedliche Arten von Investitionen oder Ausgaben, die noch dazu teilweise falsch recherchiert waren, und suggerierte, es könne sich in vielen Fällen um Steuerflucht handeln. Der Vorspann, der den Text einleitete, liest sich so: »Den deutschen Unternehmern ist es im eigenen Land zu eng geworden. Mit harter Mark kaufen sie jenseits der Grenzen Grundstücke,

Paläste und Fabriken. Kaum ein Winkel der Welt, in dem Deutsche noch nicht investieren oder produzieren. Zusammengerechnet haben sie bei dieser Wirtschaftsoffensive ein Gebiet erobert, das so groß ist wie die im Zweiten Weltkrieg verlorenen deutschen Ostprovinzen.« Und wer nach der Einleitung noch nicht begriffen hatte, dass diese reichen Deutschen bestimmt etwas Unrechtes taten, dem half der Titel des Artikels, der unweigerlich auf das von Hans Baumann komponierte Pflichtlied des Reichsarbeitsdienstes verwies.

Für Gruner war das nicht nur ein Schlag ins Gesicht. Im Winter nach dem Deutschen Herbst, Hanns Martin Schleyer war vor gerade zwei Monaten von der RAF ermordet und das Jahr 1977 zum Terrorjahr geworden, veröffentlichte der *Stern* nun einen Artikel, in dem Gruner als einer derjenigen Deutschen gezeigt wird, der sein Geld über die Grenze gebracht habe. »Richard Gruner trennte sich für schätzungsweise 170 Millionen Mark von seinen Anteilen am Magazin *Spiegel* und am Verlag Gruner+Jahr. Für den Erlös kaufte er Gold, das er in seiner Villa in Ascona lagerte, bis sich der Preis verdreifacht hatte. Heute ist Gruner Großaktionär bei drei US-Fluggesellschaften.« So schreibt es Blauhorn unter einem Foto von Gruner, den er als Erben klassifiziert. Sein Porträt ist neben dem Bild einer pompösen Villa zu sehen.

Dieser Artikel hatte Folgen für den *Stern* – und für die Beziehung zwischen Nannen und Gruner. Nachdem er erschienen war, begann für Richard Gruner, nach eigenen Worten, ein Leben unter extremen Sicherheitsbedingungen. Er erhielt Anrufe, Erpresserbriefe, Drohungen. Man trachtete ihm nach dem Leben. Das Ehepaar konnte sich nicht mehr frei bewegen, man lebte unter Bewachung. Gruner empfand den Artikel als Einladung des *Stern*, Terror auf ihn auszuüben. Und der *Stern* war aus seiner Sicht auch hier: Nannen.

Mein Großvater, der im Ausland weilte, als die Geschichte gedruckt wurde, und der sie vorab offenbar weder gelesen noch die Details gekannt hatte, verurteilte sie. Das tat er gegenüber der Redaktion wie gegenüber dem Verlag.

Die Schuld daran, dass das Stück so ins Blatt gefunden hatte, trug, und dazu stand er auch, ausgerechnet Manfred Bissinger. Verantwortlich als Chefredakteur war natürlich trotzdem Henri Nannen. Hätte er Richard nicht wenigstens anrufen und sich entschuldigen können? Er tat es nicht.

Vielleicht auch deshalb, weil ihm zu Hause in Hamburg der Laden um die Ohren flog. Denn da war nun Reinhard Mohn auf den Plan gerufen – Mohn (Bertelsmann hielt von 1976 an 74,9 Prozent an Gruner+Jahr) war ebenfalls in dem Artikel aufgeführt –, und auch John Jahr forderte Konsequenzen. Manfred Bissinger, den die Verleger nicht nur als sehr Linken, sondern auch als Unruhestifter eingeordnet hatten und der ihnen ohnehin schon als Dorn im Auge brannte, war für die Herren nicht mehr tragbar. Nannen, der seit November 1972 auch einen Sitz im Vorstand innehatte und der auf der anderen Seite Bissinger wie einen Kronprinzen behandelt, immer gefördert und sich seinetwegen, wie der sagte, häufig »eine blutige Nase« geholt hatte, sah sich nun nach Erscheinen des Artikels in der Zwickmühle.

Bissinger, dem die Verleger eine schriftliche Zusicherung dafür abringen wollten, dass er solcherlei Stücke nicht mehr zulassen werde, wich nicht von seiner Position. »Mir fehlt das Unrechtsbewusstsein«, sagte er und machte unmissverständlich und öffentlich deutlich, dass er den Artikel immer wieder so drucken würde.

Als ich mit ihm nun in Hamburg im Café sitze und ihn nach dieser Zeit frage, sagt er mir, dass er die Sache im Rückblick ein wenig anders sehe. Dass er die Faust vielleicht hätte öffnen können und dass er den einen Satz, ein Eingeständnis wegen des Artikels, ruhig hätte sagen können. »Henri Nannen hat sich so oft vor mich gestellt. Er war es wohl am Ende auch einfach leid. Und vielleicht hätte ich einen Schritt auch auf ihn zugehen können.«

Mohn und Jahr sahen die Stellvertreterfrage nach der Sache mit dem Artikel als »nicht richtig gelöst« an. Während Nannen und seine beiden anderen Stellvertreter Rolf Gillhausen und Rolf Winter versuchten, den Angegriffenen wenigstens zu einem kleinen Eingeständnis zu bewegen, versteifte sich der immer mehr. Jetzt ging es um nichts Geringeres als die Pressefreiheit. Zumindest sahen das der umgehend von seinem Ziehvater beurlaubte Manfred Bissinger und der Redaktionsbeirat so, der sich auf das Statut berief und die Redaktionskonferenz abstimmen ließ. Der große Unterschied zwischen Gruner+Jahr und dem Springer-Verlag sei, sagte Bissinger damals, dass »bei uns frei entschieden wird, was wir drucken. Niemand muss bedenken, was würde Axel dazu sagen – und es dann doppelt so schlimm machen, wie Springer es wünscht.«

Auf der Versammlung am 23. Dezember 1977, an der etwa 130 Redakteure teilnahmen, sprach der Chef zu seinen Leuten. Häme schlug ihm entgegen. Die Belegschaft sah in Henri Nannen zum ersten Mal den verlängerten Arm des Verlags. Aber er hatte eine klare Haltung zu dem Artikel und zur Beurlaubung Manfred Bissingers, und die hatte nichts mit Gütersloh zu tun. »Der Artikel erweckt den Eindruck, die Unternehmer sind Schweine, gehen ins Ausland, produzieren dort auf Kosten von Billiglöhnen, und was dabei an Geld herauskommt, stecken sie in die Schweiz.«

Bei vier Enthaltungen legte die Redaktion einstimmig Widerspruch gegen die Beurlaubung ein, und stellte sich damit – zum ersten Mal in der Geschichte des *Stern* – gegen Henri Nannen. Am 2. Januar 1978 ließ er allen Redaktionsmitgliedern eine zwölfseitige Hausmitteilung zukommen, in der er seine Entscheidung und seine Gedanken erklärte. Am 5. Januar, da war Bissinger bereits seines Postens enthoben, gab es eine weitere Versammlung.

»Alle Tatsachenbehauptungen dieses Artikels, soweit sie richtig recherchiert sind, gehören in den *Stern*«, so urteilte Nannen. »Wenn Unternehmer steuerflüchtig werden, so gehört das mit Namen und ohne Ansehen der Person in den *Stern*. Wenn Unternehmer oder Privatpersonen ihr Kapital in der Bundesrepublik verdient haben und sich und ihr Geld aus Angst vor gesellschaftlichen Veränderungen in die vermeintliche Sicherheit der Schweiz, der Bermudas oder anderer Gegenden bringen, so hat der *Stern* das zu kritisieren. Wenn deutsche Unternehmer mit ihren Investitionen die Zivilisationsfassade faschistischer und rassistischer Regimes abstützen, so darf und muss das ebenso Gegenstand kritischer Berichterstattung sein wie umgekehrt die wirtschaftliche und militärische Stärkung kommunistischer Diktaturen.

Diese kritische Berichterstattung wird nicht weniger glaubwürdig, wenn man dabei unsere eigenen politischen und volkswirtschaftlichen Belange berücksichtigt: der Osthandel kann das Industriepotenzial kommunistischer Staaten zugunsten ihrer Rüstungsproduktion entlasten. Aber der Osthandel trägt auch zur Entspannung bei. Oder: Wenn in Brasilien nicht VW, sondern British Leyland investiert hätte, so würde das nicht nur unsere Außenhandelsbilanz schwächen, sondern auch Arbeitsplätze kosten.

Nichts von dieser politischen und volkswirtschaftlichen Problematik deutscher Auslandsinvestitionen findet sich im *Stern*. Stattdessen werden Steuerflüchtlinge, reiche Nichtstuer, Playboys und verantwortungsvoll handelnde Unternehmer wahllos in einen Topf geworfen. Da steht der Frührentner Arndt von Bohlen neben dem Mannesmann-Vorsitzenden Egon Overbeck, der Prinz von ›Tut und tat nix‹ neben dem VW-Chef Schmücker, da gehören Herr Scheel und Herr Leber mit ihren Häuschen in Österreich ebenso zu den ›deutschen Landeroberern‹ wie – ach nein, Erich Kuby mit seiner Insel in Jugoslawien, Peter Grubbe mit seinem Haus in Frankreich und Henri Nannen mit Positano gehören ja zur *Stern*-Redaktion und werden wohl deshalb schamhaft verschwiegen. Ist das Tendenz – oder wie soll ich einem kritischen Frager diesen peinlichen Umstand erklären?

Es ist die Vermengung von nicht miteinander vergleichbaren Fakten und Personen, die diesen Artikel zur Kolportage macht. Was hier vorliegt, ist Schludrigkeit und Mangel an journalistischem Beurteilungsvermögen. Sie können das eine ›Panne‹ nennen, aber es ist eine, die der Glaubwürdigkeit des *Stern* und damit unserem Eintreten für fortschrittlich-liberale Ideen Abbruch tut.«

Mein Großvater hat versucht, auf sachlicher Ebene zu gewinnen. Der Emotionen waren es ohnehin zu viel. Hier galt es zu belegen, dass es um die Bewertung der Arbeit gehe und nicht um die Person Manfred Bissingers. Schon gar nicht um einen Eingriff der Verleger in die Arbeit der Redaktion.

Deshalb zählte er achtzehn zum Teil grobe Fehler in dem Artikel auf; darunter den, dass es sich auf dem Foto nicht um Gruners Haus handelte, den, dass er sein Gold in Banksafes aufbewahre und nicht zu Hause, und den, dass Gruner, »was immer man auch über ihn denken mag«, nur »Erbe einer kleinen Klitsche in Itzehoe ohne Druckmaschinen und eines alten Einfamilienhauses in Hamburg-Lokstedt« sei. »Seinen Reichtum hat er nicht geerbt, sondern erworben.«

Die grundsätzlichen Worte meines Großvaters richteten sich, wenn man genau liest, nicht nur an die Redaktion. Sie galten auch den Gesellschaftern. Er machte ihnen klar, dass an der unabhängigen Haltung der Redaktion nicht zu rütteln war. Er beugte nicht das Haupt. Und dass seine Leute das nicht erkannten, enttäuschte ihn, und es machte ihn zornig.

»Der *Stern* ist nach seinem Statut ein politisch engagiertes, von Parteien, Wirtschaftsverbänden und Interessengruppen unabhängiges Magazin, das seine Leser informieren und unterhalten will«, sagte Nannen. »Nirgendwo im Statut steht, dass die Qualität der Recherche und die Wahrheit der Information dem politischen Engagement des Redakteurs unterzuordnen seien. Dennoch: Information darf im *Stern* nicht eine meinungslose Aufzählung von Tatsachen sein, kein Generalanzeiger-Journalismus, der es jedem recht machen will, sondern kritische Information. Wir wollen nicht bestätigen, sondern verändern. Von der in manchen Bereichen unserer Gesellschaft immer noch herrschenden Ungerechtigkeit zu mehr Gerechtigkeit. Von der Macht des Stärkeren und Reicheren zur sozialen Verpflichtung des Eigentums, wie sie im Grundgesetz postuliert ist. Dieses Grundgesetz des freiheitlich-demokratischen Rechtsstaats ist der Rahmen, den wir mit unserer Arbeit auszufüllen haben. Die Richtung weist das *Stern*-Statut: Wir fühlen uns liberal-fortschrittlichen Ideen verpflichtet.

Wer für solche Ideen kämpfen will, der muss auch angreifen. Die schärfste Waffe, über die wir verfügen, ist die Glaubwürdigkeit des *Stern*. Diese Glaubwürdigkeit hängt wesentlich von der Sauberkeit und Sorgfalt der Recherche und vom Wahrheitsgehalt der Information ab. Weder die Brillanz der Formulierung noch ideologische Nebelwerferei treffen den Gegner, wenn er uns nachweisen kann, dass unsere Tatsachenbehauptungen nicht stimmen, dass wir schlampig recherchiert haben. Selbst wahre Tatsachenbehauptungen können, in einen falschen Zusammenhang gestellt, die Glaubwürdigkeit eines Berichtes erschüttern.

Ich meine, wir sollten unserer Sache so sicher sein, dass wir es nicht nötig hätten, unsere Leser durch Weglassungen, manipulierte Zusammenhänge oder gar tendenziöse Recherchen zu unserer Sache zu bekehren. Lassen Sie uns die klassische Fleet-Street-Maxime befolgen: Tatsachen sind heilig, die Meinung gehört in den Kommentar.«

Und weil bei dieser Versammlung nicht etwa Personenkult betrieben werden sollte, kam Nannen auf Bissinger nur zum Schluss zu sprechen. Das war geschickt, denn die schlampige Arbeit vor Augen, mussten viele Redakteure – und taten es auch – zugeben, dass der Artikel so nicht hätte ins Blatt finden dürfen. Bissinger, den bei Weitem nicht alle mochten, war ohnehin schon zu einer Symbolfigur in Sachen Pressefreiheit geworden. Mein Großvater durfte darüber also im Grunde kein Wort verlieren, wenn er die Situation beruhigen wollte, und genau das war es, worum es ging. Das Schiff wieder auf Kurs bringen. Auch weg von Gütersloh.

»Sie werden fragen, ob dieser Artikel es wert war, dass Manfred Bissinger beurlaubt wurde«, sagte mein Großvater deshalb also ganz zum Schluss. »Natürlich nicht. Aber die Frage ist falsch gestellt. Sie müsste lauten: Ist dieser Artikel es wert, dass Manfred Bissinger daraus eine Grundsatzfrage macht und dass er auch im internen Kreis der Chefredaktion darauf bestand, dass es ›so und nicht anders immer wieder im *Stern* stehen muss‹?« Diese Frage, die ja auch zumindest die Überlegung nahelegte, Bissinger handle hier rein taktisch und weniger ideell, haben sich damals offenbar auch andere gestellt. Das geht aus den Briefen hervor, die sich die Kollegen zur Beratung schrieben.

Aber die Worte des Chefs verfingen nicht. Die Redaktion stand zu Bissinger. Sie trauten ihrem Chef nicht, und sie hatten sich in die Vorstellung verbissen, ihre Verleger als eine Art Feind zu betrachten. Möglicherweise hat auch das meinen Großvater dazu bewogen, sich dieses Mal nicht mit Leib und Leben gegen die Entscheidung des Konzerns zu stellen. Das Ende vom Lied war jedenfalls, dass Manfred Bissinger zum 1. Januar 1978 seines Postens enthoben wurde und mit einem Abfindungsscheck das Haus endgültig verließ. Erhobenen Hauptes.

Nannen und Bissinger schieden im Zorn voneinander, und die

ganze Republik nahm Anteil. Sechshundert Briefe von Schriftstellern und anderen Intellektuellen waren bei Nannen eingegangen, sie alle machten sich für Bissinger stark. Um ihn selbst ging es dabei den wenigsten; es war ein Stellvertreterkrieg, ein Streit darüber, was Redakteure dürfen und Verleger erwarten können. Bissinger hatte zu hoch gepokert und verloren, Nannen ließ ihn fallen. Verloren hat er dabei auch.

Denn was blieb, war das Misstrauen der Redaktion, Henri Nannen könne Kreide gefressen oder gar die Seiten gewechselt haben. Die *FAZ* schrieb am 27. Dezember 1977: »Nannen, zugleich Vorstandsmitglied bei Gruner und Jahr, befindet sich zum ersten Mal in einer Reihe von Konflikten über Grundsatzfragen beim *Stern* ganz auf der Seite der Gesellschafter und des Vorstandsvorsitzenden.«

Nicht jeder hatte die Kraft, den Mut oder das journalistische Vermögen, sich zu wehren. Nicht jeder hatte auch den Überblick über all das, was in der Redaktion vor sich ging. Wie sagte Günter Dahl anlässlich der Bissinger-Krise? »Unsere jungen aufgeheizten Kollegen durchschauen diese Posse nicht.« Aber er gehe »auf eine Barrikade nur dann, wenn ich weiß, was ich da oben soll«. Und »wenn ich mein Handwerk schlecht ausübe und einen Kunstfehler begehe, dann habe ich dafür einzustehen, notfalls gehöre ich sogar gefeuert. Konkreter: Wenn ich einen journalistisch schlecht gemachten Feldzug gegen Ärzte führe und ein Pamphlet verfasse, das unter dem Niveau rangiert, dann muss ich meine Befähigung infrage stellen lassen.« Er wolle sich nicht einreden lassen, er werde »deshalb gefeuert, weil der Konzernherr einen Angriff auf den Ärztestand nicht wünscht, sondern eine ärztefreundliche Berichterstattung in seinem Blatt sehen will. Wäre dem so, dann lass uns augenblicklich auf die Barrikaden gehen.«

Gerhard E. Gründler, der später der erste Direktor des Landesfunkhauses des NDR in Hamburg wurde und zu jener Zeit *Stern*-Reporter war, vermisste bei Nannen die Distanz zum Standpunkt des Unternehmers, der doch naturgemäß von anderen Interessen geleitet sei. Er schrieb in einem Brief an Dahl: »Henri Nannen auf der anderen Seite zu vermuten, das geht ans Eingemachte. Die Rolle eines ›Mende des liberalen Journalismus‹ kann ihm doch nicht schmecken. Immerhin: Der deutsche Liberalismus ist seit Bismarcks Zeiten für die Versuchung anfällig, es im Zweifel mit der Macht zu halten statt mit den Grundsätzen. Vor diesem Konflikt, der schon zweimal auch die FDP heimgesucht hat, sollte uns das Statut bewahren. Nicht einmal dazu scheint es noch in der Lage zu sein. Stattdessen droht jener handelsrechtliche Grundsatz Geltung zu gewinnen, den mir der Repetitor vor zweiundzwanzig Jahren eingetrichtert hat: ›Wer sich als Kaufmann geriert, muss sich als Kaufmann ansehen lassen.‹ Da das Ansehen des *Stern* und das seiner Journalisten entscheidend vom Chefredakteur bestimmt worden ist, beträfe es uns doch alle, wenn Henri Nannen nicht dem Eindruck entgegenträte, es sei ihm gleichgültig, ob man ihn weiterhin unter die Publizisten oder neuerdings unter die Kaufleute und Unternehmer zähle.«

Ich weiß nicht, wie mein Großvater genau auf diesen Brief, den er gelesen haben wird, reagiert hat. Aber ich bin mir sicher, dass er zornerfüllt war – wenigstens für den Moment. Kaufleute bedeuteten für ihn eine fremde Welt. Er hatte nichts mit ihnen gemein, und insgeheim hielt er die Motive des Kaufmanns für nicht ganz redlich. Ob dieses Gefühl auch in seiner Kindheit wurzelt, was denkbar ist, oder ob es unterwegs zu einem Teil seines Charakters wurde, kann ich nicht abschließend sagen.

Aber was ich weiß, ist, dass es sogar innerhalb der Familie ein Problem war. Mein Vater, Nannens Sohn »Krischan«, ist Kaufmann. Er heiratete eine Kauffrau. Das führte immer wieder zu Schwierigkeiten. Mein Großvater konnte sich, glaube ich, überhaupt nicht vorstellen, wie es war, einen solchen Beruf auszuüben.

Alles, was er in seinem Leben beruflich getan hat, war mit einer gewissen Sinnlichkeit verbunden – sei es die Sprache, sei es die Kunst, die Fotografie oder seien es sogar seine handwerklichen Versuche. Auch seine Freizeit, diese ständige Schrubberei von Schiffdecks, das Lackieren von Bänken für Spaziergänger in Emden, seine Rosen, die er so lange düngte, bis sie die erste Überdosis Dünger verkraftet hatten, die Bäume, die er pflanzte, seine Umbauerei und Anstreicherei von Häusern, Schuppen, Räumen – all das waren Ausbrüche von Perfektionismus und Sinnesfreude. Etwas anderes kannte mein Großvater nicht. Oder besser: Etwas anderes konnte er nicht in sich fühlen.

Für Henri Nannen waren Kaufleute »Koofmichs«, es waren Menschen, die nur um des lieben Geldes willen Geld verdienten. Materialisten, die in seinen Augen keine hehren Ziele hatten und die Lust nicht am Produkt ihrer Arbeit empfanden, sondern an dem, was es ihnen einbrachte. Das stand für ihn in krassem Widerspruch zu dem, was er tat, woran er glaubte. Und es bedeutete, dass er immer ein wenig zögerlich war, regelrecht befremdet, wenn ihm jemand mit Zahlen kam. Er konnte sich ganz offenbar nicht vorstellen, dass auch Kaufleute anständige Kerle sein können, dass er falschlag mit seiner Vermutung.

Sogar meinem Vater hat er vorgehalten, dass der sich zwar rund um die Uhr abschuftete, aber das – wie er annahm – doch nur für das Wohl seiner Familie. Während er, Henri, ja für etwas stritt oder etwas gab, das für alle da sein sollte. Er hat oft gesagt, wie stolz er auf seinen Sohn sei, dass der es ganz allein und ohne sein Zutun geschafft habe. Aber er hat auch betont, dass er meinen Eltern Christian und Gisela nicht wünsche, »dass bei euch schließlich die Bankkonten zwar stimmen, die menschlichen Beziehungen aber im Debet landen. Ich muss dir nicht sagen, wie schmerzlich ich in meiner unmittelbaren Umgebung die kommerzielle Vereisung eines Freundes erlebt habe. Inzwischen friert's ihn selbst mehr als die anderen.« Diese Worte stammen aus einem Brief meines Großvaters an meinen Vater, aus jener Zeit, als Richard Gruner dabei war, sich von Deutschland zu lösen.

Henri Nannen war nie ein Kaufmann. Dass ihm ausgerechnet seine Mannschaft langsam das Vertrauen in genau diesem Punkt entzog, war für ihn der Anfang vom Ende. Bedeutete es doch aus seiner Sicht, dass die so gar nicht verstanden hatte, worum es ihm ging und mit welchen Mitteln man kämpfen musste, um zu gewinnen.

In der Folge dieses Streits um Bissinger und die Pressefreiheit kündigte Nannen das Redaktionsstatut, das er ausgehöhlt und missbraucht sah. Ein Riss in der Freundschaft zu Richard Gruner, der Bruch mit dem Ziehsohn und eine Redaktion, die sich gegen ihren Chef stellte und ihn als Büttel des Kapitals behandelte – das veränderte etwas in meinem Großvater. Und auch in seinem Gefühl für den *Stern*. Dieses Misstrauen, dieser Geruch von Ideologie, den Henri Nannen verabscheute, den er aber nach dieser Krise in der Nase behalten hatte, waren der Haarriss, der erste Akt des Untergangs. Dessen zweiter wurde nach dem Debakel der vermeintlichen Hitler-Tagebücher mit der Inthronisierung der neuen Chefredakteure Peter Scholl-Latour und Johannes Gross für meinen Großvater zum Schlussakt beim *Stern*.

In vielen Jahren war es die Weihnachtszeit, in der mein Großvater ins Grübeln kam. Er rang mit sich. Er kannte die Wehmut, und er hatte ein Gewissen, mit dem er sich dann auseinandersetzte. Viele seiner oftmals langen Briefe stammen aus den Tagen um Weihnachten. Ob das mehr mit seinem Geburtstag und den verstreichenden Jahren zu tun hatte oder ob es auch für meinen Großvater einfach eine Zeit der Muße und der Besinnung war, weiß ich nicht.

Auch kurz vor Weihnachten, im Jahr 1990, schrieb er meinem Vater einen Brief. In dem Jahr war einiges geschehen, meine Großmutter war gestorben, er hatte Eske geheiratet – übrigens ohne uns einzuladen; es kam zu einigen Reibereien um die Auflösung des Haushalts meiner Großeltern. Am Ende eines schweren Jahres also schrieb mein Großvater einen zornigen Brief an meinen Vater. Zusammengefasst ergibt sich etwa diese Aussage: Christian sei zwar mit allem im Recht, aber das sei doch irgendwie fürchterlich ungerecht. »Was also will ich?«, schrieb mein Großvater. »Dass du dich über diesen Brief gründlich ärgerst. Es ist der Ärger und die Verzweiflung, die ich in den letzten Nächten in mich hineingefressen habe. Der musste heraus.«

Oftmals wusste er auch, dass er nicht richtig lag. Und das ärgerte ihn mehr, als wenn er im Recht war, dieses aber nicht bekam. Am schlimmsten war es aber dann, wenn etwas nicht so lief, wie er es sich vorstellte.

Im Leben meines Großvaters scheint es immer wieder so gewesen zu sein, dass er – wann immer er gedacht oder gefühlt – nah daran war, etwas zu bereuen, verbal und emotional um sich schlug. Er vermengte dann die Dinge. Nicht weil er sie nicht hätte auseinanderhalten können, sondern weil er dazu neigte, sich Argumente zu suchen oder zu basteln, die für ihn sprachen. Er stellte dann eine Art Gleichung auf: Auf der einen Seite wurden die Dinge notiert, die er gab, aus freien Stücken und voller guter Gedanken und Gefühle, wie er meistens dazu bemerkte. Und auf der anderen Seite stand das, was er sich seiner Meinung nach dann herausnehmen konnte. Oder es stand auf der einen Seite, was er selbst erlitten hatte, und auf der anderen, was der andere erlebt hatte. Er selbst sei ja auch irgendwie betroffen gewesen. Und ihm seien ja auch schlimme Dinge widerfahren. Und er habe es ja auch nicht leicht gehabt.

Als Richard Gruner ihm von der Angst und der Bedrohung erzählte, die das Ehepaar nach dem Blauhorn-Artikel erlebt hatte, hielt mein Großvater dem entgegen, dass ja auch er »damals auf Anweisung des Chefs des Bundeskriminalamtes Herold nur noch mit einem Sicherheitsbeamten wohnen und in die Redaktion fahren« konnte. »Mein Name stand auf der Dellwo-Liste, und Drohbriefe und anonyme nächtliche Anrufe gehörten für Martha und mich zum täglichen Brot.«

Vieles davon ist unbestritten richtig. Aber was mein Großvater wohl nie verstanden hat, ist, dass es eben nicht hinreicht, um ihn von Verantwortung für sein Tun freizusprechen. Ich glaube, dass er das manchmal gewusst hat und dass dieser Zorn auf sich selbst, der aus dieser Erkenntnis resultieren musste, etwas war, dem er nicht begegnen wollte. Den gab er nach außen ab.

Später, im Alter, hat mein Großvater sich dieser Reue gestellt. In vielen Gesprächen und manchmal auch in Briefen. Er verstand dann sehr gut, welchen Anteil er an alledem gehabt hatte. »Was habe ich Krischan nur angetan?«, sagte er einmal zu »Vic« und mir, als wir zu dritt auf einem dieser Spaziergänge von seinem Haus in Emden zum Friedhof waren. »Und Martha ...« – »Lass gut sein, Peter! Lass gut sein!«, sagte Victor dann beschwichtigend zu ihm. Aber es war nicht gut.

Manfred Bissinger und mein Großvater haben sich in Emden noch einmal getroffen. »Nannen hat gesagt, es täte ihm leid, was damals geschehen war«, sagt mir Bissinger. Zum Abschied haben sich die beiden Männer noch einmal fest umarmt.

»Mein Vater war ein körperlicher Mensch«, sagt mir mein Vater. »Wir konnten uns immer wieder in die Arme nehmen. Er brauchte das auch. Dass man sich nach einem Streit wieder versöhnte, war sehr wichtig.« Auch in verletzenden Briefen schrieb Henri meinen Eltern stets, dass er sie »mit ganzem Herzen« liebe und dass er die Dinge ausräumen möchte, damit man sich beim nächsten Mal nicht »mit Krampf« begegnete. Die Liebe war es wohl auch hier, die – um bei den Worten Bissingers zu bleiben – alles immer wieder zudecken half.

In seinem letzten Brief an den Freund Richard, in dem er dessen Kritik, er habe Stolz und Selbstachtung aus Opportunismus und Eitelkeit aufgegeben, zurückweist, schreibt mein Großvater:

»Hättest du nicht ein wenig recherchieren oder nachdenken können, ehe du über meinen Charakter und unsere Beziehung dein Urteil abgibst? Möglich, dass mir insgeheim noch an deiner Meinung liegt und dass dein Brief mir wehgetan hat. Ich gehöre nicht zu den Vergesslichen, und darum verstehe ich nicht, weshalb wir – als du mich in New York zum Essen einludest – wie alte Freunde miteinander reden konnten, obwohl alles, was du mir heute vorwirfst, lange davor lag.«

Er schließt mit den Worten: »Ich werde deinen Brief und meine Antwort rasch vergessen. Wenn man die siebzig überschritten hat, ist man geizig mit den guten Erinnerungen. Und davon gab's ja nicht wenige in unserer gemeinsamen Lebensspanne.

Mach's gut. Dein Peter.«

Richard Gruner und mein Großvater haben einander nie wieder umarmt.

Bilder

»Ein Bild funktioniert entweder sofort oder gar nicht«, hat mein Großvater gesagt. Und das gedruckte Bild gemeint, ein Foto, das für den *Stern* infrage käme oder das er gleich aussortierte. Es kam nicht selten vor, dass er – alle verfügbaren Bilder für die jeweilige Heftnummer auf dem Boden ausgebreitet – durch den Raum ging und dann, mehr zu sich selbst als zu anderen, sprach und kommentierte und herausgriff und nebeneinanderlegte und zur Seite schob.

Aber so wie beim *Stern*, war es mit ihm und den Bildern auch sonst, gleich, ob es sich um Fotos handelte oder um die Gemälde, die er sammelte.

Mit »funktionieren« meinte mein Großvater »berühren«, »Gefühle transportieren« – Bilder mussten den Betrachter so packen, dass der Schmerz ihnen sofort unter die Haut fuhr, und sie mussten glücklich machen, dass es wehtat im Augenblick des Sehens. Alles drehte sich um das Gefühl – den Nannen-Bauch, könnte man wieder sagen. Aber dieses Gefühl paarte sich mit fundiertem Wissen, dazu kam die Erfahrung.

Der Umgang mit Bildern, die Art und Weise, sie zu inszenieren, fand beim *Stern* in Hamburg und in der Kunsthalle in Emden, die er 1986 eröffnete, eine Parallele – die Kunst war nichts, das erst im Alter einen Platz im Leben meines Großvaters einnahm. Sie begleitete ihn von Jugendbeinen an. Und noch etwas anderes prägte sowohl den *Stern* als auch die Kunsthalle: Es waren die Erfahrungen des »Dritten Reiches«. Mein Großvater hat sich, wie schon deutlich wurde, von diesem Krieg weggelebt, oder er hat es zumindest versucht. Die Zeit des Nationalsozialismus hat ihn die Jahrzehnte über begleitet, nicht wie ein Schatten, eher als bleibender Schmerz.

Ausgerechnet die Kunst, das Schöne, das er so liebte, hat im Leben meines Großvaters eine enge Verknüpfung mit den Nationalsozialisten. Das kunsthistorische Grundwissen hat er sich im Studium in München angeeignet, wo er in den ersten beiden Semestern bei Wilhelm Pinder hörte. Pinder war Antisemit und ein Rassist, der mit seiner wissenschaftlichen Arbeit deutlich dazu beigetragen hat, den Vernichtungs- und Lebensraumkrieg im Osten zu legitimieren, indem er Kunstgeschichte als Rassengeschichte pries, und der gegen jüdische Kollegen öffentlich hetzte. Mein Großvater hielt der Haltung Pinders auf kunstgeschichtlichem Terrain einiges entgegen, auch öffentlich. Dann ging Pinder nach Berlin. Hugo Kehrer, der »Entdecker« von El Greco, beeinflusste meinen Großvater, weil der eine Liebe in ihm aufgriff und weiterformte, die Liebe zur spanischen Malerei. Schon mit seiner Jugendfreundin Cilly hatte er diese entdeckt. Und er studierte bei Hans Jantzen, förderndes SS-Mitglied, der Vorlesungen zum Beispiel über die »Ottonische Kunst« hielt und als Begründer der Gotikforschung gilt. Jantzen wurde auch nach dem Krieg als Leiter des kunstgeschichtlichen Seminars der Münchner Ludwig-Maximilians-Universität wieder eingesetzt. Seine Lehrer waren Teil des Regimes, Männer, zu denen er hätte vielleicht aufschauen wollen, weil sie sich mit großen Künstlern befassten, verkörperten andererseits etwas, das er ablehnte.

Mein Großvater hörte Vorträge über »Europäische Kunst um 1500«, »Rembrandt« oder die »Geschichte der Deutschen Kunst«. Er besuchte »Übungen« zum Beispiel »im vergleichenden Sehen« oder zum Werk von Dürer, von Giotto oder Tintoretto und El Greco. Und er war besonders im ersten Semester – wie er selbst sagte – mehr in der Pinakothek als im Hörsaal. Auch bei Kurt Huber belegte der Student Henri Nannen eine Vorlesung über Ästhetik. Huber, der von den Nazis aus politischen Gründen lange nicht als vollwertiger Professor angestellt worden war, las in diesen Jahren nicht nur für Musikwissenschaftler, sondern fachübergreifend. 1943 wurde er als Mitglied der Widerstandsgruppe Weiße Rose in München-Stadelheim hingerichtet.

Mein Großvater war für ähnlich viele Vorlesungen in Literaturwissenschaften eingeschrieben wie für solche in Kunstgeschichte, was nicht überraschen muss, weil er nicht nur auf dem humanistischen Gymnasium in Emden Zugang zur Literatur gefunden und sich mit Cilly darüber ausgetauscht hatte, sondern dazu gleich nach dem Abitur für dreieinhalb Monate als Lehrling in Buchhandel von Bruno Hanckel in Osnabrück arbeitete.

»Er besaß eine ausgezeichnete fachliche Eignung für den Buchhandel, da ihm zumal die Gebiete Kunst und Literatur infolge seines besonderen persönlichen Interesses in hohem Maße geläufig waren«, schrieb Bruno Hanckel ins Abschlusszeugnis. Außerdem war mein Großvater an der Münchner Universität noch für Philosophie eingetragen, besuchte einen Oberkurs in Theaterwissenschaften mit dem Titel »Das Wesen der Magie« und absolvierte ein psychologisches Praktikum. In seinem Studienbuch gibt es dazu vom ersten Semester an Nachweise über den Besuch von Vorlesungen, die sich mit Publizistik befassen: zum Beispiel beschäftigten ihn »Die geistigen, wirtschaftlichen und technischen Grundlagen des Zeitungswesens« oder die »Geschichte des deutschen Zeitungswesens«.

Er stellte sich also eigentlich von Anfang an etwas breiter auf, indem er sich zwei Standbeine suchte: das der bildenden und das der schreibenden Kunst. Für den Reichssender München hat er außerdem, um sich das Studium zu finanzieren, von 1934 an die »Kunstberichte der Woche« gestaltet, wo er sich jeweils zehn Minuten vor allem Ausstellungen widmete. Der Intendant des Senders Hellmuth Habersbrunner bescheinigte ihm im April 1940, dass die von ihm gegebenen Vorträge und Berichte sich durch »Sachkenntnis, klare Gedanken und eine lebendige Darstellung« auszeichneten. Als »Rundfunkberichter« habe er »große Sprachgewandtheit, Überlegenheit, Disziplin gezeigt und eine spezielle Eignung seines Sprechorgans für das Mikrofon«. In mehreren Fragebögen, die mein Großvater nach dem Krieg für die Militärbehörden ausfüllen musste, gab er außerdem an, dass er in verschiedenen Tageszeitungen Kunstberichte geschrieben hätte, um sich seinen Lebensunterhalt zu verdienen. Mein Urgroßvater, Polizeikommissar Klaas Nannen, konnte seinen Sohn nicht mehr unterstützen, nachdem er 1934 als Folge des am 7. April 1933 erlassenen Gesetzes zur Wiederherstellung des Berufsbeamtentums mit sofortiger Wirkung in den Ruhestand versetzt worden war und nur noch 70 Prozent seines Gehalts zugesprochen bekam, wovon man ihm drei Viertel auszahlte.

Henri konnte sich also von seinem Vater keine Unterstützung erhoffen. Aber es gab einen Wohltäter in Emden, der ihm half, über die Runden zu kommen. Und das war sein Lehrer für Latein und Griechisch, Professor Friedrich Ritter, der ihm über zwei Jahre hinweg das Studium mit mal 50, mal 100 Reichsmark finanzierte. Ritter, ein »Halbjude«, hatte bis zum Jahr 1933 zudem den Vorsitz der Gesellschaft für bildende Kunst und vaterländische Altertümer inne, bis er aus diesem Amt entfernt wurde. Mein Großvater war den Künsten schon in der Heimat nah, und Ritter oder vielmehr die Gesellschaft, die in Emden nur »die Kunst« genannt wurde, war erste Anlaufstelle für Cilly und Henri, sich der Malerei zu nähern.

Ritter hielt offenbar ein wenig schützend die Hand über Henri, oder besser: Er glaubte an ihn und spornte ihn immer wieder an, aus seinen Talenten etwas zu machen, denn das sei seine Pflicht. In einem Brief vom 30. April 1935, bevor sich mein Großvater für zunächst ein Semester beurlauben ließ und auf Wanderschaft ging, erzählte er Friedrich Ritter davon, dass man ihn zum Fachreferenten für bildende Kunst in der NS-Kulturgemeinde gemacht habe. »Ich habe meinen Kunstring aufgebaut und ließ Pinder im Großen Hörsaal der Universität sprechen, danach Kolbenheyer und Wiechert und schließlich den Landesleiter der Reichskunstkammer Poetzelberger. Poetzelberger hielt eine sehr erfreuliche Rede, in der er sich gegen das dumme Schlagwort vom Kunstbolschewismus wandte, mit dem man heute alles Neue und wirklich Kraftvolle unterdrückt zugunsten einer mittelmäßigen Heimatmalerei. Poetzelberger wurde wegen dieses Vortrages seines Amtes enthoben – er war im Kunstleben der erste Mann in Bayern –, und von mir forderte man, dass ich für den Kunstring der NS-Kulturgemeinde eine öffentliche Erklärung ausgäbe, nach der die Leitung des Kunstringes sich von den Ausführungen Poetzelbergers distanziert. Ich weigerte mich«, schrieb Nannen weiter, »und wies stattdessen bei der Einführung des nächsten Vortrages von Professor Haushofer noch einmal auf den ausgezeichneten Vortrag Poetzelbergers hin, der in einigen Wochen im Verlag Langen Müller zusammen mit zwei Rundfunkvorträgen von mir als Broschüre veröffentlich werden sollte. Darauf wurde auch ich meines Amtes enthoben und dem Verlag die Herausgabe einer Broschüre von Poetzelberger verboten.« In der Folge, so gab es mein Großvater Jahre später zum Beispiel in einem der Fragenbögen der Militärbehörden nach dem Krieg an, wurde seine Post kontrolliert und die Wohnung an der Leopoldstraße 56, wo er bei dem jüdischen Rechtsanwalt Ferdinand Kahn und dessen Mutter wohnte, von der Gestapo zweimal durchsucht.

Allerdings hat mein Großvater wohl weiterhin sein Interesse an der »neuen« Kunst gepflegt. Er erzählte Ritter davon, dass er von der Ausstellungsleitung München zum Pressereferenten gemacht worden sei und dass diese »Berliner Kunst in München« präsentiert habe. Nach drei Wochen sei die gesamte Leitung aufgelöst worden, weil sie Nolde, Barlach, Kollwitz, Heckel und Schmidt-Rottluff gezeigt hätten.

Tatsächlich ist diese Schau, die am 15. März 1935 in der Pinakothek in München eröffnet wurde, eine der letzten, in denen Expressionisten ausgestellt wurden – neben Künstlern, die man damals für »typisch deutsch« hielt. Auch in diesem vierundzwanzigseitigen Katalog finden sich Künstler, die bald darauf verboten wurden und als »entartet« galten. Gleich zu Beginn der Ausstellung hatte der damalige Gauleiter Wagner sechsundzwanzig Bilder entfernen lassen. Mein Großvater hat Führungen durch die Ausstellung geleitet und sprach dabei verbotenerweise ausführlich über die Bilder, die die Besucher nun nicht zu Gesicht bekommen sollten. »Die baumelnden Strippen, an denen die fehlenden Bilder gehangen hatten und die man so schnell nicht entfernen konnte, berührten mich mehr als manche der ausgestellten Bilder«, sagte er noch, als er siebzig war.

Ein Blick in das Werkverzeichnis der Kunsthalle Emden zeigt, dass mein Großvater ab den Siebzigerjahren intensiv das gesammelt hat, was er als Student nicht hatte sehen oder nicht hatte kommentieren dürfen. Die deutschen Expressionisten waren für ihn »einfach die Offenbarung der Kunst«, und er glaubte, »dass – wie Mozart, Beethoven und Wagner den klassischen Beitrag zur Musikgeschichte der Welt geleistet haben – der Expressionismus der bedeutendste deutsche Beitrag zur europäischen bildenden Kunst ist«.

Emil Nolde hat er zu kaufen begonnen, als dessen Werk noch einigermaßen bezahlbar war, und da waren es auch zunächst Blätter, die noch im unteren Preissegment lagen. Für den von Nolde selbst vorgenommenen Druck »Junge Dänin« hat er nach eigenen Worten etwa 250 Mark bezahlt. Nolde selbst hat auf der Rückseite noch einen Abgabepreis von 80 Mark verzeichnet. Damals in München konnte sich mein Großvater diese Kunst nicht leisten, nicht einmal die Grafik, erst recht keine Aquarelle und Ölgemälde. Er konnte nur darüber sprechen. »Der Rundfunk bat mich noch, über die Austauschausstellungen in der Neuen Pinakothek zu sprechen«, schrieb mein Großvater seinem Lehrer Ritter. »Ich gebrauchte die Redewendung: ›Die Kunst lässt sich nicht revolutionieren – Evolution in der Kunst aber heißt: stille sein und warten‹, selbstverständlich bekam ich von der Gauleitung eine ›ernste Verwarnung‹.«

Mein Großvater hörte nicht auf, über Kunst zu schreiben oder zu reden. Für die monatlich in München erscheinende Zeitschrift *Die Kunst* beziehungsweise *Die Kunst für Alle* hat er Artikel geschrieben, vom 1. November 1937 bis 7. August 1939 wurde er »in der Schriftleitung« beim Verlag F. Bruckmann in München geführt, der das Heft herausgab. »Zu seinen Obliegenheiten gehörte die Mithilfe beim Hereinbringen von Material sowohl für den Text- wie für den Bilderteil der Zeitschrift und somit der schriftliche und mündliche Verkehr mit den Künstlern wie auch mit den Textmitarbeitern der Zeitschrift«, heißt es in seinem Zeugnis. Und weiter: »Er hat bei diesen Verhandlungen rühmenswerte Geschicklichkeit, eine gute Kenntnis des zu bearbeitenden Gebiets, einen sicheren Geschmack und Initiative an den Tag gelegt. Sehr zustatten kam ihm eine große Leichtigkeit in der Abfassung eigener Textbeiträge für die Zeitschrift.«

Wer sich hier allerdings die Verve und Meinungsstärke des späteren *Stern*-Mannes vorstellt, hat ein falsches Bild vor Augen. Es sind kunsthistorische Abhandlungen, die sich beispielsweise mit der Frage beschäftigen, wie und vielmehr noch ob eine bestimmte Ausrichtung der Malerei einem ganzen Volk verständlich gemacht werden kann – gemäß den Vorstellungen der Nationalsozialisten. »Bei den Bemühungen um die Kunsterziehung taucht immer wieder die Frage auf: ob man vom Volke, das in seiner ganzen Breite an die Kunst herangeführt werden soll, erwarten kann, dass es den Reiz einer bestimmten Farbstellung empfinde, dass es fühle, wie etwa im Bilde jenes Rot zu diesem Grau steht oder wie reich dort die chromatische Skala der Töne zwischen Grün und Gelb ist«, schreibt mein Großvater im Oktoberheft 1937. Und kommt zu der Antwort, dass es nicht gleichgültig sei, »wie in einem Bild die Skala der Töne aufeinander abgestimmt ist, wie sich die Formen zum Rhythmus der Komposition und zu einer Harmonie verbinden, wenn auch der Weg über das Dargestellte, das Motiv, die mitteilende Erzählung führen muss«.

Der Artikel endet mit einem Satz Adolf Hitlers, den mein Großvater zweideutig einleitete: »Mögen sich die Künstler der großen Verantwortung bewusst sein, die unsere Zeit ihnen auferlegt, und das Wort des Führers beherzigen: ›*Wer von der Vorhersehung ausersehen ist, die Seele eines Volkes der Mitwelt zu enthüllen, der wird lieber jede Not auf sich nehmen, als auch nur einmal dem Stern untreu zu werden, der ihn innerlich leitet.*‹«

Vermittelt hatte ihm diesen Job im Verlag F. Bruckmann Wilhelm Pinder. Das Ehepaar Bruckmann war noch vor der Machtergreifung in die NSDAP eingetreten, ihre politische Haltung war unzweifelhaft. Hugo Bruckmanns Frau Elsa pflegte bereits seit der Jahrhundertwende einen Salon, in dem Gelehrte, Künstler und schließlich auch Personen verkehrten wie Rudolf Heß, Baldur von Schirach und Adolf Hitler, den sie auf diesem Weg in die »bessere« Münchner Gesellschaft einführte. Bruckmann setzte sich besonders ab 1933 intensiv für die Ausrichtung des Verlags an der »neuen Ordnung« ein. Der Verlag Bruckmann, der heute auch unter diesem Namen existiert, hat offenbar seine Geschichte aufgearbeitet und schönt die rassistische und antisemitische Grundhaltung des Verlegerehepaares nicht.

Über die Rolle der Kunstzeitschriften ist heute von Bruckmann Folgendes zu erfahren: »Trotz der eindeutig nationalsozialistischen Ausrichtung des Unternehmens [...] gab es innerhalb des Verlages doch zumindest latentes Widerstreben. Alphons Bruckmann etwa, eingefleischter Monarchist, konnte der Begeisterung seines jüngeren Bruders für den Nationalsozialismus nichts abgewinnen. Paul Kirchgraber, bedacht auf die Kunstzeitschriften und ihr internationales Publikum, kritisierte sogar offen die Kulturpolitik des ›Dritten Reiches‹. Vor allem die Kunstzeitschriften Bruckmanns litten tatsächlich stark unter dem engstirnigen Kunstverständnis der Machthaber. Zur Erhaltung ihrer internationalen Absatzfähigkeit wurden *Die Kunst*, *Die Kunst für Alle* und das *Pantheon* deshalb am wenigsten an die Ideologie angepasst und blieben bis zum Ende des ›Dritten Reiches‹ im Großen und Ganzen Spiegelbild eines bürgerlichen Kunstgeschmacks. Eine Unterstützung der finanziell angeschlagenen Periodika von staatlicher Seite kam deshalb nicht infrage. Der Verlag musste sich wegen ihrer ›leisetreterischen‹ Ausrichtung sogar scharfe Kritik von den Schrifttumsbehörden gefallen lassen.« Ob es wirklich ein Spiegel des Kunstgeschmacks war oder doch eher ein Spiegel des erlaubten Kunstgeschmacks, sei dahingestellt.

Mein Großvater lebte damals weitgehend von der Hand in den Mund, sein Ansprechpartner im Verlag war offenbar Alfred Bruckmann, ein Großneffe Hugos, der die politischen Ansichten seines Großonkels nicht teilte, aber auch nicht ostentativ von den Nazis abrückte.

Das Leben meines Großvaters war eher das eines Bohemien, wenngleich nicht ganz freiwillig gewählt. Hin und wieder bekam er durch seine Verbindungen zu den Malern eines ihrer Bilder geschenkt, sodass er bald eine ganz hübsche Sammlung beisammenhatte. Viele dieser Gemälde konnte er über die Zeit des Krieges retten, auch weil er sie bei Monika in Oberfischbach unterbrachte. Mit manchen der Maler war er, so hat er es erzählt, auch befreundet. C.O. Müller zum Beispiel, der »Cezanne des Altmühltals«, Mitglied der Münchner Künstlergenossenschaft, der als Kriegsmaler in Rumänien, auf der Krim und wie mein Großvater in Südrussland war, bis er, krank aus dem Kriegsdienst entlassen, 1941 an der Türkenstraße eine Malschule übernahm. 1943 war er in der Ausstellung »Junge Kunst im Deutschen Reich« vertreten, die bald als »entartet« geschlossen wurde. Die Maler Fritz Hülsmann und Eduard Aigner zählte mein Großvater zu seinen Freunden, mit Josef Dobrowsky war er gut bekannt. Das Stillleben, das er Ilse brachte, stammt von ihm – das erste Bild der »Sammlung Nannen«.

Wer weiß, ob er nicht auf diesem einen Pfad weitergegangen wäre, wenn der Krieg nicht gekommen wäre. Seiner Freundin Käte, der Grafikerin, erzählte er damals während des Krieges, dass er sich auf einem guten Weg geglaubt hatte, alles hätte ganz gut zusammengepasst, und er hatte sich wohl vorstellen können, weiter über Kunst zu schreiben, Ausstellungen zu planen, Künstler zusammenzubringen, im Kunstbetrieb tätig zu sein.

Aber Bilder bedeuteten für ihn noch etwas anderes als Wissen und Bildung. Ich glaube, dass sie das waren, was seiner Seele am nächsten kam. Mit ihnen war er ganz er selbst. Er konnte mit Bildern in eine Zwiesprache eintreten, die es ihm erlaubte, ganz still zu sein. Da verlor alles andere an Wirklichkeit. »Sehen« war für meinen Großvater etwas, das ihn glücklich machte, das ihn ankommen ließ. Die stille Unterredung mit einem Bild rundete etwas in ihm ab, und ich glaube nicht, dass er sich dessen schon ganz bewusst war, als er begann, in seiner Heimatstadt Emden ein Haus für seine Bilder – wie er es immer nannte – zu bauen. Anfangs war er noch mehr mit der Idee, mit dem Machen, als mit ihrer Erfüllung beschäftigt.

Er fand Frieden, wenn er vor einem Bild saß. Er musste keine Rolle mehr spielen, niemand sein, nichts tun – einfach nur sehen und das, was in ihm vorging, dem Bild mitteilen. Ich habe ihn dabei hin und wieder beobachtet, und das waren kostbare und anrührende Momente.

Es ist nicht ganz einfach, diese Szene zu vermitteln, denn wer den kraftvollen, mitteilsamen und streitbaren Chefredakteur Nannen vor Augen hat, der kann sich den leisen und stillen vielleicht nur als kläglich vorstellen, als einen, der aufgegeben hat. Das war so nicht. Und wenn er allein auf einer hölzernen Museumsbank vor einem Gemälde saß – ein Bein seitlich nach vorn abgespreizt, die Hand auf seinen schwarzen Stock gestützt oder den Stock neben sich gelegt und die Hände im Schoß ruhend –, dann saß da *nicht* ein alter Mann, der nicht mehr gut lange stehen konnte. Ich habe oft neben ihm gesessen. Das Bild, das sich mir damals von meinem Großvater bot, war eben *nicht* das des ehemals großen *Stern*-Chefs, der nun abgestellt im entlegenen Winkel des Landes vor seinen Schätzen hockte und alles andere verloren hatte.

Es war Henri Nannen, auf dieser Bank, ganz pur, ohne Schutzpanzer, ohne die Notwendigkeit, einen zu tragen. Ohne eine Maske, von der er seinen alten Freundinnen Käte und Cilly gesagt hatte, dass er sie immer trage, wenn er in der Öffentlichkeit stünde. »Aber ich vertraue einfach darauf, dass du mich doch zu gut kennst, um nicht zu wissen, dass die äußere Robustheit und der Strahlemann verdammt täuschen«, sagte er Cilly in diesem Zusammenhang. Ohne diesen Gesichtsausdruck saß er da, den er wie auf Knopfdruck aufsetzen konnte, wenn eine Kamera in der Nähe war. »Du schriebst, du hättest mich im Fernsehen gesehen«, antwortete er Käte 1982 in einem Brief, »da hast du dann den Henri Nannen in der Rolle von Henri Nannen gesehen; hast du ihn wirklich verwechseln können mit dem, den du kanntest?«

Die Nervosität, die ihn packen konnte, wenn er etwas nicht auf Anhieb fand, die Hibbeligkeit, die ihn überfiel, wenn etwas, das er anderen aufgetragen hatte, nicht schnell genug erledigt wurde – sie waren fern, wenn er seine Bilder betrachtete. Ohne eine Geschichte, die es zu erzählen galt, saß er da. »Manchmal möchte ich gar nichts tun«, hat mein Großvater einmal zu mir gesagt. »Einfach nur sein.«

Ich weiß, er hat mit einer Einsamkeit gekämpft, die um ihn herum war, die er schon als junger Mensch kannte. Es war diese Art von Einsamkeit, die durch die Nähe zu einem Menschen und die Erfüllung durch Arbeit nur überdeckt werden kann und die sich herausschleicht und einen packt, in Momenten, in denen man zum Nachdenken kommt. In einem Brief, den mein Großvater als Soldat aus der Nähe von Smolensk an Käte in München schrieb, erzählt er ihr von dieser inneren Verzweiflung. »Ich unterhalte mich kaum noch mit den Menschen, bin die meiste Zeit am liebsten allein mit mir und einigen Büchern. Was da so geredet wird, wenn Offiziere zusammensitzen, und es ist in anderen Gesellschaften nicht anders – es geht doch alles vorbei an dem, was wir früher so gern das ›Wesentliche‹ nannten.«

Käte und Henri haben gern Gedichte und Briefe von Rilke gelesen. Ein Büchlein nahm mein Großvater mit an die Ostfront. Beiden war das, was Rilke die »große Arbeit« nannte, ein Begriff. Rilke fand, dass es etwas gebe, dass wichtiger sei als die Liebe und die Zweisamkeit, in der doch jeder oft zu viel von sich selbst aufgebe, sich selbst verlasse, um bei dem anderen zu sein, und dieses Wichtigere sei die große Arbeit. Offenbar hatten Käte und Henri über Rilkes Wort oft gesprochen.

»Denn irgendwo ist eine alte Feindschaft zwischen dem Leben und der großen Arbeit«, hatte der in seinem »Requiem für eine Freundin« geschrieben. Und in einem Brief an seinen Schwager Friedrich Westhoff macht Rilke unmissverständlich klar, dass es das oberste Ziel sein müsse, etwas zu leisten, aus sich selbst heraus und für sich selbst. »Liebe ernst nehmen und leiden und wie eine Arbeit lernen, das ist es, Friedrich, was jungen Menschen nottut. – Die Leute haben, wie so vieles andere, auch die Stellung der Liebe im Leben missverstanden, sie haben sie zu Spiel und Vergnügen gemacht, weil sie meinten, dass Spiel und Vergnügen seliger denn Arbeit sei; es gibt aber nichts Glücklicheres als die Arbeit, und Liebe, gerade weil sie das äußerste Glück ist, kann nichts anderes als Arbeit sein. – Wer also liebt, der muss versuchen, sich zu benehmen, als ob er eine große Arbeit hätte: Er muss viel allein sein und in sich gehen und sich zusammenfassen und sich festhalten; er muss arbeiten; er muss etwas werden!

Denn, Friedrich, glaube mir, je mehr man ist, je reicher ist alles, was man erlebt. Man muss nie verzweifeln, wenn einem etwas verloren geht, ein Mensch oder eine Freude oder ein Glück; es kommt alles noch herrlicher wieder. Was abfallen muss, fällt ab; was zu uns gehört, bleibt uns, denn es geht alles nach Gesetzen vor sich, die größer als unsere Einsicht sind und mit denen wir nur scheinbar im Widerspruch stehen. Man muss in sich selber leben und an das ganze Leben denken, an alle seine Millionen Möglichkeiten, Weiten und Zukünfte, denen gegenüber es nichts Vergangenes und Verlorenes gibt«, schrieb Rilke 1904.

Mein Großvater muss sich über diese »große Arbeit« viele Gedanken gemacht haben. Er hat als junger Mann Antworten für sich auf die Frage gesucht, was sein Leben für einen Sinn haben könnte und wohin der Weg wohl gehen mochte. *Eine* Antwort hat er im Schnee vor Smolensk mindestens gefunden: »Es gibt etwas«, schrieb er Käte, »das mir dem Wesentlichen nahe zu kommen scheint, meinem Wesentlichen jedenfalls, das ist das Sehen. Und vielleicht führt der Weg dahin, alles abzulegen, nicht mehr an die eigene Wichtigkeit und an die ›große Arbeit‹ im Sinne einer menschenbeglückenden Aufgabe zu glauben, sondern nur das eine zu tun: zu sehen und still und dankbar zu sein. Ist es Faulheit und Feigheit, wenn man in menschenferner Stille vor einem Bild sitzen möchte und sehen? Ja, wenn man malen könnte oder musizieren – das freilich sollte man tun, und daran sollte man arbeiten wie an einer großen Aufgabe. Aber nicht für die Menschen – ich meine auch nicht für sich, sondern um des Schönen willen, um des Malens, des Musizierens oder des Dichtens willen. Und – um der Liebe willen, denn die ist ›die größte unter ihnen‹. Die Liebe ist wohl auch das Wesentliche, ich meine nicht einmal die Liebe zwischen Mann und Frau allein, obwohl sie die Erfüllung des Lebens überhaupt ist. Es ist wirklich schade, dass das Wort von der ›Liebe zum Schönen‹ schon so abgebraucht ist, dass sich niemand mehr etwas darunter vorstellen kann. Und wenn ich vom Schönen spreche, dann meine ich auch nicht das im landläufigen Sinne Schöne – der Grünewald'sche Christus ist auch schön! Man muss nur die Empfindungssinne haben, man muss s e h e n können.«

Mein Großvater hat sich dieses »Sehen« über sein ganzes Leben hinweg bewahrt. Aber ich glaube, dass er es erst im Alter als wahres Glück genommen hat. Auf dieser Bank vor seinen Bildern.

Während des Krieges hatte mein Großvater nur noch selten die Möglichkeit, sich der Kunst professionell zu widmen. 1942/1943 aber hat er sich noch einmal auf eine andere Weise mit dem Thema »Sehen« beschäftigt. Im Oktober 1943 schließt er rückwirkend zwei Verträge mit dem Verlag F. Bruckmann ab. Es sind Buchverträge, in denen er sich verpflichtet, zwei Kunstbücher zu veröffentlichen. Diese sind zu dem

Zeitpunkt schon produziert. Als Honorar werden 40 Pfennig pro verkauftes Exemplar vereinbart. Ein »Kleines Musikbrevier« widmet er »Meiner Frau Monika« und betrachtet darin die Bedeutung der bildenden Kunst in der Geschichte der Musik und vor allem die Darstellung musikalischer Szenen in Malerei und Bildhauerei.

»Glanz von Innen« aber scheint wieder sehr viel mehr mit den Gedanken zu tun zu haben, die ihn umtreiben. Es ist eine ungewöhnliche Sammlung von Aufsätzen, die Dichter über ihre Lieblingsbilder schrieben. Und er gibt in diesem Buch ein acht Seiten langes Vorwort, in dem er nicht nur eine Art Liebeserklärung an Cilly Windmüller als diejenige schreibt, die mit ihm die Welt des Sehens erobert hatte, sondern in dem er sich der Bedeutung des Sehen-Könnens über die Grenzen des Wissens hinaus widmet. Er druckt in diesem 224-Seiten-Band, den er C.W. (Cilly Windmüller) widmet, Rudolf G. Bindings Text über das Grünewald'sche Kreuzigungsbild, das ihn schon oft beschäftigt hatte. Sein Kommilitone Curt Hohoff reflektiert über Cézanne. Georg Britting schreibt, Paul Alverdes, viele andere.

Der Dichter und Schriftsteller Ernst Wiechert widmet sich Leo König. Er war einer derjenigen Redner, die mein Großvater 1935 gebeten hatte, im Auditorium Maximum der Münchner Universität zu sprechen. Schon 1933 hatte Wiechert den Münchner Studenten mahnend nahegelegt, sich kritisches Denken gegenüber der nationalsozialistischen Ideologie zu bewahren. Die Dichter seien die Brüder der Jugend, sagte er damals. »Sie sind die Bewahrer des Unvergänglichen und die stillen Mahner in einer lauten Welt.«

Die Rede aus dem Jahr 1935, die als Aufruf zum inneren Widerstand gewertet worden war, wurde von einem Studenten stenografiert und kursierte nur unter der Hand. Wiechert hatte, einst selbst Lehrer, Einfluss auf die Jugend. Das bemerkten auch die Nazis. Die erste Rede Wiecherts wurde noch als sechzehnseitige Blattsammlung veröffentlicht. Die zweite konnte schließlich – in Brot eingebacken – außer Landes und nach Moskau gebracht werden, wo sie 1937 in der Exilzeitschrift *Das Wort* veröffentlicht wurde.

Darin sagt Wiechert: »Ja, es kann wohl sein, dass ein Volk aufhört, Recht und Unrecht zu unterscheiden, und dass jeder Kampf im Recht ist. Aber solch ein Volk steht schon auf einer jäh sich neigenden Ebene, und das Gesetz seines Unterganges ist ihm schon geschrieben.« Er habe vorgehabt, einen unangreifbaren Vortrag über Bilder zu halten, was der einfachere Weg gewesen wäre, sagte Wiechert zu Beginn seiner Rede. Er hatte sich jedoch anders entschieden.

»Und so, meine Freunde, stehe ich heute, wie vor zwei Jahren, vor Ihnen: unverändert in meiner Sorge um Ihren Weg, unverändert aber auch in meinem Glauben an Ihre Berufung zu einem besseren Weg. Es werden nicht wenige unter Ihnen sein, die erkennen, dass ich nichts für mich, sondern alles für das Volk will, dem wir angehören und dessen Weg durch so viel Dunkel und Leiden ich mitgegangen bin bis heute. Und wenn ich Sie damals bat und im Innersten beschwor, demütig zu bleiben, so beschwöre ich Sie heute, sich nicht verführen zu lassen, nur Glanz und Glück zu sehen, wo so viel Leiden sich um uns wendet und niemals sich dahin bringen zu lassen, zu schweigen, wenn das Gewissen Ihnen zu reden befiehlt, und niemals, meine Freunde, dahin, zu dem Heer der Tausenden und Abertausenden zu gehören, von denen gesagt wird, dass sie ›Angst in der Welt‹ haben, weil nichts und nichts das Mark eines Volkes so zerfrisst wie die Feigheit.«

1938 wurde Wiechert für acht Wochen auf Geheiß von Goebbels in das KZ Buchenwald verschleppt. Danach wird er dem Propagandaminister vorgeführt. »Hinter einem neuen Vergehen steht nur die physische Vernichtung. Das wissen wir nun beide«, schreibt Joseph Goebbels am 30. August 1938 dazu in sein Tagebuch.

Wiechert – aber auch die meisten der anderen Autoren von »Glanz von Innen« – haben meinem Großvater nach Erhalt des Buches Briefe geschickt. Die meisten sprechen davon, dass es ein im positiven Sinne »merkwürdiges«, ein »seltsames« oder »ungewöhnliches« Buch sei. Das ist es deshalb, weil es die schriftstellerische Kunst mit der bildenden Kunst verzahnt. Die Verknüpfung von Dichtung und Malerei liest sich wie eine Respektbekundung gegenüber der Idee Wiecherts. Aber sie hat viel mehr mit eigenen Gedanken zu tun, die meinen Großvater beschäftigen. »So wurden ihm die Dichter zu Freunden, und auch mit ihren Gestalten belebte er seine Welt, es war ein Land Utopia der Dichtung und der Malerei, aber es schien ihm lebendiger und wahrhafter als die alltägliche Wirklichkeit, und er war dabei kein weltentrückter Träumer«, schreibt mein Großvater in seiner Einleitung über sich selbst.

Die Worte von Schriftstellern waren es, die Bilder für ihn in einem neuen Licht erscheinen ließen – wenn erst einmal alle Wissenschaft und alle Theorie beiseitegeräumt waren. »Wille und Fähigkeit zur Kritik, wissenschaftliches Denkvermögen und Sinn für historische Forschungstätigkeit, darüber sollte man verfügen können, wenn man sich dem Studium der Kunstwissenschaft widmet.« Das hatte ihm sein Professor für Kunstgeschichte in München gesagt.

Als Herausgeber von »Glanz von Innen« zitiert mein Großvater diese Worte und schreibt weiter: »Und doch vermöchten diese drei nichts, wenn nicht die Begnadung des Künstlerischen hinzuträte, das Sehen-Können, die Begabung, aus sichtbaren Gestalten, Form und Farbe, eine Welt innerster Empfindungen und Gesichter abzulesen.«

Dieses Verständnis, das über das bloße Wissen um Farbe, Technik und Stilrichtung hinausging, fand mein Großvater offenbar einfacher mithilfe von Dichtung und Literatur. »Die Kraft des Wortes« hatte ihm eine neue »Unbefangenheit des Sehens« gegeben, »der das Wissen nun nicht mehr Hindernis, sondern Baugrund war«. Er habe als Junge schon erfahren, dass »die Kunst der Brunnen sei, aus dem das Wasser des Lebens fließt, dass aber ein Dichter ihm die Kelle reichte, es zu schöpfen, dieses erschien ihm als ein schönes Symbol dessen, das allen Künsten gemeinsam ist und das nicht von den Menschen rührt, sondern aus der Gnade, die über sie gekommen war«.

Gar nicht lange nach Fertigstellung von »Glanz von Innen« hörte mein Großvater 1943 davon, dass der Bildhauer Gerhard Marcks, der bereits mit Ausstellungsverbot belegt und dessen Kunst als »entartet« diffamiert war, fürchtete, dass seine Gipse im Bombenhagel zerstört werden könnten. Die großen Angriffe auf Berlin hatten in diesem Jahr begonnen. Zu dieser Zeit war mein Großvater bei besagtem Offizierslehrgang in Berlin-Tempelhof.

»Sie haben mir einen großen Gefallen getan«, schrieb Marcks am 25. Dezember 1943 an meinen Großvater, der zu dem Zeitpunkt im

Urlaub bei Monika war, »dass Sie in dem allgemeinen Zusammensturz meiner gedachten! [...] würde mich aber sehr freuen, wenn wir uns gelegentlich wiedersähen.« Was war geschehen?

»Ich besuchte Gerhard Marcks in seinem Atelier und erfuhr von ihm, dass er seine Gipse auslagern wollte, aber keine Transportmöglichkeit hatte«, erzählte mein Großvater später. »Unsere Kompanie hatte einen Opel-Blitz-Lkw. So habe ich mit ein paar Kompanieangehörigen dafür sorgen können, dass einige ›Schwarzfahrten‹ nach Kladow gemacht wurden. Damit die Lehrgangsleitung nichts merkte, haben wir das ›Unternehmen Marcks‹ am Sonntag durchgeführt.« In einer Scheune in Kladow überstanden die Gipse und einige Skulpturen den Krieg.

Gerhard Marcks' Tochter hat meinem Großvater drei Jahre nach Marcks' Tod 1984 erzählt, dass ihr Vater oft von »den Engeln« erzählt habe, die ihm damals geholfen haben. Die »Maja« aus dem Jahr 1942, eine 225 Zentimeter große Bronzeplastik, geschaffen nach dem Vorbild von Marcks' Tochter Ute, hatte meinen Großvater besonders berührt. Er hatte die Skulptur damals, 1943, im Atelierhaus des Künstlers in Berlin-Nikolassee gesehen. Kurze Zeit später lag das Gebäude in Trümmern. Noch in der Bauphase des Emder Museums hatte er sich dann an Marcks' Tochter Brigitte in Hamburg gewandt, um einen der insgesamt zehn Güsse zu einem für die Stiftung tragbaren Preis zu erwerben. Brigitte Marcks-Geck und ihre Geschwister kamen überein, dass die »Maja«, die er damals gerettet hatte, als eine Dauerleihgabe auf den Skulpturenhof des Museums nach Emden gehen sollte.

Er war überwältigt. »Ist das nicht fabelhaft?«, sagte er immer wieder. Ich erinnere mich an den Moment, in dem mein Großvater dieses Kunstwerk öffentlich enthüllte. Er hatte Tränen in den Augen, und das Herz lief ihm über vor Glück und Rührung und diesem ergreifenden Gefühl nach der Erkenntnis, dass die Dinge doch einen Sinn haben könnten.

Jahre später, als sich dem Museum durch die Unterstützung von Gruner+Jahr die Möglichkeit bot, kaufte er die »Maja«, damit sie für immer bleiben möge und weil er Sorge hatte, »dass das nach mir keiner mehr täte.«

Der Krieg hatte die Pläne und Hoffnungen meines Großvaters durchkreuzt, und wer weiß, ob nicht letztlich die Tatsache, dass er während dieser Jahre Kriegsberichterstatter war, dass er Dinge sah, die er reportierte und dass diese Dinge ihn politisierten, die richtungsentscheidende Weggabelung für ihn bedeutet hat.

Allerdings darf man nicht vergessen, dass er auch in Hannover am Anfang Leiter des Feuilletons war. Ganz und gar war mit der Kunst nie Schluss, und auch im *Stern* hat er – wenn es zum Beispiel um seinen Lieblingsmaler Ernst Ludwig Kirchner ging, Wert darauf gelegt, dass der groß besprochen wurde. Und dennoch: Das eine blieb Liebe, das andere wurde Liebe, Leidenschaft und eben Profession. Geplant hatte er das, was am 3. Oktober 1986 in Gestalt der Kunsthalle Emden Wirklichkeit wurde, also nicht sein Leben lang. Da gab es diesen Bruch, den er als junger Mann in Gestalt des Krieges erfahren hat und der vieles veränderte. Und wenn er später nach der Eröffnung des Museums sagte, dass er sich mit dem Bau des Hauses und seiner Stiftung einen Traum erfüllt habe, dann stimmt das natürlich – aber es war einer der Träume, die ganz tief in der Nacht kommen, die man am Morgen wieder vergessen hat. Es war etwas, das in ihm war, Teil seines Charakters womöglich, Teil seiner Prägung, ein Stück seines Selbst.

Und was die Kunstwerke anging, die er im Alter stiftete, die sammelte er zunächst für sich, er kaufte Bilder und Skulpturen, weil er sie mochte, weil sie in ihm etwas auslösten – und wieder: sofort etwas auslösten. »Das ist wie mit den Frauen«, sagte er, »du guckst sie an und magst sie leiden – oder eben nicht.« Für ihn waren Bilder kein Statussymbol, nichts, mit dem man sich nach außen hin schmückte, sie waren innerer Ausdruck. Er spiegelte sich in den Bildern. Oder sagen wir besser: Teile von ihm fanden ihre Entsprechung in den Gemälden. Sie erzählten ihm Geschichten. Und sie taten es, anders als Reportagen, anders als einzelne Wörter, ganz präzise. Daran war nicht herumzuredigieren. Das galt für Fotos wie für die Malerei.

Der erste Stiftungsratsvorsitzende der Kunsthalle, Axel Hecht, glaubte, so erzählt er es mir, dass die Gemälde für meinen Großvater zweierlei Bedeutung gehabt hätten: »Zum einen konnte er sich ganz naiv an ihnen freuen. Darüber hinaus konnte er mit ihnen seriös spielen, ihnen ein Haus bauen, sie neu arrangieren, andere Gäste dazuholen – und alles ins Schaufenster stellen. Circus Nannen eben.«

Als mein Großvater es sich finanziell leisten konnte, begann er das zu sammeln, was ihn am meisten berührte – die Expressionisten, Künstler also wie Münter, Marc, Jawlensky, die sich um die Redaktion des »Blauer Reiter« sammelten, aber auch die Maler der Künstlergruppe »Brücke« wie Kirchner, Schmidt-Rottluff, Heckel und eben Nolde; dazu kam die Neue Sachlichkeit: Bilder von Hofer, Katz und Kollwitz. Er kaufte überwiegend Gemälde, aber auch Skulpturen und Tiffanys Glaskunst. Und wenn er sagte, er habe immer nur aus dem Bauch heraus gesammelt, dann ist es ähnlich wahr, wie es richtig ist, dass er den *Stern* allein aus dem Bauch heraus gemacht habe. Er sammelte, was ihm gefiel, aber er achtete auf Qualität, und er war natürlich geprägt durch die frühen Jahre in München. Hätte er Kunst bis fast zu seinem siebzigsten Geburtstag nicht nur zu seiner Freude gesammelt – ich vermute, er wäre etwas konzentrierter vorgegangen, hätte darauf geachtet, dass es keine Lücken gibt.

Zu Hause in Wellingsbüttel lebte er mit der Kunst, sie war zum Teil schlecht ausgeleuchtet, und sicher gab es nicht das optimale Raumklima für solche Bilder – Josef Scharls »Blinder Bettler im Café« zum Beispiel, das eigentlich »Oberauge« Rolf Gillhausen entdeckt und erworben hatte. Gillhausen hatte das Bild an das Bonner Büro des *Stern* ausgeliehen. Dort sah es Nannen und luchste es »Gill« mit sanftem Zwang ab. Karl Hofers Bild »Tiller Girls«, das von den Nazis auch als »entartet« gebrandmarkt worden war, hing in der Diele seines Hauses. Dort herrschte keine museale Atmosphäre, die uns ehrfürchtig vor den Wänden stehen ließ. Die Bilder gehörten zur Familie, so fühlte es sich an. Emil Nolde hing im Wohnzimmer, Ernst Ludwig Kirchner im Schlafzimmer. Und wenn mein Großvater morgens die geschwungene Treppe ins Erdgeschoss hinabging, fiel das Sonnenlicht durch ein Tiffany-Fenster in einer Nische und schenkte der Diele einen sakralen Moment.

»Ist es bürgerliche Bequemlichkeit?«, fragte er sich damals, im Süden Russlands, »wenn man morgens auf einem schneeüberstäubten Flugplatz steht, wenn die Sonne das Licht in allen Farben durch den

Schnee wirft, und man steht dann still, und es kommt in einem wie eine Welle von Glück hoch, und man dankt insgeheim Gott, dass man das sehen darf, und dann ist man den ganzen Tag froh?«

Vierzig Jahre später fasst sich Käte, die sich lange nicht getraut hatte, ihren Freund zu kontaktieren, ein Herz und schreibt Henri. In den Kriegsjahren hatten sie den Kontakt verloren. »Ich sage dir heute«, schreibt sie 1982, »es ist eine Gnade, so viel Sinn für alles Schöne mitbekommen zu haben, Sinn für Humor und Freude an der Natur, wie du es hast.«

In seinem letzten Brief an den *Stern*-Leser, mit dem er seine gesammelten und in einem Band veröffentlichten Editorials einleitete, schrieb mein Großvater einen Satz, den man getrost zu den ernst zu nehmenden Nannen-Sprüchen zählen darf und der im Hinblick auf die Bedeutung von Bildern in seinem Leben und für sein Leben als Leitmotiv gelten kann: »Fragen Sie mich nicht nach dem Sinn des Lebens, fragen Sie mich nach seiner Sinnlichkeit.« Auch diesen Sinn für Sinnlichkeit, das Musische, das ihm innewohnte, hat Nannen genutzt, um den *Stern* zu machen. Mit diesem Sinn ist er nach Emden gegangen und eröffnete dort sein Museum.

Im Rückblick klingt es so folgerichtig, so logisch, dass es einen Mann im letzten Drittel seines Lebens wieder in seine Vaterstadt zurückzieht und dass er sich ihr mitsamt seinen Bildern scheinbar hingibt. Aber ganz so war es ja nicht. Es gibt vermutlich wenige Ecken Deutschlands, in der Menschen, die den größten Teil ihres Lebens in Großstädten verbracht haben, so wenig auf die Idee gekommen wären, ein Museum zu errichten, wie diese: Emden in Ostfriesland. Da, »wo die Kühe husten und die Straßen in Sümpfen enden«, wie ein Kritiker schrieb. Eine Arbeiterstadt, im Krieg von englischen Bombern zu 82 Prozent zerstört, weil sie auf deren Rückflugroute lag – wie mein Großvater mir immer wieder erzählte. Nach dem Krieg mit wenig Gefühl für Baukunst wiederaufgebaut, die Fassaden der letzten alten Häuser, die noch von den guten alten Zeiten zeugten, verfielen, an allen Enden fehlte Geld – in den Achtzigern, als mein Großvater zurückging, war die Stadt noch dazu mit einer Arbeitslosigkeit von

19 Prozent hart geprüft. Kurz gesagt: Was die Leute hier brauchten, war alles Mögliche, aber bestimmt kein Museum – so sahen es viele Emder. Sie wollten Nannen nicht. Was sollten sie mit diesem »Zampano« vom *Stern*, der zwar sein Leben hier begonnen hatte, aber ansonsten nur durch Abwesenheit glänzte?

Alwin Brinkmann, der von 1986 bis 2011 Oberbürgermeister von Emden war, erinnert sich daran, dass mein Großvater seinerzeit als Chefredakteur hin und wieder mit der *Positano III* in den Emder Hafen einlief. »Da guckten natürlich alle Emder neidisch, ein bisschen schauten sie zu ihm auf, und ein bisschen schauten sie auf ihn hinunter. ›Was will der denn hier?‹, fragten die sich«, erzählt mir Brinkmann, als ich ihn auf meiner Spurensuche in Emden besuche. Auf meinen Großvater hatte hier niemand gewartet.

Er war anderer Ansicht. Und zwar genau wegen der Umstände. Genau hier, wo es die Touristen an Emden vorbei an die See oder auf die Ostfriesischen Inseln zog, wo man vielleicht in Aurich oder in Leer Sehenswürdigkeiten besuchte, aber nicht in Emden, wo die vom Dichter Christopher Marlowe in seinem »Dr. Faustus« beschriebene »Herrlichkeit von Emden«, die eine wohlhabende und bedeutende Hafenstadt mit beeindruckender Handelsflotte meinte, vierhundert Jahre zurücklag, und die Hauptattraktion aus einer Moorleiche im Rathaus bestand – hier wollte er ein Haus für seine Bilder bauen.

Wie es dazu kam, sei an dieser Stelle schnell erzählt: Im *Stern* veränderten sich die Dinge, Nachfolger wurden gesucht, nicht gefunden, ausprobiert, installiert. Wer immer es am Ende auch machen würde – dass mein Großvater älter wurde, stand fest, dass er eines Tages ausscheiden würde, auch. »Ich wusste, ich muss meine Nachfolger den *Stern* allein machen lassen«, hat er oft gesagt. »Und da ich einer bin, der alles selber machen will, damit er sich nachher beklagen kann, dass er alles selbst machen muss, habe ich Sorge gehabt, dass ich es nicht fertigbringen würde, rechtzeitig abzutreten und rechtzeitig den Jungen das Heft in die Hand zu geben – und das ist ja nötig, damit die nicht ständig das Gefühl haben, sie hätten den Alten immer noch im Genick.« Ein Henri Nannen war aber mit Ende sechzig nicht jemand, der sich auf einen wohlverdienten Lebensabend hätte einstellen und die Hände in den Schoß legen können. Er hatte noch viel Kraft, er hatte Energie und er hatte Interessen.

Deshalb entwickelte sich die Idee, Kunsthandel zu betreiben, fast von selbst. Er war im Lauf der Jahre als privater Sammler immer aktiver geworden, hatte Kontakte zu den großen Galeristen und Kunstkennern in der Branche aufgebaut und war finanziell und zeitlich in der Lage, seine Ankäufe zu intensivieren und sich vom Liebhaber zum Händler zu wandeln. Dachte er zumindest. Ihm kamen zwei wesentliche Dinge dazwischen: Zum einen liebte er seine Bilder. Es war aufregend für ihn, sie zu kaufen, sie zu ersteigern. Verkaufen löste in ihm nichts aus. Er hat oft seinen Freund, den New Yorker Sammler und Kunsthändler Serge Sebarsky, zitiert: »The buy is the high!«

Mein Großvater hat auch als Händler keine Werke gekauft, die er nicht mochte, nur weil sie einen guten Preis hätten erzielen können. Er hat eigentlich nur gekauft, was er gern hätte behalten wollen. Und dann konnte er sich nicht trennen. Wenn aber ein Händler nur die Bilder wieder verkauft, für die er bessere bekommen kann, dann ist er kein guter Händler, die Kunden merken das. »Man muss auch Dinge verkaufen, die man am liebsten behalten hätte«, sagte er, »und wenn man sie dann verkauft hat, dann leidet man unter Umständen noch ein Jahr darunter.«

Die zweite Schwierigkeit war aber, dass mein Großvater eben kein Zahlenmensch war. Er hatte keine Beziehung zu Geld. Mein Vater sagte damals zu ihm, dass er sich das Ganze doch besser noch mal überlegen solle: »Du verstehst nichts vom Geschäft. Mach dich nicht unglücklich!« Zwar verzeichnete er keine Verluste, aber die großen Gewinne erzielten eben andere. Einmal verkaufte er ein expressionistisches Bild, das er für 130000 Mark erworben hatte, für 180000 Mark. Ein paar Wochen später wurde es auf einer Auktion in London angeboten. Mein Großvater kam mit dem Sammler ins Gespräch, gab aber nicht zu erkennen, dass er das Werk besessen hatte. »Was für ein wunderbares Bild«, sagte er. Und der Sammler: »Ja, und ich habe es billig gekriegt.« – »Was haben Sie denn bezahlt?«, wollte mein Großvater wissen. »400000 Mark«, sagte der Mann.

Das Ende beim *Stern* hat dazu geführt, dass mein Großvater nicht in Hamburg bleiben wollte. Vielleicht hatte er nicht gleich vor, nie wieder zurückzukommen, das entwickelte sich. Aber er wollte fort. Und da kam das eine zum anderen. In Hamburg ein Museum zu eröffnen, wäre ohnehin Unsinn gewesen – in unser aller Augen. Da gab es genügend, da brauchte es kein weiteres. In Emden aber machte er zum rechten Zeitpunkt eine Erfahrung, die ihm einen Weg wies.

Er hatte Anfang der Achtziger gemeinsam mit dem Galeristen Thomas Levy eine Kollektion »Russische Malerei der Gegenwart« in der Sowjetunion zusammengesucht. Dabei kamen ihm seine Kontakte aus dem Journalistenleben gelegen, denn es war ihm möglich, nicht nur weitgehend unbehelligt in die Ateliers der Künstler zu gelangen, sondern auch dafür zu sorgen, dass dies für sie keine unangenehmen Konsequenzen hatte. Maxim Kantor zum Beispiel, der meinem Großvater sicher den internationalen Durchbruch verdankt, durfte zu jener Zeit nicht in der Sowjetunion ausstellen. Seine Bilder waren zu systemkritisch. Er gründete die Künstlergruppe »Das Rote Haus«, die Anfang der Achtzigerjahre durch Ein-Tages-Ausstellungen, jede an anderem Ort, bekannt wurde.

Und hier beginnt sich ein Kreis zu schließen, der im Leben meines Großvaters in München und im Krieg seinen Anfang nahm und der im Engagement für die Ostpolitik Brandts und der Bilderflut des *Stern* seinen Fortlauf fand. Es waren »politische« Bilder, fast könnte man sagen, journalistische Bilder. Besonders Kantors Werk ist stark durch den westlichen Expressionismus beeinflusst.

Diese erste Ausstellung der russischen Kunst zeigten Levy und mein Großvater 1982 in Hamburg, danach in München, Stuttgart, Düsseldorf und Wiesbaden. »Und da habe ich mir gedacht, die zeigst du auch mal in deiner Heimatstadt Emden«, sagte mein Großvater und brachte die Bilder im April 1983 in die Räume des Emder Rathauses am Delft. »Und siehe da, es war ein großer Erfolg.« 1988, als die Kunsthalle bereits zwei Jahre alt war, konzipierte der Stifter Nannen mit seinem ersten wissenschaftlichen Leiter Gerhard Finckh die Ausstellung »Glasnost. Die neue Freiheit der sowjetischen Maler.« In 55 Tagen kamen 26 127 Besucher, das sind im Schnitt 475 Menschen am Tag.

Um die Bilder zu finden, war mein Großvater wochenlang in russischen Ateliers auf der Suche gewesen. Und es war damals nicht so, dass ein Ausländer, der das Bild eines sowjetischen Künstlers erwerben wollte, dieses nur aus dem Atelier mitzunehmen brauchte. Zwischen Sammler und Künstler standen Kommissionen des Kulturministeriums oder des Künstlerverbandes (dem nicht jeder Künstler angehören durfte) und eine Art Außenhandelsgesellschaft für Künstlerrechte, die Mezhdunarodnaja Kniga.

»Und doch hat sich etwas geändert«, sagte mein Großvater bei der Eröffnung im November 1988. »Als ich 1982 die erste Ausstellung russischer Malerei in die Bundesrepublik holte, hielt die Kommission des Künstlerverbandes fünfunddreißig Bilder zurück. Sie seien ›für eine Ausstellung nicht geeignet‹.« Maxim Kantor war zum Beispiel nicht zugelassen. Damals hatte mein Großvater klargestellt, dass er niemals eine zensierte Ausstellung zeigen würde, dass er sich für so etwas nicht hergebe und dass er das gegebenenfalls auch öffentlich sagen würde. Valentin Falin, der ehemalige Berater Chruschtschows und später Gromykos, der ab 1971 sowjetischer Botschafter in Deutschland wurde und mit dem mein Großvater schon aus Zeiten der Moskauer Verträge eng vertraut war, vermittelte. Die Bilder durften ausreisen. Jetzt aber, sechs Jahre später, hatte sich etwas getan: »Mit einem Mal wird mir klar, was *Perestroika* bedeutet«, sagte mein Großvater: »Jetzt sind wir dabei, vieles zu verändern.«

Kantors Bilder waren die ersten Werke der russischen Gegenwartskunst, für die sich mein Großvater so interessierte und die in Westdeutschland noch kein Sammler kannte. Einige der bedeutendsten Arbeiten des Russen zählen seither zur Stiftung Nannen. Es ging meinem Großvater jetzt aber nicht mehr in erster Linie darum, diese Bilder zu besitzen. Auch wenn sie ihm Freude bereiteten. Wichtig war, dass sie hier im Westen gezeigt würden.

Die Beschäftigung mit der russischen Kunst und die Planungen, die der ersten Ausstellung vorangingen, gaben meinem Großvater einen besonderen Auftrieb. Plötzlich hatte er wieder richtig Freude an einer Sache. Als er kurz zuvor, 1980, den Chefredakteursposten verlassen hatte und Herausgeber wurde, hatte die Freude beim *Stern* bereits stark abgenommen. In Emden spürte er plötzlich, dass er noch etwas bewegen konnte. Dass es noch Grenzen gab, die es zu verrücken galt. Dass es ungenutzte Räume für ihn gab. Er fing an, sich »ein bisschen mehr um Emden zu kümmern«, wie er es ausdrückte. Die erste Gelegenheit bot sich, als das Bild des niederländischen Marinemalers Ludolf Backhuysen auf den Markt kam, das mein Großvater für 450 000 Gulden kaufte und seiner Heimatstadt schenkte. Backhuysen, 1630 in Emden geboren, gehörte zu seiner Jugend. Mit Cilly zusammen hatte er sich dessen Werk in Emden angesehen. Jetzt konnte er da anknüpfen. Das Geld hatte er innerhalb von viereinhalb Monaten zusammengebettelt. Er gründete im Mai 1983 einen Kunstverein, die Ludolf-Backhuysen-Gesellschaft, die bis zur Gründung der Kunsthalle zwölf von Nannen organisierte Ausstellungen zeigte.

Und dann entschloss sich mein Großvater, eine Stiftung ins Leben zu rufen. »Nolde kam nur bis Oldenburg«, hat er immer gesagt und fand das nicht richtig. Hier, wo es sonst nur das Ostfriesische Landesmuseum gab, in dem die Geschichte der Region behandelt wurde, würden die Besucher nicht wie in Hamburg mit »dem Hintern am Bild herumscheuern und sich an einem Sektglas festklammern«, wenn sie zu einer Ausstellungseröffnung kämen. Hier würden sie sich mit den Bildern befassen, und hier seien es eben nicht die x-ten Noldes, die die Leute sehen würden, sondern sie könnten mit frischem und interessiertem Blick seine Bilder bestaunen.

Am 9. Dezember 1983 wurde die private »Stiftung Henri Nannen« eingerichtet. Im März 1984 gründete man unter dem Vorsitz von *Art*-Chefredakteur Axel Hecht den Stiftungsrat. Am 6. September 1984 wurde der Grundstein für die Kunsthalle gelegt. Der 3. Oktober 1986 war der Tag, an dem das Museum mit zunächst etwa 650 Quadratmetern Ausstellungsfläche plus Archiv, Verwaltung etc. eröffnete. Mein Großvater musste nach dem Stiftungsrecht den laufenden Unterhalt der Stiftung garantieren. So hat er nahezu sein gesamtes Vermögen in die Stiftung gegeben, darunter Immobilien und Wertpapiere, Bilder im Wert von damals etwa 7,6 Millionen Mark, dazu etwa 6,2 Millionen Mark aus Erspartem und Abfindungen. Die noch fehlenden Millionen für die Finanzierung werden durch Spenden und Zuschüsse abgedeckt.

Dabei muss auf eine ganz wichtige Entwicklung in seinem Leben an dieser Stelle noch einmal hingewiesen werden, weil sie maßgeblich damit zusammenhängt, dass mein Großvater Emden nicht als Durchreisestation begriffen hat. Er hatte sich neu verliebt. In Eske, die Tochter seines alten Schulfreundes Rudolf Nagel, an dessen Krankenbett er die letzten vier Lebenswochen im Wechsel mit dessen Familie wachte. Ein paar Jahre später schrieb mein Großvater darüber an seine Freundin Cilly, die mittlerweile in Haifa lebte. Er berichtete ihr davon, dass er das, »was die Seeleute die ›Hundewache‹ nennen, die Zeit mitten in der Nacht« übernahm. »Das war eine schwere wie schöne Zeit, ich weiß nicht, ob du verstehst, was ich meine, wenn einem plötzlich die eigene Jugend wieder begegnet, man selber alt geworden ist, aber einem auf den Tod wartenden Menschen noch die Hand halten kann. Dass am Ende daraus eine Liebe zwischen Eske und mir entstanden ist, sodass wir heute zusammenleben, hat natürlich auch mit der Kunsthalle etwas zu tun – wer weiß, ob ich sonst wieder nach Emden gekommen und hier so heimisch geworden wäre, dass ich nun die Hälfte der Zeit in Hamburg, die andere Hälfte in Emden bin.«

Im selben Jahr, als die Kunsthalle eröffnet wurde, zog mein Großvater dann ganz nach Ostfriesland.

Eske wurde zur letzten Liebe meines Großvaters. In ihr fand mein Großvater jemanden, der ihn zunächst wieder auf einen Sockel stellte, und das tat seinem Ego in dieser schweren Zeit nach dem Ende beim *Stern* gut. Aber sie wurde, wie geschildert, über die Zeit zu einem neuen Partner an seiner Seite. »Er hat mir aber nie Hoffnungen gemacht, dass er mich einmal heiraten würde. Das war zwischen uns lange gar kein Thema«, sagt mir Eske heute. Mit ihr konnte er alles andere hinter sich lassen und noch einmal anfangen. Hinzu kam natürlich, dass ihm diese Beziehung zu der so viele Jahre jüngeren Frau Auftrieb gab. Er fühlte sich wieder stark. Das sagte er, und man sah es ihm an. Aber die Kunsthalle, das hat er in vielen Reden und Interviews betont, hat auch sehr viel mit Cilly Windmüller zu tun. Das schrieb er ihr kurz vor der Eröffnung: »Ach, Cilly, ich weiß ja nicht, ob du es noch einmal übers Herz bringst, Emden zu besuchen – ich hätte Verständnis für ja und für nein, aber wenn du kämest, ich würde dir das

Museum gern zeigen, ohne dich wäre es nie entstanden, weil ich ohne dich nicht ich geworden wäre.«

Cilly antwortete ihm, und in ihren Briefen wurde über die Zeit hinweg immer deutlicher, dass sie nicht nach Emden kommen konnte. Die Stadt blieb für sie verbunden mit den Erinnerungen an die Nazis, an den Tod ihrer Mutter und an das Ende ihres Vaters. »Ich versichere dir, dass ich in Gedanken an allem teilnehme und die tiefe Befriedigung miterlebe. Auch für mich ist die Errichtung der Kunsthalle von großer Bedeutung«, schrieb Cilly.

Gegenüber dem Museum, das an der Stelle gebaut ist, wo einmal das Gebäude der Geheimen Staatspolizei stand, in dem Menschen verhört und misshandelt und von wo aus sie in Arbeitslager und Gaskammern deportiert wurden, liegt das Haus, in dessen Keller Henri und Cilly damals ihr Faltboot untergebracht hatten. Von hier aus fuhren sie auf den Emder Kanälen, hier endeten ihre Tagesausflüge, wenn sie das Boot zurückbrachten. Er schrieb ihr davon und bat sie wieder, doch zu kommen. »Der Himmel, die Wiesen und die Kanäle sind die gleichen, ich habe auch wieder ein kleines Boot, auch die Menschen sind wohl die gleichen, immer gefährdet und immer aufs Verdrängen aus. Nicht von ungefähr hat die *Emder Zeitung* den politischen Teil meiner Rede weggelassen, sie wollen sich nicht erinnern, sie sind unfähig zu trauern.«

Cilly war aufgewühlt, denn die »ostfriesische Vergangenheit« löste viel in ihr aus. »Ich bin in einem Schockzustand bis heute und wage mich an Inseln von Erinnerungen heran, wobei deine Briefe helfen – unser Boot! Kanäle, die Deiche, Kunstkarten. Worte sind nicht nur Wände. Sie sind wie Mosaiksteine, die ich zusammengliedere, um bis zum Rahmen zu gelangen, der meine Gegenwart einschließt. Wenn ein Brief von dir ankommt mit fast derselben Handschrift wie auf den Kunstkarten und Widmungen in alten Kunstbüchern, geschieht etwas, noch bevor ich den Umschlag öffne.« Sie erzählte ihm, dass sie noch stapelweise Kunstkarten in ihrem Regal stehen habe. Sie hatte all diese Erinnerungen mitgenommen nach Israel. Diese aber nahe kommen zu lassen, war für sie beinahe unmöglich.

Mein Großvater hatte, wie gesagt, nicht vorgehabt, sich mit seiner

Vergangenheit zu beschäftigen. Er war nicht der Idee gefolgt, seine eigene Geschichte gut erzählt abzurunden, das Ende an den Anfang anknüpfen zu lassen, wie man es mitunter in guten Reportagen findet. Die Umstände passten einfach, und er erkannte sie, das hat er immer getan. Dass ihm die eigene Jugend wiederbegegnen und wie ihn seine Geburtsstadt berühren würde, das hatte er sich so nicht ausgemalt.

Als er es aber spürte, gab er dem nach. Und er begann, sich mit Emden und mit seinen eigenen Erinnerungen auszusöhnen. Er holte sich seine Heimat richtiggehend zurück, mit dem Auto, mit dem Fahrrad und zu Fuß erforschte er die Stadt, die Region und wurde zum besten »Fremdenführer« Emdens. »Es heißt nicht Emdener, es heißt Emder«, verbesserte er nahezu jeden Reporter und andere Gäste, die sich so wenig friesisch ausdrückten. »Es gibt ja auch keine Bremener.«

Dann erklärte er jedem, wie man den Friesentee zu trinken hätte: Kandis, Tee, den man in Ostfriesland etwa »Taei« ausspricht, und dazu ein wenig Sahne, vom kleinen, tiefen Sahnelöffelchen eingegossen. Und ja nicht umrühren! Das Süße kommt erst zum Schluss. Wenn man es anders machte, guckte er immer so. Das war ein Blick, als wollte er sagen: Darüber verliere ich jetzt besser kein Wort. Ich entschuldige mich heute noch bei Ostfriesen, wenn ich es einmal wage, in deren Gegenwart doch umzurühren.

Es war in Emden wie früher mit den Geschichten aus dem *Stern*-Umfeld. Er erzählte Anekdoten und berichtete von Entwicklungen – immer wieder. Er war so stolz auf die Besucherzahlen, die die Kunsthalle hatte – im ersten Jahr nach der Eröffnung waren es mehr als 100 000, im Schnitt 358 Personen am Tag bei 281 Öffnungstagen. Begeistert sprach er bald davon, wie viele Ideen Eske für den Museumsshop habe und wie gut die Malschule angenommen werde. Er war in seinem Element. Cilly konnte das für sich selbst nicht angehen, sie konnte sich Emden nicht wieder so öffnen, aber sie sah es für ihre Jugendliebe als richtig an. »Ich glaube, dass du bei keiner sinnvolleren und lohnenderen Aufgabe hättest landen können«, schrieb sie in einem Brief an ihn. »Das Heimkehren nach Emden rundet das Ganze einleuchtend ab, und alles, was ich in Texten oder Fotos finde, bestätigt mir die Richtigkeit deiner schwerwiegenden Entschlüsse.« Und etwas später schrieb sie über die Kunsthalle: »Eigentlich kristallisiert sich in diesem Bau vieles, was so schwer zu formulieren ist, denn er entstand aus der Summe aller vorhergehenden Erfahrungen und Erkenntnisse heraus.« Hier in Emden also erst recht.

»Am Ende war Ihr Großvater ein väterlicher Freund von mir«, erzählt mir Alwin Brinkmann. Am Anfang musste mein Großvater die Stadt, Brinkmanns Vorgänger und die Bürger überzeugen. Das war gar nicht so einfach, und er hatte für die Emder trotzdem deutliche Worte: »Es mag an der mangelnden Sensibilität vieler Emder liegen, dass die Kultur inzwischen ein Schattendasein führt. Der wirtschaftliche Niedergang Emdens ist nicht zuletzt auf mangelnde Kreativität zurückzuführen. Mangelnde Flexibilität und fehlender Einfallsreichtum haben auch verhindert, dass sich in Ostfriesland eine gesunde mittelständische Industrie ansiedelte. Die Menschen sind immer noch skeptisch gegen das Neue, sie wagen nichts, sie möchten zuerst Sicherheit haben. Ohne Zuschüsse vom Land Niedersachsen oder vom Bund fängt man erst gar nichts an.« Also fing er selbst etwas an.

»Er hatte aber auch sehr schnell begriffen, dass wenn du hier in Emden etwas willst, du zwar vorangehen musst, aber zurückhaltend«, sagt mir Alwin Brinkmann. »Er war nie aufdringlich, musste sich nie in den Vordergrund spielen. Er hatte die Gabe, sich schnell wieder einzufinden. Weil er erkannte, auf welche Weise das möglich war«, so Brinkmann.

Emden sollte durch die Sammlung Nannen zu einem Zwischenstopp auf einer Reise durch Ostfriesland werden, ein Besuch in der Kunsthalle würde immer auch bedeuten, dass Touristen entweder übernachteten oder in anderer Weise für Umsatz sorgten. Die Kunsthalle wäre also nur gut für diese Gegend. So hatte mein Großvater sich das vorgestellt. Und er behielt damit recht. Jan Hensmann, mittlerweile Professor an der Universität in Münster, rechnete es nach. In zwei Gutachten zur Nutzenstiftung der Kunsthalle für die Stadt und die Region ermittelte er, dass für jeden Euro, den die öffentliche Hand zur laufenden Finanzierung beisteuert, 3,50 Euro in den Wirtschaftskreislauf zurückfließen.

Die Emder merkten plötzlich, dass eine ganze Menge fremder

Menschen in der Stadt waren, dass die einkauften, dass die Stadt ganz neu belebt wurde. Allerdings ging das alles nicht im Handumdrehen, sondern war von Anfang an Knochenarbeit – vor allem für meinen Großvater und für Eske, die er mit Beschlag belegte. All das, was um ihn herum gemacht werden musste, machte sie. Sie wurde zu dem Apparat, den er vom *Stern* gewohnt war. Er war – wie er selbst sagte – immer Chef gewesen, so behielt er es bei. Und er verlangte beiden vieles ab. Aber das schweißte auch zusammen.

»Wir hatten überhaupt keine Erfahrung«, sagt Eske heute. »Wir waren naiv. Henri sagte im Frühjahr: Machen Sie mal im Herbst eine Max-Ernst-Ausstellung.«

Alwin Brinkmann erklärt mir, dass die Kunsthalle einen Kulturwandel für die Stadt bedeutete. »Ihr Großvater hat den Fußtritt für die Emder Politik gegeben und uns gezeigt, dass, wenn man etwas wirklich will, man auch etwas verändern kann. Wir sind immer noch keine Großstadt, aber Emden ist nicht mehr die Stadt, in die er damals zurückkam.«

Emden war damals eine verschlafene Stadt im Abseits. »Die Leute lebten vor sich hin, waren froh, dass sie ihre Wohnung, dass sie eine Arbeitsstelle gefunden hatten. Es gab ein Theater, das kein Theater ist – eine Aula und Pausenhalle. Die Jugendlichen wussten nicht so recht, wohin. Die Kinos gingen kaputt«, erzählt Brinkmann. »Wir haben uns Nannens Vorbild zu Herzen genommen.« Anfangs trafen da zwei Welten aufeinander. »Er sammelte ja Prominente. Er holte wirklich jeden hierher. Und dann geschah bei der Eröffnung der Kunsthalle etwas, das sich hier niemand hätte vorstellen können: Der Bundespräsident Richard von Weizsäcker kam. Das imponierte den Leuten. Und Nannen hat mir als OB die Möglichkeit gegeben, mit dem Präsidenten durch die Stadt zu gehen. Er selbst ging an der Seite mit.« Mein Großvater wusste: Wenn ich mich hier aufspiele, dann bin ich ganz schnell unten durch. »Das war seine ganz große Angst«, sagt Brinkmann. »Dass er sich ein Haus hier hinsetzt, in dem er seine Bilder begucken kann, und in der Bevölkerung nicht anerkannt würde. Deshalb lief er auch immer über den Wochenmarkt oder griff zum Pinsel, um vor der Kunsthalle die Bänke anzustreichen.«

Diese Bänke hätte mein Großvater auch sonst gestrichen, weil ihm diese handwerkliche Arbeit Spaß machte, aber er wusste den Effekt, den das haben würde, zu nutzen. Die Presse war natürlich dabei. Ein anderes Beispiel für seine Annäherung in Emden ist eine Reinigungsaktion am Rathaus. Damals in den Achtzigern wurden die Wände im Rathausbogen immer wieder mit Farbe beschmiert. Eines Tages besorgte sich mein Großvater Chemikalien, mit denen man die Graffiti abbekam, und bearbeitete diese Wände. »Das machen wir jetzt sauber«, sagte er. »Und da habe ich etwas gelernt«, erinnert sich Alwin Brinkmann. »Er hat zu mir einmal gesagt: ›Herr Brinkmann, wenn wir nicht selber was machen, andere geben uns nichts.‹ Und das wurde zu meiner Maxime.«

Die Kunsthalle zu errichten war das eine. Sie zu erhalten wurde das andere. Mein Großvater ging, wie er selber sagte, betteln. »Mit dem Betteln, da hat er ein wenig tiefgestapelt«, sagt mir Gerhard Schröder, den ich in Hannover besuche. Sechs Jahre erlebte mein Großvater den ehemaligen Bundeskanzler noch als Ministerpräsidenten von Niedersachsen. »Für die anderen, die Konzernchefs oder Politiker, war es ja auch interessant, ihn, Henri Nannen, kennenzulernen. Davon hatten beide etwas«, sagt Schröder.

Die Kontakte aus seiner *Stern*-Zeit halfen natürlich beim »Betteln«, und es half die Art meines Großvaters, Menschen für sich einzunehmen. Ganz offen und mit einer wuchtigen Charmeoffensive ging er daran, sie für die Kunsthalle zu begeistern. Er schrieb »Bettelbriefe« und nutzte alle Möglichkeiten. Als er irgendwann so schlecht hörte, dass er ein Hörgerät benötigte, handelte er mit dem Hersteller ein Geschäft aus. Er bot an, Werbung für die Firma zu machen, und wollte dafür Spenden für die Kunsthalle.

Auf diese Weise besprach er Politiker wie Unternehmer. Und nach seinem Tod begab sich Eske in diese Spur und schaffte es, mit ihrem Sinn für Zahlen, ihrer Hartnäckigkeit, ihrem Durchhaltevermögen und ihrer Überredungskunst, große Summen zu mobilisieren, ohne die so eine Stiftung nicht überleben kann. Die Kunsthalle wurde ihr Leben, und sie gab alles dafür, dass diese nicht nur in räumlichem Umfang wuchs, sondern dass vor allem der Betrieb mit seinen Wechselausstellungen am Laufen gehalten wurde. Es gab im Lauf der Jahre drei Erweiterungsbauten. Nicht zu vergessen die dem Museum angegliederte Malschule, die Eske initiiert und die von Anfang an eine große Bedeutung hatte. Kritiker nannten die Emder Kunsthalle zuweilen spöttisch »Malschule mit angeschlossenem Museum«, weil die Begeisterung für die Einrichtung in ganz Deutschland ihresgleichen suchte. Und wer einst hinter vorgehaltener Hand hoffte, dass »Frau Ebert, wenn Nannen einmal nicht mehr ist, kleinere Brötchen backen« würde, der sah sich eines Besseren belehrt. Eske Nannen, die im April 1996 zur Mitstifterin wurde, packte an und mobilisierte bis heute mehr als 22 Millionen Euro. Zeit zum Überlegen sei ihr da gar nicht geblieben, sie musste funktionieren. »Die Bilder waren lebenswichtig für ihn«, sagt mir Eske heute. Mein Großvater hatte ihr die Aufgabe hinterlassen, sich um die Bilder zu kümmern. Und sie nahm diese an.

Aber kommen wir noch einmal zurück; zurück zur Frage nach der Sinnlichkeit. Die Kunst beim *Stern* war es, dem Leser das jeweilige Ereignis »sinnlich und intellektuell« zu vermitteln. Daraus ergab sich eine Gratwanderung, die jede Woche wieder unternommen werden musste. Einerseits reichten schlichte Belegbilder nicht aus, um Sinnlichkeit zu evozieren. Solche Bilder also, mit denen sich eine Geschichte beweisen lässt, die die Glaubwürdigkeit eines Blattes fördern, aber die oft keine eigene Ausdruckskraft entwickeln. Andererseits wirkt eine Zeitschrift, die sich der reinen Ästhetik verschreibt, schnell starr, lebensfern, leidenschaftslos.

»Wissen Sie, dass wir den besten Fotografen Europas in unserem Stab haben?«, fragte mein Großvater Gerd Bucerius in einem Brief im Mai 1962. »Ich meine Stefan Moses. Sehen Sie sich dessen Adenauer-Bilder an. Sehen Sie sich einmal an, was bei Pendorf noch liegt von der Israel-Reise der beiden. Das ist allererste Weltklasse – aber eben auch schon ein wenig Ausstellungsfoto, Jahrbuchfoto, MAGNUM-Foto. Man braucht einzelne solcher Aufnahmen, aber wenn man nicht sechzehn Seiten für ein Thema hat, kann man kaum eine Reportage daraus machen. Wir dürfen also nicht in die Gefahr im Bildteil kommen, in der wir im Text gelegentlich landen – ich meine die Gefahr der falsch verstandenen Seriosität und Bedeutsamkeit. Wir müssen journalistisch bleiben. Wir müssen auf gute Bilder verzichten, wenn sie nicht auch ohne jeden ästhetischen Bezug interessant sind, und wir müssen schlechte Bilder groß machen, damit sie gute Bilder werden.« Diesen Standpunkt vertrat mein Großvater immer wieder deutlich. Für »L'art pour l'art« im *Stern* war er nicht zu gewinnen.

Eine echte Illustrierte – das bedeutete für meinen Großvater »eine möglichst umfassende, weltweite und vor allem objektive Information des Lesers durch das Bild. Es gibt viele Fotografen«, sagte er ein paar Monate nach der Gründung des *Stern*, »die schöne, aber nur wenige, die gute Bilder machen können. Gute Bilder sind solche, bei denen der Leser das Gefühl hat, er sei unmittelbar dabei gewesen.«

Für die Fotos, die unter die Haut gehen, brauchte der *Stern*-Chef Nannen die besten Fotografen – Robert Lebeck, Kurt Will, Stefan Moses, Fred Ihrt, Thomas Höpker oder Rolf Gillhausen. Manche wurden erst beim *Stern* groß. Kurt Will zum Beispiel, von meinem Großvater »Willie« genannt, wurde 1953 als »Helfer« im Labor des *Stern* angestellt, für 150 Mark brutto und »zwar vorläufig für eine Aushilfstätigkeit, um uns zu überzeugen, ob Sie sich für die anfallenden Arbeiten eignen«, so schrieb es ihm die Verlagsleitung in Person von Robert Streitberger. Er blieb dann mehr als dreißig Jahre beim *Stern*. »Henri Nannen hat an mich geglaubt«, sagte Kurt Will öfter. Heute hängt eine kleine Sammlung seiner Bilder in meiner Küche: Bilder von Willy Brandt, von Romy Schneider und von Henri Nannen …

»Bilder mit Gebrauchsanweisung nützen mir nichts.« Das ist auch so ein Spruch von meinem Großvater, an den sich jeder erinnert. Allerdings wandte er den nicht nur auf die Fotografie an. »Kunst ist zuallererst eine sinnliche Erfahrung, und wo allein dieses Anschauen und Anfassen – ohne verbale Gebrauchsanweisung – nicht zum Kunsterlebnis führt, wo das Werk für den Betrachter ohne Erklärung unverständlich bleibt, da stimmt etwas nicht zwischen dem Künstler und dem Betrachter«, sagte mein Großvater, da war er bereits Stifter und nicht mehr beim *Stern*. Er hielt es mit dem Kunsthistoriker Max Deri, der sagte, dass ein Kunstwerk »ein von einem Menschen aus einem bestimmten Gefühl heraus gestaltetes Gebilde« sei, »das dieses Gefühl trägt und das gleichzeitig imstande ist, dieses Gefühl dem Betrachter zu vermitteln«. Bilder waren also immer Medium, und wenn sie nichts zu überbringen hatten, taugten sie nichts. Einen Künstler machte in den Augen meines Großvaters allein die Fähigkeit zum Künstler, Gefühle sichtbar, tastbar oder hörbar werden zu lassen.

Das erwartete mein Großvater auch von den Fotoreportern beim *Stern*. Wenn die nach einer Reise mit einer Reportage zurückkamen und zwar Hunderte von Bildern mitgebracht hatten, die alle zusammen die ganze Geschichte erzählten, aber jedes für sich nicht genug, dann wurde »der Alte« höchst ungnädig. Der Fotograf sieht jedes Bild als eine Momentaufnahme; alle zusammen ergeben das Ereignis, und er kann eine ganze Geschichte dazu erzählen. »Man kann zehn, vielleicht zwölf Bilder zu einer Reportage drucken, nicht mehr. Wenn es keine zehn oder zwölf Bilder gibt, die die ganze Geschichte so transportieren, dass der Leser sie versteht, helfen mir die anderen hundert Fotos auch nicht weiter«, sagte mein Großvater.

Er unterschied drei Typen von Fotografen. Da seien die einen, die losgingen und ununterbrochen fotografierten – der Typ »Rasender Reporter«. »Er wieselt und springt um das Ereignis herum und kommt kaum je mit weniger als dreißig oder vierzig Filmrollen nach Hause. Für ihn heißt fotografieren so viel wie dokumentieren.« Der Typ »Systematiker« hingegen plant alles im Voraus, schaut sich den Ort genau an, prüft verschiedene Punkte, die sich zum Fotografieren eignen, berechnet das Licht und das Wetter. »Ich habe es nicht nur einmal erlebt, dass die Systematiker just in dem Augenblick, da etwas Unvorhergesehenes oder Unerhörtes passierte, gerade dabei waren, ihren Film zu wechseln.«

Über Robert Lebeck, den mein Großvater zur dritten Gruppe der Fotografen zählte, schrieb er in ein Vorwort zu dessen Katalog, dass er ein »bedächtiger und behutsamer Fotoreporter« sei. »Bedächtig heißt, dass er ein denkender Reporter ist. Und behutsam meint, dass er in jedem Moment des Geschehens auf der Hut ist.«

Mein Großvater hatte zu Fotoreportern noch ein anderes Verhältnis als zu den schreibenden Reportern, denke ich, und das hat mit ihrer Kunst zu tun, die ihn berührte, die er bewunderte und von der er nicht genug bekommen konnte. »Manchmal genügt es, dass er ein einziges Foto hinstellt«, sagte er über Lebeck, »und man erlebt darin mehr als in tausend Worten.« Dieses Sprachbild von den tausend Worten, das auch damals schon abgegriffen war, hat mein Großvater häufig in Reden verwendet – und sich gleichzeitig dafür entschuldigt, dass er kein originelleres hatte. Das zeigt, wie sehr er es für gültig hielt.

Als der *Stern* am 14. September 1973 zum dritten Mal die »Weltausstellung der Photographie« präsentierte, die auf eine Idee meines Großvaters zurückging, rechnete er die in den Räumen enthaltenen »Wörter« einfach hoch. Wenn ein Bild mehr als tausend Wörter sagte, dann wären mit den 434 Reportagefotos hier im Hamburger Kunstverein mindestens 434 000 Worte ausgestellt. »Gute Reportagefotos vermitteln eine tiefere Einsicht in die Dinge, sie transportieren ein Bewusstsein«, sagte mein Großvater.

Was ist das Bild, das der Fotograf Lebeck vor Augen hat, wenn er an Henri Nannen denkt? – das frage ich Bob, als ich ihn in Berlin besuche. »Es ist das Bild von einem starken Mann, das Bild von einem vermeintlich starken Mann«, sagt er. Er erzählt mir von der Kraft, die mein Großvater gehabt habe, von dieser Stärke, die einem Menschen innewohnen kann und die nach außen hin so wirke, als könnte diesem Menschen nichts etwas anhaben. Aber Lebeck wusste, dass dieser Nannen – trotz allen Gepolters – seine schwachen Seiten hatte. »Mich hat er allerdings auch nie angebrüllt«, sagt er. »Er nannte mich Easy-Bob, weil ich auf ihn einen so gelassenen Eindruck machte und immer guter Dinge war.«

Gemeinsam reisten die beiden – in Begleitung von Theo Sommer von der *Zeit* – in die USA zum damaligen Präsidenten Lyndon B. Johnson. Und es war so, wie es eben manchmal war, dass mein Großvater nervös wurde, als sie zur Ranch hinausfuhren. »Er war recht froh, dass Sommer ihn begleitete. Da konnte nicht viel schiefgehen«, sagt Bob Lebeck. »Nannen wusste, dass der nicht nur bestens vorbereitet, sondern auch integer war, das gab ihm Sicherheit.« Auf der Ranch hatten sie eigentlich nur eine Stunde Zeit, um mit dem Präsidenten zu reden.

»Aber die beiden verstanden sich auf Anhieb. Sie redeten und redeten, saßen draußen auf der Liege vor dem Haus, Nannen bewunderte handwerkliche Details, und Johnson hielt seine Enkeltochter auf dem Arm. Irgendwie schaffte der Nannen es immer, eine vertraute Atmosphäre herzustellen.« Und so gelang es Bob Lebeck, diese Stimmung einzufangen und im Bild festzuhalten. »Ich habe mich ganz ruhig verhalten. Habe geschaut und meine Bilder gemacht. Johnson beachtete mich nachher gar nicht mehr«, erinnert sich Lebeck.

Natürlich veränderten sich beim *Stern* Optik, Layout, Erzählweise mit der Zeit, und das galt in besonderem Maße für den Titel. Auch in den ersten Jahren gab es nicht nur Titelseiten wie die mit Hildegard Knef. Der *Stern* war die einzige überregionale Zeitschrift, die den Aufstand am 17. Juni 1953 auf dem Cover brachte. »Das Volk steht auf« titelte er am 26. Juni. 1956 kam für Rolf Gillhausen der Durchbruch als weltbekannter Fotograf, als er beim Ungarnaufstand die mehrteilige Reportage »Abrechnung ohne Gnade« fotografierte und darin den Lynchmord eines Angehörigen der ungarischen Staatssicherheit (AVO) genau dokumentieren konnte. Mein Großvater hatte Gillhausen 1955 bei dem Adenauer-Besuch in Moskau kennengelernt; er war im Auftrag der Bildagentur AP dort. Er wollte ihn zum *Stern* holen. »Gillhausen rief mich irgendwann an und fragte mich, was er tun sollte«, erzählt mir Bob Lebeck. Er hatte noch ein anderes Angebot und konnte sich nicht entscheiden. »Geh zum *Stern*, riet ich ihm, das ist keine Frage.« Und so wurde eine Weiche für das Blatt gestellt, denn »Gill«, der zehn Jahre als Fotoreporter arbeitete, wurde das »Auge« des *Stern*, zuständig für die Heftgestaltung, Herr über die Fotos, später auch Stellvertreter Nannens und dann Chefredakteur. Gillhausen ist einer der wichtigsten Männer des *Stern* gewesen. Und mein Großvater hatte vor ihm großen Respekt, wenn er ihn auch oft rau angegangen ist. Einmal besuchte »Gill« meinen Großvater in der neuen Heimat Emden. Und da zeigte Nannen ihm sein Grab. Das war wichtig, und es waren offenbar für beide bewegende Stunden, so erzählt es Wolfgang Behnken, der unter Gillhausen beim *Stern* angefangen hatte.

Wolfgang Behnken, jahrelang Art Director des Blattes, wurde zuständig für die Titelplanung. Behnken hatte Ideen, und er wagte es mit der Zeit, einiges auszuprobieren und das dem Chef dann auch vorzuschlagen. In diese Zeit fallen Titelbilder, mit denen man noch heute den *Stern* verbindet.

»Der Redaktion fiel nichts ein«, erzählt mir Behnken, und »dann hatte Barbara Larcher noch eine Geschichte über fünfzig Jahre Büstenhalter. Da hatte ich sofort eine Idee – zum einen konnte man natürlich eine große Kulturgeschichte daraus basteln. Aber vor allem hatte ich einen Titel vor Augen: ›Wir fotografieren eine wunderschöne Büste und lassen dann einen Atlas diesen Busen stützen.‹ Von dem Titel war ich damals fest überzeugt, ich wusste, das könnte stilbildend werden. Und dann gingen wir zu Nannen, um ihn vorzulegen«, erzählt mir Behnken. Der schaute sich den Entwurf an – und fragte die Umstehenden, ob man das machen könne, ob es nicht vielleicht sexistisch sei, damals, 1973. Nun war dies keins der Cover, auf denen eine Frau leicht bekleidet war, auf diesem saß eine seitlich, auf den Knien hockend und war vollkommen nackt. Ihr Kopf und ihre Scham waren nicht zu sehen, die Arme auch nicht. Ihre Brust nahm ein Drittel des Blattes ein und wurde von zwei nackten Männern in Atlas-Pose gestützt, die auf ihren Schenkeln standen und unter dem Gewicht des Busens schier zusammenzubrechen drohten. Ja, es war ein Kunstzitat, aber es war grenzwertig.

Behnken hatte Glück, der Chef stimmte zu. Solche Titeloptiken waren mit dafür verantwortlich, dass der *Stern* zum ersten wohnzimmertischtauglichen Magazin wurde, das Nackte als Aufmacher zeigte. Denn er war in seiner Ästhetik nicht pornografisch. Und die Nackten kamen immer im Paket mit harten, gut recherchierten Texten, großen Sozialreportagen und einer dezidierten Meinung. Mit dem *Stern* konnte man in der Straßenbahn gesehen werden, auch wenn bare Brüste auf dem Titel prangten.

Es gab natürlich – vor allem in konservativen, bürgerlichen Haushalten – Menschen, die das Magazin bis hin zur Ignoranz ablehnten, das aber wegen der politischen Ausrichtung. Es waren die jungen Wilden, die nicht ins Haus sollten – die jungen Nackten waren dabei zweitrangig.

Noch vor letztem Druckschluss der Ausgabe mit der Büstenhalterstory wurde bekannt, dass in den Hochanden ein Flugzeug abgestürzt war. Die Überlebenden hatten sich in ihrer Not von ihren toten Mitreisenden ernährt, um nicht selbst zu sterben – die Geschichte ist bekannt. Behnken wusste, der Titel musste gewechselt werden, und ging zum Chef. Die Entourage stand um Nannen herum, so erzählt es mir Behnken, und wartete darauf, dass der mit einer neuen Titelidee aufwartete. Das tat er aber nicht. Er überlegte. Dann blickte er auf und sagte: »Wir nehmen dieses Foto, und Wolfgang, Sie schreiben daneben: ›Esst meine Mutter zuletzt.‹« Das war die Bitte eines überlebenden Passagiers, als er sich auf den Weg machte, um Hilfe zu holen. »Herr Nannen, das können wir nicht machen, die Leute werden das auf den Busen beziehen.« Behnken wurde nervös. »Sei's drum«, antwortete mein Großvater, »es wird sich blendend verkaufen.« Wem schließlich nütze die schönste Predigt, wenn die Kirche nur halb voll sei?

Bilder waren immer Blickfänger, und so hat er sie eingesetzt. Auch in Emden. Er hängte Ausstellungen, wie er Blatt machte. Er wollte, dass die Bilder miteinander kommunizieren. Auf die Frage, nach welchen Gesichtspunkten er denn hängen würde, hat er oft gesagt: »Nach gar keinen, halt so, wie es schön ist.« Für die kunsthistorischen Leiter der Kunsthalle war das problematisch. Der dritte, der innerhalb kürzester Zeit verschlissen worden war, hatte es sich mit meinem Großvater verdorben, weil er ihm gesagt hatte, dass man nicht so hängen könne, wie er das tat. Er hänge wie in einer Illustrierten, und das hier sei ein Museum und keine Illustrierte. Die beiden trennten sich rasch.

Dr. Andrea Firmenich, die im Oktober 1990 die Nachfolge antrat und bis zum Tod meines Großvaters wissenschaftliche Leiterin der Kunsthalle blieb, war der Wolfgang Behnken von Emden. Als junge Kunsthistorikerin holte mein Großvater sie damals aus dem renommierten Brücke-Museum in Berlin, wo sie volontiert hatte, heute ist sie Geschäftsführerin der Altana-Kulturstiftung in Bad Homburg. Neben Axel Hecht als Stiftungsratvorsitzendem, (damals Chefredakteur der Zeitschrift *Art* und ehemals *Stern*-Kollege) war Andrea Firmenich seinerzeit der zweite Glücksgriff für die Bilder und die kunsthistorische Ausgestaltung der Kunsthalle.

Firmenich stammt aus einem Elternhaus, in dem der *Stern* verpönt war und der Name Nannen höchstens negative Bedeutung hatte. Dieser Glanz, der Henri Nannen umgab, wirkte auf sie nicht. Sie hatte keine Angst vor meinem Großvater und machte, wie man auf norddeutsch sagt, »kein Gedöns« um ihn. Dafür arbeitete sie aber hart, hatte Ideen, Kontakte. Das gefiel ihm, und das machte es ihm leicht, mit ihr zu arbeiten. Allerdings hat er wohl auch auf Axel Hecht gehört. »Nannen hatte dazugelernt, war aber auch von mir ins Gebet genommen worden«, erzählt mir Hecht, als ich ihn besuche, um über meinen Großvater zu sprechen. »Wenn Sie so weitermachen«, habe Hecht gesagt, »wird sich bald keiner mehr auf ihren Schleudersitz bewerben.« Andrea Firmenich war der große Glücksfall. Sie war freundlich zu ihm, hörte seine Geschichten an, bezog ihn in ihre Pläne ein, vermied beim Hängen von Ausstellungen Konfrontationen, gab ihm das Gefühl persönlicher Loyalität und nahm die Kunsthalle sehr ernst. Ihre Ziele hat sie mit freundlicher Beharrlichkeit verfolgt – sehr zum Wohle der Kunsthalle. Das sah auch der Stifter.«

Auch die Kunsthalle wurde für meinen Großvater zu einer Art Familie. Vielleicht war es wie zu Beginn des *Stern*: Es war *sein* Haus, es waren *seine* Bilder, *seine* Leute, und alle packten gemeinsam an. Dass ihm im eigentlichen Sinne des Wortes nichts mehr davon gehörte, ist eine weitere Parallele, und er ignorierte diese Tatsache genauso wie damals die Eigentumsverhältnisse beim *Stern*.

Axel Hecht, der meinen Großvater als Chef beim *Stern* erlebt hatte und ihm später zehn Jahre in der Kunsthalle als »Berater, Unterstützer und als Klagemauer« zur Verfügung stand, verglich den Journalisten mit dem Sammler. »Nannen hatte nach seinem Abschied vom *Stern* ein neues Projekt – und in dem ging er ganz auf. Er konnte wieder planen, machen, Leute anstellen und aller Welt zeigen: ›Hoppla, ich bin wieder da.‹ Er blieb der alte Lusttäter. Und opferte wieder seinem alten Motto von der vollen Kirche. Dazu lotste er bedenkenlos politische Prominenz nach Emden: die Weizsäckers, die Genschers, die Schröders, die Engholms ... Egal, ob sie etwas von Kunst verstanden oder nicht. Die Bude war immer voll, und der alte Anreißer hatte seinen Spaß.«

Gerhard Schröder erzählt mir, wie mein Großvater bei der Beschaffung von Geldern auftrat, und muss bei der Erinnerung lachen. »Er war ja recht bedenkenlos, was das Lobbying für seine Kunsthalle angeht«, sagt der ehemalige Bundeskanzler. »Ich weiß«, erzählt er weiter, »dass Nannen damals nicht glaubte, dass ich den Albrecht als Ministerpräsidenten ablösen könnte. ›Das schafft der nie‹, hat er gesagt. Und später, als ich gewählt war, hat er dann behauptet: ›Ich habe schon immer gewusst, dass der den Marschall-Stab im Tornister hatte.‹«

Die beiden mochten sich dann aber auch. Und mein Großvater brauchte den Landeschef dringend für seine letzte große Idee: einen Teil der Sammlung des Münchner Kunstsammlers und Galeristen Otto van de Loo als Schenkung in die Kunsthalle nach Emden zu bekommen. Es hatte schon Gespräche gegeben, aber für die letzte Überzeugungsarbeit brauchte er Gerhard Schröder.

Eines Tages klingelte bei Heiko Gebhardt, der mit Schröder seit vielen Jahren befreundet war, im Auto das Telefon. »Ein vollkommen aufgeregter Henri Nannen war auf der anderen Seite der Leitung«, erzählt mir Gebhardt. Er saß, was mein Großvater nicht wissen konnte, mit Schröder im Wagen und versuchte gerade, Reportern zu entkommen, die den Ministerpräsidenten wegen seiner damaligen familiären Situation interviewen wollten. »Heiko«, rief mein Großvater in den Hörer, »ich habe gerade gehört, der Schröder trennt sich von Hillu. Das geht nicht, das müssen Sie verhindern!« – »Aber Herr Nannen, so kenne ich Sie ja gar nicht«, antwortete sein ehemaliger Kollege. »Sie sorgen sich doch sonst nicht so sehr um das Glück anderer.« – »Mensch, der soll doch mit mir nach München fliegen«, erklärte mein Großvater. Er hatte die Befürchtung, dass in dem Trubel um die Person Schröders nun die Gespräche mit van de Loo gefährdet wären.

»Nannen hat mich förmlich da hingeschickt«, erinnert sich Gerhard Schröder im Gespräch mit mir. »Wir sind gemeinsam hingefahren. Er war sehr zurückhaltend, dominierte nicht. Wenn er etwas wollte, konnte er ja sehr diplomatisch sein. Er hatte, als ich ihn in

Emden kennenlernte, abgeschlossen mit der *Stern*-Zeit. Jedenfalls war der Schmerz weg. Und das macht freundlicher. Er war nicht mehr der Boss, der Ansagen machen musste, sondern er war jemand, der ein Projekt realisieren wollte, für das er auch andere brauchte. Nicht zahmer in der Durchsetzung dessen, was er wollte, aber freundlicher, diplomatischer. Wenn Sie so wollen: weiser.«

Schröder, der Niedersachsen einen Sparplan auferlegt hatte, wollte die Kultur möglichst verschonen. Und das kam meinem Großvater zugute. »An meiner Wiege wurde auch nicht gesungen: Engagiere dich für Kultur«, sagt mir Gerhard Schröder. »Ich habe das lernen müssen. Aber in meinem eigenen Lernprozess habe ich schnell gemerkt, dass Kultur wichtig ist, um besser zu werden, dass Kunst mich, meine Persönlichkeit bereichert. Dass das auch für andere gelten kann, war ein naheliegender Schluss. Und es ist vernünftige Regionalpolitik, dort zu unterstützen, wo Kunst eben nicht selbstverständlich ist, wo es nicht wie in Hannover oder wie in Wolfsburg große Sponsoren gibt. Die Malschule in Emden zum Beispiel ist für viele ein Ort der ersten Begegnung mit Kunst. Erste Begegnung bedeutet auch immer, dass da etwas hängen bleibt. Wenn Sie nicht möchten, dass Kunst nur etwas für die Eliten ist, dann müssen Sie einen Weg finden, Kunst zugänglich zu machen.«

»Kunst«, so sagte mein Großvater in seiner Rede zur Grundsteinlegung des Museums 1984, »ist die sichtbare Verkörperung des Menschen. Die Kunst sucht Antworten zu geben auf die Urfragen unseres Seins, auf unsere Urängste wie auf unsere Urfreuden, Glück und Schmerz, Liebe und Tod, Schuld und Vergeltung. ›Kunst wäscht den Staub des Alltags von der Seele‹, hat Picasso gesagt. Und so sollte dieses Haus ein Haus der Zwiesprache zwischen Bürgern und Bildern werden, ein Haus, in dem die Menschen zur Kunst und damit zu sich selber finden mögen.« Als er weitersprach, spann er einen Bogen zu seiner Jugend und zur Nazizeit. »Ich wünsche mir, dass das Haus vor allem ein Haus des Miteinander und der Toleranz wird. Toleranz auch gegenüber Andersdenkenden, der Toleranz und der Hinwendung auch zu unseren ausländischen Mitbürgern. Denn würden wir diese Ausländer nur als einst willkommene und inzwischen überflüssig oder gar lästig gewordene Arbeitskräfte betrachten, dann hätten wir wahrhaftig nichts dazugelernt. Kunst kennt keine Grenzen der Nation oder der Rasse – was immer dieser verschwommene Begriff bedeuten mag«, sagte mein Großvater und wandte sich damit ganz entschieden, aber für die meisten der umstehenden Zuhörer unhörbar, gegen seinen Münchner Professor Pinder, der genau das zur Parole gemacht hatte. Das tat er für sich selbst, für die eigene Seelenhygiene – und es tat ihm gut. Das war ihm anzusehen.

Die erste Ausstellung, die Andrea Firmenich 1990 verantwortet hat, hieß »Meisterwerke des Expressionismus. Gemälde, Aquarelle, Zeichnungen und Druckgrafik aus dem Brücke-Museum Berlin«. Als ehemalige Mitarbeiterin des Brücke-Museums kannte sie jedes der Bilder genau. An jenen Tag, an dem sie die Ausstellung hängten, erinnert sie sich, als wäre es gestern gewesen. Es war ein richtungweisender Tag in der Beziehung zu meinem Großvater.

»Ich hatte die Weisheit mit Löffeln gefressen und dachte: Das kannst du ganz toll«, sagt mir Andrea Firmenich, die auch heute noch Mitglied des Stiftungsrats in Emden ist. Alle anderen Mitarbeiter agierten sehr verhalten. Offenbar hielten sie es für keine gute Idee, mit dem Hängen zu beginnen, bevor der »Hausherr« auch im Hause war.

»Die Bilder wurden angeliefert. Henri war nicht da. Wir packten aus. Und ich machte mich an die Arbeit«, sagt Firmenich. »Es war fünf Uhr, als wir alles gestellt hatten.« Und dann kam Nannen die Treppe in den oberen Bereich der Kunsthalle hinauf. »Er trug eine beige Kordhose, ein beiges Hemd mit Taschen. Noch im Gehen krempelte er die Ärmel auf und grinste. Sein Gesicht sagte: Jetzt will ich anpacken! Und das, nachdem wir den ganzen Tag gearbeitet hatten.«

»Na, was haben Sie denn da Schönes gemacht, Andrea?«, fragte mein Großvater. Und fing schon an, hier ein Bild herauszunehmen, dort eins umzustellen und lustig wieder alles durcheinanderzubringen.

»Wir haben bestimmt noch zwei Stunden gehängt. Alles war wie Kraut und Rüben durcheinander.« Dann trafen sie eine Abmachung: »Zwei bekam er, eins bekam ich. Zwei er, eins ich«, so erinnert sich Firmenich und erzählt, dass sie dabei viel über das Wie und Warum gesprochen haben. »Henri hat mir damals etwas beigebracht, das ich vorher nicht kannte«, sagt sie, »und zwar, dass es eben gewisse Blinkwinkel gibt, die man beachten muss, und dass die entscheidend sind und nicht die Kunstgeschichte. Es geht nicht um Chronologie oder darum, nur einen Künstler in einem Raum zu haben oder nach Objekt oder Mittel zu sortieren.«

Als alles an seinem nun richtigen Platz stand, sagte mein Großvater zu seiner wissenschaftlichen Leiterin: »Andrea, merken Sie eigentlich, dass ich alles so mache, wie Sie es wollten?« Sie schaute ihn an, holte tief Luft und sagte: »Herr Nannen, ich merke das schon eine ganze Weile. Aber ich hatte gehofft, Sie würden es nicht merken.« Da war es ganz still, eine lange Weile lang, in der sie nicht genau wusste, ob sie zu weit gegangen war. Und schließlich fing Henri an, laut zu lachen. »Das war im Nachhinein betrachtet ein historischer Moment«, sagt mir Andrea Firmenich. »Weil er mir das plötzlich zugetraut hat. Er war bereit, abzugeben, mich machen zu lassen. Die Hängung war nie wieder ein Problem. Es war, als sagte er: ›Jetzt stoße dir die Hörner ab, ich funke dir da nicht mehr groß rein.‹ Und das geschah mit einem großen Wohlwollen.«

So blieb es über die Jahre hinweg, die sie gemeinsam arbeiteten. Natürlich ließ auch seine Kraft mit der Zeit ein wenig nach, aber er hatte Freude daran, wie die Ausstellungen erdacht und zusammengestellt wurden, wie sie gehängt waren. Er diskutierte mit, aber er musste nicht mehr alles selbst machen.

Für ihn war es Zeit, zu sehen.

Sterben

»Wie subaltern und wie konventionell sind die Gefühle zwischen den meisten Menschen, die sich zu lieben glauben – es ist eine Konfektionsliebe.« Diese Gedanken notierte mein Großvater im Winter 1941. »Es ist nicht anders mit dem Tod. Die meisten sterben irgendeinen. Sie tragen ihren eigenen Tod nicht in sich. Sollte man nicht dankbar sein, wenn einem beides geschenkt wird, die eigene Liebe und der eigene Tod?

Auch wenn die Liebe leidvoll und der Tod schwer ist. Wenn ich hier in Russland die Gräber auf den Flugplätzen und an den Straßen sehe oder wenn eine unserer Besatzungen nicht zurückkommt, dann muss ich immer wieder denken, das wäre nicht mein Tod.«

War es am Ende seiner? Wie stirbt einer, der sich so dem Leben verschrieben hatte wie mein Großvater? Wie stirbt einer, dessen Leben der *Stern* war? Wie stirbt jemand, der nicht nur ein Leben gelebt hat? Die Antwort klingt einfach. Mein Großvater musste zweimal sterben. Zuerst starb der *Stern*-Nannen. Und dieser erste Tod trug still, aber am Ende unbesiegbar, auch das Sterben des zweiten in sich.

Wenn ich an den ersten Tod meines Großvaters denke, dann habe ich zwei Buchstaben vor Augen, das F und das H in Frakturschrift. Sie prangen, messingfarben und geschwärzt, auf dem schwarzen Deckel eines Buches, von dem manche hofften und fast alle der Beteiligten glaubten, dass es sich bei seinem Inhalt um handschriftliche Aufzeichnungen von Adolf Hitler handelte. Ich weiß noch, dass ich den gedruckten *Stern* in der Hand hielt, auf dem Titel das Buch von F.H. und ein Stapel weiterer schwarzer Büchlein. Und ich fragte, warum es nicht »A.H.« heißen würde.

Wenn man von einer Sache fest überzeugt ist, dann finden sich zu allen Unschlüssigkeiten schlüssige Antworten. Das ist eine der Kernaussagen, die ich von allen, mit denen ich über die falschen Hitler-Tagebücher gesprochen habe, zu hören bekam. »Wir haben geglaubt, die seien echt.« Und wenn etwas echt ist, dann muss es für alles eine Erklärung geben.

»Man rutscht da so rein«, sagt mir Gerd Schulte-Hillen, damals Gruner+Jahr-Chef. »Das nimmt eine Gruppendynamik an. Und keiner hat gesagt: Seht doch, seht! Die haben ja keine Kleider an.« Auch mein Großvater hat nicht an der Echtheit gezweifelt. Er sprach davon, welche Prüfungen die Bücher unterlaufen hätten. Während die Veröffentlichung vorbereitet wurde – und man darf nicht vergessen, dass es Monate dauerte, bis die Geschichte im Blatt war –, hatte er vor allem eins: Abneigung und Desinteresse dem Thema gegenüber. »Ich will mit dieser Hitler-Scheiße nichts mehr zu tun haben«, hatte er gesagt. Er war es leid. Der *Stern* – wie übrigens der *Spiegel* und andere Zeitschriften und Zeitungen auch – hatte über die Jahre mit Geschichten zum »Dritten Reich« immer wieder Erfolg gehabt. Die Auflagen zeigen das. Und so gut die Artikel meistens recherchiert und geschrieben waren, so unverändert dumpf blieb doch dieses Gefühl, das sich einschlich, wenn man mit diesen Themen Kasse machte. Die »Faszination Hitler« hatte und hat immer etwas Dunkles. Auch für meinen Großvater.

Die Details der Ereignisse um die falschen Tagebücher sind vielfach beschrieben worden. Aber sie sind es, die dem Tod des *Stern*-Nannen unmittelbar vorangehen, und so sind auch sie Teil der Spurensuche.

Gerd Heidemann, der behauptete, die Tagebücher Adolf Hitlers entdeckt zu haben, war ein Trophäenjäger. Er hatte nicht nur als Journalist an Nazithemen einen Narren gefressen, auch im Privaten sammelte er Reliquien aus der Zeit des Nationalsozialismus. Die »Krönung« war die ehemalige Yacht Hermann Görings, die *Carin II*, die er 1973 kaufte. Er war nie ein guter Schreiber, das berichtet jeder der ehemaligen Kollegen. Er war Rechercheur, hat Fakten zusammengetragen – und das außerordentlich sorgsam. Geschrieben hat meist ein anderer.

Als das Übel begann, hatten der damalige Chefredakteur des *Stern*,

Peter Koch (ein Teil des Triumvirats, dem auch Felix Schmidt und Rolf Gillhausen angehörten), und der Herausgeber Henri Nannen bestimmt, dass sich Heidemann von »Hitler« fernhalten solle. Das tat der aber nicht. Und weil bekannt war, dass er sich nicht auf geradem Weg hätte durchsetzen können, gingen er und der damalige Chef des Ressorts »Zeitgeschichte«, Thomas Walde, Umwege.

Diese Umgehung der Redaktion führte sie am 27. Januar 1981 direkt ins Büro des Zeitschriftenvorstands von Gruner+Jahr, Jan Hensmann. Ihm erzählten sie von den angeblichen Tagebüchern. Der wiederum rief den Vorstandschef Manfred Fischer dazu (Fischer wurde am 1. Juli 1981 von Gerd Schulte-Hillen abgelöst, sodass die Verantwortung letztlich beiden gehörte), und beide waren der Ansicht, sie hätten einen Scoop gelandet. Es wurde festgelegt, dass die Chefredaktion nicht informiert werden solle. Und Nannen auch nicht. Es galt absolute Geheimhaltung. Menschenleben seien in Gefahr, sagte Heidemann immer wieder – das der Informanten nämlich.

Bald wurden Verträge abgeschlossen zwischen dem Verlag und Heidemann sowie dem Verlag und Walde. Abgeschieden von den anderen Redaktionsteilen wurde ein Sonderressort eingerichtet, und die dazugehörigen Mitarbeiter erhielten Sonderprämien. Thomas Walde sagt mir heute, dass es so nahe lag, sich direkt an den Verlag zu wenden. Heidemann habe immer wieder mit den Büchern genervt. »Wir haben gesagt: ›Recherchier! Wenn du es totrecherchierst, ist wenigstens endlich Ruhe.‹ Als er dann wirklich fündig geworden war, brauchten wir Geld«, sagt Thomas Walde heute. »Einer, der in dieser Sache sofort wegfiel, war Nannen. Wenn wir dem die Geschichte erzählen, wird er das nicht für sich behalten. Koch war auch keine Möglichkeit, der hatte zu Heidemann gesagt: ›Geh mir weg mit den Nazigeschichten.‹ Felix Schmidt war für mich kein Ansprechpartner. Wir empfanden die Illoyalität der Chefredaktion gegenüber als nicht so schwerwiegend. Es war ein Scoop, an den dachten wir.«

Ich verstehe es trotzdem nicht und halte das Walde auch entgegen. Diese Redaktion, die doch so viel Wert darauf legte, die Trennlinie zwischen Verlag und Redaktion nicht zu überschreiten, ausgerechnet die lief zur anderen Seite über? Was sagt das über diese Mannschaft?

Später erwähnte mein Großvater, die Entwicklung sei ja eine schleichende gewesen. Es habe Ermüdungserscheinungen von saturierten Leuten gegeben, denen der Pioniergeist abhanden gekommen war. Die Interessen des Einzelnen seien der Sache manchmal im Wege gewesen. Der *Stern* habe schon eine Weile lang falsch getickt, sagte er. »Weil er immer noch für Widerstand hielt, was längst nicht nur Pragmatismus, sondern Anschmeißerei war, und weil er immer noch glaubte, man sei progressiv, obwohl das längst ausgefahrene Bahnen waren.«

Emanuel Eckardt sagt mir heute: »Alle für den *Stern* typischen Mechanismen im Hinblick auf Sorgfalt wurden damals außer Acht gelassen.« Später war Eckardt einer von denen in der Redaktion, die auf der Vollversammlung im Besenbinderhof auch das Wort gegen Nannen führten. Bei dieser Versammlung, von der noch berichtet werden wird, versuchte die aufgebrachte Redaktion in erster Linie Johannes Gross und Peter Scholl-Latour als Chefredakteure zu verhindern und forderte zugleich den Rücktritt Nannens und Schulte-Hillens. »Wir waren immer extrem genau. Wir haben unglaublich gründlich recherchiert. Rund um die Uhr über Ansätze und Hintergründe geredet. Eine Version eines Textes ging jedes Mal an die Rechtsabteilung, eine an den CvD, eine an die Dokumentation, eine an den Ressortleiter, eine an die Chefredaktion, eine blieb beim Autor. Die Texte wurden genau gelesen. Bei den Hitler-Tagebüchern aber setzte jede Sorgfalt aus«, sagt mir Eckardt, der jetzt so aussieht, als könnte er es noch immer nicht fassen, dass Redakteure die Redaktion, die eigenen Leute hintergangen hatten. »Thomas Walde war der Inbegriff für Verlässlichkeit. Walde war immer der, der bei Betriebsratswahlen die meisten Stimmen bekam. Dem vertraute man. Und so einer macht das dann hinter dem Rücken der Redaktion. Heidemann war nur eine kleine Nummer. Der hat ein Gaunerstück hingelegt. Aber die hätten ihm nicht glauben dürfen. Walde hätte es merken müssen.«

»Ich weiß schon, was ich da für einen Bock geschossen habe«, sagt Walde mir heute. »Wir haben einfach nicht gründlich genug geprüft. Das ist ganz klar. Und das ist der Vorwurf, den ich mir mindestens heute machen muss.«

Die Geschichte der Hitler-Tagebücher ist auch eine von Gier nach

Sensation und nach Geld. Nichts anderes wäre es wohl in vielen anderen Verlagshäusern gewesen. Und wären die Aufzeichnungen das gewesen, wofür jeder sie hielt, niemand hätte hinterher über diesen Aspekt der Geschichte viel gesprochen. Fehlerhaft waren aber hier vor allem die Überprüfung der vermeintlichen Sensation und das Ignorieren jeglicher Warnsignale. Die hätten zu deutlichem Zweifel führen müssen. Nicht nur vonseiten des Verlages und der Redaktion. Auch Wissenschaftler hatten versagt.

Denn natürlich hatte es eine ganze Reihe von Prüfungen gegeben. Und natürlich war jemand wie Thomas Walde weder ein Anfänger noch ein Hitzkopf. »Es gab immer für alle Abweichungen Erklärungen, Möglichkeiten, wie es trotzdem sein konnte, dass die Bücher echt sind«, sagt er. »Es gab zusätzlich noch so viele Kleinigkeiten, die alles stimmiger machten. Irgendwann zeigte uns der Sohn von Hitler-Fotograf Heinrich Hoffmann ein Foto von Hitlers Schlafstelle in einem der Führerhauptquartiere. Und auf seinem Nachttisch steht ein schwarzes Buch. Das sah genauso aus wie die Tagebücher. Das war wieder ein Beweis. So tickten wir damals. Wir suchten Beweise für die Echtheit.«

»Wir sind alle genial betrogen worden«, sagt mir Gerd Schulte-Hillen. »Auch die Prüfer haben Fälschung mit Fälschung verglichen und nicht richtig verifiziert.« Schulte-Hillen hatte 1971 die Leitung der Gruner+Jahr-Druckerei übernommen und war 1973 Mitglied des Vorstands geworden.

»Ich war mir sicher, Hensmann und Fischer hatten das so abgesichert, dass es Hand und Fuß habe«, sagt Schulte-Hillen heute über das Projekt »Grünes Gewölbe«. Fischer hatte die ersten Kladden am 18. Februar 1981 in Händen gehalten. »Und meines Wissens hat es niemanden gegeben, der an der Echtheit gezweifelt hätte. Es war auch keiner bei mir, der gewarnt hätte. Der gesagt hätte: Mensch, passen Sie auf!«

Am 25. April 1983 gab das Haus bekannt, es habe die Tagebücher Adolf Hitlers entdeckt. Die Stimmen der Historiker, die die Echtheit anzweifelten, mehrten sich. Hugh Trevor-Roper, wichtigster NS-Historiker seiner Zeit in Oxford, der die Schriften für authentisch gehalten hat, war nach Gesprächen mit Gerd Heidemann immer unsicherer geworden. Er distanzierte sich jetzt. Für die Zweifel gab es gute Gründe. Nicht nur den, dass Adolf Hitler dafür bekannt war, ungern Schriftliches zu hinterlassen. Keiner der Zeitzeugen wusste davon zu berichten, Hitler habe Tagebuch geführt. Es hätte auch verwundern können, dass es am Anfang siebenundzwanzig und am Ende zweiundsechzig dieser Bücher geben sollte. Auch die Berichte über die SS-Leibstandarte Adolf Hitlers entsprachen nicht den historischen Tatsachen. Das war Heidemann bekannt, und er gab diese Bedenken nicht weiter.

Alle Zweifel, die die Katastrophe hätten verhindern können – und es gab viele –, wurden in den Wind geschlagen. Zum Beispiel enthielt eins der geprüften Papiere optische Aufheller, die erst nach 1949 verwendet wurden. »Wir versuchten zu beweisen, dass es in der Zeit eben doch schon einen solchen Aufheller gegeben haben könnte«, sagt mir Walde heute, »und in der Tat gab es den, allerdings wurde er eigentlich für andere Zwecke eingesetzt.«

Der *Stern*-Justitiar Joachim Hagen übergab infolge der Pressekonferenz am 25. April, die auch deshalb in einem Tumult endete, weil der umstrittene Historiker David Irving aufstand und behauptete, die Bücher könnten nur gefälscht sein, erstmals ganze Bände zur eingehenden Prüfung, auch des Materials, an das Bundesarchiv in Koblenz. Bisher waren immer nur einzelne Seiten geprüft worden. »Wir hatten ja Angst, die historischen Bücher zu zerschneiden«, sagt mir Thomas Walde heute und schüttelt leicht mit dem Kopf. So, wie man es tut, wenn man seinen eigenen Worten nicht lauschen möchte, weil die Geschichte sie inzwischen der Lächerlichkeit preisgegeben hat.

Am 28. April war die Story im Blatt. Und Chefredakteur Peter Koch schrieb in seinem Editorial, dass schon der Umfang der Dokumentenfunde die Schlussfolgerung rechtfertige: »Die Geschichte des Dritten Reiches muss teilweise umgeschrieben werden.« Dieser Satz, über den sich sofort Kritiker innerhalb und außerhalb des Hauses ereiferten, stammt vermutlich jedoch von Historiker Trevor-Roper, wenngleich der sich später davon distanzierte. »Der Satz hatte gezündet«, sagt Thomas Walde heute. »Aber in der Redaktion hätte jeder – der Nannen, der Koch –, der uns kannte, wissen müssen, dass der *Stern* nicht die Geschichte des ›Dritten Reiches‹ verändern wollte.

Der Satz war nur leider angreifbar formuliert«, gibt er zu. »Vergessen wir doch eins nicht. Dieser Satz stand in dem Editorial von Peter Koch, das ja vom Chef vom Dienst gegengelesen worden war – und richtig verstanden wurde.«

Ich weiß, dass mein Großvater Peter Koch nach außen verteidigte, wenn es um diesen Satz ging – mit dem Hinweis auf den Historiker Trevor-Roper. Er schimpfte jedoch auch darüber, dass es schlechtes Handwerk sei, in so einem Fall keine »Gänsefüßchen« zu verwenden. Zu mir sagte er, dass er das für ausgemachten Unsinn halte. Als er diese Formulierung gelesen habe, habe er geglaubt, »die sind wahnsinnig geworden«. Schließlich stammten die Worte, die nun angeblich alles verändern sollten, von Völkermördern. »Was in Gottes Namen sollen wir denn umschreiben? Werden es jetzt ein paar Millionen Tote weniger sein? Lassen wir uns jetzt von Verbrechern die historische Deutung vorschreiben?« Der journalistische Umgang mit einem solchen Fund war für ihn maßgeblich, und den empfand er als absolut ungenügend, inklusive der optischen Aufbereitung.

Ich erinnere mich noch daran, wie das erste Heft bei uns auf dem Esszimmertisch lag. Und ich höre meinen Großvater sagen: »Mir ist nicht wohl bei der Sache. Ich glaube, dass man einem Mann wie Adolf Hitler nicht auf diese Weise zu einer Öffentlichkeit verhelfen darf. Der *Stern* ermöglicht ihm, sich noch nach seinem Tod selbst zu äußern. Ich habe ein Problem damit.«

Das Gutachten des Bundesarchivs und des BKA lagen noch nicht vor, als Joachim Hagen am 2. Mai unter der Hand eine Teilauskunft aus dem Bundesarchiv erhielt: Der Buchfaden habe eine Polyesterstruktur. So etwas hat es vor 1945 aber nicht gegeben. Ein Teilergebnis, noch nicht bestätigt. Eins, das Thomas Walde anzweifelte. Die Nerven wurden dünner. Als *Stern*-Redakteurin Ingrid Kolb, wie sie mir erzählt, in jener Konferenz starke Bedenken äußerte, ob man auf dem richtigen Weg sei, und andere Kollegen von der »braunen Sauce« sprachen, die man nicht drucken wolle, da habe Felix Schmidt gesagt: »Wer die Arbeit der Kollegen anzweifelt, der ist hier beim falschen Blatt.«

Besonders die fehlende Einordnung, die undifferenzierte Veröffentlichung dessen, was man für die Gedanken eines Völkermörders hielt, war manchen in der Redaktion zuwider. Jürgen Serke gehörte zu denen, die von Anfang an Kritik übten. Er war der Einzige, der als Folge des Skandals die Kündigung einreichte.

Mein Großvater hatte eine recht klare Haltung. Zu uns sagte er damals: »Diese Bücher ändern nichts an dem, was war. Sie können und dürfen keine Rechtfertigung sein, keine Erklärung. Ganz gleich, was darin steht. Und damit auch nicht der Anschein entsteht, es könnte so sein, muss der *Stern* sich davon distanzieren, von Hitlers Worten Abstand nehmen. Und das geht nur, wenn eine gründliche und kritische Analyse dazu geliefert wird.«

Am 4. Mai war der zweite Chefredakteur, Peter Koch, in New York. Dort traf er den Grafologen Kenneth Rendell und bat ihn, sich die Bücher einmal anzusehen. Man verabredete sich für den nächsten Tag, 13 Uhr, im New Yorker *Stern*-Büro.

Walter Unger, mit dem ich mich zum Gespräch treffe, erzählt mir von dem Moment, als Koch mit Rendell in seinem, Ungers, Büro verschwand und die Tür hinter sich schloss. »Irgendetwas stimmte nicht«, sagt mir Unger, der damals Amerika-Korrespondent des *Stern* war. »Und dann ging die Tür wieder auf. Koch war leichenblass. Das Urteil von Rendell war eindeutig: Die Schrift war nicht die von Adolf Hitler.«

Am 6. Mai 1983 wollte mein Großvater nach Rom fliegen. Dort wartete Italien-Korrespondent Claus Lutterbeck, der mit einem großen Fest und 250 geladenen Gästen, darunter der deutsche Botschafter Rüdiger von Wechmar, die neuen Redaktionsräume einweihen wollte. Lutterbeck hatte schon überall verkündet, auch Herausgeber Henri Nannen würde anreisen und die Gäste begrüßen. »Zweimal schon hatten wir die Fetê kurzfristig absagen müssen«, so notierte Lutterbeck später seine Erinnerungen. »Beim ersten Mal wurde ein Attentat auf den Papst verübt, beim zweiten Mal bebte die Erde in Süditalien. Diesmal musste es einfach klappen.«

Als mein Großvater schon eingecheckt hatte und gerade in der Sicherheitskontrolle stand, kam eine Angestellte des Hamburger Flughafens eilig auf ihn zugerannt und bedeutete ihm, er müsse sofort ans Telefon kommen, der Verlag sei dran. »Ich rufe die aus München zurück, richten Sie das bitte aus«, sagte er. Das möge die Frau verhindern, hatte man ihr gesagt: »Sie müssen jetzt kommen, Herr Nannen.«

Mein Großvater hatte eine Ahnung, dass etwas schiefgegangen sein musste, so hat er es später erzählt. Jan Hensmann war in der Leitung. »Es ist alles falsch«, sagte er. »Das Ganze ist eine Fälschung.« Mein Großvater wartete nicht auf sein Gepäck. Und er ließ seinen Wagen auf dem Parkplatz am Hamburger Flughafen stehen. Er stieg in ein Taxi und fuhr zum »Affenfelsen«.

Was sich dann zugetragen hat, notierte Manfred Bissinger, der in engem Kontakt zur Redaktion stand, in seinem Buch so: »›Herrschaften‹, sagt Nannen, ›wenn ich euch helfen soll, diese Kuh vom Eis zu kriegen, dann nur unter einer Bedingung. Es passiert genau das, was ich sage. Und es passiert sofort. Die Dinge, die eine halbe Stunde Zeit haben, die können wir fünfundzwanzig Minuten lang besprechen. Eins hat überhaupt keine Zeit.‹« Das war die Meldung an die Agenturen. Mein Großvater hat hinterher immer gesagt, das sei das Mindeste gewesen, was man hätte im ersten Moment tun müssen. Das Hemd aufreißen, die Brust zeigen und sagen: »Hier, seht her, wir haben Mist gebaut. Es gibt keine Hitler-Tagebücher.« Aber es war schon zu spät.

Der damalige Innenminister Friedrich Zimmermann hatte die Nachricht vom Bundesarchiv bekommen und sofort angeordnet, dass die Sache in der Bundespressekonferenz um 12 Uhr mittags verkündet werden solle.

Gruner+Jahr hatte 9,34 Millionen Mark für die angeblichen Tagebücher bezahlt.

»Nannen hatte das Ruder wieder übernommen«, erzählt mir Michael Jürgs, damals Ressortleiter »Unterhaltung«, später Chefredakteur des *Stern*. »Er saß wieder vorn und machte das Blatt. Und er sagte: Jetzt geht's weiter!«

»Um drei Uhr nachmittags rief seine Sekretärin bei mir in Rom an, Herr Nannen könne leider nicht kommen«, erzählt Claus Lutterbeck. »Da saß ich mit 250 geladenen Gästen, *Il falso diario d'Hitlér* war die erste Meldung in den Abendnachrichten, und keiner der *Stern*-Chefs war gekommen. Zum Glück hatte der Politik-Ressortleiter Heiner Bremer schon damals sein seriös gekämmtes Silberhaar. Einen Abend lang spielte er Henri Nannen für die ahnungslosen italienischen Gäste. Er machte seine Sache meisterhaft.«

Es war ein Schlag. Und ich hatte meinen Großvater bisher nicht so gesehen. Ich konnte ihm anmerken, wie ernst die Sache war. Er war erschöpft. Nicht erschöpft wie jemand, der sich körperlich betätigt hat. Erschöpft von der Anspannung, vom Konferieren, vom Denken, vom Nervenbehalten.

Aber er hatte auch eine andere Dynamik als in jüngster Zeit zuvor. Es ging darum, den *Stern* zu retten. Es ging um Lösungen. Es ging darum, in der Krise die Ruhe zu bewahren. Darum, jetzt das Richtige zu tun. Er hatte eine Kampfbereitschaft an sich, die keinen Zweifel daran ließ, dass er sich in diese Schlacht werfen würde – mit dem Schwert jahrzehntelanger Erfahrung. Anders als sonst so oft saß er in diesen Tagen nicht da und erzählte seine Geschichten. Er berichtete. Er stellte Fragen. Und er beriet sich. Mit meinen Eltern. Vor allem jedoch mit seinem Freund Victor Schuller.

Auch Sascha Schuller erinnert sich noch heute daran. »Dein Großvater war außer sich. So hatte ich ihn nie gesehen. Er kam an einem dieser Abende zu uns und setzte sich in den blau-weißen Stoffsessel, in dem er immer saß, wenn er bei uns war. Die Stimmung war verzweifelt, und man konnte die Wut im Raum spüren«, erzählt mir Alexander. »Nannen schimpfte, er wurde laut. Er war aufgeregt. Aufgewühlt.« Thea Schuller war in der Küche emsig bemüht, Käse und die ungarische Salami aus der Heimat herzurichten, die im Hause Schuller nie ausging und die schon vierzig Jahre zuvor in Berlin gereicht worden war.

»Nannen trank Tee«, sagt Alexander. »Irgendwann hat er dann einen Cognac getrunken.« Mein Großvater hatte an diesem Abend nicht vor, wieder nach Wellingsbüttel in sein Haus zurückzufahren. Er hatte sich ein Zimmer im Hotel gemietet.

»Ich wollte einfach irgendetwas sagen, etwas beitragen«, erinnert sich Alexander Schuller heute an das Gespräch. »Und dann sagte ich etwas furchtbar Banales: ›Das ist doch ein F, oder? Was soll das denn heißen, ›Führerhauptquartier‹?« Da polterte Nannen los. »Genau, das sage ich doch. Die sind doch zu blöd! Das darf alles nicht wahr sein!«

Was machen wir jetzt? Das war die Frage der Stunde. Die Frage, mit der er zu Victor gefahren war. Und noch eine Frage stellte er seinem alten Freund: Wirst du an meiner Seite stehen, kann ich auf dich zählen? »Natürlich merkte man in diesen Stunden, wie sehr sein Herz am *Stern* hing. Auch wenn er sich schon mit anderem beschäftigt hatte«, sagt Alexander Schuller. Gerd Schulte-Hillen sagt: »Henri Nannen war ein harter Hund. Der hat sich das nicht zu Herzen genommen, der hat sein Herz geschützt.« Mein Großvater wusste genau, jetzt würde es um alles gehen. Und das Schlimmste für ihn war: Er fühlte sich verantwortlich. Als Herausgeber hatte er recht wenig mit der Sache zu tun gehabt. Wie zuvor geschildert, war er anfangs genauso übergangen worden wie die Chefredaktion auch. Später hat er zwar ab und an die Planungen kommentiert; er war sich zudem sicher, dass Heidemann betrüge, dass der Geld abzweige und sich davon so manchen Luxus leiste. Nannen war in Beratungen dabei, aber er war nicht mehr am Ruder. Und er hatte auch kein großes Interesse an der Sache. Die Artikel, die in den *Stern* fanden, bestimmten Koch, Schmidt und Gillhausen.

Wäre er selbst der Blattmacher gewesen, er hätte sich mit dem durchgesetzt, was er der Redaktion geraten hatte: »Lasst das Sebastian Haffner machen!« Der Historiker und Jurist Haffner war gut dreizehn Jahre Kolumnist und Autor des *Stern* gewesen. Er, der fünf Jahre zuvor seine »Anmerkungen zu Hitler« veröffentlicht hatte, wäre folgerichtig und selbstverständlich ein Experte gewesen, den man hätte hinzuziehen sollen. So sah es mein Großvater.

Bissinger referiert die Unterredung wegen der Bearbeitung der Texte, von der mir auch Walde erzählt, wie folgt. »Wenn Hitler Tagebücher geschrieben hat, dann ist das kein Zeitdokument, sondern der Mann hat eine Rechtfertigungsschrift geschrieben«, sagte mein Großvater. »Und die wollt ihr doch wohl nicht so abdrucken. Das muss doch kritisch beleuchtet werden. Wer soll das denn machen?«

Walde und Pesch sollten.

»Kinder, das geht doch gar nicht«, sagte mein Großvater, »das können doch keine jungen Leute machen, die sich das angelesen haben. Da muss einer ran, dem eigene Fragen kommen, der es aus eigenem

Erleben weiß. Der sagen kann: Ja, aber da ist das und das gewesen, wie merkwürdig, dass Hitler sich dazu nicht äußert. Offenbar will er was verschweigen. Lasst uns doch jemanden wie den Haffner dransetzen.«

»Machen Sie sich keine Sorgen, ich werde das genauso kritisch beleuchten«, konterte Walde.

»Das glaube ich Ihnen ja, Herr Walde. Aber woraus und woher wollen Sie das machen? Die Zeit war halt etwas zwiespältiger und diffiziler, als sie sich jetzt im Nachhinein darstellt.«

Peter Koch warf ein: »Ich weiß gar nicht, was Sie wollen, Herr Nannen. Ewig ist die *Stern*-Redaktion nicht in der Lage, so was zu machen. Ich weiß ja, der *Spiegel* ist besser, das kennen wir von Ihnen schon alles.«

»Peter, reden Sie doch kein dummes Zeug, darum geht es gar nicht. Natürlich ist der *Spiegel* in manchen Dingen besser, hat einen besseren Apparat und die besseren Leute. Wenn Sie mich fragen, ich traue das dieser Arbeitsgruppe nicht zu.« Peter Koch entschied, dass Thomas Walde und Leo Pesch, die Kollegen aus dem Ressort »Zeitgeschichte«, selbst schreiben sollten. Thomas Walde bestätigt mir heute, dass sie sich dagegen verwehrt hätten, Haffner schreiben zu lassen.

Mein Großvater hat den Hinweis auf Haffner noch zwei-, dreimal wiederholt in diesen Runden. Aber er hat nachgegeben. Warum?

Als Herausgeber beriet er vor allem, er machte das Blatt nicht mehr. Hin und wieder schrieb er auch, diskutierte und saß in den Vorstandssitzungen. Ansonsten befasste er sich zunehmend mit dem Kunsthandel und mit den Entwicklungen in Emden, mit Ausstellungen, mit Ideen für die Zeit nach dem *Stern*. Die war absehbar, Ende des Jahres 1983 sollte ohnehin Schluss sein, so war es vertraglich festgelegt. Hinzu kam, dass mein Großvater die Chefredakteure allein laufen lassen wollte. Er hat immer gesagt, dass er Angst habe, sonst einer von denen zu werden, die dauernd ihren Senf dazugäben, aber im Prinzip nur nicht loslassen könnten. »Als ich die Chefredaktion abgab«, so erzählte er es später, »habe ich mir gesagt, ich möchte nicht Nannens Nachfolger sein.« Er war ein Macher – zum »Grüßaugust« eignete er sich nicht. Also hatte er sich rausgehalten. Und genau das warf er sich jetzt vor. »Hätte ich doch nur auf Haffner bestanden«, hat er zu mir gesagt. »Wenn ich gesagt hätte: ›Wenn ihr das druckt, dann seid ihr mich los‹, dann hätten sie es nicht getan«, sagte er.

Es war sein Lebenswerk, er hätte es bewahren müssen, so sah er das. Den *Stern* – und auch die Redaktion.

»Henri Nannen hätte es wissen müssen«, sagte Rudolf Augstein. Mein Großvater sagte: »Ich hätte es verhindern müssen.«

Er war sich sicher, und so hat er es mir mehrfach erzählt, dass er, hätte er sich mit ganzer Wucht der Sache entgegengeworfen, die schlimmste Niederlage in der Geschichte des *Stern* hätte abwenden können. »Ich habe die Schuld, dass ich in einer solchen Situation nicht erkannt habe, dass ich da hätte eingreifen müssen. Ich habe diese Schuld, und ich nehme diese Schuld auf mich, und ich bin bereit, sämtliche Konsequenzen einschließlich des Rücktritts aus dieser Schuld zu tragen«, sagte mein Großvater gegenüber seiner Redaktion.

Michael Jürgs sagt mir im Gespräch: »Er hat sich nach außen den Schuh stellvertretend angezogen. Aber im Grunde war er tief getroffen. Von sich selbst auch, dass er es nicht erkannt hatte. Die Tagebuch-Affäre war für ihn wie ein Schicksalsschlag in der Familie, in der er zuständig für die Lösung von Problemen war, der er als Pater familias vorstand, die er zu umsorgen hatte. Diese Affäre war für ihn fast so wie der Tod eines nahen Angehörigen. Das war bei Koch und Schmidt nicht der Fall. Und das hat Nannen ihnen übel genommen. Koch hat er verziehen, Schmidt nicht. Gillhausen hat er gezürnt, weil der so tat, als hätte er damit nie etwas zu tun gehabt.«

»Dass ich Ihrem Großvater, einem Mann, der auf dem Weg raus war, diesen Abschied so versaut habe, ist das, was mir an der Geschichte am meisten leidtut«, sagt Thomas Walde mir heute. »Es war doch sein Lebenswerk.«

Die Chefredakteure Koch und Schmidt traten mit sofortiger Wirkung am 7. Mai zurück, Gillhausen blieb. Die Posten waren vakant, die Eigentümer, sprich Reinhard Mohn, Gerd Bucerius und John Jahr, war um Schadensbegrenzung bemüht und einzig und allein darauf bedacht, den Karren wieder auf die Spur zu setzen. Allerdings nicht in Kooperation mit der Belegschaft, sondern nach eigener Gangart.

Ob es daran lag, dass Mohn, Bucerius und Jahr nicht verstanden, wie diese Redaktion tickte, oder besser: was sie so gut sein ließ, nämlich die feste Überzeugung, unabhängig und frei zu sein und deshalb auch alles dafür zu geben, lässt sich heute nicht mehr genau feststellen.

Für meinen Großvater gab es zwei Ziele: Die Unabhängigkeit des *Stern* zu erhalten – auch und gerade im Verhältnis zu Gütersloh. Und zweitens die Glaubwürdigkeit des *Stern* wiederherzustellen.

Da saßen die beiden Urgesteine des bundesrepublikanischen Journalismus Nannen und Schuller also in Großhansdorf, aßen Salami und überlegten: Was können wir tun? Wie kann es weitergehen? Und nicht zuletzt: Wer kann es machen?

»Um Gottes willen nicht verrückt spielen«, hatte mein Großvater gesagt. »Jetzt machen wir erst einmal eine Anzahl von guten Heften. Und dann sehen wir, wie wir das mit der Chefredaktion lösen.«

»Der Vorschlag, Scholl-Latour zum Chefredakteur zu ernennen, der stammt von meinem Vater«, sagt Alexander Schuller. Und so erzählte es auch mein Großvater. Der Redaktion sagte er in einer legendären Montagskonferenz, die noch einmal den alten Geist beschwören konnte: »Kinder, tut mir einen Gefallen. Ihr seid alle jung und ungeheuer tüchtig und deswegen sehr erfolgreich. Eines habe ich euch aber voraus. Ich habe in meinem Leben schon oft was in die Fresse gekriegt, und das macht einen in solchen Fällen etwas gelassener. Bloß keine Schnellschüsse oder sonstigen Geschichten! Das hat alles keinen Sinn.«

Drei Tage später, am 12. Mai, war man zur Krisensitzung in Gerd Bucerius' Haus am Leinpfad zusammengekommen. »Wir sind die Leute durchgegangen«, erzählt mir Schulte-Hillen. »Schuller nannte Scholl-Latour. Der sei ein guter Reporter, kenne sich aus in der Welt und verfüge über ein Renommee.«

In dem Glauben daran, dass der gute Ruf des Blattes am besten wiederherzustellen wäre, wenn man zwei prominente Köpfe von außen holte und diese in der Chefredaktion installierte, einigten sich Vorstand und Gesellschafter von Gruner+Jahr bei diesem Treffen auf zwei neue Chefredakteure: Peter Scholl-Latour, der bis dahin nie ein Magazin gemacht hatte, kaum über Printerfahrung verfügte und ein absoluter Fernsehmann war, und Johannes Gross, der als ein kluger und überaus konservativer Journalist besonders dem ehemaligen CDU-Mitglied Gerd Bucerius, dem Unternehmer John Jahr und dem Aufsichtsratsmitglied Robert Ehret (damals Vorstandsmitglied der Deutschen Bank) geeignet erschien und der als Herausgeber von *Capital* bereits für Gruner+Jahr arbeitete. Mein Großvater – der nur kommissarisch gemeinsam mit Gillhausen die Geschäfte der Chefredaktion leitete – hielt Scholl-Latour ebenfalls für vertretbar. Er kannte ihn und dachte, dass der eine gute Figur machen würde und man unter ihm eine Truppe schmieden könne, die die eigentlichen Blattmacher wären. Er sah das als gangbaren Kompromiss und als mögliche Rettung. Alexander Schuller sagt: »Die zwei hätten als Frühstücksdirektoren fungieren sollen. Und darunter sollten einige Leute das Blatt machen. Unter anderen hatten sie meinen Vater gebeten. Sein Gehalt hätte sich verfünffacht. Aber er hat sich dann dafür entschieden, meine Mutter zu pflegen, die zu dem Zeitpunkt schon schwer krank war.«

Ganz so reibungslos ging die Einigung aber nicht vor sich. Bei Johannes Gross war sich mein Großvater sicher, dass die Redaktion ihn nicht nur nicht akzeptieren, sondern dass diese Personalie in einem sozialliberalen Laden wie dem *Stern*, der manchmal bis an die Grenze zur Engstirnigkeit antikonservativ eingestellt war, »Krieg« bedeuten würde. Gerade in dieser aufgerauten Situation. Die Gesellschafter waren bereit, das in Kauf zu nehmen. Und mein Großvater hat sich gedacht: »Schulte-Hillen hat von einem ›Blutbad‹ gesprochen, das es gebe, wenn Gross eingesetzt würde. Mohn hat zu mir gesagt: ›Man sollte es doch versuchen.‹ Gut, dann lassen wir es drauf ankommen. Wenn es so läuft, wie ich denke, dann wird Johannes Gross gar nicht erst antreten. Dafür wird die Redaktion sorgen. Der hätte doch dann nicht gesagt: ›Ich will unter allen Umständen Chefredakteur werden.‹« So hat er es später erzählt. Schulte-Hillen sagt mir heute: »Am Ende war die Sache recht einfach: Wir mussten nach außen gestandene Journalisten präsentieren. Den einen hatten wir im Haus, den anderen konnten wir bekommen.« Und so war es abgemacht.

Nannen war absolut gegen eine Doppelspitze. Das hat er mehrfach gesagt; er sagte auch, dass Schulte-Hillen und Hensmann das ähnlich gesehen hätten. Mein Großvater hat mir da allerdings noch etwas anderes erzählt, und ich habe dies nach Durchsicht seines Privatarchivs bestätigt gefunden: Er und Victor hatten sich angeboten, noch einmal für ein Jahr »ins Geschirr« zu gehen und den Laden zu retten – Nannen als Chef, Victor als Stellvertreter. »›Hitler‹ war nur ein einmaliges, aber ein die latente Frustration zur Explosion auslösendes Ereignis«, sagte er später. »Und es hätte nur gut ausgehen können, wenn wir damals unseren Plan durchgeführt hätten. Wir waren dazu bereit.«

Bucerius, Jahr und Ehret nicht. Mein Großvater sagte mir später, die Verleger hätten über die letzten Jahre beim *Stern* kräftig dabei geholfen, ihn zu demontieren. Wer also glaubte, er sei der »Mende des liberalen Journalismus« – so hatte ihn Gerhard Gründler im Zusammenhang mit der Bissinger-Auseinandersetzung genannt* –, der irrte sich gewaltig. Im Gegenteil. Bucerius hat meinem Großvater offenbar eindeutig klargemacht, wie weit Verleger gehen könnten. Und dass dann eine ganze Reihe Leute ihre Papiere erhielten, wenn sie meinten, nicht mit Scholl-Latour und Gross arbeiten zu wollen. Hätte Nannen als Vorstandsmitglied gegen diese Entscheidung gestimmt, wäre das Ausmaß dessen, wozu die Redaktion fähig gewesen wäre, noch größer gewesen. Dann aber hätte der Verlag seine Stärke bewiesen. Das war die Lage. Es ging also nur mit einem Trick. Aber das konnte mein Großvater seinen Leuten nicht sagen. Dann hätte er den *Stern* zerstört. Er hat einen hohen Preis bezahlt. »Ich hatte nur die Wahl, mich selbst oder den *Stern* zu beschädigen. Da habe ich mich dann lieber selbst beschädigt.«

»Die Familie fühlte sich verraten«, erzählt mir Michael Jürgs heute über diese Entwicklungen. »Nannen saß bei Bucerius und verhandelte über den zukünftigen Chefredakteur. Das wussten wir alles. Plötzlich spielten Johannes Gross und Scholl-Latour eine Rolle. Das war Verrat. Das kann nicht wahr sein, haben wir gesagt.« Mein Großvater ist damals zu Bucerius zitiert worden. Eine »gemeinsame Sache« war es

* Erich Mende war damals auf die Seite des Kapitals gewechselt, indem er sich von Bernie Cornfeld anstellen ließ. Gründler warf Nannen Ähnliches vor, als der scheinbar aufseiten des Verlages stand.

nicht. Im Gegenteil, es ging hoch her am Leinpfad an diesem Abend. Bucerius und Nannen stritten, Druck wurde aufgebaut.

»Der Verlag war ihm völlig egal«, so erinnert sich Alexander Schuller. »Dem ging es um den *Stern*. Der stand nie auf der Seite des Verlags. Er wollte retten. Das ging nur auf diesem Wege.«

Nicht der nach außen im Gedächtnis gebliebene Skandal der »Hitler-Tagebücher« selbst war es, der den Tod des *Stern*-Nannen bedeutete. Das, was der Enttarnung folgte, beendete das *Stern*-Leben meines Großvaters.

Was sich im »Sechs-Tage-Krieg« um den *Stern* – wie die Zeit zwischen dem 13. und 19. Mai noch heute von Beteiligten genannt wird – zutrug, ist eine nähere Betrachtung wert.

Am 13. Mai 1983 stellte sich mein Großvater im Konferenzsaal im »Affenfelsen« vor die Redaktion und verlas eine Erklärung, die am Vorabend im Haus am Leinpfad erlassen worden war. An seiner Seite Gerd Schulte-Hillen. Darin teilte er mit, welche Aufgaben Scholl-Latour und Gross übernehmen sollten. Über die Köpfe der Redaktion hinweg hatte man entschieden. Und das direkt nachdem den Kollegen alles, woran sie glaubten, wegen der Tagebuch-Pleite um die Ohren geflogen war. Die *Stern*-Leute empfanden es als Putsch.

»Ich bin ausgerastet in der Konferenz, ich habe einen Wutausbruch gekriegt. Was für eine Scheiße, dass man es überhaupt wagte, uns so etwas anzubieten, habe ich gerufen«, erzählt mir Michael Jürgs. Heute bewertet er es etwas anders: »Nannen hat uns Gross und Scholl-Latour vorgeschlagen, um Schlimmeres zu verhindern. Aber das konnten wir damals nicht sehen. Heute weiß ich, er hat uns gerettet. Er hat seine letzte gute Tat für uns getan. Das konnte er nie öffentlich sagen. Sonst wäre es nicht aufgegangen. Er hat dafür gesorgt, dass der *Stern* die einmalige Chance erhielt, trotz der Affäre seine Position im Konzern zu halten. Er hatte eine Lösung gefunden. Es gab für Nannen nur die Möglichkeit, Schulte-Hillen zu stützen, indem er alles auf sich zog. Weil Schulte-Hillen die Abgrenzung nach Gütersloh sein konnte und musste. Und um die ging es ihm genauso wie uns. Der Chef von Gruner+Jahr musste sich von Gütersloh frei machen. Der musste das hanseatische ›Wir sind wir‹ verkörpern. Das hatte er vorher nicht. Schulte-Hillen ist durch die Hitler-Tagebuch-Affäre zum Chef geworden. Diese gewaltige Niederlage hat dazu geführt, dass er wusste, wo er zu stehen hatte.«

In der Nacht des 13. Mai, es war ein Freitag, begann die Dauerbesetzung der Redaktionsräume des *Stern*. Schon in den Tagen zuvor hatte es Vollversammlungen gegeben. Resolutionen wurden erarbeitet, Rücktrittsgesuche. Man hatte sich auf Nannen eingeschworen als den Erfinder des *Stern*, mit dem gemeinsam man »den Karren aus dem Dreck ziehen« wollte. Ein Redaktionsbeirat wurde gewählt – der erste, nachdem 1979 das Redaktionsstatut gekündigt worden war.

Nun aber war man entschlossen, Widerstand zu leisten. Von Verlegerwillkür war die Rede, von einer Kursänderung des *Stern*, die man nicht zulassen werde. Ein Fackelzug entlang der Alster, vor dem Verlagsgebäude, wurde von der Deutschen Journalistenunion organisiert. »Rettet den *Stern*«, nannten sie ihre Kundgebung.

Es war der 17. Mai, die Redaktion des *Stern* und das Haus Gruner+Jahr befanden sich in einer Krise, wie sie es in der deutschen Presselandschaft der Nachkriegszeit noch nicht gegeben hatte. Erst elf Tage zuvor hatte die Chefredaktion verkünden müssen, was zu verkünden war: dass das Haus getäuscht und die Öffentlichkeit belogen worden war.

Die Blamage, die diese stolze Redaktion erlebte, eine Redaktion, die immer am Nabel der Welt war und sich deshalb in Teilen auch dafür hielt, war mindestens so schmerzhaft, wie der Erfolg zuvor süß geschmeckt hatte. »Wenn Sie in Mexiko in ein Taxi steigen und Sie sagen, Sie arbeiten für den *Stern*, und der Taxifahrer lacht Sie aus, dann ist das ein furchtbares Gefühl. Man lachte über uns, in der ganzen Welt«, sagt mir Emanuel Eckardt, der damals Reporter war und Mitglied des in der Krise gewählten Beirats.

»Die Chefredaktion hätte es nicht drucken dürfen, wenn sie davon nicht überzeugt war«, sagt mir Schulte-Hillen heute und wehrt sich gegen den Eindruck, dass der Verlag der Redaktion etwas oktroyiert hätte, wogegen die sich nicht hätte wehren können. »Das stand doch bei denen im Vertrag. Die dürfen sich doch gar nicht von außen einreden lassen.« Und so habe er es der Redaktion auch gesagt: »Ihr habt mir immer beigebracht, dass die Inhalte von der Redaktion bestimmt werden. Nie wäre mir etwas anderes in den Sinn gekommen.« Natürlich sei der Verlag an dieser Misere zu wichtigen Teilen beteiligt gewesen. »Aber das entbindet den *Stern* nicht davon zu sagen: ›Wir halten das für falsch! Wir veröffentlichen das nicht.‹ Diese mutige Redaktion, die zu jeder Revolution bereit und dafür auch bekannt war. Auf einmal waren die die Lämmer, die zur Schlachtbank geführt wurden. Wer soll denn das glauben?«, sagt Schulte-Hillen. Er selbst hatte Reinhard Mohn damals seinen Rücktritt wiederholt angeboten. Der hielt aber an ihm fest. Am 17. Mai stand mein Großvater also wieder vor der Belegschaft. Dieses Mal im Audimax der Hamburger Universität. Es ging turbulent zu. In einer Abschrift der Ereignisse wird Folgendes notiert:

Stern-Reporter Jürgen Petschull tritt ans Mikrofon und ergreift das Wort:

Nun zu einem Journalisten, den ich achte, einem Journalisten, den ich immer noch achte, zu einem Mann, zu dem ich das Vertrauen nicht mehr habe. Henri Nannen war für viele von uns im Stern *eine Vaterfigur. Viele haben eine Art … wie soll ich sagen … eine Art sinnlich-journalistisch-menschliches Verhältnis zu ihm gehabt. Wir haben ihm bis zuletzt vertraut, wir haben mit ihm gearbeitet, wir haben Spannungen mit ihm ausgetragen, wir haben uns auch angebrüllt. Und die Emotionen sind oft hochgegangen, aber Henri Nannen ist ein großer Mann. Ich würde sagen …*

(Riesenbeifall)

… seit Freitag letzter Woche möchte ich das korrigieren. Henri Nannen ist ein großer Mann, der von kleinen Leuten, die das große Geld haben, kleingekriegt worden ist.

Dann antwortet mein Großvater:

Damit Sie wissen, mit wem Sie es hier zu tun haben, ich habe diesen Stern *erfunden, und ich habe ihn mit der Redaktion, mit den Mitarbeitern vom Verlag, mit den Mitarbeitern aus der Druckerei zu der Lokomotive gemacht, die nicht nur den Zug, sondern auch den ganzen Bahnhof zieht. Das ist mein Lebenswerk …*

(Riesenbeifall)

…und Sie können sich darauf verlassen, dass ich dieses Werk nicht von Uniformierten, nicht von Scheinheiligen, nicht von Lügnern – denn es ist auch gelogen worden, auch heute und hier – und auch nicht von Verlegern, die nur ans Geschäft denken würden, oder von rechtslastigen Journalisten auf eine andere Schiene schieben lassen würde. Das würde ich nicht tun.

(Bravo-Rufe, Beifall)

Am nächsten Abend erklärt Johannes Gross öffentlich, er werde den angebotenen Posten wegen des Widerstands der Redaktion nicht antreten. Ein Etappensieg für den *Stern*. Mein Großvater sagte später, die Gross-Sache sei schon erledigt gewesen, als sie in die Sitzung gingen.

Und dann kam der 19. Mai. Einer der schlimmsten Tage im Leben des *Stern*-Nannen. Es war wieder eine Vollversammlung angesetzt. Dieses Mal fand sie im Gewerkschaftshaus Besenbinderhof statt. Die Redaktion hatte in einer Entschließung gefordert, Schulte-Hillen und Nannen aus ihren Ämtern zu entlassen. Beide hatten vorher ihre Rücktritte angeboten.

»Unverschämtheit«, »Pfui!«, so wurde immer wieder gerufen, als Schulte-Hillen sprach und sich bemühte, Voraussetzungen für einen Kompromiss zu schaffen.

»Die Verletzung war sehr tief. Es war die andere Seite der Medaille, auf deren Vorderseite die Leidenschaft ist«, sagt mir Emanuel Eckardt. »Meine Wut richtete sich nicht gegen Nannen. Sie richtete sich gegen den Verlag, insbesondere gegen Schulte-Hillen.«

Kurz nach Schulte-Hillen redete Nannen an diesem Tag. Er hätte nicht noch einmal kämpfen müssen. Nicht in dem Moment ans Mikrofon gehen müssen, es vielleicht auch nicht sollen. Aber es war typisch für ihn.

»Ich hatte ihm gesagt: Steh nicht auf! Bleib sitzen! Sag jetzt nichts!«, erinnert sich Gerd Schulte-Hillen in unserem Gespräch. Aber er tat es, weil er sich hatte provozieren lassen.

Ach Gott, nun hören Sie doch mit Ihrer Schreierei auf, Mensch! Ich weiß doch ganz genau, hier ist eine zutiefst getroffene und besorgte Redaktion.

Aber hier gibt's auch die Ratten, die aus den Löchern kommen und ihre alten Rechnungen begleichen.

So verzeichnet es das Protokoll.

Das war zu viel. Die Mannschaft tobte. »Der kannte seine Pappenheimer«, sagt Schulte-Hillen mir heute. »Einer von denen hatte ihn fürchterlich aus der Reserve geholt. Und dann sagte er diesen Satz mit den Ratten.«

Die Situation eskalierte. Der Betriebsratsvorsitzende Rudolf Herbers versuchte zu beruhigen.

Ich bitte, Herrn Nannen Gelegenheit zu geben, den Ausdruck Ratten sofort zurückzunehmen.

Ich habe gesagt, es gibt Ratten, die aus den Löchern kommen…, setzte der an.

Nein, Herr Nannen, Sie haben gesagt, es gibt hier auch die Ratten, die aus den Löchern kommen, und das nehmen Sie bitte zurück.

Ich denke gar nicht daran…

(Erneutes Protestgeschrei, Sprechchöre: *Raus, raus*)

Kollegen, einen Moment. Herr Nannen, ich entziehe Ihnen das Wort, und als Inhaber der Hausmacht verweise ich Sie aus dem Saal. Ich darf Herrn Nannen bitten, dieser Aufforderung augenblicklich Folge zu leisten.

Nein.

Herr Nannen, augenblicklich, Sie haben eine Situation herbeigeführt, und da folgen Sie jetzt dieser Aufforderung, oder ich lasse Sie von der Polizei rausbringen.

(der Saal tobt)

Die Situation entgleitet. Es wird geschrien, geweint, gerufen. Dann geht mein Großvater. Er stellt sich hinter den Eingang zum Saal. Drinnen geht es weiter. Schulte-Hillen ergreift das Wort:

Ich muss Ihnen sagen, ich habe auf der Betriebsversammlung am Dienstag alles ertragen, alles ertragen. Ich habe Beleidigungen, persönliche Ehrabschneidung… alles…

(Proteste)

… ich habe dieses alles ertragen, weil ich verstehen konnte, dass dies passierte… haben Sie denn kein Verständnis dafür, dass ein Mann wie

Nannen, der beinahe siebzig ist, der sein Lebenswerk hier in diesem Haus …

(Protestе)

… dem wir hier in diesem Haus die Säule dieses Hauses verdanken, haben Sie denn da kein Erbarmen mit so einem Mann?

(*Nein*-Geschrei)

Gerd Schulte-Hillen verliert die Fassung. Er beginnt zu weinen und geht aus dem Saal. »Am Mikrofon kamen mir die Tränen«, erzählt er mir heute. »Ich war so erschüttert. Ich ging dann hinter ihm her zum Ausgang. Und dann stand er da. Viele Fotografen warteten draußen. Plötzlich kam ein Mitarbeiter von mir aus Itzehoe, und der zog mich am Arm. Der sagte: Kommen Sie mit, los, kommen Sie mit. Und dann zog er mich in den Waschraum, damit es keine Fotos von mir geben sollte, auf denen ich weinte. Henri stand hinter dem Eingang. An der offenen Tür. Ich habe ihn zurück mit in den Saal gebracht.«

In der Zwischenzeit war die Versammlung fortgesetzt worden.

Und dann ging mein Großvater wieder auf die Bühne und ans Mikrofon:

Ich bin nicht feige genug, nicht zuzugeben, wenn ich mich hab hinreißen lassen, und ich bitte die Versammelten für diesen Ausbruch um Entschuldigung.

(Minutenlanger, nicht zu überbietender Beifall)

(Ein Kollege, der den Ruf nach Rücktritt laut werden lässt, wird von vielen zurückgepfiffen: *»Hör doch auf!«*)

Ich bitte aber auch um eins – nicht um Erbarmen für einen Siebzigjährigen (ringt um Fassung), *das brauche ich nicht, ich bin noch ganz gut beieinander, aber wissen Sie –*

(Beifall)

… und wenn ich dann das Gefühl haben muss, dass diese Redaktion … diese *Redaktion meinen Rücktritt fordert, dann müssen Sie verstehen, dass das auch mir unter die Haut geht.* (bricht in Tränen aus)

(Beifall)

»Wir waren viel zu emotional«, erzählt Michael Jürgs. »Sechs Tage hatten wir in der Redaktion übernachtet. Wir schliefen unter dem

Schreibtisch. Wir waren übermüdet und voller Adrenalin. ›Revolution!‹, lautete das Wort der Stunde.«

Die meisten, die ich heute spreche, denken so. Es war die Entrüstung einer Redaktion, die sich gleich doppelt hintergangen fühlte. Alle, die ich sprach, sagten mir, sie hätten vom Projekt »Grünes Gewölbe« nichts gewusst. Gerd Schulte-Hillen sagt: »Haben Sie schon mal erlebt, dass im *Stern* etwas, das irgendwie brisant ist, eine Woche geheim gehalten werden kann? Die haben es alle gewusst. Der Heidemann ist im Aufzug mit dem Geld gefahren und hat die Tüte aufgemacht und gesagt: ›Hier, seht mal her!‹«

Thomas Walde sagt mir: »Es wussten schon eine ganze Menge Leute. Die Grafiker redeten, das Bildarchiv war eingeweiht, die Sekretärinnen wussten Bescheid. Aber richtig ist: Es hat sich keiner vor die versammelte Redaktion gestellt und verkündet, dass es nun bald ›Hitlers Tagebücher‹ geben würde. Nur ist das nicht ganz unüblich. Bei brisanten Geschichten wird nie die gesamte Mannschaft informiert.«

Im Saal des Besenbinderhofes zeigte sich kein einhelliges Bild. Viele weinten. Die meisten waren verzweifelt. Sie waren fassungslos. Und sie brauchten einen Schuldigen. Die Frage nach der Schuld entlud sich allerdings in einem rauschenden Kampf um Unabhängigkeit, um die Trennung von Verlag und Redaktion.

»Die Menschen, die sich mit Recht betrogen fühlten, haben sich ausgerechnet eine Person ausgesucht, die es nicht verdient hatte«, sagt Alexander Schuller. »Nannen hatte sie gefördert, sie hatten ein unglaubliches Dasein beim *Stern*. Und er hat sich dem Moment gestellt. Er hat gnadenlos die Wahrheit gesagt; nur die wollte keiner hören. Nämlich die, dass es nur *mit* dem Verlag gehen konnte – und auf diese Weise unabhängig bleiben. Es war ein miserabler Angriff von Leuten, die man zweifellos als Ratten bezeichnen kann, weil sie sich vorher immer geduckt haben und jetzt ihre Chance sahen.«

Der damalige *Stern*-Reporter Heiko Gebhardt erzählt mir, dass es viele alte offene Rechnungen gab. Der eine oder andere mag sich an ein Fest erinnern, das nur wenige Wochen vor dem großen Knall im Mai 1983 stattfand und bei dem viele *Stern*-Redakteure zu Gast waren. Auch mein Großvater war dort. »Wie so häufig, versuchten einige, die Feier zu nutzen, sich an Nannen heranzuschmeicheln«, sagt Gebhardt. Nur Männer wohlgemerkt. Das konnte mein Großvater zum einen überhaupt nicht leiden, ihm war jede Art von »Speichelleckerei« verhasst, ja, er fühlte sich davon regelrecht und wörtlich genommen unangenehm berührt, und zum anderen wies er solche Versuche brüsk zurück und verließ die jeweilige Party. Das war für sein Gegenüber peinlich und schürte nie auszusprechenden Zorn. So war es auch diesmal gewesen. »Ich wollte endlich mal meine Ruhe haben«, rief Nannen aus, stand auf und ging. Der, der neben ihm kniete, um sich wichtiger zu machen, wurde spätestens jetzt zur kläglichen Figur. Und dass mein Großvater dann genau von denen beschimpft wurde, dass die ihm in den Rücken fielen, die sich vorher anheischig machten, ließ ihn schäumen. Überrascht war er davon nicht.

Als die Zeit beim *Stern* zu Ende ging, hielt ihn ein Teil der Redakteure für einen Opportunisten, der seine Scherflein bei Bertelsmann ins Trockene gebracht habe. Das hat ihn hart getroffen. Und es ging vollkommen an der Sache vorbei.

Nicht, dass er sich die Wege, die er ging, nicht auch schon einmal geradegebogen hätte, um ein Ziel zu erreichen. Nicht, dass er nicht auch schon Charme und Können dafür eingesetzt hätte. Und sein »Geschwätz von Gestern« interessierte ihn nicht immer. Übrigens hatte ihm auch sein einstiger Freund Richard Gruner Opportunismus vorgeworfen. Allerdings den zugunsten einer linken und ideologisch verbrämten Redaktion, in der es kein gemeinsames Vertrauen mehr als Basis gäbe.

Ich hingegen würde sagen, dass Opportunismus nicht dem Charakter meines Großvaters entsprach. Er war immer seiner Sache verpflichtet. Oder anders ausgedrückt: Was er wollte, das wollte er. Und davon ließ er sich nicht abbringen. Diejenigen, die er dafür brauchte oder die er dabeihaben wollte, holte er jeweils dort ab, wo er sie fand. Er begegnete ihren Argumenten, ihren Sichtweisen und ihren Bedürfnissen. Er analysierte, wusste, wen er vor sich hatte, und nutzte dieses Wissen. So war es mit den Gesellschaftern, so war es mit den Redaktionsmitgliedern, und so war es mit seinen Lesern. Er war sicher nicht immer objektiv, auch nicht immer gerecht, und das hat auch etwas damit zu tun, dass er sich in Menschen oft irrte. Er erkannte gute Journalisten, er erkannte seine Leser – die Menschen und ihre Strategien verkannte er ab und an. Aber er hat auch nie einen Hehl daraus gemacht, dass er für die Meinung, für eine Haltung eintrat – die eigene subjektive und die, dass alle Menschen frei ihre Ansichten vertreten dürfen. Sonst fühlte er sich niemandem mit allen Konsequenzen verpflichtet.

Das hat Menschen in seinem Umfeld zornig gemacht. Immer die, die sich gerade nicht mit einbezogen fühlten, die nicht der Sache dienlich waren oder jene, die sich wünschten, dass er für eine andere Sache stritte. In diesem Falle waren es noch dazu die, die ihn nicht verstanden. Das hört sich harsch an, kalt sogar. Ich halte es für eine der größten Stärken meines Großvaters. Er war in der Sache unbeirrbar.

Peter Scholl-Latour hatte im Juni 1983 die Chefredaktion allein übernommen. Im April 1984 war er wieder fort. Warum hatte man nicht Nannen in den Chefsessel gesetzt, um das Blatt zu wenden?, frage ich auch Gerd Schulte-Hillen. »Die Shareholder wollten Nannen damals nicht wieder einsetzen«, so bestätigt er das, was mein Großvater mir erzählt hat. »Da gab es auch alte Rechnungen. Die wollten das Rad nicht zurückdrehen. Mohn wollte, dass der Laden läuft, der hat sich zurückgehalten. Hätte Nannen es gemacht, wäre alles wieder gut gewesen.«

»Das war sicher die schwerste Niederlage, die er erlebt hat«, sagt Alexander Schuller. »Aber im Rückblick gesehen hat es ihm den Abschied vom Journalismus erleichtert. Der war wie mein Vater, aus einer anderen Generation, die waren hart im Nehmen. Die konnten so etwas überstehen. Als die Wunden nicht mehr bluteten, konnten sie weitergehen.«

Und auch Schulte-Hillen sagt: »Der war im Krieg gewesen. Den konnte nichts mehr umhauen.«

Ich habe ihn anders erlebt. Sich bewusst zu werden, dass alles, wofür er gearbeitet hatte, in Auflösung begriffen war, das war furchtbar für ihn. Natürlich musste es ihn, der fünfunddreißig Jahre mit diesem

Blatt verbracht hatte, mindestens so treffen wie seine Redaktion. Was dachten die denn? Die Glaubwürdigkeit des *Stern* war ruiniert. Der *Stern*, sein *Stern*, wurde zur Lachnummer. Wenn das Magazin in Gesprächen vorher eine Referenzgröße war, dann sagte man jetzt: »Es stand im *Stern*? Na ja, ob's dann mal stimmt!«

Aber vor allem: Wie konnte seine »Familie« ihn verraten? Ja, er fühlte sich von ihr verraten. Er war sich sicher gewesen, dass er das Ruder würde herumreißen können. Sie mussten ihm nur vertrauen, nur an ihn glauben. Aber das taten sie nicht. Mein Großvater war klug genug zu erkennen, woran es gelegen hatte, zu sehen, wie eins zum anderen kam. Besser machte es das nicht. Es war ein schwerer Tod.

In der Folge der »Hitler-Tagebücher« wurde er von Rednerlisten gestrichen, nicht mehr zu Diskussionsrunden, Vorträgen eingeladen, ausgeladen. Er litt darunter.

In den Monaten nach dem Eklat war er noch Herausgeber, so wie es sein Vertrag vorsah. Aber er hatte die Reise schon angetreten. Nach Emden. Er war so getroffen, dass er nur eins kannte – die Flucht nach vorn. »Ich kann es nicht mehr ändern, also gehe ich festen Schrittes voran« – das alte Lebensmotto meines Großvaters galt auch hier.

Wäre der Schlag nicht so hart gewesen, er hätte sich keine Bühne fernab seines bisherigen Lebens gesucht. Und an dieser Stelle sehe ich es mit Schulte-Hillen. Er fiel nicht in sich zusammen. Er war ein »harter Hund«. Er starb diesen ersten Tod. Und er überlebte ihn. Natürlich, so könnte man sagen. Wer, wenn nicht Henri Nannen, könnte schließlich seinen eigenen Tod überleben?

Zwei Jahre später hat ihn einer der Gesellschafter gebeten, den *Stern* noch einmal anzupacken. Er mache sich Sorgen um das Magazin, habe er gesagt. Mein Großvater hat ihm geantwortet: »Sie machen sich Sorgen um den *Stern*, und ich rede zwar nicht davon, aber wie sollte ich mir keine Sorgen machen um das Blatt, das immerhin mein Lebenswerk war. Aber für eine Chefredaktion Nannen ist es heute zu spät, da würde kein Mensch mehr wissen, wo hinten und wo vorne ist, und wo der Barthel den Most holen soll.« Niemand solle aber glauben, ihn ginge das alles nichts mehr an. »Ich bin weder treulos noch aus Beton, und der Schoß, aus dem das alles spross, ist beileibe nicht erkaltet«, sagte er.

»Du musst einmal im Sommer wiederkommen, Stephanie, es ist dann so schön hier.« Diese Worte meines Großvaters klingen mir im Ohr, wenn ich jetzt an Emdens Kanälen entlanggehe. Mit Zeit ausgestattet und mit offenen Augen, auf der Suche nach dem, was ihn hier hielt. Denn es ist eine Sache, in die Vaterstadt zu gehen, etwas auf die Beine zu stellen – und eine andere Sache, hier auch zu bleiben. In einer Welt, in der fast nichts von dem existierte, das ihm einmal wichtig gewesen war. Was war es denn wirklich, das er hier fand?

In Emden ist das Wasser dein Freund, so vermittelt es einem die Stadt. Hier sind es freie, breite und auch mal schmalere Gewässer, die fließen, ohne es sonderlich eilig zu haben. Diese Wasserarme umfangen jeden Teil der Stadt. Wer Emden zu Fuß erkundet, gewinnt den Eindruck, hier sei einfach überall Wasser. Als wäre die Stadt inmitten des Wassers gebaut und existierte nur, damit sich der Mensch dieses Wasser ansehen konnte. Immerzu geht es über Brücken oder endlose Kilometer auf dem Uferweg in eine Richtung, weil gerade wieder keine Brücke da ist. Das entschleunigt ungemein. Es ist ein guter Ort, vieles hinter sich zu lassen, denke ich.

Komm im Sommer wieder, sagte er. Und es stimmt, in meiner Erinnerung war oft Winter, wenn ich meinen Großvater hier besuchte. Oder ich hatte zu wenig Zeit für einen längeren Besuch. Oder es regnete und war ziemlich grau. Im Sommer glänzt auf den Kanälen die Sonne, was immer und überall seinen Charme hat und noch nicht allein den Zauber vermittelt, den *diese* Wasser bergen. Hier in Emden ist dieser Charme vielleicht ein klein wenig unaufgeregter. Ein Charme, den man sich nicht ans Revers heftet. Hier hängt man sich keine Geranien von den Balkonen. Emdens Blumen blühen in den kleinen Gärten und auf den Feldern – sie wuchern geradezu vor Leuchtkraft und Möglichkeiten. Angeblich wachsen Hortensien, Rosen und Rhododendron besonders in Ostfriesland üppig und farbeigen.

Ein Charme mit Understatement ist es wohl – und so würde es ein Ostfriese niemals ausdrücken. Überhaupt hat der Emder es nicht so mit dem großen Wort, dem großen Auftritt. Das wusste auch mein Großvater. Oder besser: Er hat es wieder gelernt. Vieles in ihm fand hier eine Entsprechung. Und vielleicht ist es das, was es bedeutet, wenn man sagt, dass man sich an einem Ort zu Hause fühlt.

In den Augen meines Großvaters lag etwas Friedliches, als er hier in seinem Garten am Kanal saß. Er erzählte mir von dem Boot, das er gekauft habe und davon, dass er sich so wünschte, wieder einen Hund zu haben. Er war nicht selbst plötzlich friedlich und sanftmütig geworden. Es war eher so, als wäre Frieden in seine Augen eingezogen, in seine Seele.

Ich bin also im Sommer da und spreche mit Emdens Gerade-nicht-mehr-Oberbürgermeister Alwin Brinkmann, der heute sagt, dass er ohne Nannen nie gemacht hätte, was er gemacht hat. Etwas bewirken zu können, das war für meinen Großvater immer auch ein Grund, zu bleiben.

»Herr, lehre uns zu bedenken, dass wir sterben müssen, auf dass wir klug werden.« Diesen Vers aus Psalm 90 hat er später häufiger zitiert. Und ich weiß noch, dass ich dachte, er kokettiere. Manchmal verwendete er diesen Psalm auch, wenn er über seine Stiftung sprach. Er sagte dann, dass er ja nichts mitnehmen könne auf seine letzte Reise. »Meine Familie [damit meinte er in diesem Falle uns und nicht den *Stern*] ist versorgt. Warum sollte ich nicht meiner Vaterstadt, der es wirtschaftlich dreckig geht, etwas Bleibendes schenken, was den Leuten, die auch nicht vom Brot allein leben, Freude macht.«

Für mich klang das alles wie eine gute Geschichte. Eine wahre, das schon. Aber mir war vollkommen klar, dass auch er wusste, wie gut sie klang. Und das hat es mir leichter gemacht, den Ernst dieser Jahre nicht zu ernst zu nehmen. Es war so, wie es war, wenn er sagte, dass er sich in absehbarer Zeit »die Radieschen von unten ansehen« würde. Ich fand es klug und richtig, sich mit dem Tod zu befassen, darüber nachzudenken, wie viel Zeit einem wohl noch bleibt und was man damit anfangen will.

Aber es war abstrakt. Im Rückblick wird mir klar, dass ich gedacht habe, er würde dann sterben, wenn *ich* dazu bereit wäre. Wenn alle wichtigen Etappen *meines* Lebens genommen wären. Es war für mich wie eine Versicherung seines Hierseins. Wenn ich berufliche Erfolge vorzuweisen hätte, wenn ich Kinder hätte, die er selbstverständlich noch kennenlernen würde, dann vielleicht… Und das war ja noch lange hin. Ich war noch so »unfertig«.

»Wie ›unfertig‹ ist alles noch in mir, wie ungeordnet und ohne jeden Ansatz einer Ordnung«, schrieb mein Großvater seiner Freundin Käte aus dem Krieg. »Weil ich meinen Weg noch nicht weiß, deshalb wäre ein Tod hier in Russland nicht mein Tod, und dann weil der Soldatentod meinem ›Wesen‹ nicht gemäß, nicht ›angemessen‹ wäre.«

Jetzt war es anders. Und es soll nicht der Eindruck entstehen, die letzten zehn Jahre seines Lebens seien ein einziges Sterben gewesen. Keineswegs. Erst kam – wie gesagt – das Leben: die Kunsthalle, die neue Partnerin, die Zurückeroberung der Heimatstadt, die Freude über die Besucherzahlen und die unermüdliche Arbeit, die es bedeutete, Spenden aufzutun. Er ging es mit ganzer Kraft an, und er hatte viel davon übrig. »Er hatte einen neuen Lebensabschnitt begonnen«, sagt mir Gerd Schulte-Hillen, zu dem mein Großvater in der Post-*Stern*-Ära eine freundschaftliche Nähe pflegte.

In Emden war er ein anderer, so erzählen es alle, die ich dort gesprochen habe. Den polternden Nannen der *Stern*-Zeit konnten sich viele gar nicht vorstellen. Ilka Erdwiens, die heute für die Öffentlichkeitsarbeit in der Kunsthalle zuständig ist, hat mit dem *Stern* lesen gelernt. Jeden Donnerstag, wenn sie aus der Schule kam, lag er auf dem Tisch. Erdwiens fing 1987 als Sekretärin bei Nannen an und arbeitete sehr eng mit ihm zusammen. »Er bekam säckeweise Briefe. Menschen, die sich Hilfe von ihm erhofften, schrieben dem ›*Stern*-Nannen‹«, erinnert sich Erdwiens, die gemeinsam mit ihm die Post erledigte. Sie sagt, dass sie von den legendären Wutausbrüchen in der Redaktion gehört, aber ihn so eigentlich nicht erlebt habe. »Er war sehr liebevoll und kümmerte sich auch um die Leute. Was er nicht leiden konnte, war, wenn einer nicht so viel gab, wie er hätte geben können. Dann konnte er recht kühl sein und machte klar, dass man nicht zusammenpasste.« Er blieb der Nannen, der kein Verständnis dafür hatte, wenn einer $13^1/_3$ Überstunden aufschrieb. Er verlangte Einsatz, Leidenschaft, Identifikation mit der Sache.

Mein Großvater wurde älter, und seine Kräfte ließen nach. Er hatte gewusst, dass es so kommen würde, und deshalb vorgebaut. Dann aber zu erleben, wie der Betrieb langsam ohne ihn lief, war für ihn manchmal sehr schwer zu ertragen. So stolz er auf der anderen Seite auf die Kunsthalle, auf das Team und auf seine Frau Eske war, die – wie Ilka Erdwiens sagt – »dann das Staffelholz übernommen hatte«. Er hatte es so gewollt. Es war sein letzter Plan. Die Kunsthalle sollte wachsen. Er hatte über seine eigene Lebensspanne hinaus etwas schaffen wollen, das ohne ihn bestehen konnte. Die Satzung, die verschiedenen Kontroll- und Beratungsgremien, die Kunsthistoriker, das Team – all das waren Steinchen in diesem Mosaik, das er entworfen hatte. Und zum Schluss sagte er in öffentlichen Reden immer wieder, dass er nun die Geschicke in die Hände von Eske lege. Auch das war Teil des Plans. Er wusste, dass er sie zu seinen Lebzeiten mit möglichst viel Autorität ausstatten musste für den Start ohne ihn. Es war, als wollte er seine Zuhörer beschwören: »Ich sage, sie kann das. Hört auf mich! Und wehe, ihr helft ihr nicht dabei, es zu schaffen! Das nehme ich persönlich.«

Kurz vor seinem Tod machte er Eske zur Mitstifterin. Die Botschaft war für alle deutlich vernehmbar.

Erst siebzehn Jahre später erfuhr ich, wie wichtig es für meinen Großvater war, dass wir, dass seine Familie sich der Zukunft der Kunsthalle verpflichtet fühlte. Im Juni 2013 erhielten meine Eltern, mein Bruder und ich einen letzten Brief, es ist eine Art Abschiedsbrief meines Großvaters, in dem es um vieles geht, das ihm ganz zum Schluss wichtig war. Eske gab ihn jetzt meinem Vater. »Begrabt mich in Emden«, steht darin. »Und lasst euch dann und wann in Emden sehen. Die Kunsthalle trägt meinen und euren Namen. Du, Krischan, bist im Stiftungsrat. Und wenn Eske euren Rat braucht, dann gebt in ihr nach bestem Gewissen.«

»Es ist für jeden Menschen schwer, etwas loszulassen, wenn so viel Herzblut darin steckt«, sagt Ilka Erdwiens. »Aber er hatte es so konzipiert. Dass es eben ohne ihn gehen kann. Das hat er sehr klug und weitsichtig angelegt.«

Die Gewissheit, dass er sterben würde, war präsent. Dafür sorgte er schon deshalb, weil er darüber sprach. Aber es war auch an seinen Handlungen ablesbar. Er wollte sich jetzt kümmern. Er wollte alles so regeln, wie er es eben haben wollte. Das ging so weit, dass er sein Grab selbst anlegte. Die bronzene Stele von Michael Croissant, die heute darauf steht, hatte er mit Axel Hecht zusammen auf der Art Cologne gekauft. Bei alledem war nichts Larmoyantes. Vielleicht hielt ich es deshalb für folgenlos. Mit ihm darüber zu sprechen, ihn zum Friedhof zu begleiten, das war nicht traurig.

»Altwerden ist scheiße« – wie oft hat er das wohl gesagt? Ilka Erdwiens erzählt mir, dass man schon wehmütig wurde, wenn dieser »imposante Mann, der immer so aufrecht gegangen war, jetzt mit kleineren Schritten und auf den Stock gestützt« in die Kunsthalle kam, um mal nach dem Rechten zu sehen. »Alle flitzten dann um ihn herum und wollten ihm mit irgendetwas behilflich sein. Das machte ihn natürlich wahnsinnig«, so erinnert sich Erdwiens.

Mir griff in jenen letzten Jahren, in denen er die achtzig schon überschritten hatte, etwas ganz anderes ans Herz. Er war oft so traurig. Nicht altersdepressiv, das auch, ja. Aber es war etwas anderes. In gewisser Weise war er sich selbst in die Falle gegangen. Er hatte seine Ziele so kompromisslos verfolgt, dass er selbst dabei am Ende auf der Strecke blieb. Er hatte ein Museum hingestellt, bei dem bereits die zweite und diesmal umfangreiche bauliche Erweiterung anstand. Zeit für Ruhe, Zeit für Genuss, Zeit für die leisen Töne blieben denen, die dort schafften, nicht. Die Kunsthalle forderte Eskes ganze Kraft. Sie reiste in der Welt umher, suchte nach Ideen für den Museumsshop, knüpfte Kontakte; später begann sie das Netzwerk meines Großvaters weiterzupflegen, sich um Spenden zu bemühen; sie hängte sich in die Planungen für den Anbau; dazu kam die Erweiterung um die Schenkung van de Loo, die der Münchner Sammler dem Emder Museum überlassen hatte und die der Pflege bedurfte. »Der Betrieb arbeitete am Anschlag«, sagt mir Ilka Erdwiens. »Ich habe dafür gesorgt, dass Henri nie allein war«, erzählt mir Eske, die sicher sein wollte, dass ihr Mann gut versorgt war.

Mein Großvater reiste ab und zu. Und er bekam so oft es ging Besuch von seinem Freund Victor Schuller oder von den Freunden Dorothea und Günther Radtke. Manch andere Besucher aus früheren Zeiten fanden den Weg nach Emden. Denen zeigte er die Kunsthalle. Man trank gemeinsam Tee. Und redete. Stundenlang. Das waren gute Tage. Aber sie erschöpften ihn auch.

»Wir hätten ihn beim *Stern* behalten sollen«, sagt Michael Jürgs und erzählt mir, dass der »Alte« eben schon irgendwann fehlte. »Als *Senior Publisher* oder so. Mit Büro. Und als er tot war, hätten wir ihn auch behalten sollen. Das Zimmer abschließen. Einfach damit die Figur da ist. So hätten wir immer gewusst: Wir können ja zu Nannen gehen.«

Im Emder Alltag war er von freundlichen Menschen umgeben – ich habe viele von ihnen kennengelernt. Verwandte von Eske, Mitarbeiter aus der Kunsthalle, ehemalige Schulkameraden, seine Physiotherapeutin, der Bürgermeister Brinkmann. Sie besuchten ihn, gingen mit ihm spazieren, klönten mit ihm. Sie behandelten ihn wie einen ganz normalen Menschen, und das tat ihm gut.

Aber die Traurigkeit, die konnten sie ihm nicht austreiben. »Mensch, Henri«, habe dann Gerd Schulte-Hillen zu ihm gesagt, »du bist doch voller Energie. Morgen scheint doch die Sonne wieder, und dann ist alles wieder gut.« – »Nee, nee«, sagte mein Großvater dann. »Das ist schon ein bisschen schwieriger.«

Henri Nannen war ein Macher. Nun machten die anderen. Ihm blieb plötzlich nur, auf sein Leben zu blicken. Und das ging ihn hart an. Diejenigen, die hier in Emden einen »ganz anderen Nannen« kennengelernt hatten, die kannten nicht den ganzen Nannen. Sie kannten sein Leben nicht.

Er hatte die Menschen dort abgeholt, wo sie standen, ist ihnen so begegnet, wie sie ihn verstanden. Er wusste, er brauchte den Emdern nicht mit der großen weiten Welt zu kommen – dann hätten sie ihn für einen Aufschneider gehalten. Aber die »große weite Welt« war eben auch ein Teil von ihm. Früher war es ihm immer möglich gewesen, für Ausgleich zu sorgen. In seinem Leben hatten Menschen einen festen Platz, eine Aufgabe. Man könnte fast sagen, eine Bestimmung. Mein Großvater hatte für jeden die ihm entsprechende Aufmerksamkeit parat, das entsprechende Gesicht, das seiner eigenen Vielfältigkeit entsprach und also immer authentisch war. Aber diese Vielfalt in ihm brauchte auch verschiedene Gegenüber. Und wenn es die nicht gab, suchte er nach ihnen oder zog weiter. Am Ende in Emden konnte er das nicht mehr.

So froh mein Großvater jetzt darüber war, dass seine Lebensgeschichte sich rundete, dass alles einen Sinn bekam, so unglücklich war er über die Erkenntnis, nichts mehr ändern, nichts mehr bewegen, nichts mehr neu erzählen zu können. Darin lag kein Vorwurf, niemandem gegenüber.

Darüber sprachen wir. Und ich konnte es ihm ansehen. Wir haben einander in den letzten Jahren viel angesehen. Wir haben dabei viel geschwiegen. Und wenn ich dann seine Hand nahm und er meine ganz fest drückte, wussten wir beide, worüber wir gesprochen hatten.

»Meine liebe Stephanie, heute ist Sonntag vor Weihnachten, das Wetter ist grau, und die von mir so geliebten Wolkenlandschaften am ostfriesischen Himmel sind nicht zu sehen. Da kommt dein Brief ›Melancholikerin an Melancholiker‹, aber der Brief wärmt mir trotzdem das Herz«, so begann mein Großvater einen achtseitigen Brief, den er wie immer mit einem blauen Farbstift geschrieben hatte. »Eigentlich habe ich ja keinen Grund zum Klagen, und trotzdem: es geht mir wie dir, mit dem großen Unterschied, dass du noch sehr jung bist und immer wieder wenden kannst, was in die falsche Richtung gelaufen ist, während für mich der *point of no return* immer näher rückt. Und wenn ich bedenke, ich müsste als Rentner mit einer Gruppe von Leuten zwischen sechzig und scheintot auf irgend so einem Luxusliner die Karibik durchqueren und hätte außer Shuffleboard und Smalltalk nichts mehr zu beschaffen, dann bin ich doch ganz zufrieden mit unserer Kunsthalle, auch wenn einem die Sorgen manchmal morgens um fünf wie Backsteine auf der Bettdecke liegen. – Sie fallen schon wieder herunter. Und schließlich habe ich es ja so gewollt … Ich bin der, der dankbar sein müsste. Bin ich auch. Aber so einfach ist das ja auch nicht.«

Mein Großvater, der immer offen mit seinem Alter, mit Gebrechen, mit seinem zunehmenden Gehörverlust umgegangen war und der das

Alter als einen Teil des Lebens ansah, den er interessiert betrachtete, wurde plötzlich behandelt wie ein alter Mann. Wer nicht wusste, dass die Beschäftigung mit Krankheiten, die Angst vor langem Siechtum, die depressiven Momente und Phasen immer zu ihm gehört hatten, wird sie ausschließlich als Zeichen des Alters verstanden haben. Er wurde schwächer, natürlich, aber das waren körperliche Erscheinungen. Etwas, das ihm widerfuhr. Mein Großvater war nie »alt«. Er litt zum Schluss daran, was ihm das Alter bescherte. Aber er war immer noch derselbe. Immer noch Henri Nannen. Ich bezweifle, dass das jeder gesehen hat.

»Ich habe es selbst so gewollt«, hat er immer wieder zu mir gesagt. Und am Ende klang es wie eine Erkenntnis. Nicht mehr wie eine Verteidigung. Heute glaube ich, um bei seinen Worten zu bleiben, dass mein Großvater seinen eigenen Tod in sich trug. Er trug sein ganzes Leben in sich. Er war »fertig«. Ich glaube auch, dass er seinen Tod gestorben ist. Sosehr ich um ihn trauere, ich habe nie mit seinem Tod gehadert. »Der Leser weiß nicht, was ihm erspart geblieben ist«, sagte mein Großvater immer.

Er hat manche Menschen an ihrem Ende leiden sehen. Seine Furcht davor, eines Tages gar ein Pflegefall zu sein, war groß, er wollte niemandem zur Last werden. Und er hatte Angst vor Schmerzen. Wer weiß, was ihm erspart geblieben ist.

Im Sommer bevor er starb waren wir zu viert – mein Vater, mein Bruder, mein Großvater und ich – in England. Fünf Tage lang wohnten wir im Lygon Arms, einem Hotel aus dem sechzehnten Jahrhundert in Broadway in den Cotswolds. Wir machten Ausfahrten, tranken Tee, aßen Unmengen von Cucumber Sandwiches – mein Großvater hatte blendenden Appetit. Wir schauten uns alte Herrenhäuser an, kleine Dörfer, Blenheim Palace, wo Winston Churchill geboren ist. Und es war wie immer. Mein Großvater verlangte nach bestimmten Keksen – er aß so gern diese trockenen, leicht süßen Butterkekse, die wie Shortbread schmecken, aber nicht ganz so schwer im Magen liegen. Die hatte er in einem Laden entdeckt. Aber weil er sich in einen Rollstuhl gesetzt hatte, der ihm zwar das Besichtigen erleichterte, aber gleichzeitig wegen seiner Breite den Eintritt zu dem Laden verwehrte, beauftragte er meinen Bruder. Und es ging ihm wie immer nicht schnell genug. Gemeinsam stöberten wir in Antiquitätenläden – er kannte sich aus und hatte diese Liebe zu schönen Dingen, zu Möbeln insbesondere, meinem Vater vererbt.

Im Auto schlief er meistens irgendwann ein. Ich werde nie vergessen, wie er die großen champagner-roséfarbenen Rosenbüsche ansah, die den Garten eines der Anwesen dominierten. Er saß da und betrachtete diese Blumen – staunend, dankbar, erfüllt. »Sind sie nicht wunderbar?«, sagte er zu mir oder zu sich selbst. Und mir wurde klar, wie wenig Zeit er sich für manches, das er liebte, genommen hatte. Wie viel Zeit hatte er für das Glück gehabt? Jetzt erkannte er es. Wenn er einem Musikstück lauschte, das ihn anrührte, spürte er es. Mit seinen Bildern empfand er es. Mit seinen Freunden auch. Wenn er gelegentlich seinen Blick über die Landschaft schweifen ließ, dann war er glücklich. Und endlich merkte er es auch.

Im Frühjahr 1996 war mein Großvater beim Emder Hausarzt gewesen, um sich wegen seiner Magenschmerzen untersuchen zu lassen. Der Tumorverdacht bestand schon nach der ersten Magenspiegelung. Aber es gab noch andere Möglichkeiten. Der Arzt informierte den Patienten nicht. Er sprach mit dessen Frau Eske. Es war ihm immer wieder recht schlecht gegangen. Nach der dritten Magenspiegelung hieß die Diagnose Krebs. Es waren Monate vergangen.

Das zehnte Jubiläum der Kunsthalle stand bevor. Ein großes Fest war geplant. »Der Tanz in der Moderne« – eine Ausstellung, an der Andrea Firmenich drei Jahre lang gearbeitet hatte – sollte eröffnet werden. Konnte man nicht noch warten, bis man es ihm erzählte? Mein Vater, der in diesem Sommer in England genauso wenig wusste wie mein Großvater und den Eske erst nach einer weiteren Untersuchung der Gewebeproben einweihte, war der Meinung, dass man keine Zeit verlieren durfte. Eine Operation konnte meinen Großvater retten. Alles andere hätte ihm langes Leid verursacht und höchstwahrscheinlich seinen Tod bedeutet, so erklärten es die Ärzte. Auch Eske stimmte schließlich zu.

Ich glaube heute, dass mein Großvater geahnt hat, dass er sterben würde. Er war ganz ruhig. So als hätte er in sich eine Antwort gefunden auf diese große Frage, vor der er solche Angst hatte. »So ist das also.«

Er hat sich verabschiedet. Bei Alwin Brinkmann zum Beispiel, und bei seinen Freunden, den Radtkes und Victor Schuller und ein paar anderen. Und bevor er nach Hannover fuhr, kam er bei uns in Hamburg vorbei.

Ich sehe ihn noch im Garten stehen – die Sonne schien – und auf mein Elternhaus schauen. Und ich hatte keine Ahnung.

»Ich habe ihn vor der Operation in der Klinik besucht«, erzählt mir Gerd Schulte-Hillen in unserem Gespräch am Kamin. »Eske saß neben ihm und las ihm vor.« – »Morgen komme ich unters Messer«, sagte mein Großvater. »Mensch, Henri, wird schon alles gut gehen. Du bist hier bei dem besten Arzt«, erwiderte Schulte-Hillen. Und das stimmte, Professor Pichlmayr war eine Koryphäe. Wir waren sicher, dass die Operation glücken und mein Großvater danach wieder ganz gesund werden würde.

»Und dann ging ich zur Tür«, erzählt mir Gerd Schulte-Hillen. »Verabschiedete mich.«

»Dreh dich noch mal um«, sagte mein Großvater zu ihm. »Famous last words. Es könnte sein, dass ich dich das letzte Mal sehe.«

»Mensch, Henri«, sagte Schulte-Hillen.

Ich habe ihn nach der ersten Operation noch einmal besucht. Er lag in einem geräumigen Zimmer auf der Intensivstation. Es ging ihm, wie es einem geht, der stundenlang operiert worden ist. Aber er war wach, und er hatte es überstanden. So wirkte es. Jetzt musste er nur noch wieder Kraft finden. So dachte ich. Ich hielt seine Hand und erzählte ihm von der Reise nach Madrid, die ich in den nächsten Tagen antreten wollte. Velázquez, Goya – die spanischen Meister, mit denen seine Liebe zur Kunst ihren Anfang genommen hatte.

Er sah mich an und sagte: »Oh, wie schön!«

Dank

Natürlich gebührt der erste Dank Eske Nannen, die mir am Ende so großzügig Einblick in den persönlichen Nachlass meines Großvaters gewährt hat. Nicht nur in diesem Zusammenhang möchte ich auch Jan Hensmann herzlich danken.

Ohne die Unterstützung des Verlags Gruner+Jahr wäre es nicht gegangen. Besonders nicht ohne den Leiter der Dokumentation, Günter Peters. Dank auch an Daniela Leopold und Volker Lensch.

Auch die *Zeit*-Stiftung in Person von Axel Schuster hat mir sehr geholfen und das Archiv von Gerd Bucerius mit mir durchforstet, vielen Dank. In manch anderem Archiv fanden sich wichtige Dokumente. Herausgehoben seien hier das Bundesarchiv in Freiburg und in Berlin und das Institut für Zeitungsforschung der Stadt Dortmund.

Für Rat und Tat danke ich Monika Siedentopf, Ann-Kristin Kostyal und Ilaria Rinaldi.

Und dann sind da die vielen Weggefährten meines Großvaters, Kollegen, Freunde, Politiker, Familie, die mir in mehr als 100 Stunden von ihren Erlebnissen mit Henri Nannen berichtet haben. Sie waren es, die dabei geholfen haben, ihn wieder lebendig zu machen. Die wichtigsten seien hier aufgeführt: Anna Augstein, Egon Bahr, Hans Detlev Becker, Wolfgang Behnken, Uwe Bischof, Klaus Bölling, Bernhard Brahms, Alwin Brinkmann, Emanuel Eckardt, Jörg-Andrees Elten, Ilka Erdwiens, Andrea Firmenich, Babette Fischer, Heiko Gebhardt, Hans-Dietrich Genscher, Axel Hecht, Elke Hensmann, Dr. Folkert Hinrichs, Angelika

Jahr, Florian Kimm, Ingrid Kolb, Robert Lebeck, Traute L., Klaus Liedtke, Claus Lutterbeck, Bernd Nagel, Gisela Nannen, Jan-Oliver Nannen, Kurt Otto, Helmut Schmidt, Rolf Schmidt-Holtz, Gerhard Schröder, Alexander Schuller, Gerd Schulte-Hillen, Ove Saffe, Dr. Heinrich Senfft, Ilse S., Jürgen Serke, Walter Unger, Thomas Walde. Danke für so viel Zeit und Vertrauen.

Manfred Bissinger und Michael Jürgs verdanke ich viel, ohne sie hätte ich die Geschichte nie erzählt. Und ohne meine Agentin Karin Graf in Berlin hätte von der Geschichte nie jemand gehört. Deshalb geht mein ganz großer Dank an sie. Johannes Jacob, Programmleiter bei C. Bertelsmann, und meiner nervenstarken Lektorin Claudia Alt in München verdanke ich, dass aus der Geschichte endlich ein Buch wurde. Danke.

Nicht zu vergessen meine Freunde, die über Monate hinweg immer wieder lasen, was ich zu Papier gebracht habe. Sie haben meinen Zorn ausgehalten, mit mir um Worte gerungen und mich sanft auf verzichtbare Passagen aufmerksam gemacht. Wie kann ich euch dafür danken, John F. Jungclaussen und Peter M. Schneider?

Was es für meinen Vater bedeutete, noch einmal zurückzugehen in die Geschichte, kann ich nur erahnen. Ich danke dir, dass du es getan hast, Papi.

Und noch eins … Danke, Gropi.

Zeittafel

25.12.1913	Henri Nannen wird in Emden geboren.
1933	Abitur am humanistischen Gymnasium, im Anschluss Lehrling im Buchhandel, Osnabrück.
1933	Studium der Kunstgeschichte, Philosophie, Literaturwissenschaften an der Ludwig-Maximilians-Universität München. Während des Studiums Mitarbeit bei Kunstzeitschriften und beim Reichssender München.
1937–1939	Anstellung im Verlag F. Bruckmann, München.
1939–1945	Kriegsdienst, zuletzt im Rang eines Leutnants d.R. bei der Luftwaffe.
1946–1947	Lizenzträger der *Hannoversche Neueste Nachrichten.*
1947–1948	Lizenzträger der *Abendpost.*
	Nannen erhält die Lizenz für *Zick-Zack,* Gründung des *Verlags Henri Nannen GmbH* am 3. Juni 1948. Gesellschafter sind zu gleichen Teilen Henri Nannen und die Hannoversche Verlagsgesellschaft. Es folgt die Umbenennung in *Der Stern*, dessen erste Ausgabe am 1. August 1948 erscheint.
1948	Im September/Oktober kauft sich Walter Heise in den Verlag ein, er hält 37,5 Prozent, ebenso Nannen. Als dritter Gesellschafter kommt die Grundstücksgesellschaft Duisburg dazu, mit einem Teil von 25 Prozent.
1949	Der *Stern* zieht erst nach Duisburg und später nach Hamburg um.

1949	Gerd Bucerius und Ewald Schmidt di Simoni (beide *Die Zeit*) übernehmen 50 Prozent am Verlag Henri Nannen, dritter bleibt Walter Heise mit nun 12,5 Prozent.
1951	Henri Nannen verkauft seine letzten Anteile (37,5 Prozent) am Verlag Henri Nannen für 375 000 Mark an Gerd Bucerius.
1965	Gründung der Aktion »Jugend forscht«.
1965	Gründung des Verlags Gruner+Jahr; Gesellschafter sind Gerd Bucerius, Richard Gruner, John Jahr.
1969	Richard Gruner scheidet aus, Bertelsmann erwirbt 25 Prozent Anteile an Gruner+Jahr. 5 Prozent gehen an Ernst Naumann. Bucerius und Jahr halten jetzt je 35 Prozent.
1979	Gründung des »Henri Nannen Kunsthandel«.
1980	Nannen wird Herausgeber des *Stern*.
1983	Er gründet die »Stiftung Henri Nannen« und scheidet aus dem *Stern* aus.
3. Oktober 1986	Die Kunsthalle Emden wird eröffnet, Nannen stiftet das Haus und die Sammlung.
13.10.1996	Henri Nannen stirbt in Hannover an den Folgen einer Krebsoperation.

Auszeichnungen

1962	Ehrenbürger der Stadt Volkach
1989	Großes Bundesverdienstkreuz
1989	Ehrenbürgerschaft der Stadt Emden
1989	Bundesverdienstkreuz I. Klasse,
1992	Niedersächsische Landesmedaille
1995	Maecenas-Ehrung des Arbeitskreises selbstständiger Kultur-Institute

Stern 1948–1986:	Chefredakteure		Stellvertretende Chefredakteure
1948	Gerd Klaass	1948	Karl Beckmeier
1949	Henri Nannen	1961	Reinhart Holl, Karl Heinz Krüger
		1963	Gert von Paczensky, Victor Schuller
		1964	Victor Schuller
		1967	Rolf Gillhausen, Victor Schuller
		1975	Manfred Bissinger, Rolf Gillhausen, Victor Schuller
		1977	Manfred Bissinger, Rolf Gillhausen, Rolf Winter
		1978	Rolf Gillhausen, Peter Koch, Victor Schuller
1981	Rolf Gillhausen, Peter Koch, Felix Schmidt	1981	Rolf Gillhausen, Peter Koch, Felix Schmidt
1983	Peter Scholl-Latour	1983	Rainer Fabian, Peter Grimm, Dieter Gütt, Arnim von Manikowsky
1984	Rolf Winter	1985	Dieter Gütt, Arnim von Manikowsky
1986	Heiner Bremer, Michael Jürgs, Klaus Liedtke	1986	(nicht besetzt)

Literatur

Balazs, Gerhard: Fotos: Kurt Will. *Das Fotobuch des Jahres von Menschen, die Sie alle kennen, aber noch nie so gesehen haben,* a & c Verlag, Hamburg 2007.

Bissinger, Manfred: *Hitlers Sternstunde. Kujau, Heidemann und die Millionen,* Rasch und Röhring Verlag, Hamburg 1984.

Ders.: *Lauter Widerworte. Essays, Reportagen, Kommentare aus fünf Jahrzehnten,* Hoffmann und Campe, Hamburg 2011.

Boehm, Gero von: *Begegnungen. Menschenbilder aus drei Jahrzehnten,* Collection Rolf Heyne, Berlin 2012.

Bollmus, Reinhard/Mommsen, Hans (Hrsg.): *Das Amt Rosenberg und seine Gegner. Studien zum Machtkampf im nationalsozialistischen Herschaftssystem,* Institut für Zeitgeschichte, Oldenbourg, München 2006 (erw. Auflage).

Borowsky, Peter: *Deutschland 1963–1969,* Fackelträger Verlag, Hannover 1983.

Bucerius, Gerd: *Der angeklagte Verleger. Notizen zur Freiheit der Presse,* R. Piper Verlag, München 1974.

Ders.: *Zwischenrufe und Ordnungsrufe,* Wolf Jobst Siedler Verlag, Berlin 1984.

Brenner, Hildegard: *Die Kunstpolitik des Nationalsozialismus,* Rowohlt, Reinbek 1963.

Buchbender, Ortwin: *Die Waffe, die auf die Seele zielt. Psychologische Kriegführung 1939–1945,* Motorbuch Verlag, Stuttgart 1995.

Claudi, Marianne/Claudi, Reinhard: *Die wir verloren haben. Lebensgeschichten Emder Juden,* Hrsg. Volkshochschule Emden und Ostfriesische Landschaft 1988.

Dahrendorf, Ralf: *Liberal und unabhängig. Gerd Bucerius und seine Zeit,* C.H. Beck, München 2000.

Demps, Laurenz (Hrsg.): *Luftangriffe auf Berlin. Die Berichte der Hauptluftschutzstelle 1940–1945,* Ch. Links Verlag, Berlin 2012.

Elten, Jörg Andrees: *Karma und Karriere. Leben in Zeiten der Angst,* Verlag Satyananda, (3. Aufl.), Stellshagen 2005.

Ferber, Christian: *Berliner Illustrirte Zeitung. Zeitbild, Chronik, Moritat für Jedermann 1892–1945,* Ullstein, Berlin 1982.

Finckh, Gerhard/Nannen, Henri: *Glasnost. Die neue Freiheit der sowjetischen Maler. Eine Ausstellung der Ludolf Backhuysen Gesellschaft,* Kunsthalle Emden, Emden 1988.

Frei, Norbert/Schmitz, Johannes: *Journalismus im Dritten Reich*, C.H. Beck (4. Aufl.), München 2011.

Görtemaker, Manfred: *Geschichte der Bundesrepublik. Von der Gründung bis zur Gegenwart*, C.H. Beck, München 1999.

Gründler, Gerhard E.: *Einmal vorwärts und zurück. Zeitungmachen für Genossen*, Gründler, Hamburg 2002.

Hartewig, Karin: *Wir sind im Bilde. Eine Geschichte der Deutschen in Fotos vom Kriegsende bis zur Entspannungspolitik*, Leipziger Universitätsverlag, Leipzig 2010.

Haseloff, Otto Walter: *Stern. Strategie und Krise einer Publikumszeitschrift*, v. Hase & Koehler Verlag, Mainz 1977.

Hohoff, Curt: *Unter den Fischen. Erinnerungen an Männer, Mädchen und Bücher 1934–1939*, Limes Verlag, Wiesbaden; München 1982.

Jacobi, Claus: *Fremde, Freunde, Feinde. Eine private Zeitgeschichte*, Ullstein, Berlin; Frankfurt/M. 1991.

Ders.: *Unsere fünfzig Jahre. Erinnerungen eines Zeitzeugen*, Herbig, München 1999.

Jürgs, Michael: *Der Fall Axel Springer. Eine deutsche Biographie*, List, München u. Leipzig 1995.

Kilian, Werner: *Adenauers Reise nach Moskau*, Herder, Freiburg 2005.

Knef, Hildegard: *Der geschenkte Gaul*, Molden Verlag, Wien; München; Zürich 1970.

Köpf, Peter: *Schreiben nach jeder Richtung, Goebbels-Propagandisten in der westdeutschen Nachkriegspresse*, Ch. Links Verlag, Berlin 1995.

Kuby, Erich: *Der Fall stern und die Folgen*, Konkret Literatur Verlag, Hamburg 1983.

Lebeck, Robert: *Neugierig auf Welt. Ein Selbstporträt mit Harald Willenbrock*, Steidl, Göttingen 2004.

Ders.: *Augenzeuge. 30 Jahre Zeitgeschichte*, Bucher Verlag, München; Luzern 1984.

Meyer-van Dettum, Klaus: *Max Windmüller, genannt Cor – ein Retter im gewaltfreien Widerstand 1920–1945*, Stadtarchiv und Arbeitskreis Juden in Emden, Emden 2011.

Nannen, Henri (Hrsg.): *Glanz von Innen*, Verlag F. Bruckmann, München 1943.

Ders.: *Kleines Musikbrevier. Ein Buch der Bilder aus 8 Jahrhunderten abendländischer Kunst*, Verlag F. Bruckmann, München 1943.

Nickel, Lutz: *Dehler – Maier – Mende. Parteivorsitzende der FDP: Polarisierer – Präsident – Generaldirektor*, DemOkrit, Hamburg 2005.

Noll-Hussong, M., Glaesmer, H., Herberger, S., Bernardy, K., Schönfeldt-Lecuona, C., Lukas, A., Guendel, H. & Nikolaus, T.: »Die Früchte des Krieges – Somatoforme Schmerzstörungen und Vorgeschichten von früher Kriegstraumatisierung bei Älteren«, in: *Zeitschrift für Gerontologie und Geriatrie*. 45 (5), S. 404–410, 2012.

Posche, Ulrike: *Weibliche Übernahme. Wie Frauen in Deutschland sich die Macht nehmen*, Campus, Frankfurt; New York 2004.

Riefenstahl, Leni: *Memoiren*, Knaus, München; Hamburg 1987.

Rother, Rainer/Prokasky, Judith (Hrsg.): *Die Kamera als Waffe. Propaganda-Bilder des Zweiten Weltkriegs*, Richard Boorberg Verlag, München 2010.

Sager Peter: *Die Besessenen – Begegnungen mit Kunstsammlern zwischen Aachen und Tokio*, DuMont, Köln 1992.
Savic, Dragan/Ciglic, Boris: *Croatian Aces of World War 2*, Osprey Direct, Oxford/GB 2002.
Schmidt, Helmut: *Weggefährten. Erinnerungen und Reflexionen*, Siedler, Berlin 1996.
Schmidt-Scheeder, Georg: *Reporter der Hölle. Die Propaganda-Kompanien im 2. Weltkrieg*, Motorbuch Verlag, Stuttgart 1990.
Schmied, Jürgen Peter: *Sebastian Haffner. Eine Biographie*, C.H. Beck, München 2010.
Schneider, Wolf: *Die Gruner+Jahr Story. Ein Stück Pressegeschichte*, Piper Verlag, München 2001.
Schreiber, Hermann: *Henri Nannen. Drei Leben* (3. Aufl.), C. Bertelsmann, München 1999.
Schreml, Isabell: *Augstein, Dönhoff, Nannen & Co. Auf den Spuren des Erfolgs einer Journalistengeneration*, Tectum Verlag, Marburg 2003.
Schwerin, Juliane Gräfin von: *Henri Nannen, der Stern und die Ostpolitik der sozial-liberalen Koalition*, Magisterarbeit, Hamburg 1999.
Siekmeier, Matthias: *Restauration oder Reform? Die FDP in den sechziger Jahren*, Jaus Verlag-Ges., Köln 1998.
Stöppel, Daniela: »Wilhelm Pinder (1878–1947)«, in: Ulrich Pfisterer (Hrsg.): *Klassiker der Kunstgeschichte 2. Von Panofsky bis Greenberg*, C. H. Beck, München 2008.
Streicher, Jürgen: *Der Stern und sein Gründer*, Magisterarbeit an der Johannes-Gutenberg-Universität, Mainz 1986.
Suhr, Herbert: *Schreib das auf, Herbert! 40 Jahre beim »stern«*, Rasch und Röhring Verlag, Hamburg 1996.
Tremper, Will: *Meine wilden Jahre*, Ullstein, Berlin 1993.
Ullal, Jay: *Man hat nur sieben Leben, Stern-Buch*, Aufbau-Verlag, Berlin 2002.
Wiechert, Ernst: Ansprache an die Münchener Studenten. (Gehalten an der Universität München 1936), in: Das Wort. Literarische Monatsschrift, Heft 4–5, April–Mai 1937.
Winter, Rolf (Hrsg.): *Henri Nannen. Lieber stern-Leser. Briefe an den Leser 1958-1983*, Stern-Buch im Verlag Gruner+Jahr, Hamburg 1984.

Zeitungen, Zeitschriften, TV

BILD:
Claus Jacobi: »Ein Gentleman mit Stil und Charakter«, 16.01.2010.

Der Spiegel:
Rudolf Augstein: »FDP ade?«, 13.3.1967.
Interview mit Wolfgang Rubin: »Soll die DDR anerkannt werden?«, 27.3.1967.
Rudolf Augstein: »Lieber Herr Dr. Mende!«, 10.4.1967.
»Derart belastet«, 14.12.1970.

»Tief, sehr tief sind wir gesunken«, 23.10.1972.
»Nannen: Großer Gott, so what«, 23.06.1975.
Gerhard Mauz: »Sie müssen sich doch nicht rechtfertigen!«, 25.2.1985.
Rudolf Augstein: »Ein Stoff für Orson Welles«, 21.10.1996.

Hamburger Morgenpost:
Günter Dahl: »Ein Stern-Redakteur der ersten Stunde erinnert sich«, 14.10.1996.
Gerd Schulte-Hillen: »Er war der Maestro. Hob er den Taktstock, war Stille«, 14.10.1996.

Der Stern:
Kurt Zentner (Schriftleiter/Hrsg.), zwei Jahrgänge, September 1938 bis Dezember 1939, Deutscher Verlag, Berlin 1938-1939.

Die Kunst für Alle:
Henri Nannen: Die Eröffnungsausstellung im Haus der Deutschen Kunst. II. Die Malerei, Oktober 1937, Verlag F. Bruckmann, München 1937.
Ders.: »Über das künstlerische Plakat«, Mai 1938.
Ders.: »Totenmale des großen Krieges«, November 1938.
Ders.: »Ferruccio Ferrazzi«, Dezember 1938.

Die Kunst im Dritten Reich:
Henri Nannen: »Tag der Deutschen Kunst«, Bd. 1, Franz Eher Nachf., München 1937.
Ders.: »Über Lebenswert und Lebenswirkung der bildenden Kunst heute«, Bd. 1, 2. Halbjahr (eigentlich 7), Juli 1937.
Ders.: »Wege zur Kunst«, Folge 9, September 1937.

Die Welt:
Markus M. Ronner: »Hätte ich etwa in Reihe 17 stehen sollen?«, 18.3.1995.

Berliner Zeitung:
Günter Dahl: »Journalismus aus dem Bauch heraus«, 24. 12. 1993.

Die Zeit:
Werner Höfer: »Die Legende von Rubins Dolchstoß«, 24.3.1967.
Heiko Gebhardt: »Elender als die Tiere«, 23.11.1973.
Gerd Bucerius: »Das Sentimentale in Henri Nannen«, 27.8.1976.
Haug von Kuenheim: »Ein Stern versinkt«, 20.05.1983.
Ben Witter: »Ich habe keinen Anspruch auf Freispruch«, 16.12.1983.
Theo Sommer: »Ein Mann schwimmt gegen den Strom«, 16.5.1986.
Nils Minkmar: »Stern im Schatten des Sterns«, 20.04.2000.
John Jahr: »Ein Pakt unter Freunden«, 30.6.2005.

Dnv:
Henri Nannen: »Der moralische Hosenboden der Wahrheit«, 20.5.1949.

Essen und Trinken:
Fee Zschocke: »Lokal-Termin mit Henri Nannen«, April 1984.

Kunst dem Volk:
Henri Nannen: »Die Große Deutsche Kunstausstellung 1939«, 1. Teil, Folge 7, Juli 1939, H. Hoffmann, München/Wien 1939.

Merian:
Günter Dahl: »Und bringen Sie Ihre Schreibmaschine mit«, Merian Hannover, Hoffmann & Campe, Nr. 2, 1991.

Playboy:
Raimund le Viseur, Wolf Uecker: »Interview mit Henri Nannen«, Nr. 5, Mai 1981.

Stern:
»Hoppla, wir leben (auf Besatzungskosten)«, Nr. 53, 31.12.1950.
Henri Nannen, Ernst Grossar: »In Moskau siegte die Vernunft«, 25.9.1955.
Henri Nannen, Joachim Heldt, Eberhard Seeliger: »Wir waren in Russland, als Sputnik startete«, 26.10.1957.
Joachim Heldt: »Auf der Rollbahn des Krieges«, 9.11.1957.
Hans Wehrle, Gerd Heidemann: »Tausendundeine Macht«, 19.4.1958.
»Müssen Illustrierte so sein?«, 29.3.1958.
Graf Nayhauß: »Wer schützt uns vorm Verfassungsschutz?«, 21.2.1959.
Jürgen von Kornatzki: »Brennt in der Hölle wirklich ein Feuer?«, Nr. 2, 14.1.1962.
Fred Ihrt, Wolfgang Löhde, Peter Neuhauser und Martin Virchow: »Kein Lohn für die Angst«, 15.10.1967.
Manfred Bissinger: »Die Stunde der Wahrheit«, 19.3.1967.
»Vor zwanzig Jahren. Als der Stern geboren wurde«, 4.8.1968.
Heiko Gebhardt/Thomas Höpker: »Hilfe!«, 22.11.1973.
Heiko Gebhardt: »Warten auf Hilfe«, 29.11.1973.
Jürgen Serke: »Der Mann, der nach Scheel kam«, 2.1.1975.
Klaus Liedtke, Hans Bollinger: »Die Sieger«, 5.6.1975.
»Einer musste sterben«, 20.10.1977.
Jürgen Vietor: »Stundenbuch des Geiselflugs«, 27.10.1977.
Ingrid Kolb: »Angequatscht. Betatscht. Vernascht.«, 8.12.1977.
Kurt Blauhorn: »Und morgen die ganze Welt«, 22.12.1977.
Jubiläumsausgabe. 30 Jahre Stern, 25.12.1978.
»Ihr letzter Einsatz«, 26.4.1979.

»Das Wind-Ei«, 19.5.1983.
»Tage, die den Stern erschütterten«, 26.5.1983.
Jürgen Steinhoff: »Ich bin nicht hier, um eine Show abzuziehen«, 28.2.1985.
Jubiläumsausgabe. 40 Jahre Stern, 22.8.1988.
Interview mit Rudolf Augstein: »Ich habe gewisse Verdienste um die Demokratie«, 21.10.1993.
Ulrike Posche/Michael Seufert: »Journalismus ist wie Liebe«, 22.12.1993.
Heinrich Jaenecke: »Henri Nannen. Eines Mannes Leben«, 17.10.1996.

Sonntags-Zeitung, Zürich:
Markus R. Ronner: Das Gespräch des Monats mit Henri Nannen, 30.8.1987.

Zick-Zack:
Heft Nr. 1, 1.8.1947, Bad Pyrmont 1947.

ZDF:
Klaus Harpprecht: Dialog mit Henri Nannen, 16.1.1969.

Radio:
Toni Netzle: Gespräch mit Henri Nannen, München 1985.

Weitere Quellen

Interviews: etwa 100 Stunden mit Weggefährten und Familie.
Militärarchiv des Bundesarchivs, Freiburg/Bundesarchiv Berlin:
Dokumente, Abschriften von PK-Berichten.
Nachlass Henri Nannen: Briefe, Dokumente, Redemanuskripte.
Universität München: Dokumente
ZEIT-Stiftung: Korrespondenz Gerd Bucerius – Henri Nannen.

Bildnachweis

AP/picture alliance: 44
Axel Carp: 31
BPK: 32 (Hans Hubmann)
Eberhard Seeliger: 29
Ernst Grossar: 17, 24
Essen & Trinken: 43 (Richard Stadtmann)
Fred Ihrt: 39, 49
Hans-Otto Koopmann: 26
Heinz Goettert: 12
Hilmar Pabel: 25, 28
Jochen Blume: 1, 40
K. F. Kallmorgen: 14
Kurt Will: 35
Matthias du Vinage: 38
Privat: 2, 3, 4, 5, 6, 7, 8, 9, 10, 11, 13, 15, 16, 18, 19, 30, 37, 41, 42, 45, 46, 47, 51, 52, 53, 54, 55, 56
Robert Lebeck: 27, 34, 36, 48
Stern: 20, 21, 22, 23

Die Rechteinhaber der Abbildungen 33 und 50 konnten trotz intensiver Recherche nicht ermittelt werden. Der Verlag bittet Personen oder Institutionen, welche die Rechte an diesen Fotos haben, sich beim Verlag zu melden.

Personenregister

(kursiv gesetzte Zahlen verweisen auf Fußnoten)

H

I

J

S

T

U

V

W

Z